Darüber hinaus könnte die Forderung, die sich im »Unvollendeten« ausspricht, anstatt in einem abschreckenden, in einem erregenden, anregenden Sinne lebendig sein und die Forderung auf Vollendung der gesamten Anlage wachhalten.

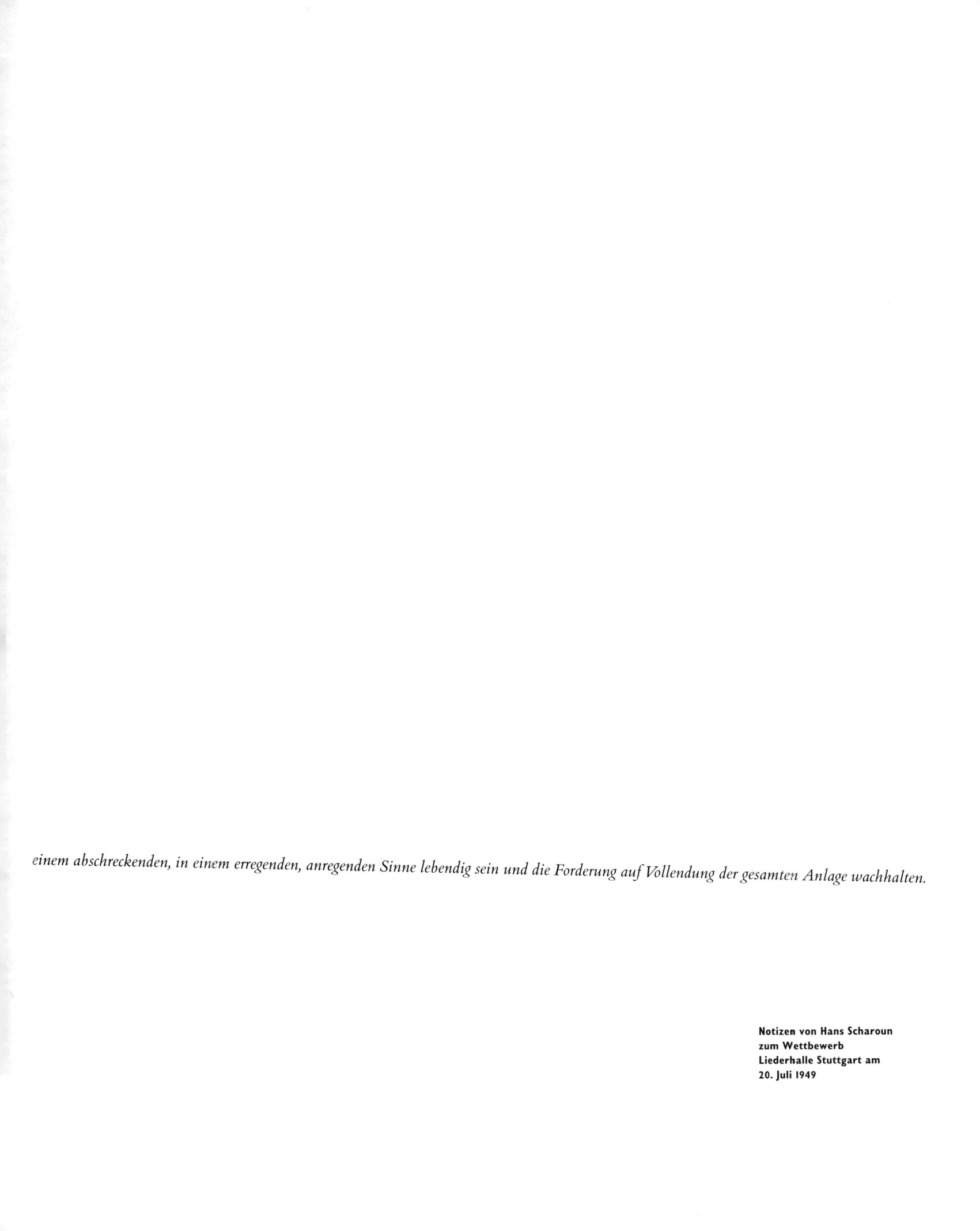

**Notizen von Hans Scharoun
zum Wettbewerb
Liederhalle Stuttgart am
20. Juli 1949**

1893–1972
Die Forderung des Unvollendeten

Hans Scharoun

Jörg C. Kirschenmann
Eberhard Syring

Deutsche Verlags-Anstalt, Stuttgart

Die Deutsche Bibliothek – CIP-Einheitsaufnahme

Scharoun, Hans:
*Hans Scharoun : die Forderung des Unvollendeten /
Jörg C. Kirschenmann ; Eberhard Syring. –
Stuttgart : Deutsche Verlags-Anstalt 1993
ISBN 3-421-03048-0
NE: Kirschenmann, Jörg C. [Mitarb.]; HST*

© *Deutsche Verlags-Anstalt GmbH, Stuttgart, 1993.
Alle Rechte vorbehalten*
Gestaltung *Anke Jaaks, Vakat Bremen*
Fotografie *Horst Hänel*
Recherche *Peter Penner*
Satz *Steffen Hahn, Kornwestheim*
Lithos *Steffen Hahn, Kornwestheim*
Druck *Georg Appl, Wemding*
Bindung *Großbuchbinderei Monheim, Monheim*

Inhalt

	Vorwort	7
1963	**Musik im Mittelpunkt**	8
	Stimmen zur Philharmonie	10
	Linien zur Philharmonie	24
1893–1925	**Kindheit, Jugend, Studium, erste Berufspraxis**	32
1919–1920	**Im Geiste des Expressionismus**	39
1921–1925	**Vom Volkshausgedanken zur Dynamik der Großstadt**	58
1925	**Die Breslauer Antrittsvorlesung**	86
1925–1932	**Zwischen Breslau und Berlin**	96
	Bauausstellungen	100
	Typus Großstadtmensch	112
1930–1945	**Einige Wohnhausbauten grundsätzlicher Bedeutung**	132
1940–1972	**Die neue Stadt und ihre Elemente**	166
	Kollektivplan	173
	Grundlagenforschung	177
	Die Elemente der Stadt	184
	Das Raumerlebnis	215
	Idee und Wirklichkeit	231
	Anmerkungen	250
	Literatur	253
	Projektverzeichnis	256

Hans Scharoun wurde am 20. September 1893 in Bremen geboren. Auch wenn er in seiner Geburtsstadt, trotz erfolgreicher Wettbewerbsbeteiligungen, kein Bauwerk realisieren konnte, so wurde an der Hochschule für Künste in Bremen sein hundertster Geburtstag als Anlaß und Verpflichtung genommen, sich mit der Person und dem Werk Scharouns auseinanderzusetzen.

In einem Arbeitsvorhaben, das vom Senator für Bildung und Wissenschaft, Bremen, gefördert wurde, stieß diese eigenwillige Architektenpersönlichkeit des 20. Jahrhunderts auf ein besonderes Interesse bei den Studierenden aus unterschiedlichen Bereichen. Geleitet von Scharouns ganzheitlichem Anspruch wurden mit verschiedenen Medien Charakterisierungen seiner Architektur versucht, u. a. fotografisch und filmisch an gebauten Werken oder mit Hilfe des Modellbaus an ungebauten Entwürfen. Dabei entstanden ein Kurzfilm zum Theater in Wolfsburg von Barbara Thiel und Christian Nusch und zwei Modell-Rekonstruktionen von Eva Durant und Andreas Notter.

Innerhalb des Arbeitsvorhabens spielte die Darstellung und Interpretation der Scharounschen Werkentwicklung eine zentrale Rolle, woraus das vorliegende Buch entstanden ist. Wir danken der Deutschen Verlags-Anstalt, Stuttgart, für ihre Bereitschaft, daß das Buch an der Bremer Kunsthochschule bis zur Herstellungsphase erarbeitet werden konnte – nicht zuletzt auch für die aufgebrachte Geduld. Weiter danken wir der Abteilung Baukunst an der Akademie der Künste, Berlin, die uns das bislang zugängliche Material aus dem Nachlaß von Scharoun großzügig zur Verfügung stellte. Es soll nicht unerwähnt bleiben, daß die heutigen Nutzer und Bewohner von Gebäuden Scharouns unsere Arbeit bereitwillig unterstützt haben.

Jörg C. Kirschenmann/Eberhard Syring
Bremen, im Mai 1993

Vorwort

Es beginnt mit einem Paukenschlag: Scharouns Hauptwerk, die Berliner Philharmonie. Kein Bauwerk ist in seiner Zeit derart kontrovers diskutiert worden. Adorno gab ihm 1965 in seiner für die damals neu einsetzende Funktionalismus-Kritik so eminent wichtigen Werkbund-Rede das Prädikat »große Architektur«. Scharoun habe ihr »rein aus ihren Zwecken heraus« eine über das Funktionale reichende Sprache verliehen. Für Adorno war die Philharmonie schlicht ein Beweis für die Kunstfähigkeit der Architektur in einem Jahrhundert des Funktionalismus und in einem Jahrzehnt umsichgreifender kalter Planungsrationalität.

Jörg C. Kirschenmann und Eberhard Syring haben ihrer exemplarischen Werkdarstellung, einem Wort Scharouns folgend, den Untertitel »Die Forderung des Unvollendeten« gegeben. Damit ist ein Verständnis von Architektur gemeint, das sich konzeptionell auf beides einläßt: den Raum und den Menschen. Im Umgang und Erleben der Architekturräume realisiere sich bei Scharoun, was im Grunde niemals vollendet werden kann, weil die Dimension der Zeit und der Handlung den Stillstand verhindert. In diesem Sinne steht Scharoun dem rational begründeten Raumplan eines Adolf Loos durch das eigene, allerdings emotional geprägte Raumerlebnis tatsächlich in nichts nach. Kaum ein Architekt seiner Generation reicht an Scharouns Begabung zur Differenzierung und Öffnung, zur Reflexion des Grundrisses und zur emphatischen Bestimmung des Menschen heran. Vor dem Hintergrund einer eindrucksvollen und originellen Verbindung sozialer und ästhetischer Fragen wird die Arbeit Scharouns in diesem Buch charakterisiert. Ganz bewußt und eindringlich haben die Autoren mit ihrer Studie das Werk eines denkenden, sozial und utopisch arbeitenden Architekten nachgezeichnet.

Ungewöhnlich und unverwechselbar im Architektonischen, verhielt sich Scharoun während des Nationalsozialismus eher unauffällig. Er blieb, wie nahezu alle Deutschen, da. In dieser Zeit hat er, erstaunlich genug, unter »erschwerten Umständen« (Scharoun) an einigen Privathäusern die Idee der freien Raumdisposition soweit antizipiert, daß er diese nach 1945 auch für öffentliche Bauaufgaben weiterentwickeln konnte. Das Buch vermeidet an dieser Stelle den aufgeregten Nachweis der Verstrickung der Avantgarde in die Machenschaften des Nazi-Deutschlands. Allerdings bleiben auch nach der Lektüre Fragen nach der so bemerkenswerten Kontinuität im Werk Scharouns, auch deshalb, weil er zu den wenigen Protagonisten des neuen Bauens zählte, die nach 1945 die Tradition der Moderne der zwanziger Jahre weiterführten.

In den letzten zwei Jahrzehnten hat in der Architekturdebatte das Nachdenken über den Grundriß keine Chance gehabt. Das gilt auch für den Anspruch der historischen Avantgarde, durch Architektur in den gesellschaftlichen Prozeß einzugreifen. Hier ist, bei aller gebotenen historischen Distanz, gerade von Scharoun zu lernen, der sich als Baukünstler nicht verleugnen mußte, um sein Verständnis von Demokratie in Architektur umzusetzen. Die Grundlage war für ihn dabei die Konzeption des Raums, über dessen Modellierung er die Form entwickelte. Das Buch von Kirschenmann und Syring macht nur zu deutlich, daß erst eine Verbindung von künstlerischem Arbeiten und sozial verantwortlichem Denken den ästhetischen Eigensinn des Gebauten hervorzubringen vermag.

In der Forderung des Unvollendeten hat sich Scharoun überdies gegen eine Auffassung von Ordnung als Zwang zum Fertigen gestellt, die jede Ambivalenz ausschaltet. Scharoun ist darin ein eindrucksvolles Beispiel der selbstreflexiv gewordenen Moderne, die gegenüber der postmodernen Ästhetik auf die Kategorie der Moral nicht verzichtet. In diesem Sinn ist er ein moralisch argumentierender Architekt gewesen, dessen Werke dem Irrationalen, Phantastischen, ja mitunter auch Anarchischem Raum schaffen als Scharouns Vision des anderen.

Michael Müller, Bremen

Scharoun, 29. Juli 1957
Bemerkungen zum Entwurf der Berliner Philharmonie

Musik im Mittelpunkt

»Über den Entwurf für den Neubau der Berliner Philharmonie ist viel diskutiert worden. Anlaß war immer wieder die Grundkonzeption, die Raumgliederung, welche dem Orchester einen neuen Platz zuweist. Deshalb ist es ein wohlverständliches Anliegen des Architekten darzulegen, welche Überlegungen dem Entwurf zugrunde lagen.

Es ging darum, einem Konzertsaal – einem Ort also des Musizierens und des gemeinsamen Erlebens der Musik – eine entsprechende Form zu geben. Nun gibt es dafür genügend Beispiele, die bereits Gestalt angenommen haben. Bei aller Unterschiedlichkeit stimmen sie in einem wesentlichen Punkt überein: selbst die modernen Konzertsäle halten an der traditionellen Raumaufteilung fest, welche im Prinzip der eines Theaters entspricht. Das Orchester befindet sich auf der ›Bühne‹, das Publikum sitzt im ›Zuschauerraum‹.

Der ›Vorgang‹ jedoch – das war die entscheidende Überlegung – ist im Konzertsaal ein völlig anderer. Das Schau-Spiel, die Oper, bedürfen der Bühne – nicht zuletzt des perfektionierten technischen Apparates wegen. Das Orchester hingegen ist auf ein Minimum bühnentechnischer Einrichtungen angewiesen, und der Konzertbesucher ist nur bedingt auch ›Zuschauer‹. Ein Raum also, in dem Musik gemacht und Musik gehört werden soll, erfordert eine völlig andere Konzeption.

Ist es ein Zufall – war die nächste Überlegung – daß überall, wo improvisiert Musik erklingt, sich Menschen sofort zu einem Kreis zusammenschließen? Diesen ganz natürlichen Vorgang, der von der psychologischen Seite her jedem verständlich ist, müßte man in einen Konzertsaal übertragen – das war nun die Aufgabe, die sich der Architekt gestellt hatte. Musik sollte auch räumlich und optisch im Mittelpunkt stehen.

Davon ausgehend ergab sich die Gestaltung des Neubaues der Philharmonie. ...

Das Orchester befindet sich zwar nicht genau in der Mitte des Raumes, jedoch ist es amphitheatralisch vom Publikum umgeben. Durch diese Gestaltung des Raumes, der 2000 Sitzplätze enthält, sind die maximalen Entfernungen der Musiker vom Zuhörer relativ gering. Es ist ferner kein Rang vorhanden. Aus beiden Gründen wird eine Bündelung des Schalles auf das Publikum weitgehend überflüssig. ...

Die Gesamtform des Raumes kommt dem Wunsch nach Diffusität entgegen, einmal durch die Auflösung aller begrenzenden Flächen, dann durch die Auflockerung der Zuhörerflächen durch Abstufungen und Brüstungen und schließlich durch die zeltartig durchhängende Decke. ...

Der so entstandene Raum gestattet in seiner Differenziertheit eine lebendige strukturelle Aufgliederung der Zuhörer-Masse. Dabei lassen sich das Gefüge des Orchesters und das Wirken des Dirigenten in ihrer Wesenheit und in ihrer Aktion von mannigfaltigen Aspekten aus beobachten – an die Stelle des nur Bühnenmäßig-Bildhaften tritt das Verbindliche des umfassenden Zusammenhanges.

Die ›Atmosphäre‹ eines Konzertsaales spielt natürlich eine besondere Rolle. In diesem Zusammenhang fällt auch bei der neuen Philharmonie dem Licht eine wesentliche Aufgabe zu. Die Lichttechnik läßt sich heute hervorragend zur Inszenierung benutzen, wenn sie sich dabei auf die Gestaltung des Saales stützen kann ...

Trotz der Monumentalität des gesamten Bauwerks, war das Ziel der architektonischen Behandlung, dem Saal eine gewisse Intimität zu erhalten. Denn erst die Intimität vermag das unmittelbare Teilhaben am Musikgeschehen, die individuelle, mitschöpferische Aktivität in Gang zu setzen.

Aus dieser Forderung an den Konzertsaal selbst ergab sich folgerichtig auch die Behandlung der zusätzlichen Räume. Sowohl die vorwiegend funktionsbedingten Räume – wie Kleiderablagen, Verkehrsräume usw. – als auch die der Entspannung dienenden Räume sind auf flüchtige Benutzung eingestellt, sie dienen der Vorbereitung auf das Musikerlebnis in Gemeinschaft. So steht das ›Flüchtige‹ in einem Spannungsverhältnis zum ›Verweilenden‹, – zur feierlichen Gelassenheit des im wahrsten Sinne des Wortes das Bauwerk krönenden Konzertsaales.«[1]

Erste Skizze zur Berliner Philharmonie, 1956

Assoziationen – Reaktionen[2]

Stimmen zur Philharmonie

Dieses Haus ist ohne Vergleich, ist neu, ist heute. (Frei Otto)

Man sucht nach Assoziationen, die sich nicht einstellen wollen. Man pilgert die Baugeschichte auf und ab; später, im Foyer und Saal, entfährt einem das Wort: barock! Aber da ist es schon zu spät: man ist schon ein Gefangener des Neuen, dieses ganz und gar Authentischen, alle Vergleiche Abweisenden ...
Piranesi, Dampferarchitektur, Labyrinth – ein wenig dies und das; aber auch solche Bezeichnungen greifen nicht zu, fassen nicht das Ganze. Vorstellungen, Begriffe, Assoziationen sind keine Hilfen mehr. Die Sprache bleibt leer. (Ulrich Conrads)

Wer es kann, stelle sich vor, daß die Freunde der Philharmonie sich in einem Tal versammeln. ...
Dieses Tal ist der Saal der Philharmonie. Aber bitte Vorsicht! Architektur bildet nichts ab und stellt nichts dar. Weder soll etwa eine ägyptische Pyramide einen Berg symbolisieren noch Scharouns Philharmonie ein Tal. (Hermann Funke)

Schon die Einweihung brachte von allen Seiten größte Bewunderung – die Menschen waren berührt und betroffen, so stark war die Wirkung des Räumlichen, des gestalteten Innen, in dem die Menschen sich ergingen, wie in einer andersartigen und unbekannten Landschaft, einer neuen Raumwelt, in der sie dann hörten, wie die Musik tönt und klingt, das Orchester erstmalig in der Mitte des Raumes placiert. (Richard Döcker)

Ich fühlte mich geführt wie in einem Labyrinth, – geführt, nicht verloren – geführt vom Geiste dieses Gebildes selbst. Mit Labyrinth meine ich, daß es sich für mich, wie genau ich mich auch umsehe, nie rationalisiert, so wenig wie eine lebendige Landschaft sich rationalisiert ...
Geführt von der Lust, die sich bietet. Nie vergewaltigt ... nur auf betörende Weise geführt von den Einfällen des Architekten. (Max Frisch)

Überrascht durch den Anblick eines Raumes, der keinem Saal ähnlich sah, überhaupt keinem Inneren eines Hauses, sondern eher einer Landschaft mit Formationen, Öffnungen und Ausblicken – so ging es mir durch den Kopf und wollte ich es sagen: »Es kommt mir vor, wie wenn man an eine Felswand klopft, und es geht ein Tor auf, und innen ist diese Landschaft.« (Franz Tumler)

Scharoun hat … die Starrheit des Fixiert-Perspektivischen auf meisterhafte und kühne Weise überwunden und neue Gestaltgebungen gewagt, die dem neuen Bewußtsein zutiefst verpflichtet sind. (Jean Gebser)

Im Foyer fügen sich Decken-Kiele, Pfeiler, geschwungene Wände, vielfarbige Bodenmosaike und Glasfenster, Lampenbündel, Geländer und eine abstrakte Plastik von Bernhard Heiliger zu einem Raumbild, das an die expressionistische Dekoration des Stummfilms »Das Kabinett des Dr. Caligari« erinnert. (»Der Spiegel«)

Scharoun blieb es vorbehalten, einen piranesischen Raum zu bauen und seinen Gefängnischarakter ins Festliche zu wenden: Die Umhüllung der »Musik in der Mitte« durch den zweiten Raummantel der Foyers, aus dem es kein Entkommen gibt: Die Welt bleibt ausgeschlossen, um es einmal so auszudrücken. (Julius Posener)

Scharouns zergliederte Planimetrien und seine asyntaktischen Räume lassen die Antisprache zur permanenten Häresie werden: Das Ergebnis ist ein theatralisches Trauma ohne tatsächliche Schockwirkung. (Manfredo Tafuri und Francesco Dal Co)

Und Karajan selber? Spontan äußert er, daß er schon das Modell hinreißend gefunden hätte, daß er aber vom Bau überwältigt sei. Die Berliner jedoch sagen schon lange: Zirkus Karajani. (Günther Kühne)

Beim Betrachten der frühsten Entwürfe von Hans Scharoun spürt man, daß in der Berliner Philharmonie nun endlich ein kleiner Teil der bereits sehr früh konzipierten Idee des Volks- oder Kulturhauses realisiert werden konnte. (Johannes Erdmann)

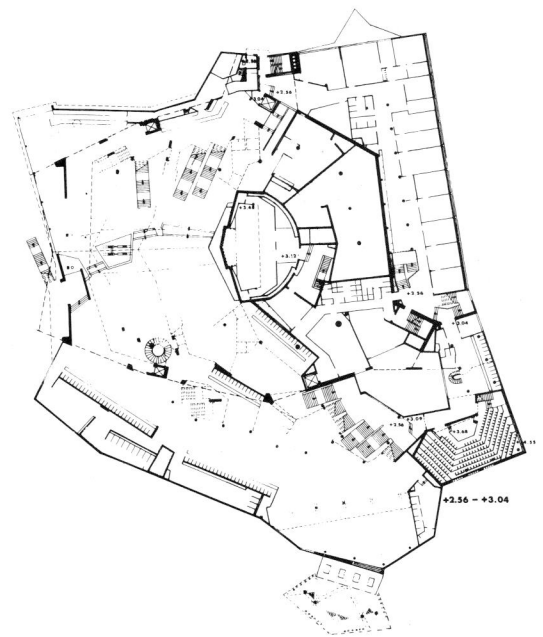

Stimmen zur Philharmonie

Vorgang, Teilnahme, Erleben

Große Architektur empfängt ihre überfunktionale Sprache, wo sie, rein aus ihren Zwecken heraus, diese als ihren Gehalt mimetisch gleichsam bekundet. Schön ist die Scharounsche Philharmonie, weil sie, um räumlich ideale Bedingungen für die Orchestermusik herzustellen, ihr ähnlich wird, ohne Anleihen bei ihr zu machen. Indem ihr Zweck sich in ihr ausdrückt, transzendiert sie die bloße Zweckmäßigkeit, ohne daß im übrigen ein solcher Übergang den Zweckformen garantiert wäre. Das neusachliche Verdikt über den Ausdruck und alle Mimesis als ein Ornamentales und Überflüssiges, als unverbindlicher subjektiver Zutat gilt nur so weit, wie Konstruktion und Ausdruck fourniert wird; nicht für Gebilde absoluten Ausdrucks. (Theodor W. Adorno)

Über die praktischen Zwecke hinaus jedoch erzeugt das Foyer eine bedeutungsvolle Erwartung im Besucher. Wie die Musik selbst ist es eine Märchenwelt voller Geheimnisse; sie zu entdecken bedarf es der Bewegung in Raum und Zeit, die weiterführt bis zu dem erleuchtenden Erlebnis des inneren Kerns. Gleichzeitig bereitet das Foyer den Besucher auf die geschäftige, städtische Außenwelt vor – es ist bereits wie eine Stadt, großartig und intim – und unendlich vielfältig. (Christian Norberg-Schulz)

Scharoun interessiert nicht die Organisation oder Hierarchie, also nicht die Architektur einer Bibliotheksverwaltung oder eines Orchestervereins, sondern die räumlichen und zeitlichen Abläufe ihrer Lebensvorgänge. Um zu entwerfen, vollzieht er mit der zeichnenden Hand die zu erwartenden Bewegungen gewissermaßen modellhaft nach. (Max Onsell)

Einfachheit, wenn darunter Rechtwinkligkeit, Glätte, penible Konstruktion und technischer Glanz verstanden wird, ist nicht das, was er [Scharoun] anstrebt. Das Gebäude selbst, als Gegenstand ästhetischer Betrachtungen, ist für ihn bei weitem nicht so interessant wie das, was im Gebäude und um das Gebäude herum vor sich geht. ... Scharoun proportioniert eher gesellschaftliche als ästhetische Werte. Er ist weniger Ästhet als Sozialethiker, daher auch mindestens soviel Städtebauer wie Architekt. (Hermann Funke)

Ich muß Ihnen sagen, daß die Zu- und Abgänge, Treppen, Galerien und Aufzüge, die Führung der Besucher von der Straße bis zu den Sitzplätzen in der Philharmonie auf mich wie ein Stück Städtebau wirken, von dem ich wünsche, daß seine Entwurfsprinzipien für ganze Städte gelten sollten.
Der Entwurf der Philharmonie ist einer der seltenen Beweise, daß schöpferische Kraft den Zusammenhang von Mensch, Raum und Technik sichtbar machen kann. Er weist auf etwas hin, das in dieser Zeit der Mechanisierung fast verlorengegangen ist: das Wunder vom totalen Raum, in dem alles entsteht und wird. (Jacob Behrend Bakema)

Scharoun hat in dem Saal der Philharmonie – übrigens auch in den Foyers – Räume geschaffen, wie es noch keine gegeben hatte, Räume, welche den Vorgang der Teilnahme an einem Konzert begreifen ließen. (Julius Posener)

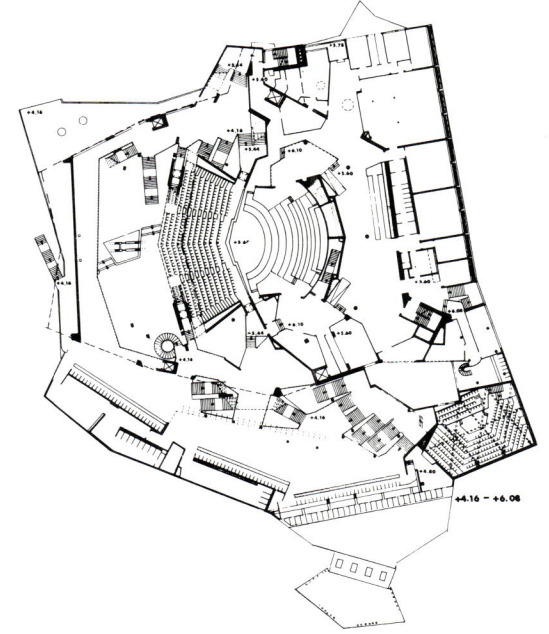

So ist es beinahe gleich, ob da unten in der »Manege« ein Riesenorchester Berlioz' »Phantastische Symphonie« mächtig in Szene setzt, oder ob, wie geschehen, Yehudi Menuhin sich, allein auf dem Podium, in Bachs Solosonaten vertieft. So kränkt es den philharmonischen Saal auch kein bißchen, wenn Big-Bands darin lärmen oder ein Jazzposaunist sich so introvertiert gebärdet, als spiele er für niemand anderen als für sich allein. Schwer einen Saal zu finden, der solche Extreme ebenso gelassen erträgt – und also musikalische Erlebnisse der extremsten Art zu vermitteln vermag. (Manfred Sack)

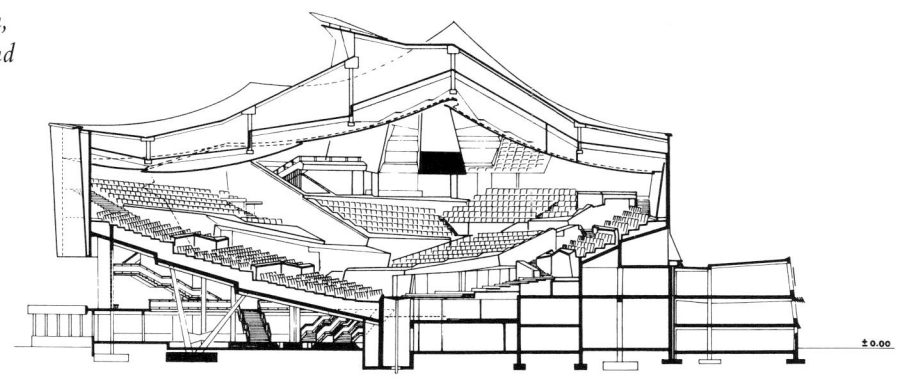

Als ich Anfang der sechziger Jahre die Berliner Jazztage gegründet hatte, zeigte sich gleich in den ersten Konzerten, daß die Philharmonie dieser Stadt trotz all des Aufwandes, mit dem Hans Scharoun, der berühmte Architekt, sie erbaut hatte, nur für symphonische und Kammermusik geeignet war, nicht aber für Jazz. (Joachim-Ernst Behrendt)

Am intensivsten wird die Lebensraum-Funktion der Philharmonie aber während der Berliner Jazztage alljährlich erlebbar. (...) Der Fan, der auf der hohen Empore sein »go-go« ruft, wird genauso intensiv erlebbar, wie der Hörer in den ersten Reihen, der »yes« ruft. Ohne Aufhebens können die Plätze verlassen werden, treffen sich Gruppen an der Bar oder im Foyer, plaudern, rauchen, kommunizieren, um dann wieder in den Hexenkessel selbst »reinzusteigen«, mitzusummen, zu swingen, zu vibrieren.
(Wolfgang Burde)

»**S**chwere Bedenken« gegen Scharouns »Musik im Mittelpunkt«-Theorie meldet indessen der Musikkritiker des »Tagesspiegel«, Werner Oehlmann, an. Die Rundum-Plazierung des Publikums, fand Oehlmann, »mag für primitive Verhältnisse, für die Musikveranstaltungen von Naturvölkern und die Promenadenkonzerte der Militär- und Kurkapellen gelten«, sie ignoriere jedoch »das Gegenüber von Werk und Hörer«. (»Der Spiegel«)

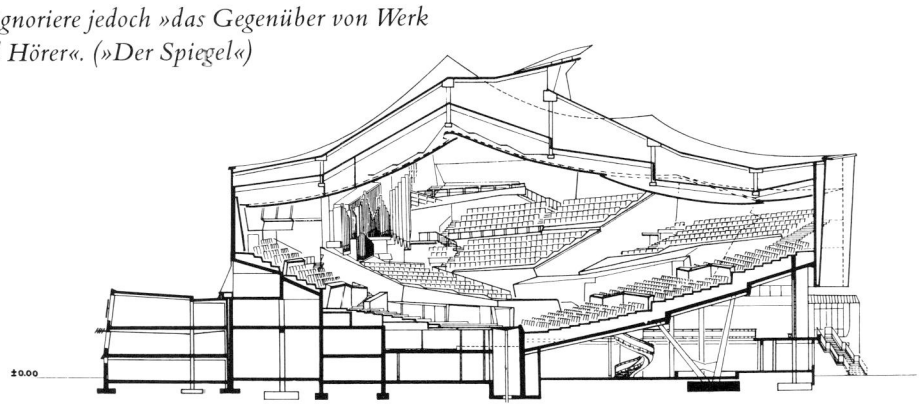

Dieser Entwurf scheint mir deshalb so glücklich zu sein, weil außer den akustisch sicher sehr günstigen Anforderungen der Wände ein Moment besonders hervorgehoben wird, und das ist die restlose Konzentration der Zuhörer auf das Musikgeschehen. Ich kenne keinen bestehenden Konzertsaal, in dem das Sitzproblem so ideal gelöst ist wie in diesem Entwurf.
(Herbert von Karajan)

Es ist wie das Ei des Kolumbus, daß in dem Scharounschen Entwurf die konkave Wölbung zur Konvexen wurde, also zum zeltartigen Dach; die Schallstrahlen werden nicht mehr gesammelt, sondern gestreut. Möglicherweise ist damit überhaupt das akustische Problem des Zentralbaus gelöst. (Fritz Winckel)

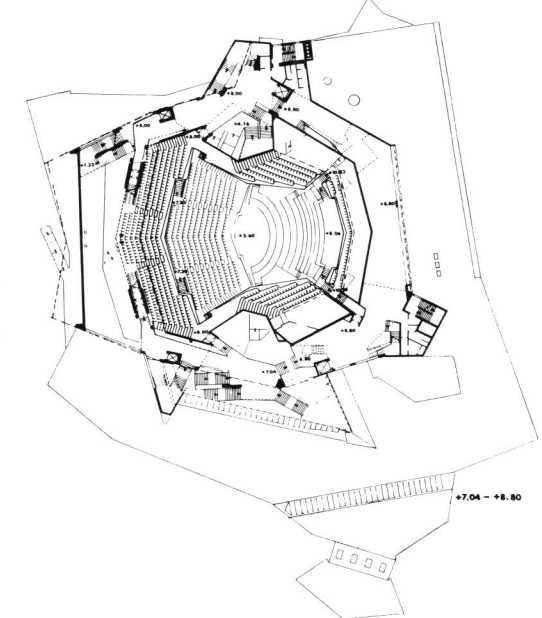

Stimmen zur Philharmonie

Innen – Außen

Scharouns Berliner Philharmonie ist das immer noch prominenteste Beispiel für einen anderen Ansatz zur Gewinnung vierdimensionaler Gestalt: Die physische Abgrenzung des Innenraum-Kontinuums gegen den Außenraum ist hier gar nicht durch Transparenz aufgehoben, sondern eher als besonders schroff zu bezeichnen. (Jürgen Pahl)

Als sollte der bewußte Verzicht auf Disziplin noch unterstrichen werden, greift ein Komplex untergeordneter Formen mit zufällig, doch expressiv wirkenden Bauteilen nach verschiedenen Seiten hin aus. Sie bilden für das Auge den Unterbau, aus dem sich das massige, abweisende Volumen des Auditoriums mühevoll, ja widerwillig erhebt. (John Jacobus)

Um die Außengestalt seiner Häuser hat Scharoun sich selten gesorgt, er hat sie nie bewußt geplant. Sie wuchs in dem Maß mit heran, wie er im Planungsprozeß, der nicht selten bis in den Vorgang des Bauens hineinreichte, das Gebäudeinnere entwickelte – angeleitet von einer Idee, gebunden an Technik und Handwerk, bedrängt vom Zwang zum Rationellen und Sparsamen, aber unbefangen im Handhaben mit Körpern, Baugliedern und Materialien und Geschicklichkeiten.
(Klaus Conrad Haugh)

Als er einmal von einem Studenten gedrängt wurde zu sagen, ob er mit der Fassade wirklich zufrieden sei oder nicht, antwortete er: »Hat sie denn eine?«
(Colin St. John Wilson)

Ich würde gern auf dem Philharmonieberg herumlaufen (wenn man es könnte) und dort oben zwischen Dornengestrüpp über der großen Stadt an einem ruhigen Plätzchen träumen. (Frei Otto)

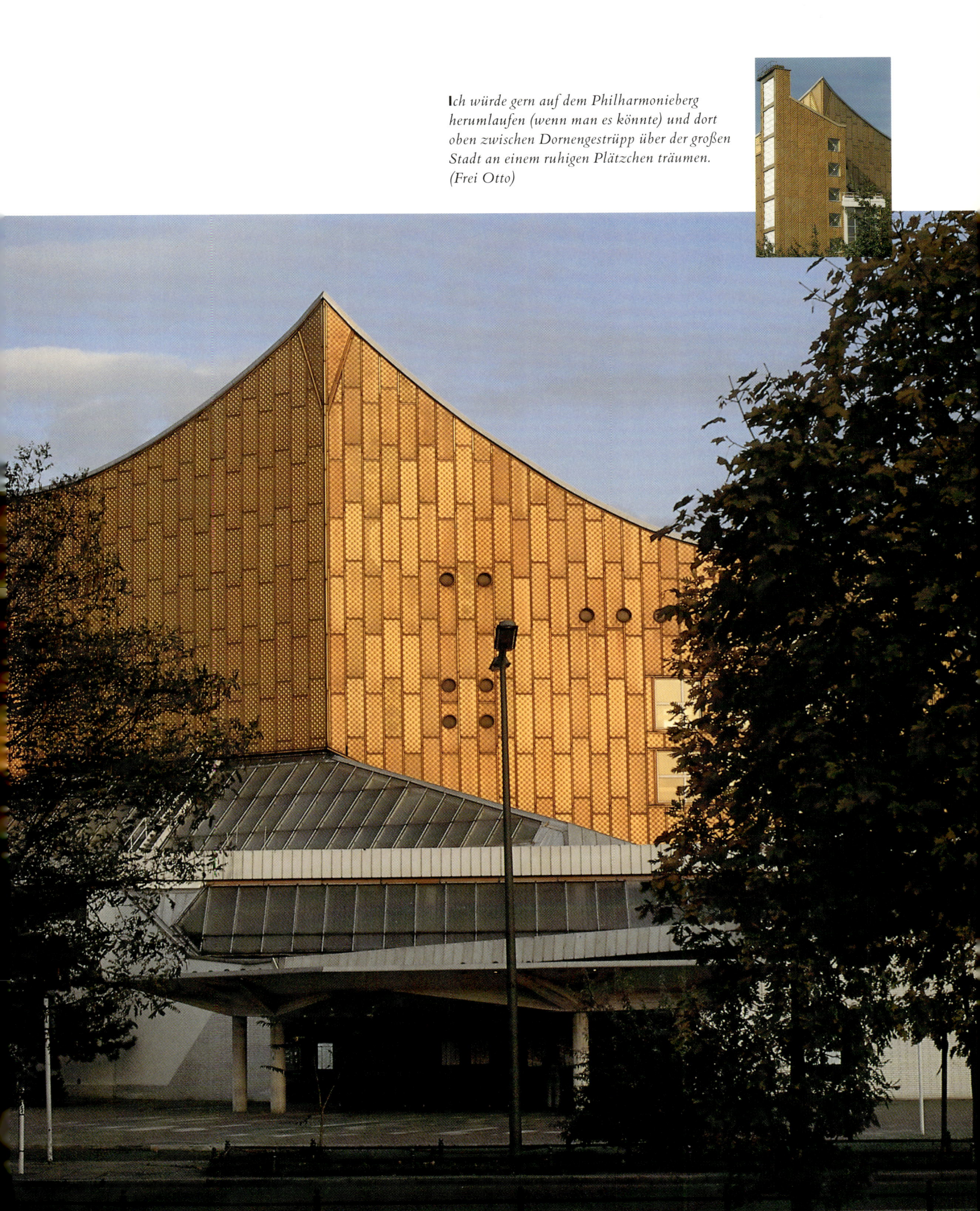

Stimmen zur Philharmonie

Die Philharmonie ist ...

Die Concert Hall in London, die neue Metropolitan Oper in New York, das Theater in Sidney usw. mögen große, moderne Werke des Architektonischen mit einer Perfektion des Sachlichen und Konstruktiven wie der Effekte sein – die Philharmonie ist das alles nicht. Sie ist nicht nur grundsätzlich etwas anderes, sie ist durch dieses andere im Prinzipiellen damit auch nicht vergleichbar. Die Philharmonie in Berlin ist durch diese Realität gewordenen anderen Gestaltungsprinzipien eine exemplarische Lösung für die Zukunft. Sie ist daher wohl das bemerkenswerteste, ja bedeutendste Bauwerk des Jahrhunderts, und ihr Schöpfer, Scharoun, ist der Wegbereiter einer Hoffnung für die Zukunft, die abseits der alltäglichen Sensationen liegt und neue Ziele anweist. *(Richard Döcker)*

Mehr und mehr dürfen sich neue Architekten ... nicht mehr, gar jubelnd, von ornamentaler Bauphantasie dispensiert fühlen. Ihre Figurbildung mochte zuletzt noch in den fragwürdigen Wellenlinien, auch Sonnenblumen des Jugendstils tönen wollen, aus dem gerade van de Velde kam. Ein Regen so lange, auch noch künstlich gelähmter Glieder ist in den Treppenschwingungen des Innenraums von Scharouns Berliner Philharmonie; es war früh – ganz anderer Art – in der Außenlinie der Frank Lloyd Wright-Bauten. *(Ernst Bloch)*

Die Philharmonie ist ein Meisterwerk der organischen Architektur und zeigt, daß die Umwelt des Menschen als Ganzes Sinngehalt gewinnt, wenn eine Vielfalt von Elementen auf eine sinnträchtige Mitte bezogen ist. Hier ist das Konzept der organischen Form nicht auf die natürliche Umwelt beschränkt, von der ein im Grunde vom Land herkommender Architekt wie Aalto ausging. In der Philharmonie ist die städtische Umwelt organisch behandelt worden, und um dem Betrachter drängt sich das Bild einer Stadt auf, die aus lebendigen Organen und deren Ausdehnung besteht.
(Christian Norberg-Schulz)

Hier kann man nicht, wie bei Ronchamp, von einer abstrakten Plastik der Gestalt sprechen, sondern muß eher den Raum selbst als eine Art von modelliertem Gebilde betrachten, das allerdings, statt in statischer Ruhe zu verharren, sich unaufhörlich wechselnd darbietet. Diese Raumphantastik stellt in gewisser Weise eine Entwicklung der im Expressionismus der zwanziger Jahre enthaltenen Möglichkeiten dar, die noch keineswegs erschöpft zu sein scheinen und vielleicht den heute fraglos vorhandenen Erstarrungsprozessen entgegenwirken können.
(Fritz Baumgart)

Trotz ihres Sturm-und-Drang-Charakters, trotz der bewegten Flächen und organischen Konturen sind die Baumassen Scharouns und seiner deutschen Nachfolger im Vergleich zu Le Corbusiers männlicher und unmißverständlicher Welt passiv, ja schlaff. Aaltos Formen wirken neben der Philharmonie heiter und behaglich, und die kühle Eleganz von Mies und seinen Schülern scheint einem ganz anderen Jahrhundert anzugehören, scheint aus vollständig anderen geistigen und materiellen Voraussetzungen erwachsen zu sein.
(John Jacobus)

Die neue Berliner Philharmonie ... ist ein besonders interessanter Fall dieser neuen Extravaganz. Denn hier ist sie keine neue, sondern eine alte Extravaganz. Scharoun wurde 1893 geboren und war einer der einfallsreichsten unter den Expressionisten der Jahre um 1920. Der Sieg des Rationalismus in Deutschland schränkte seine Tätigkeit ein, und es wurde still um ihn. Erst jetzt, in den letzten Jahren, ist er von der Jugend sozusagen neu entdeckt worden, und nun hat er mehr zu tun als je.
(Nikolaus Pevsner)

Er ist der einzige Architekt, der außerhalb des deutschen Wirtschaftswunders steht, und der etwas »Unbewußtes«, gewöhnlich Unterdrücktes und gering Geschätztes, auszudrücken vermag. Er ist der Bürge einer Kontinuität zwischen der ersten deutschen Nachkriegszeit und der zweiten – zwischen der Inflation vor 40 Jahren und der jetzigen Produktivität, zwischen Brecht und dem Mädchen Rosemarie.
(L'architettura)

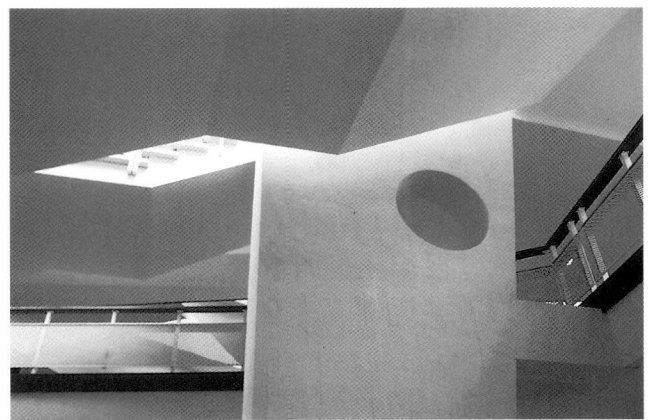

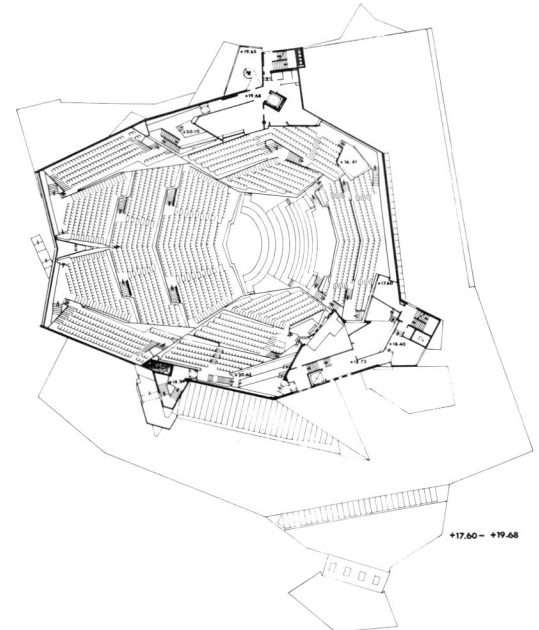

Adolf Arndt, 15. Oktober 1963
»Zur Eröffnung der neuen Philharmonie«

Regel und Freiheit –
Das widerspruchsvolle Geheimnis des Raumes

»In jenen Jahren seit 1918, als zwischen der Erschütterung durch den ersten Weltkrieg und der Hölle, die wir nach 1933 bis auf den Grund durchschreiten mußten, in jenen Jahren, da Kunst und Wirklichkeit bei uns nicht zusammenfanden, nahm an den einander suchenden Zurufen unserer damals mehr oder weniger noch unbekannten, heute weltgültiger Architekten ein junger Baumeister teil. Jene Zurufe der Suchenden geschahen durch einen Briefwechsel, der heute unter dem Namen ›Die gläserne Kette‹ berühmt ist. In jenem Briefwechsel schrieb damals 1919 ein junger Baumeister:
›Wir formen, müssen formen, wie das Blut unserer Vorfahren Formwellen erzwang.
... Der Mensch sei Mittelpunkt, Erstrebtes um sich wölbend gleich dem Firmament ...
Schlag auf das geistige Auge, daß Formen, ursprüngliche, quicklebendige wie Funkenfontänen sprudeln ...‹

Welche Visionen, einst in einer zerbrochenen utopischen Stunde, und nach mehr als vier Jahrzehnten von diesem Baumeister zur Wirklichkeit erschaffen, Mittelpunkt der Mensch, Erstrebtes um sich wölbend gleich dem Firmament.

Verehrter und lieber Freund Hans Scharoun, dies ist Ihr Tag!

Dies ist Ihr Tag, Hans Scharoun, Baumeister der Philharmonie, zusammen mit den Philharmonikern und mit Berlin, das seinen Rang als maßstabsetzende Hauptstadt Deutschlands durch diesen Bau der Philharmonie bewährt.

Dies ist unser Tag des Dankens aus glücklichem Herzen.

Was hier sich ereignet, ist eine innere Entscheidung, eine Entscheidung für den wirklichen, gegenwärtigen Menschen, eine Entscheidung für das Mitmenschliche, eine Entscheidung für das Freiheitliche, das dem Menschen in der Lebendigkeit seiner Sinne und der nicht festlegbaren Ursprünglichkeit seines Geistes gerecht wird.

Mensch, Musik, Raum, diese drei finden ihr Sinnbild in den drei Fünfecken, die ineinander gefügt das Bauzeichen dieser Philharmonie bilden.

Es bezeugt, daß hier nicht Willkür oder Laune schwärmt; denn mit dem Pentagonon, dem Fünfeck, ist das Symbol der Dombauhütten erneuert, der Steinmetzgenossenschaften, die sich mit dem Schwur zur Verschwiegenheit um die Gesetze der Bauwerke mühten, die dem Heiligen gewidmet waren, und die ihre Kunst des Formens von Mund zu Mund überlieferten.

Im Pentagonon kommt nach dieser Tradition der Ausgleich von Regel und Freiheit zur Darstellung: Das Quadrat in der unerlösten Gleichförmigkeit seiner selben vier Seiten ist Ausdruck für die Eintönigkeit des leblosen Gesetzes in seiner tötenden Strenge; das Quadrat wird im Fünfeck um eine Einheit vermehrt, eine hinzukommende Einheit, die nicht berechenbar ist, eine Einheit, die Geheimnis ist und gestaltenden Sinn gibt, das Menschliche als das leibhaft Geistige, das über sich hinausweist, Atem des Ewigen, der einen Bau, der diesem Zeichen genügt, zum Sinnbild eines Kosmischen erhebt, Erlebtes um sich wölbend gleich dem Firmament. Als Zeichen das Fünfeck zu wählen statt des Vierecks, heißt Spannung zwischen Mathematik und Phantasie, die ebenso in der Musik herrscht wie im Bauen, heißt, daß Gesetz und Freiheit sich zur Form freiheitlichen Gestaltens vermählen, weil Phantasie mit ihren Chören die blinde Regel zur seherischen und bewußten Schöpfung des einzigartig Lebendigen ruft, Phantasie, nach Goethes Wort die ewig bewegliche, immer neue, seltsame Tochter des Zeus, sein verzärteltstes Schoßkind, oder – wie Schopenhauer auch fast poetisch sagt – Phantasie, die Gabe, gleichsam Geister herbeizuzitieren, die zur rechten Zeit die Wahrheiten offenbaren, welche die nackte Wirklichkeit der Dinge nur schwach und nur selten darlegt. Goethe preist die Stunde der Phantasie als die sterngegönnte Stunde.

Wie verfinstert muß der gestirnte Himmel über uns sein, da noch immer die Phantasie verpönt ist, da Phantasievolles Mißfallen erregt als das Ungewohnte, das Unverplante, wovon Störungen zu besorgen sind, das Unverwertbare, das sich nicht beliebig zur Vorfabrikation verwenden läßt.

In der Tat, weil Phantasie keine Vervielfältigungen duldet, ist keine Kette von Philharmoniebauten zu befürchten, ja, unsere, die Scharounsche Philharmonie wird immer die Philharmonie bleiben, die einzige, die Philharmonie zu Berlin.

Unwiederholbare Werke, die eigentlich meisterlichen, wirken fruchtbarer und auf tiefere Weise fort als dadurch, daß sie zur äußerlichen Nachahmung fesseln, weil sie aus Freiheit geboren sind und zur Freiheit rufen als Zeugnis schöpferischen Geistes, dessen Tradition es ist, Ursprüngliches zu wecken und selber Geschichte zu bilden.

Was hier beginnt, ist das Wirklichwerden eines gesellschaftlich Neuen, das dem Freiheitlichen in mitmenschlichem Beieinander Gestalt schenkt.

Das widerspruchsvolle Geheimnis des Raumes, den Menschenhand durch das zum Bleiben notwendige Bauen stiftet, ist sein Doppelsinn, daß Raum uns zur Vereinzelung trennt und uns zur Gemeinsamkeit eint und daß dadurch Raum auf unsere zwiespältige Sehnsucht antwortet, Mensch im Eigenen allein bei sich selber zu sein und sich gesellschaftlich als Mensch im Gefüge der Gemeinschaft zu bewähren, die uns aus der Verlassenheit befreit.

Raum kann uns voreinander verbergen, auch indem er uns nach Rängen und Klassen verteilt; Raum wiederum kann auch unser Geborgensein gründen, indem er uns eingliedert.

Es geht darum, daß Abstand, ohne den wir keinen Atem haben, nicht zur Entfernung wird, sondern uns aufeinander bezieht, damit uns Distanz von rechtem Maß und freiheitlicher Art miteinander verbindet.

Aus dem Vorgang des Musizierens erfahren – Erlebtes um sich wölbend gleich dem Firmament –, umfängt hier in schwingenden Formwellen das Rund der Hörerschaft seine geistige Mitte, um jeden für sich gleich gelten zu lassen und alle in die freie Teilnahme an der Gemeinschaft des Ganzen einzubeziehen.

Das abgeschnittene Entgegensein von Orchester und Publikum, das in ein Vorn und Hinten geschiedene Aufgereihtsein der Empfangenden ist aufgegeben, um einer freien und offenen Gesellschaft im Vorbild der musikalischen Gemeinde zur raumgeformten Wirklichkeit zu verhelfen.

Der Gedanke der Bauform entsteht mit ursprünglicher Kraft von innen her und gestaltet sich zur musischen, zur gesellschaftlichen, zur politischen, zu einer das Gesamt unseres Menschlichen beeinflussenden Wirklichkeit, weil sich die Spannung zwischen Kunst und Wirklichkeit nur meistern läßt, wenn sie von der inneren Spannung zwischen Regel und Phantasie her der schöpferischen Phantasie die Freiheit einräumt, die Wahrheit für alle mitmenschlichen Beziehungen in unserer Zeit zu finden.

So zeugt das Bauwerk über den Beweis der Kunst seines Baumeisters hinaus zugleich für die Freiheitlichkeit des Bauherrn, mag es auch bittere und schmerzliche und schier verzweifelt hoffnungslose Stunden gegeben haben, als die Wirklichkeit des Alltags und die Begeisterung der Kunst sich aneinander stießen, für eine zuletzt doch wahrgewordene und dankenswerte Freiheitlichkeit des Bauherrn, die es tolerant ermöglichte, den Bau auf die frei sich selbst bestimmende Gesamtverantwortung des Baumeisters für das Ganze des Baukunstwerkes zu gründen. Hier ist Demokratie als Bauherr am Werke gewesen.«

Aquarell zu den »Gedanken zum Theaterraum«, 1919

Linien zur Philharmonie

Am 15. Oktober 1963 wird mit einem feierlichen Akt der Neubau des Konzerthauses des Berliner Philharmonischen Orchesters, kurz genannt: »Berliner Philharmonie«, eröffnet. Das Haus, erster Baustein eines geplanten neuen Kulturzentrums für Berlin, liegt am Kemperplatz im Tiergartenviertel, einem stark kriegsgeschädigten Bereich unweit der Sektorengrenze, die seit dem 13. August 1961 durch den Mauerbau zum zementierten Symbol des Kalten Krieges zwischen zwei weltanschaulichen Machtbereichen geworden ist. Die Vorgeschichte dieses Bauvorhabens reicht 14 Jahre zurück, überdauert »die ganze Ära Adenauer«, wie der »Spiegel« bemerkt.[3]

Mehr als zehn Jahre ist auch Hans Scharoun in das Vorhaben involviert – nicht erst seit dem Architektenwettbewerb von 1956. Im Jahre 1949 wird eine »Gesellschaft der Freunde der Berliner Philharmonie« gegründet, die darum bemüht ist, dem berühmten und traditionsreichen Orchester ein neues Domizil zu schaffen, nachdem das alte 1944 ausgebombt wurde. Bereits Anfang 1952 erhält Scharoun von Rudolf Gleimius, dem Präsidenten der Berliner Zentralbank und Vorsitzenden der »Gesellschaft der Freunde der Berliner Philharmonie«, eine Anfrage bezüglich möglicher Kandidaten für einen geplanten Architektenwettbewerb. In Scharouns Antwortschreiben vom 25. 3. 1952 heißt es:

»Ihrer freundlichen Aufforderung, Ihnen Persönlichkeiten zu nennen, die meiner Ansicht nach für die Bearbeitung des Projekts einer neuen Berliner Philharmonie von wesentlicher Bedeutung sind, komme ich gerne nach.

Daß die technischen – baupolizeilichen, verkehrlichen usw. – sowie die funktionellen also auch akustischen Belange bei dieser Planung wichtig sind, steht außer Zweifel. Doch sind das Dinge der zweiten Linie.

Im Vordergrund hat die Gestaltung von Sinn und Wesen des Gebäudes zu stehen. Und das Wesen des Hauses hat ursprünglich mit der Musik, der Musikalität zu tun.

Da es sich bei diesem Bau ... für den Architekten um die künstlerische Oberleitung handelt, die technischen Belange sowie die Bauleitung durch die Abteilung Bau- und Wohnungswesen des Senats von Berlin wahrgenommen werden, ergibt sich für den Auslober des

1

2

Wettbewerbs eine echte Möglichkeit, Kräfte anzusprechen, die in wesenhaft künstlerischer Weise einen Beitrag zum Problem des Baues einer Philharmonie leisten können.«

Scharoun liefert eine Liste mit sieben Namen. Max Taut, Werner Harting, Hermann Fehling, Klaus Müller-Rehm, Wolf von Möllendorf, Sergius Ruegenberg sind dort angeführt. Scharouns eigener Name steht ganz oben auf der Liste und signalisiert überdeutlich das eigene Interesse an dieser Aufgabe. Scharoun hat folgende kurze Vita zur eigenen Person angefügt:

»Bis 33 Professor an der Akademie in Breslau, Bauten der Werkbundsiedlungen Breslau und Stuttgart; Apartmenthäuser in Berlin; Siedlung Siemensstadt; Mitglied des ›Ring‹. 33–45 einige Wohnhausbauten grundsätzlicher Bedeutung. 45 Stadtrat für Bau- und Wohnungswesen Magistrat von Groß-Berlin; Professor für Städtebau an der Technischen Universität.«[4]

Als im Sommer des Jahres 1956 ein engerer Philharmonie-Wettbewerb – noch für das Gelände des Joachimtaler Gymnasiums im Stadtteil Wilmersdorf – unter zwölf (tatsächlich teilnehmend: zehn) Architekten ausgeschrieben wird, sind zwei der von Scharoun 1952 angeführten Namen vertreten: Fehling und er selbst. Beide kommen in die Preisränge. Im Preisgericht sitzt neben anderen der bekannte Musikkritiker Hans Heinz Stuckenschmidt. Er berichtet: »Als man zwölf Stunden beraten, alle Entwürfe geprüft, über ihre Eigenschaften diskutiert, Vergleiche mit anderen Konzertsälen herangezogen, die Gutachten der Baupolizei und der Wissenschaft Akustik gehört hatte, gab es keine Unsicherheit mehr. Fünf Entwürfe wurden aus triftigen Gründen ausgeschieden, und zwar einstimmig. Nr. 44 bekam neun Ja-, vier Neinstimmen für den ersten Preis. Es war, wie sich bei der Demaskierung erwies, der Entwurf von Hans Scharoun.«[5]

Scharoun fehlt eine Stimme zur Dreiviertelmehrheit des Preisgerichts, die laut Ausschreibungsbedingungen notwendig ist, um den Träger des ersten Preises auch für »eine weitere Entwurfsbehandlung und künstlerische Oberleitung« vorzuschlagen. Es droht sich zu wiederholen, was Scharoun in jenen Jahren schon fast zur traurigen Gewohnheit geworden ist: Seine in der Fachwelt vielbeachteten – weil von prinzipiellem Anspruch geleiteten – Entwürfe, die bei Wettbewerben fast immer in die Preisränge gelangen und nicht selten mit dem ersten Preis ausgezeichnet werden, kommen nicht zur Ausführung. Kein Wunder, daß Scharoun als Pechvogel gilt und gegen seinen Ruf als umstrittener Außenseiter ankämpft, dessen außergewöhnliche Ideen man im gleichen Maß bewundert, wie man deren praktische Umsetzbarkeit bezweifelt. Trotz der negativen Erfahrungen, die sich auch in diesem Fall zunächst wieder zu bestätigen scheinen, gelingt es Scharoun dann doch, seinen großartigen Entwurf zu realisieren. Die Philharmonie ist sein erster Bau, der aus einem Wettbewerb resultiert. Kurz vor ihrer Eröffnung 1963 ist Scharoun siebzig geworden.

Die Reaktionen auf die neue Berliner Philharmonie sind – schon seit Bekanntwerden des Wettbewerbsergebnisses – heftig. In diesem Jahrhundert ist wohl kaum ein zweites Gebäude in Deutschland so leidenschaftlich und kontrovers besprochen worden, wovon auch die oben angeführte Zitatensammlung Zeugnis ablegt. Das Spektrum der Beurteilungen reicht von der emphatischen Feier einer architektonischen Sensation bis zur polemischen Diffamierung. Man mag sich fragen, ob die zweifellos gegebene entwurfliche Originalität allein für die bemerkenswerte Rezeption ausschlaggebend ist? Sicherlich stehen die Reaktionen auch in Verbindung mit der Persönlichkeit und dem Ruf des Architekten. Viele Kollegen haben dem »Pechvogel« unter den Architekten des Wiederaufbaus in Deutschland schon lange einen sichtbaren Erfolg gegönnt; einige vielleicht mit dem Hintergedanken, damit endlich auch den sichtbaren Beweis der gemutmaßten Unsolidität Scharounscher Architektur vor Augen zu haben. Doch zeigen die Reaktionen unzweifelhaft, daß mehr als gönnerhafte Genugtuung im Spiel ist. Die Philharmonie wird als eine architektonische Sensation aufgenommen – vielleicht als die erste in Deutschland nach dem Krieg. Mitte der sechziger Jahre, noch unter dem frischen, ungebrochenen Eindruck des neuen Bauwerks, überwiegt deutlich eine geradezu begeisterte Aufnahme – nicht nur in der Fachwelt. Mit dem Ereignis Philharmonie scheint sich eine Hoffnung auf neue, bislang noch nicht entwickelte Möglichkeiten der modernen Architektur zu verknüpfen. Die Philharmonie weckt die Erinnerung an eine andere – zwischenzeitlich verdrängte – Linie der modernen Architekturentwicklung, die, wie viele andere Entwicklungen auch, im Berlin der zwanziger Jahre wurzelt.

1 »Das gefertigte Modell zeigt, daß die wiederhergestellte Matthäi-Kirche mit dem Neubau der Philharmonie durch die Art der Bebauung und durch die Art der zu schaffenden Plätze zu einem glücklichen Ensemble vereinigt werden kann«, Scharoun, 1959
2 Hans Scharoun, Herbert von Karajan und Willy Brandt bei der Grundsteinlegung der Philharmonie, 1960

Die Schwierigkeiten und Unsicherheiten, die Kritiker offensichtlich mit einer Einordnung der Philharmonie haben, gibt zugleich einen Hinweis auf das Befinden der modernen Architekturentwicklung um 1960. In Deutschland hat der in den ersten Jahren nach dem Zweiten Weltkrieg geführte Streit zwischen den Adepten der traditionellen und denen der modernen Bauweise im Gefolge des Wirtschaftswunders, das für jede Richtung etwas abwirft, an Schärfe eingebüßt. Die Bewegung der Moderne, genauer gesagt ihre Hauptströmung, die seit den dreißiger Jahren als Internationaler Stil gehandelt wird und ein Vierteljahrhundert später so etwas wie die emblematische Architekturform der westlichen Demokratien darstellt, ist unübersehbar in eine Krise geraten. Eine Krise, die zu einem beträchtlichen Teil aus einem Form-Inhalt-Problem zu resultieren scheint. Die beiden ersten Generationen moderner Architekten argumentierten vor allem aus einer moralischen Entrüstung über die Verlogenheit der Stilarchitektur heraus für ein neues Bauen. Ihre Haltung war primär von ethischen und sozial-utopischen Ansprüchen geleitet, zu denen auch Materialgerechtigkeit und konstruktive Ehrlichkeit gehörten. Inzwischen ist die Formensprache der modernen Architektur weitgehend akzeptiert, ohne daß sich – auch nur annäherungsweise – eine Erfüllung der mit dieser Formensprache verknüpften inhaltlichen Ansprüche abzeichnet. Es stellt sich das ungute Gefühl ein, die neue Architektur könne einem neuen Formalismus aufgesessen sein – nur durch veränderte Vorzeichen, nicht aber substantiell unterschieden von dem einst mit moralischer Entrüstung Bekämpften.

In den Architekturdebatten jener Jahre, in denen die Philharmonie gebaut und rezipiert wird, zeichnen sich verschiedene Erklärungszusammenhänge ab, die krisenhafte Situation einzuschätzen. Drei solcher Betrachtungen, die für den ideologischen Kontext der Philharmonie aufschlußreich erscheinen, sollen im Folgenden knapp erörtert werden. Für jede der drei steht exemplarisch ein zeitgenössischer Architekturtext. Zwei der drei Autoren (Arndt und Adorno) sind auch mit direkten Äußerungen über den Bau Scharouns weiter oben erwähnt. Die erste versucht, so etwas wie das essentielle Moment der modernen Architektur herauszustreichen und darauf eine neue Tradition zu begründen. Die zweite tendiert zu einer aktualisierten inhaltlichen Fragestellung, die den Zusammenhang zwischen Bauform und Gesellschaftsform untersucht. Der dritte Ansatz reflektiert die gesamtgesellschaftliche Einbindung der Architektur und Kunst sowie die daraus entstehenden Probleme und Widersprüche.

Mit der Überschrift »Architektur um 1960: Hoffnungen und Gefahren« kommt Sigfried Giedion in seiner Einleitung zur 1965 erstmals deutschsprachig erschienenen Ausgabe seines bereits 1941 in den USA veröffentlichten Werks »Raum, Zeit, Architektur«[6] direkt auf die hier behandelte Frage zur Lage der Architektur zu sprechen. Giedion beklagt die modischen Erscheinungen in der zeitgenössischen amerikanischen Architektur, wie sie etwa an den Bauten des New Yorker Lincoln-Centers hervortreten. Gegen solche »Playboy-Architektur«, die versuche, »dem populären Geschmack Konzessionen zu machen«, glaubt er sichere Anzeichen dahingehend auszumachen, »daß die im Werden begriffene Tradition sich ... weiterentwickelt.« Die Grundlage jener Tradition, von der Giedion spricht, bezeichnet er als »Raumkonzeption«. Jene Raumkonzeption, die nach seiner Auffassung für das zwanzigste Jahrhundert Anspruch auf Allgemeingültigkeit erheben darf, hat sich zuerst in den Bildern der Kubisten Ausdruck verschafft. Abstraktion, Transparenz und Simultaneität sind ihre ästhetischen Kennzeichen. Für Giedion basiert diese Raumkonzeption auf dem aktuellen Stand der technischen und wissenschaftlichen Entwicklung und bildet die Grundlage für das Lebensgefühl des modernen Menschen. Sie konstituiert auf diese Weise eine Kultureinheit und markiert dadurch den Legitimationsrahmen für eine internationale moderne Architektur in den industrialisierten Ländern. In der Raumkonzeption drückt sich die spezifische Art der Beziehung zwischen dem Menschen und dem von ihm geformten Raum aus. Sie enthüllt, so Giedion, das Wesen einer Zeit.

Giedions Begriff der Raumkonzeption und deren erstes Sichtbarwerden in den malerischen Experimenten des Kubismus verweist auf einen Zug, der – wenn auch in anderer Weise – für die Architektur Scharouns kennzeichnend ist. Die Philharmonie wird vor allem als raumschöpferische Leistung gefeiert, etwa wenn es heißt, hier seien »Räume geschaffen, wie es zuvor noch keine gegeben hatte«. Auch Scharoun nennt im Zusammenhang mit seiner Architekturkonzeption die ästhetischen Erkenntnisse des Kubismus.[7] Den Unterschied zwischen seiner und Giedions Auffassung wird man indessen weniger in der Tatsache ausmachen können, daß Giedion stärker von der »raumausstrahlenden Kraft der Volumen« ausgeht, während Scharoun Raum eher als vielschichtig inszeniertes Kontinuum präsentiert. Das sind formale Unterscheidungen. Wichtiger erscheint, die dahinterstehenden unterschiedlichen Intentionen zu betrachten. Für Giedion fungiert das, was er Raumkonzeption nennt, als eine Art kulturelle Seins-Befindlichkeit des modernen Menschen. In ihr spiegle sich der objektive Stand der materiellen Grundlage einer Kultur.

Für Scharoun dagegen ist der gestaltete Raum stärker im Sinne eines Erfahrungsmodells intendiert, das auf einen möglichen und wünschenswerten gesellschaftlichen Zustand verweist, und darin eine sozial-utopische Komponente enthält. Insofern ist die Bemerkung, Scharoun beanspruche »eher gesellschaftliche als ästhetische Werte, [sei] weniger Ästhet als Sozialethiker« sicher zutreffend – jedenfalls, wenn man Ästhetik im rein formalistischen Sinn verstehen will.

Beim Betrachten der Äußerungen zur Berliner Philharmonie, kann man zu dem Schluß gelangen, daß auch Scharoun aus der Tradition der Moderne heraus interpretiert wird. Mit dem Insistieren auf die Wurzeln der modernen Architektur scheint (bei Giedion wie in der Philharmonie-Rezeption) die Hoffnung auf eine Revision der am aktuellen Stand ablesbaren Fehlentwicklungen verbunden. Allerdings stimmt die Tradition, die Giedion reklamiert, und die Tradition, die im Kontext der Philharmonierezeption angeführt wird, nur in einem begrenzten Umfang überein. In der begeisterten Aufnahme des Scharounschen Bauwerks spiegelt sich auch die Neuentdeckung einer anderen Traditionslinie der Moderne wider, jene »Wurzel der neuen Architektur, die in England liegt und aus deren Stamm sich Jugendstil, Werkbund und der Funktionalismus des ›neuen bauens‹ verzweigt haben«,[8] aber auch die Erinnerung an jene intensive Periode in der Entwicklung der modernen Architektur in Deutschland nach dem Ersten Weltkrieg, die dem Expressionismus zugerechnet wird. Gerade die Rezeption sogenannter expressionistischer Architektur ist für die Zeit um 1960 kennzeichnend. Und so liegt es nahe, Scharoun, den ehemaligen »imaginären Architekten« aus dem Kreis der Gläsernen Kette, auf diese eigenen Wurzeln zurückzuführen. Bei der Wiederentdeckung des Expressionistischen und Phantastischen fällt auf, daß beim Herbeizitieren historischer Vorlagen wenig differenziert verfahren wird: Gaudí, Poelzig, die Amsterdamer Schule, die Gläserne Kette werden z. B. in einem Atemzug genannt, obschon die jeweiligen historischen Bedingungen der zusammengefaßten Werke – und ebenso die jeweils dahinterstehenden Intentionen – sehr unterschiedlich waren. Doch alle erfahren nun eine vergleichbare Aneignung, die sich – wie etwa auch bei den gleichfalls entdeckten Architekturen sogenannter primitiver Kulturen – vor allem auf die sinnlichen oder phantastischen Qualitäten dieser Bauten und Entwürfe richtet. Man kann dies als Symptom für die Mangelerscheinungen der gewöhnlichen Moderne ansehen. In diesem Sinne drückt z. B. Ernst Bloch sein Erstaunen darüber aus, daß gleichzeitig zur phantasiearmen Formensprache der modernen Architektur in Malerei und Plastik ein dieser völlig entgegengesetzt stehender Phantasieüberschwang existiere. Zwar konstatiert er, daß die »Formrebellion der Picasso, Kandinsky, Boccioni, Kirchner und so fort« nicht ohne Einfluß »auf Werkbund, Bauhaus, ja rein technisch angehobene Architektur« war, aber »das freilich nur mit der Gerüstkonstruktion und beileibe noch nicht geburtshelferisch zum Ornament.«[9]

Zeigt die von Giedion diskutierte Frage um den aktuellen Stand der Architektur sowohl Parallelen als auch Gegensätze zu den Aspekten, die in der Philharmonierezeption angesprochen sind, so ist der Bezug der von Adolf Arndt 1960 aufgeworfenen Frage nach dem Verhältnis zwischen der Form der politisch-gesellschaftlichen Ordnung und der Gestalt öffentlicher Bauten ein direkter. Arndt thematisiert den Zusammenhang zwischen Bauen und Politik und trifft damit einen zentralen Punkt der Architekturposition Scharouns, die nicht nur seine von der Erfahrung des Naziregimes geprägte Haltung nach 1945, sondern auch seine utopische Phase um 1920 und seine »im Geiste der Sachlichkeit« entwickelten Experimente gemeinschaftlichen Wohnens einschließt. An der Philharmonie wird von vielen Kritikern als augenfällig erkannt, daß in der Scharounschen Raumsprache ein politisches Ideal verborgen liegt, das prinzipiell von einem reziproken Verhältnis zwischen der Struktur der Gesellschaft und der Struktur des architektonisch geformten Raumes ausgeht.

Adolf Arndt, Jurist, sozialdemokratischer Politiker und 1963 als Berliner Senator für Wissenschaft und Kunst Eröffnungsredner in der Philharmonie, hat sich 1960 in seinem Vortrag »Die Demokratie als Bauherr«[10] ausgiebig auf diese Thematik eingelassen. Die Rede Arndts gilt seither als einer der wichtigsten Beiträge zur Architekturdebatte in Deutschland nach 1945. Arndt geht davon aus, daß Bauen die Vorstellung von einer Lebensweise »verkörpert«, und, daß Demokratie, als ein universelles Prinzip, nicht nur politisches Ordnungsprinzip, sondern vor allem »Lebensweise« ist. Deshalb können die politische Gestalt eines Staates oder einer Gesellschaft und die bauliche Gestalt nicht unabhängig voneinander betrachtet werden. »Wenn es einen Sinn haben soll, nach der Demokratie als Bauherr zu fragen und dadurch einen Zugang zu Lösungsmöglichkeiten zu finden, ob und wie es sich bewahrheiten könnte, daß Bauherr das souveräne Volk ist, so wird zunächst gesucht werden müssen, inwiefern Demokratie mehr ist als ein Wunschbild, mehr als eine Organisationsform, vielmehr ob sie Maßstäbe bietet für eine Lebensweise aus einer ihr eigenen Schau auf wirkliche Menschen hin.«

Arndt gesteht der Architekturform eine durchaus aktive Rolle zu: Sie bildet, d. h. sie formt Menschen. Nicht zuletzt die Geschichte zeige, daß sie eine so eindeutige Funktion als Machtausdruck und Machtmittel aufweise, daß sich, aus politischer Sicht, die Formel »form follows function« geradezu umkehren ließe: »Die politische Betrachtung zeigt, daß die Form funktionieren kann, ja, daß eine unerhörte Beeinflussung mittels der Form oder sogar der Unförmigkeit des Bauens möglich ist und geübt wird. Weil aller durch Bauen gefügter Raum nicht mathematisch euklidischer Raum ist, nicht bloß gedachte Figur, sondern gewordener und begehbarer Zeit-Raum, geschichtlicher Raum, hat solcher Raum Richtungen und kann bei den Menschen etwas ausrichten. So gibt es politisch einen totalitären Raum, der nicht dem Menschen etwas ausrichtet, sondern der, in der Sprache der Unmenschlichkeit zu reden, den Menschen ausrichtet.[...] Mit der Dynamik des Raumes, der niemals zeitlos statisch stillsteht, sondern körperlich und geistig begangen wird, läßt es sich bewerkstelligen, den Menschen anzusprechen. Dies geschieht mittels des totalitären Raumes gezielt auf unbewußt emotionale Reaktion.«

Mit dieser Feststellung einer politischen Aussagekraft, Lesbarkeit, Wirksamkeit von baulicher Form verbindet sich die Überlegung, an welchen Merkmalen ein gestalteter Raum als einer demokratischen Gesellschaft adäquat erkannt werden kann. Zunächst konstatiert Arndt, daß es für totalitäre Regime ungleich einfacher ist, sich architektonisch zu manifestieren. »Die Embleme des Herrschens«, sagt er, haben es leichter, »staunenswürdig« zu sein. Damit ist darauf hingedeutet, daß Demokratie, die sich nicht allein als eine Organisationsform versteht, von ebenso komplizierter wie diffiziler Struktur ist. Es gibt a priori keine »demokratischen« Bauformen.

Ein Grund für die Schwierigkeit der demokratischen Lebensweise, in Architekturform sinnfällig hervorzutreten, liegt, so Arndt weiter, in ihrem prinzipiellen »Offensein« begründet. Deshalb sei eine der entscheidenden Aufgaben einer demokratischen Gesellschaft und eines ihr entsprechenden Bauens, den Menschen in einen Gleichgewichtszustand zu versetzen. Gleichgewicht ist der zentrale Begriff des Arndtschen Ansatzes, Demokratie als Lebensform und ein ihr entsprechendes Bauen zu denken. Es geht ihm um »das Gleichgewicht des Menschen in sich selber und das Gleichgewicht des Menschen mit dem Raum, den er sich durch seine Bauten schafft und in dem er sich als Mensch für sich und als Mensch im Gefüge der Gemeinschaft darstellen soll«. Die Frage des Gleichgewichts betrifft die unterschiedlichsten Sinneinheiten der Erfahrungswelt, etwa einerseits – aus einem gesamtgesellschaftlichen Blickwinkel – die ausgewogene Wechselwirkung zwischen Staat und Gesellschaft. »... dasselbe Volk [organisiert] sich sowohl in der Rechtsform seiner mit begrenzten Vollmachten zum Handeln im Abstimmbaren ausgestatteten Staatsorgane ... und [bleibt] zugleich in einem politische Gesellschaft, deren unabstimmbare Freiheitlichkeit ihre staatliche Organisierbarkeit ausschließt.« Für Arndt ist Demokratie nicht nur quantitativ (etwa mittels Abstimmbarkeit) definiert. So scheint es ihm notwendig, der »Nichtmeßbarkeit des Menschen, ausgedrückt durch das Wort von seiner Würde und seiner personalen Gleichberechtigung«, gerecht zu werden.

Eine Frage des Gleichgewichts betrifft andererseits auch den mikrokosmischen Bereich gesellschaftlichen Zusammenlebens im gebauten Raum. Hier drückt es sich in dem Verhältnis von Öffentlichkeit und Intimität aus, dessen Ausgewogenheit durch eine bauliche Struktur gefördert oder sabotiert werden kann. Während Demokratie, sagt Arndt, nach »Durchsichtigkeit des Gemeinsamen« strebe, achte und schütze sie aber gerade auch die »Innigkeit menschlichen Verschwiegenseins«. Die »gleichgewichtige Wechselwirkung« gegensätzlicher, Öffnung und Abschirmung betreffender Ansprüche an den Raum und an das gesellschaftliche Zusammenleben, das die demokratische Lebensform bestimmt, unterscheidet sich, so Arndt, bezeichnenderweise eklatant von totalitären Ordnungen, welche umgekehrte Relationen aufweisen: hier wird der Mensch veröffentlicht, aber das, was ihn eigentlich angeht, entzieht man seinen Blicken.

Die Schwierigkeit der Arndtschen Frage nach der demokratischen Gestalt des Bauens tritt dort zutage, wo es um konkrete, auf die zeitgenössische Architektur bezogene Einschätzungen geht. Ließe sich etwa ernsthaft ein zeitgenössisches Gebäude eindeutig als mehr oder weniger demokratisch oder gar als undemokratisch taxieren? Und was würde solch ein Urteil beleuchten? Den Zustand einer Gesellschaft oder die Gesinnung eines Baumeisters? Solche schnellen Rückschlüsse sind sicherlich nicht das, worauf Arndts Rede zielt, entsprechen sie doch viel zu sehr jenem Hang zur rein quantitativen Festlegung und zur simpel-mechanistischen Folgerung, gegen den er sich gerade mit Blick auf die wichtige Funktion des »Unabstimmbaren« im Balanceakt eines demokratischen Prozesses verwahrt.

Wichtig erscheint an der Arndtschen Fragestellung vor allem die generelle Thematisierung einer politischen Dimension in der Architektur. Ein solches Thema differenziert anzugehen, ist zur Hochzeit des ideologischen Kampfes zwischen den beiden Machtblöcken sicher kein leichtes Unterfangen, setzt sich doch Politik in jener Zeit sehr schnell dem Verdacht propagandistischer Absichten aus. Betont Giedion die Tradition der modernen Architektur, so verweist Arndt auf die politische Komponente dieser Tradition. Hier spielen für ihn die ästhetischen Bewegungen der Jahre um den Ersten Weltkrieg eine herausgehobene Rolle. Scharouns Architekturauffassung entstammt dieser Tradition. Die Sensibilität für die politische Wirkung von Architektur rührt bei Arndt wie bei Scharoun aber zweifellos auch aus den Erfahrungen der jüngsten Geschichte, dem unvergessenen massensuggestiven Effekt rauminszenatorischer Techniken, auf den sich der Nationalsozialismus verstand.

Man kann sagen, daß das Scharounsche Politikverständnis in seinem Essentialismus dem Arndtschen ähnlich ist. Das trifft besonders auf die Einsicht einer wechselseitigen Beeinflußbarkeit von Bauform und Gesellschaftsform zu. Diese Vorstellung einer Wechselseitigkeit impliziert, daß Scharoun mit seinen Raumschöpfungen durchaus »bildende« Absichten verfolgt. Architektur ist für ihn nicht bloß Abbild eines bestehenden gesellschaftlichen Zustands, vielmehr ist sie auch in der Lage, einen gewünschten gesellschaftlichen Zustand – in einem gewissen Grad – zu antizipieren. Im Sinne der Erkenntnis vom prinzipiell prägenden Charakter des Raumes, sucht Scharoun nach neuen Raumformen, die andere Formen menschlichen Zusammenlebens begünstigen. Hierin liegt das grundsätzlich sozial-utopische Element seiner Architekturauffassung. Dieses Merkmal wird, als eine im Bauwerk nacherlebbare Intention, von vielen Philharmonie-Rezensenten betont.

Verbindet ein Architekt mit seinen Entwürfen einen utopischen Anspruch, so ergeben sich Probleme, Konflikte und Widersprüche. Diese rühren zum Teil daher, daß für das beabsichtigte Ziel der gesellschaftsverändernden Utopie zu viele Faktoren eine Rolle spielen, die nicht baulich-räumlicher Art sind. Doch selbst wenn es dem Architekten gelänge, ein Bauwerk zu realisieren, dem ein solcher Anspruch zugrunde liegt, bestünde keine Garantie, daß die in ihm angelegten Möglichkeiten adäquat in Anspruch genommen würden. Es könnte sein, daß die Menschen das vom Architekten vorgestellte Idealbild überhaupt nicht teilen wollen – es vielleicht sogar als Anmaßung empfinden, zumal, wenn der utopische Anspruch als steingewordene Wirklichkeit eher zwanghaft wirkt. Scharoun ist sich dieser Schwierigkeit bewußt, wenn er sagt: »Die neue Stadt muß von der Kultur ihrer Bewohner geprägt werden, immer aufs neue, sonst wird sie die Prägeform für die Bewohner und wirkt sich gegen sie aus.«[11]

In seltener Deutlichkeit ist die Problematik von Theodor W. Adorno in dem 1965 auf einer Werkbundtagung gehaltenen Vortrag »Funktionalismus heute« dargelegt worden.[12] Das prinzipielle Dilemma der gegenwärtigen Architektur liegt für Adorno in der Frage, von welchem Subjekt sie auszugehen habe, dem empirischen oder dem potentiellen, welches dem Stand der Produktivkräfte nach möglich ist? »Wider die zurückgestauten Instinkte der empirischen Subjekte, die in der gegenwärtigen Gesellschaft immer noch nach dem Glück im Winkel und allem erdenklichen Muff begehren, vertritt funktionelle Architektur den intelligiblen Charakter, ein menschliches Potential, das vom fortgeschrittensten Bewußtsein gefaßt, aber in den bis in ihr Inneres hinein ohnmächtig gehaltenen Menschen erstickt wird. Menschenwürdige Architektur denkt besser von den Menschen, als sie sind; so, wie sie dem Stand ihrer eigenen, in der Technik verkörperten Produktivkräfte nach sein könnten. Dem Bedürfnis jetzt und hier widerspricht Architektur, sobald sie, ohne Ideologie zu verewigen, dem Bedürfnis dient.«

Der fundamentale Widerspruch, der in der Architektur erscheint, liegt für Adorno darin, »daß die gleiche Gesellschaft, welche die menschlichen Produktivkräfte ins Unvorstellbare entwickelte, sie fesselt an die ihnen auferlegten Produktionsverhältnisse, und die Menschen, die in Wahrheit die Produktivkräfte sind, nach dem Maß der Verhältnisse deformiert.« Jede gegenwärtige Architekturkonzeption sei gegen diesen Grundwiderspruch machtlos. Nochmals Adorno zur Aporie, in der sich Architektur und Städtebau heute befinden: »In dem falschen Gesamtzustand schlichtet nichts den Widerspruch. Die frei jenseits der Zweckzusammenhänge des Bestehenden ersonnene Utopie wäre kraftlos, weil sie ihre Elemente und ihre Struktur doch dem Bestehenden entnehmen muß; unverbindliches Ornament. Was dagegen, wie unterm Bilderverbot, das utopische Moment mit dem Bann belegt, gerät in den Bann des Bestehenden unmittelbar.«

Reflexion ist das, was Adorno den Architekten, an die seine Rede gerichtet ist, empfehlen kann, denn »läßt schon der Widerspruch nicht sich wegschaffen, so wäre ein winziger Schritt dazu, ihn zu begreifen«. Adorno weist darauf hin, daß die notwendige Reflexion eine doppelte sein sollte. Ihre erste Fragestellung wäre die gesellschaftliche. Der Architekt »muß sich Rechenschaft ablegen vom Standort seiner Arbeit in der Gesellschaft und von den gesellschaftlichen Schranken, auf die er allerorten stößt«. Besonders deutlich zeige sich das in der Städteplanung, wo u. a. »architektonische Fragen und gesellschaftliche wie die nach der Existenz oder Nichtexistenz eines gesellschaftlichen Gesamtsubjekts kollidieren. Daß keine Städteplanung zureicht, die an partikularen Interessen, anstatt an einem gesamtgesellschaftlichen Zweck sich ausrichtet, bedarf kaum der Erläuterung.« Aber auch hier findet man jene Aporie, die Adorno mit seinem Hinweis auf den »falschen Gesamtzustand« aufzeigt: »... es fehlt jenes gesellschaftliche Gesamtsubjekt, auf das Städteplanung es absehen müßte; nicht zuletzt darum droht sie entweder chaotisch auszuarten oder die produktive architektonische Einzelleistung zu hemmen.«

Die andere Weise reflektorischen Herangehens an die Problemlage von Architektur heute ist, nach Adorno, die ästhetische. Wider einem verbreiteten Vorurteil könne es in der Ästhetik nicht darum gehen, definitive Festlegungen für schön oder häßlich zu treffen. Adorno sieht Ästhetik unmittelbar in ein künstlerisch-praktisches Bedürfnis eingebunden: »Trifft es zu, daß Begriffe wie die des Nützlichen und Unnützen in der Kunst, die Trennung der autonomen von der zweckgebundenen, die Phantasie, das Ornament abermals zur Diskussion stehen, ehe man, was man tut, zustimmend oder verneinend nach jenen Kategorien einrichtet, so wird Ästhetik zum praktischen Bedürfnis.«

In diesem knappen Streifzug durch drei Betrachtungen zur modernen Architektur aus der Zeit der frühen Philharmonie-Rezeption sind wesentliche Aspekte benannt, die zum Verständnis einerseits der Philharmonie und ihres Stellenwertes, andererseits aber auch der Scharounschen Architekturkonzeption hilfreich sind. Diese Aspekte geben eine Hintergrundskizze ab, die den ausgewählten Rezeptionsquerschnitt zum Scharounschen Hauptwerk gewissermaßen einfaßt und zu der folgenden werkbiographischen Darstellung überleitet.

Aufgezeigt wurden Aspekte, die mit der Situation um 1960 und mit einem Scharoun-spezifischen Ansatz zu tun haben, weil erst aus dieser Konstellation des Zusammentreffens einer allgemeinen Zeitsituation und eines bestimmten werkbiographischen Entwicklungspunktes sich der besondere Stellenwert des hier betrachteten Bauwerks in der Architekturgeschichte des zwanzigsten Jahrhunderts ergibt. Die Aspekte, von denen die Rede ist, sollen noch einmal kurz zusammengefaßt werden: die Frage nach den Traditionslinien der Moderne; die Annahme einer neuen Raumkonzeption als ein Kennzeichen der Ästhetik des zwanzigsten Jahrhunderts; die Frage nach der politischen Dimension von Architektur; die Vorstellung von einer wechselseitigen Beeinflussung zwischen gesellschaftlichen und städtebaulich-architektonischen Strukturen; das utopische Moment in der Architektur, verbunden mit der Frage nach dem gesellschaftlichen Gesamtsubjekt; die Notwendigkeit der Reflexion in der ästhetischen Produktion.

Da diese Aspekte mit der Scharounschen Werkentwicklung in unmittelbarem Zusammenhang stehen, sollen sie im Rahmen der folgenden exemplarischen Werkdarstellung immer wieder aufgegriffen werden. Das Moment der Tradition der modernen Architektur spiegelt sich in den allgemeinen und biographischen Zeiteinflußgrößen und ihrer spezifischen Verarbeitung wider. Scharouns Selbstverständnis entwickelt sich aus dieser Tradition. Die Auseinandersetzung mit dem Raum und dem – in Betrachtung der Entwicklung in den anderen Künsten wie im erkenntnistheoretischen Bereich – Konstatieren einer allgemeinen, auf die Gegenwartserfahrung bezogenen neuen Raumkonzeption, erweist sich bei Scharoun als ein zentrales Thema, das der Tradition der Moderne verpflichtet ist, aber auch seine eigene, spezifische Ausformulierung im Werk findet. Das politische und – damit eng verknüpft – sozial-utopische Moment stellt eine offensichtliche Verbindung zwischen dem Scharounschen Hauptwerk und seinem Frühwerk aus der Zeit des Berufsbeginns in den Jahren unmittelbar nach dem Ersten Weltkrieg dar. So erscheint es wichtig, sowohl auf Kontinuitäten als auch auf entwicklungs- und zeitbedingte Modifikationen dieser Intention hinzuweisen. In diesem Zusammenhang soll überprüft werden, inwieweit in dem Scharounschen Insistieren auf eine »tragende Idee«, die mit Begriffen wie »Neues Bauen«, »Neue Stadt«, »Neue Wohnung« verbunden ist und letztlich auf einen »Neuen Menschen« in einer mit Hilfe architektonisch-baulicher Gestaltung neu organisierten Sozietät zielt, der Schlüssel zum Verständnis des Scharounschen Werks liegt: als einem Werk, das primär von einem sozial-utopischen Impuls geprägt ist. Die Betrachtung der wechselseitigen Beeinflußbarkeit von gesellschaftlichem und architektonischem Raum spielt gerade in diesem Punkt eine wichtige Rolle.

Schließlich soll noch besonders das von Adorno eingeforderte Moment der Reflexion Erwähnung finden. Scharoun selbst hat sich als ein »denkender Architekt« verstanden.[13] Gerade in den ersten anderthalb Jahrzehnten nach dem Zweiten Weltkrieg hat er in ungezählten Aufsätzen, Statements, Vorträgen usw. den Versuch unternommen, die eigene Architekturposition zu klären. Die Scharounschen Äußerungen sind umfangreich und gelten als nicht leicht verständlich. Trotz ihrer Sperrigkeit und Schwerverdaulichkeit eröffnen sie aber einen wichtigen Zugang zum Verständnis seines Werks. Indem man sich in die Sphäre seiner Begrifflichkeit versenkt, läßt sich ein anschauliches Bild seiner höchst eigenständigen Position zur Geschichte, zu gesellschaftlichen Fragen und zur Rolle des gestalterisch Tätigen gewinnen. Dieses Bild ist nicht auf den Bereich der Architektur beschränkt. Es zielt vielmehr auf ein persönliches Weltbild hin. Eine politisch-moralische Haltung ist darin ebenso enthalten wie das, was man heute in der Regel Architekturkonzeption nennt. Beides, seine Haltung als politischer Mensch und seine Haltung als Architekt und Künstler, ist nicht zu trennen. Ein Hauptaugenmerk soll in der werkbiographischen Betrachtung auf dem Begriff der Konzeption liegen. Mit Architekturkonzeption ist die einem Bauwerk oder dem gesamten Schaffen eines Architekten zugrundeliegende Einheit übergeordneter Impulse und Maßstäbe gemeint. Sie weist über die formalen Aspekte eines Werks hinaus. Allein die strikte intellektuelle Untersuchung der Äußerungen des Architekten – im Sinne einer allgemeinen architekturtheoretischen Relevanz – reicht nicht aus, um sie zu erfassen. Im Falle Scharouns ist – mit einem gewissen Recht – vermerkt worden, daß, unter dem Anspruch hoher architekturtheoretischer Elaboriertheit betrachtet, seine »schriftlichen ... Verlautbarungen ... unadäquat«[14] anmuten. Mit solch einer Feststellung ist allerdings noch nichts über die Qualität seiner Konzeption ausgesagt. Konzeption, in dem hier gemeinten Sinn, beinhaltet im stärkeren Maß den Zusammenhang von theoretischen und reflektorischen Momenten einerseits sowie praktischen und sinnlichen Erfahrungswerten andererseits. Letztere schlagen sich vor allem im konkreten Werk nieder. Die Konzeption steht zwischen (und in gewisser Weise über) Reflexion und Werk, ist sozusagen die Synthese aus beidem. In diesem Sinn äußert sich Heinz Paetzold.[15] Für ihn ist die Konzeption eine Art intuitive Basis eines Werks. Sie kann deshalb nicht allein aus den Verlautbarungen und niedergelegten Reflexionen eines Produzenten erschlossen werden, sondern muß auch am konkreten Werk nachvollziehbar sein. Insofern vermittelt die Konzeption zwischen Denkarbeit und materialem Werk.

Bei der Betrachtung der reflektierenden Äußerungen Scharouns stehen weder sprachliche Brillianz noch logische Stringenz zur Debatte, wohl aber ihr inhaltlicher Kern. Man muß das unleugbare Bemühen Scharouns um die geistige Legitimierung seines Bauens in einem engen Bezug zu der ebenso unbestrittenen Originalität seines Werks sehen, gleichgültig, ob man die Scharounschen Reflexionen für genauso originell wie seine Bauten hält oder ob man in ihnen nur ein Konglomerat von Gedanken aus ganz disparaten Bereichen sieht. Verdeutlicht man sich die Tatsache, daß Scharoun ein – in mancher Hinsicht typischer – Vertreter der ästhetischen Moderne ist, so erscheint sein Drang zu theoretischer Untermauerung in einem anderen Licht. Für eine Mehrzahl moderner Künstler sind die Bemühungen theoretisch-legitimatorischer Art geradezu kennzeichnend. Man spricht in diesem Zusammenhang von Künstlertheorien. Schon 1956 hat sich Walter Hess über Recht und Stellenwert solcher werkbegleitender Reflexionen geäußert: »Der Künstler hat freilich keinen neutralen Standort, um sein Werk von außen und mit der Distanz objektiven Urteilens zu sehen, und das diskursive Denken ist ihm ein wesensfremdes Gebiet. Dennoch glauben wir an den Erkenntniswert dieser das Phänomen der modernen Kunst begleitenden Dokumente, nicht weil wir von ihnen eine verbindliche, objektive Deutung des Phänomens erwarten, sondern weil sie selbst zum Phänomen gehören. Denn mögen die Bekenntnisse und Theorien das Werk mehr oder weniger treffend interpretieren, jedenfalls kommt beides aus den gleichen Wurzeln und Antriebskräften. Es kann deshalb für das Verständnis von Kunst und Künstler nicht gleichgültig sein, wie die Schaffenden sich selbst verstehen und verstanden wissen wollen.«[16]

Kindheit, Jugend, Studium, erste Berufspraxis

Bernhard Hans Henry Scharoun kommt am 20. September 1893 in Bremen zur Welt. Seine Kindheit und Jugend erlebt er in Bremerhaven. Diese Ortsangaben sind nicht ohne Bedeutung. Denn, obwohl Scharoun seine Heimatstadt Bremerhaven 1912, nach dem Abitur, für immer verläßt und Berlin, Insterburg, Breslau die weiteren Stationen seines Lebenswegs werden, bis er sich schließlich ganz in Berlin niederläßt, so bleibt er doch dieser Heimat – nicht nur durch familiäre Bindung, sondern auch ideell – stets zugewandt. Hört man sich Tondokumente seiner Reden, etwa aus den sechziger Jahren, an, ist ein hanseatischer Tonfall noch immer deutlich erkennbar. In gewisser Weise entspricht diese ideelle Ortsbindung seiner Philosophie. Für Scharoun ist der Ort, an dem etwas geschieht, nie nebensächlich. Er sieht zwischen dem Menschen und dem Raum, der ihn umgibt, eine wechselseitige Wirkung. Der Mensch wird durch den Raum, genauer, durch die Räume, in denen er lebt, geprägt – er ist aber andererseits auch in der Lage, diese zu prägen. Scharoun nennt dieses Verhältnis in der ihm eigenen, ein wenig geschweiften Ausdrucksweise das »Unendliche unserer Wesenheit in Bindung an den Raum, der uns umfängt und den wir schaffen«.[1]

Natürlich überwiegt in den Räumen der Kindheit die Prägung von außen. Die Konstellation der zufällig vorgefundenen Dingwelt liefert, neben der sozialen Situation, ein erstes Schema für das, was man später Weltbild nennen mag. Doch beginnt jedes Kind schon bald, in diese vorgefundene Welt einzugreifen, Dinge zu gebrauchen und mit ihnen spielerisch den vorgefundenen Raum zu verändern. Indem es im Kleinen in die Ordnung der Dinge eingreift, sich in den vorgefundenen Raum einschreibt, Spuren hinterläßt, schafft sich das Kind einen neuen, *seinen* Raum. Eine solche Aneignung zeugt von einem bewußten Wahrnehmen der Umgebung und vermag zum Ausgangspunkt phantasievoller Gespinste zu werden.

Der Ort Bremerhaven hat der kindlichen Phantasie einiges zu bieten: Hafenszenerie um 1900, lebhafte Betriebsamkeit, an- und ablegende Schiffe, Hafenarbeiter beim Löschen der Frachter, die Auswandererschiffe nach Amerika, Werften, Schiffsneubauten in verworrenen stählernen Konstruktionsskeletten und Einrüstungen, Stapelläufe. Keine hundert Schritte von

1

2

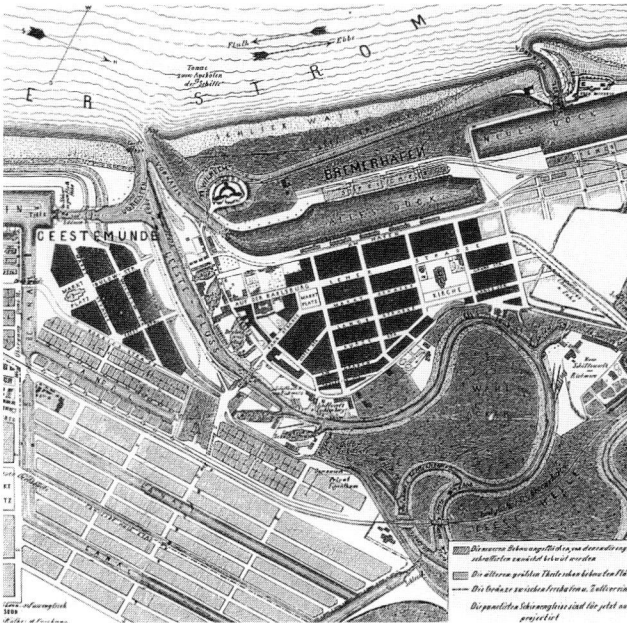
3

dieser aufregenden, sich ständig verändernden Szenerie entfernt wächst Scharoun auf.

Hans Scharoun hat sein erstes Lebensjahr noch nicht vollendet, als die Familie von Bremen nach Bremerhaven umzieht, wo der Vater, ein gelernter Handelsgehilfe, eine Stellung als kaufmännischer Direktor der Karlsburg-Brauerei antritt. Hans Scharouns Vorfahren stammen väterlicherseits aus dem Böhmischen. Sein Urgroßvater Vaclav Šaraun, ein Schuhmacher, erwarb 1816 das Bürgerrecht von Bremen. Seine Kinder wurden mit dem Namen Scharoun ins Kirchenbuch eingetragen. Hans Scharouns Mutter entstammt einer alteingesessenen Lüneburger Handwerkerfamilie. Die Eltern heiraten 1889, von drei Söhnen ist Hans der zweitgeborene. Die Familie wohnt bis 1897 in der Bürgermeister-Smidt-Straße, der Hauptstraße Bremerhavens, danach auf dem Gelände der Brauerei Auf der Karlsburg. Beide Orte liegen in unmittelbarer Nähe der geschilderten stadtbildprägenden Hafenanlagen. Scharoun erinnert sich, viele Jahre später, an seine charakteristischen Erfahrungen in der Kindheit: »Ich wurde Zeuge der letzten Jahre einer stürmischen wirtschaftlichen Entwicklung. Die Weserkorrektion war noch nicht abgeschlossen, der Hafen war der bedeutende Umschlagplatz, die Personenschiffahrt funktionierte noch ohne Luft-Konkurrenz – für uns Jungen machte das alles aus Bremerhaven und New York eine Einheit.«[2]

Über den Einfluß, den die beschriebenen Erfahrungen auf das spätere Werk ausgeübt haben, sind viele Mutmaßungen angestellt worden. Vor allem die charakteristische Schiffsmetaphorik der Scharoun-Bauten, die zwar ein allgemeines Phänomen der modernen Architektur darstellt, sich aber bei Scharoun in besonders ausgeprägter Form offenbart, legt einen Zusammenhang nahe. In vielen formalen Details der Architektur Scharouns, wie Bullaugenfenster, Aufbauten, Treppen und relingartige Brüstungen wird dies sichtbar, aber auch in der Formung ganzer Gebäudekomplexe zu Dampfern, was in seinen Bauten um 1930 besonders deutlich hervortritt. Ein Wohngebäude in der Berliner Siemensstadt erhält im Volksmund den Namen Panzerkreuzer.

Neben der Besonderheit des Ortes ist für die Entwicklung Scharouns vor allem die Freundschaft mit Hans Helmut und Jürgen Hoffmeyer bedeutsam. Die beiden, etwa gleichaltrigen Spielkameraden sind die Söhne des Bauunternehmers und Architekten Georg Hoffmeyer. Der Bauhof der Firma Hoffmeyer befindet sich in unmittelbarer Nachbarschaft des Elternhauses

1 Bremerhaven, Hafenszenerie, um 1900
2 Kaiserdock I im Bau, um 1898
3 Plan von Bremerhaven (rechts) und Geestemünde, um 1862
4 Blick vom Südende des Neuen Hafens auf den Alten Hafen und die Stadtmitte, um 1895

4

Scharoun. Er wird für die drei Knaben zum Abenteuerspielplatz. Scharoun schätzt das aufgeschlossene Verhalten der Hoffmeyers, das sich sehr vom strengen Erziehungsstil zu Hause unterscheidet. Helmut Coldewey schildert in seinem Aufsatz »Scharoun und seine Heimatstadt Bremerhaven« die Situation wie folgt: »Hier herrschte ein Klima, das sich grundlegend von dem damals in den meisten Familien üblichen autoritären Stil unterschied, wie er nicht zuletzt auch bei den Scharouns herrschte.

Georg Hoffmeyer war auf einem Gut in Posen aufgewachsen. Die große Freiheit, die er genossen hatte, ließ ihn seinen Kindern gegenüber Verbote und Reglementierungen sparsam anwenden. So durften diese mit ihren Freunden auf dem Hof mit Baugeräten und Baustoffen herumtollen und sogar auf den Schuppen steigen ...«[3]

Schon als Schüler entdeckt Scharoun seine zeichnerische Begabung. Dieses Talent wird vom Vater mit Argwohn betrachtet, hat er doch für den Sohn die Laufbahn des Juristen vorgesehen und nicht die des brotlosen Künstlers. In dieser Situation erweist sich Georg Hoffmeyer als Förderer der künstlerischen Veranlagung des Jungen. Als Scharoun ihm einige Zeichnungen von Häusern zeigt, wird er von Hoffmeyer mit den technischen Bedingungen des Bauens vertraut gemacht. Scharoun darf von nun an im Baubüro der Firma aushelfen und erste praktische Erfahrungen sammeln.

Bemerkenswert ist ein Entwurf des siebzehnjährigen Gymnasiasten. Er zeigt eine »Kirche als Fels«. Um einen Innenhof herum ist eine Agglomeration unterschiedlichster Gebäudeteile angeordnet, die in der Außenansicht durch weit heruntergezogene, stufenförmig gegliederte, konkave Dächer zu einer Einheit verschmelzen, die an eine stalagmitartige Formation erinnert. Dieser von Wolfgang Pehnt als »genial dilettantisch«[4] bezeichnete Entwurf zeigt in seiner Grundrißfiguration Anklänge an die etwa zur gleichen Zeit (1906–1910) entstandene »Casa Milá« des katalanischen Architekten Antoni Gaudí. Ob Scharoun Abbildungen dieses Bauwerks gekannt hat, ist nicht sicher. Sicher ist aber, daß er sich schon seit einiger Zeit mit dem Sachstand der modernen Architekturentwicklung auseinandergesetzt hat. So wird von einem einstündigen Referat berichtet, daß der vierzehnjährige Tertianer über die moderne Architektur seiner Heimatstadt vorträgt.

An dem rechten oberen Blattrand seines Felskirchen-Entwurfs hat Scharoun den Sinnspruch vermerkt: »Ein selbständiger Architekt soll sich nicht von Sensationen, sondern von Reflexionen leiten lassen.« Diesem Motto mag vielleicht eine Ermahnung Hoffmeyers zugrunde liegen, zur Architektur gehöre mehr als das Verfertigen beeindruckender Schaubilder. Kaum ein Scharoun-Biograph verzichtet darauf, es zu zitieren, was wohl daran liegt, daß es wie ein vorweggenommener Leitgedanke des Scharounschen Gesamtwerks klingt. Man findet nur schwer einen anderen Architekten, der sich in einem ähnlichen Maß von Reflexionen hat leiten lassen, wie Scharoun. Paul Bonatz nennt ihn 1951 in einem polemischen Anwurf, gar einen »Zerdenker«.[5] Daß als Ergebnis solcher Reflexionen – nicht als kalkulierter Effekt – oft Sensationelles entsteht, spricht nicht gegen diese Maxime. So vermerkt 1922 Adolf Behne in seiner Besprechung des Wettbewerbs Hochhaus Friedrichstraße zu Scharouns Beitrag: »Während andere zu einem wuchtigen Koloß kommen, dessen starre Schwere

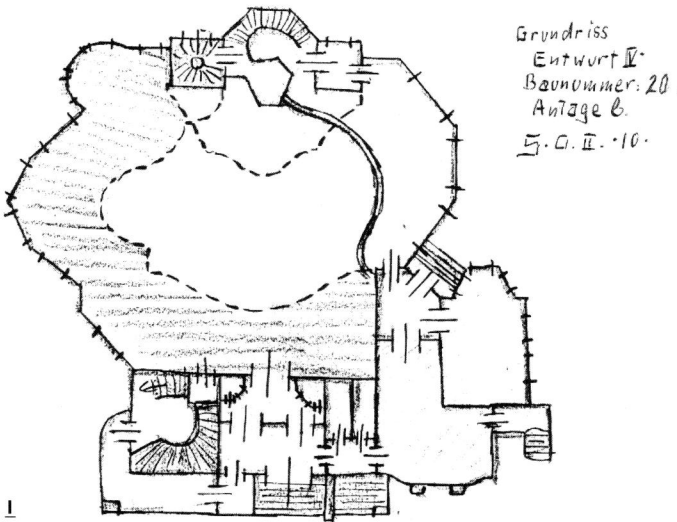

die verschiedensten, so alltäglichen Bedürfnisse unter eine tragische Maske zwingt, kommt Scharoun aus einer bewußt nüchternen Einstellung zu einem lockeren, differenzierten Haus, das nichts anderes scheinen will als es ist: eine großstädtische Sensation.«[6]

Für Scharoun steht der Beruf schon früh fest. Dem Selbstbewußtsein des zitierten Mottos entspricht die Tatsache, daß er sich bereits als Schüler an öffentlichen Architekturwettbewerben beteiligt, so an einem Wettbewerb für eine Kirche in seiner Heimatstadt. In einem Brief des Stadtbaurates Hagedorn an den »Herrn Oberprimaner Hans Scharoun« vom 14. 3. 1912 heißt es: »In den Anlagen sende ich Ihnen Ihre zum Wettbewerb für den Kirchen-Neubau der evangelisch-lutherischen Kirchengemeinde eingereichten Pläne mit bestem Dank für Ihre Teilnahme an dem Wettbewerb zurück. Die Entwürfe haben beim Preisgericht großes Interesse erregt, da die Unterlagen von guter künstlerischer Veranlagung zeugen. Da der Entwurf aber in vielerlei Beziehungen den zu stellenden Anforderungen nicht entsprach, mußte er von der Preiszuerteilung ausgeschlossen werden.«[7]

Scharouns architektonische Initialerlebnisse fallen in die Zeit des ausklingenden Jugendstils. In seiner später erkennbaren formalen Vorliebe zu gekurvten Lineaturen, etwa in den Bauten der späten zwanziger Jahre, die nicht selten gerade deshalb das Mißfallen der Puristen der Moderne hervorrufen, mag man eine gewisse Affinität zu dieser Bewegung der Jahrhundertwende erkennen. Später wird Scharoun häufig auf die enorme Bedeutung des Jugendstils hinweisen,[8] allerdings nicht ohne die Zusatzbemerkung, daß diese Bewegung nur von einem kleinen Kreis originärer Künstler getragen wurde und an der massenhaften, uninspiriert epigonalen Aufnahme zugrunde ging.

Nach dem Abitur, nimmt Scharoun das Architekturstudium an der Technischen Hochschule in Berlin-Charlottenburg auf. Das Studium scheint ihm in bezug auf Lehrerpersönlichkeiten, Kommilitonen und Lehrangebot wenig Anregendes geboten zu haben. Nur zu dem Assistenten Paul Kruchen entwickelt er eine engere Bindung. In einem Nachruf zum Tode Kruchens erinnert sich Scharoun 1947: »In meinem ersten Semester 1912 lernte ich Paul Kruchen als Assistenten der technischen Hochschule und als einen, der Jugend aufgeschlossenen, mit der Jugend empfindenden Menschen kennen. Es war die Freude am Schöpferischen, die aus dieser Aufgeschlossenheit für unsere Probleme sprach, mit denen belastet wir Jungen der erstarrenden Welt der Hochschule gegenübertraten. Er hatte das Zeug zu einem Mentor der Jugend...«[9]

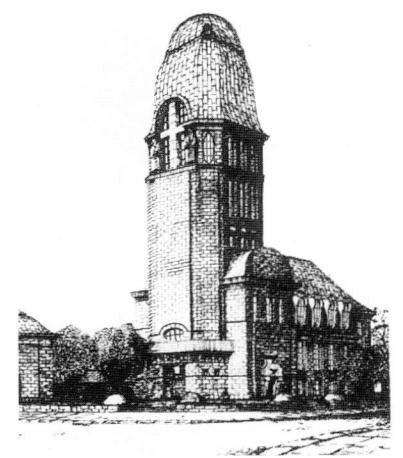

1 »Kirche als Fels«, 1910, Ansicht und Grundriß
2 Kirchenentwurf, Bremerhaven, 1911, Schaubild
3 »Alles um Liebe«, Kirchenentwurf, Bremerhaven, 1911, Schaubild, Längsschnitt und Grundriß

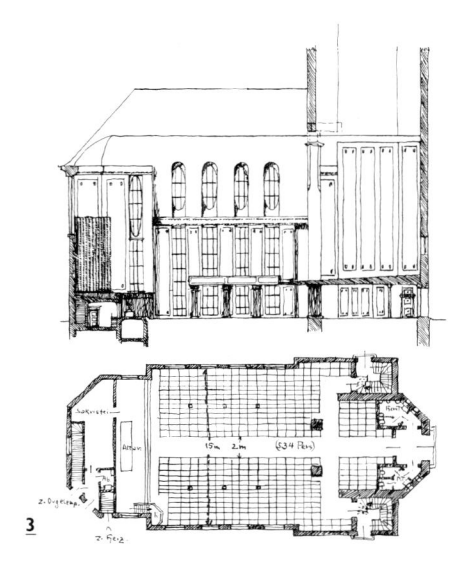

WETTBEWERB KAISER WILHELM-PLATZ - GEESTEMÜNDE.
BLICK VOM BAHNHOFSEINGANG AUF DIE GEGENÜBERLIEGENDE FRONT

1

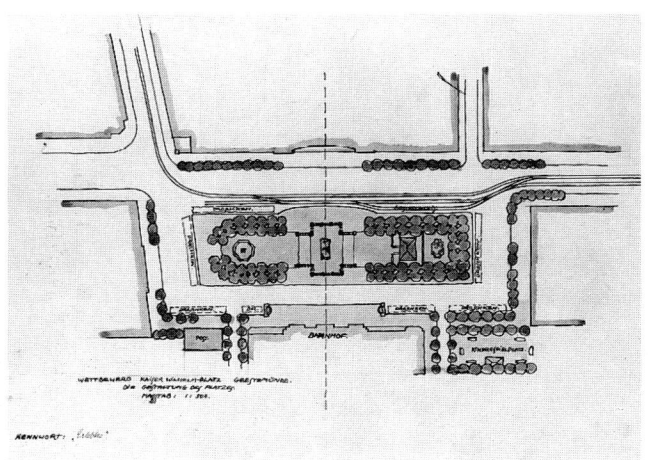

In Kruchens Büro kann er weitere praktische Erfahrungen sammeln. Er ist an der Bauplanung von zwei Sanatorien, einem Krankenhaus und auch von Kruchens Privathaus in Buch bei Berlin beteiligt. In den Semesterferien arbeitet er gelegentlich auch im Hoffmeyerschen Baubüro. Er nimmt weiter an Wettbewerben teil, u. a. 1913 an einer Ausschreibung für die Gestaltung des Bahnhofsvorplatzes in Geestemünde.

In seinem Wettbewerbsentwurf dieses Kaiser-Wilhelm-Platzes setzt sich Scharoun mit dem öffentlichen Empfangsraum seiner Heimatstadt auseinander. (Geestemünde ist 1913 zwar noch selbständige Gemeinde, grenzt aber unmittelbar an Bremerhaven an. 1924 werden die Gemeinden Bremerhaven, Lehe und Geestemünde zur Stadt Wesermünde zusammengeschlossen, die später wieder Bremerhaven heißt.) Zum Vergleich sind die Entwürfe zu ähnlichen Situationen in Frankfurt/Oder und Duisburg interessant, die ungefähr zehn Jahre später entstehen. In ihnen wird der dynamische Aspekt des Verkehrs für Platzform und Baugestalt bestimmend werden. In allen drei Fällen artikuliert Scharoun für die Empfangshallen der bestehenden Bahnhöfe eine axial gegenüberliegende architektonische Korrespondenz. In Geestemünde soll der Reisende von acht großen Figuren auf hohen Pilastern in einer von Bäumen freien Blickachse empfangen werden. Trotz der traditionellen Platzwände erfährt die Verbindung zur Stadt und zum Hafen eine spezielle Ausprägung. Ein Hotel ist abgedreht und nimmt diese Hauptrichtung auf. Dies ist nicht nur ein Vorteil für viele Droschkenfahrer, sondern für Scharoun auch Anlaß, die Gebäudeecke in besonderer Weise zu gestalten.

Nach Ausbruch des Krieges meldet sich Scharoun freiwillig. Er wird 1915, nachdem die deutschen Truppen Ostpreußen wieder zurückerobern, von Kruchen, der als Hauptmann Bezirksarchitekt beim Wiederaufbau Ostpreußens ist, angefordert. Dort ist er abseits der Frontlinie und entgeht so dem Schicksal seiner beiden Brüder und seines Freundes Jürgen Hoffmeyer, die, wie viele seiner Generation, den Krieg nicht überleben. Nach Kriegsende plant Scharoun zunächst, sein begonnenes Studium formal abzuschließen. Als seine Entwurfsarbeiten und seine praktischen Erfahrungen nicht in dem Sinne anerkannt werden, daß er sein Studium an der Technischen Hochschule in Berlin-Charlottenburg schnell beenden kann, begibt er sich ohne Diplom nach Ostpreußen zurück, wo er in Insterburg Kruchens Bauberateramt als privater Architekt übernehmen kann. 1920 heiratet er Aenne Hoffmeyer, die Schwester seiner beiden Schulkameraden.

Bis 1925 arbeitet Scharoun in Insterburg für den Wiederaufbau Ostpreußens. Dort kann er praktische Berufserfahrungen sammeln und seine ersten Bauten realisieren. Die Ostprovinz Preußens ist von den Reformbewegungen, die seit der Jahrhundertwende die Architekturentwicklung maßgeblich beeinflussen, bis in die Kriegszeit nahezu unberührt geblieben. Wichtige Vertreter des Neuen Bauens, wie Erich Mendelsohn, die Brüder Taut und Martin Wagner kommen aus dieser landwirtschaftlich geprägten Region, die für die berufliche Arbeit eines Architekten nur wenig Anreiz und Möglichkeiten bietet. Für diesen Landstrich Deutschlands trifft jene Standortbestimmung noch nicht zu, die Hermann Muthesius auf der Werkbund-Tagung 1911 in Dresden mit dem Titel »Wo stehen wir?« vortrug. Muthesius, der sechs Jahre als Regierungsbeauftragter in England tätig war, studierte dort die Leistungen der Arts and Craft-Bewegung. Aufgrund dieser Erfahrungen arbeitete er Vorschläge zur Reform deutscher Akademien und Kunstgewerbeschulen aus. Die Lage der Künste um 1910 beschreibt er so: »Die anfänglich rein kunstgewerbliche Bewegung wurde zu einer großen allgemeinen Bewegung, die die Reform unserer gesamten

Ausdruckskultur zum Ziele hatte. Der künstlerische Geist, einmal angefacht, griff in die Nachbargebiete ein, suchte die Bühne, den Tanz, das Kostüm zu reformieren ... Und es zeugt von seiner Kraft, daß er sich sogleich auch ein erweitertes Wirkungsfeld sucht und Gebiete mit Beschlag belegt, die zeitweise der Architektur entzogen waren, wie dem Ingenieur- und Industriebau und die Anlagen ganzer Siedlungen und Städte. ›Vom Sofakissen zum Städtebau‹ so ließe sich der Weg, den die kunstgewerblich-architektonische Bewegung der letzten 15 Jahre zurückgelegt hat, kennzeichnen ... Die junge Generation steht mit voller Selbstverständlichkeit auf dem Boden der Anschauungen, die wir vertreten.«[10]

Diese Feststellung trifft sicher auch für den jungen Scharoun zu, obgleich andererseits offensichtlich ist, daß unter dem Dach des Werkbunds sowohl radikale Neuerer als auch konservative Traditionalisten zu Hause sind. Diese Extrempositionen führen immer wieder zu heftigen Auseinandersetzungen. Auf der Tagung im Sommer 1914 während der Werkbundausstellung in Köln, die mit Kriegsbeginn geschlossen wird, geht der Streit um Typisierung oder schöpferische Individualität und nach dem Krieg vermehrt um neues oder bodenständiges Bauen.

Während der Deutsche Werkbund unterschiedliche künstlerische Orientierungen vereint und somit ein Spiegelbild der kulturellen Veränderung zeigt, sind die Ziele anderer Bünde einheitlicher. Traditionsorientierte Vereinigungen, wie »Der Deutsche Bund Heimatschutz«, der »Dürerbund« und auch die »Deutsche Gartenstadt-Gesellschaft« sind ebenso von der Notwendigkeit von Reformen überzeugt, bleiben aber mit ihren baulichen Vorstellungen den historischen Vorbildern verhaftet. Sie sind gut organisiert und bieten sich deshalb für den Wiederaufbau der stark zerstörten ostpreußischen Gebiete an. So werden vor allem sie zur Durchführung eines umfangreichen Hilfsprogramms herangezogen, das schon während des Krieges dringlich ist, um die Abwanderung zu bremsen und die landwirtschaftliche Produktion zu sichern, die zur Versorgung des Deutschen Reichs wichtig ist.

Um den Wiederaufbau in Ostpreußen zu koordinieren und durchzuführen, fehlen die Fachkräfte, in den Bauämtern, aber auch als freie Architekten. Mit der Einrichtung von 15 Bauberatungsstellen, mit je einem Bezirksarchitekten als Leiter, werden die organisatorischen Voraussetzungen für das Aufbauprogramm geschaffen. Der Mangel an beamteten Fachleuten zwingt dazu, auch private Architekten einzustellen. Unter diesen Umständen und von Kruchen protegiert, kommt der stud. arch. Scharoun in die Rolle eines Bezirksarchitekten, der alle Vollmachten in Gestaltungsfragen hat.[11]

1 »Erlebtes«, Wettbewerb Kaiser-Wilhelm-Platz, Geestemünde, 1913
2 »Die bunte Reihe«, Siedlung Kamswyken bei Insterburg, 1920, Schaubild des Entwurfs und Fotografie der fertiggestellten Anlage aus dem gleichen Blickwinkel

1 Mietshäuser am Parkring, Insterburg, 1924
2 Gutshaus Albat, Santilten/Ostpreußen, Umbau, 1922
3 Mit Aenne, 1920

Während die Vorzeichen für den beruflichen Werdegang vieler Architekten oft schon dadurch gesetzt erscheinen, daß sie bei einem bestimmten Lehrer studiert und in einem bestimmten Architekturbüro gearbeitet und eine folgenreiche Italienreise unternommen haben, so läßt der Berufseinstieg Scharouns solche Vorbestimmungen nicht zu. Der Berufsanfänger muß sich als angehender, selbständiger Architekt innerhalb eines Wiederaufbauprogramms bewähren, das wohl baukünstlerische Reformbestrebungen nach Ostpreußen bringen will, aber insgesamt von einer konservativen, traditionsorientierten Bauauffassung beherrscht wird.

Im Rahmen dieser Tätigkeit in Insterburg kann Scharoun bis 1925 mehr als ein Dutzend Bauten – Neubauten, Umbauten und Erweiterungen – realisieren, u. a. die Siedlung Kamswyken bei Insterburg, genannt »Die bunte Reihe« (1920) mit ihren sich breit öffnenden Loggien an den Stirnseiten der Gebäude, den Umbau des Gutshauses Albat im ostpreußischen Santilten (1922) mit seiner geschwungenen, eingeschossigen Erweiterung, die mit einem markanten Eingangsportikus endet und die mehrgeschossigen Mietshäuser am Parkring in Insterburg (1924), wo der dreigeschossige Teil mit runden, vorspringenden Balkonen und horizontalen Brüstungsbändern schon deutlich von traditionellen Regeln der Baukunst abweicht.

Man könnte annehmen, daß Scharoun mit diesen Bauaufgaben voll ausgelastet ist. Doch sein aus späterer Zeit bekannter nimmermüder Arbeitseifer führt noch zu mehr als einem Dutzend Entwürfe und Wettbewerbsbeteiligungen im Gebiet von Ostpreußen. Mit ungefähr einem weiteren Dutzend von Wettbewerbsbeteiligungen außerhalb Ostpreußens wird unverhohlen sein Interesse offensichtlich, nach den gesammelten praktischen Berufserfahrungen den Ort seiner beruflichen Arbeit möglichst schnell weiter nach Westen zu verlegen. Nebenher betätigt sich Scharoun in der ostpreußischen Provinz als Kulturpionier. Er beteiligt sich an der Gründung eines Kunstvereins und setzt sich für die Vorführung zeitgenössischer Bühnenwerke ein: »Als ich daran ging, zerstörte Gutshäuser und Höfe aufzubauen, meinte ich, daß man den Bewohnern nicht nur Häuser, sondern auch gute Möbel und zeitnahe Bilder geben müsse. So entstand, zusammen mit Richard Gröning, die erste ostpreußische Kunstausstellung, in der Werke der ›Brücke‹, also von Nolde, Pechstein, Otto Müller, Kirchner, Schmidt-Rottluff und anderen gezeigt wurden. Sie hatte zunächst einen Riesen-Lacherfolg!«[12]

Im Geiste des Expressionismus

Für die Entwicklung des Frühwerks von Scharoun ist entscheidend, daß er sich nicht mit dem von Paul Kruchen vermittelten Einstieg in die Baupraxis zufriedengibt. Er versucht, sich über die Grenzen der architektonisch unbedeutenden Provinz Ostpreußen hinaus zu orientieren. Ein probates Mittel der Horizonterweiterung stellt für den Architekten die Beteiligung an überregionalen Wettbewerben dar. Noch als »stud. arch.« tituliert, beteiligt sich Scharoun 1919 an dem Wettbewerb für die Umgestaltung des Domplatzes in Prenzlau, wo er überraschend mit dem ersten Preis ausgezeichnet wird. Mit diesem Entwurf wird der Name Scharoun zum ersten Mal in der Fachöffentlichkeit vermerkt. U. a. ist es Adolf Behne, der anerkennende Worte über die Arbeit des angehenden Architekten findet, dessen Mut zur Farbe in der architektonischen Gestaltung er vor allem hervorhebt. Sicherlich hat diese überraschende Anerkennung Scharoun in seinem Interesse gestärkt, von Insterburg aus am Architekturgeschehen in Berlin möglichst aktiv teilzunehmen. Berlin ist nach dem Ersten Weltkrieg noch deutlicher zum Zentrum der kulturellen Avantgarde in Deutschland geworden und immer mehr auch zum Ort des internationalen Austauschs. Behne spielt in dieser Phase eine wichtige und für Scharouns weitere Entwicklung aufschlußreiche Rolle.

Adolf Behne, acht Jahre älter als Scharoun, Sohn eines Architekten, hat zunächst selbst diesen Berufsweg eingeschlagen, wird dann aber Kunsthistoriker. Zwischen den beiden Kriegen ist er als kritischer Begleiter, Propagandist und Anreger der architektonischen Modernebewegung in Deutschland von zentraler Bedeutung. Neben Bruno Taut und Walter Gropius ist er einer der Führer des Arbeitsrates für Kunst (AFK), der sich im November 1918 nach dem Muster der Arbeiter- und Soldatenräte gegründet hat. Der AFK ist ein Kind des revolutionären Klimas, das im Deutschland der unmittelbaren Nachkriegszeit auch Künstler und Intellektuelle erfaßt. Doch läßt sich diese Vereinigung auch in jene umfassende ästhetische und kulturelle Gegenbewegung einordnen, die immer wieder Anlaß dazu gab, die Jahre vor und nach dem Ersten Weltkrieg als das expressionistische Jahrzehnt zu bezeichnen. Es ist eine Epoche der Erneuerung, in der der Expressionismus in

1 Titelholzschnitt (Max Pechstein) eines Flugblattes, das vom Plenum aller am 1. 3. und 22. 3. 1919 versammelten Mitglieder des Arbeitsrates verabschiedet wird
2 Bruno Taut
3 Walter Gropius
4 Adolf Behne

Bruno Taut
»Die Stadtkrone«, 1919

Mitteleuropa mehr ist, als jene bekannte Stilkategorie, die zunächst für die Malerei gilt, auf die Literatur übertragen und nach und nach in anderen Künsten, u. a. auch in der Architektur, verwendet wird.

Der expressionistische Impuls kennzeichnet vor allem einen geistigen Aufbruch, den Protest der Jungen und jener, die wie sie empfinden; er ist Ausdruck des Gefühls einer Zeitenwende. Innerhalb dieser Bewegung gibt es unterschiedliche Schattierungen und Entwicklungsverläufe. Gemeinsam ist den Fraktionen ein emotional vorgetragenes, moralisch motiviertes Aufbegehren: politisch-gesellschaftlich gegen ein sattes und selbstzufriedenes Bürgertum, gegen Materialismus, Positivismus und Militarismus, gegen den zentralistischen Staat – künstlerisch gegen Naturalismus, Ästhetizismus, Akademismus, das Vorbild der Klassik und gegen das »willenlose, passive Kunstkonsumententum« (Behne) der Bildungsbürger. Neben einer nihilistisch geprägten Linie, die mit einem radikalen Individualismus auf das Ego und den Ausdruck seiner subjektiven Befindlichkeit in einer zerbrochenen Welt setzt, gibt es eine starke Richtung innerhalb des Expressionismus, die in utopischen Vorausgriffen eine neue, menschenwürdige Gesellschaft anstrebt. Hans Heinz Holz beschreibt diesen Zug des Expressionismus wie folgt: »Die Wirklichkeit [ist für den expressionistischen Künstler] transparent auf ein hinter ihr Liegendes, auf eine nur geahnte Heilsankunft. Das Hoffen auf ein Letztes geht bei vielen von ihnen auch in konkrete politische Erwartungen, in die Idee der sozialistischen Menschheitsbefreiung und -beglückung ein, allerdings weniger als begründete Theorie einer historisch-materialistischen Geschichtsauffassung, denn als ein emotionales Aufbegehren gegen die Unmenschlichkeit und Ungerechtigkeit der bürgerlichen Gesellschaft. Der Sozialismus dieser Intellektuellen und Künstler ist nicht der wissenschaftliche Sozialismus von Marx und Engels und den Führern der Arbeiterbewegung, sondern eine aus Gefühl und Erlebnis erwachsene Bewegtheit, [eine] affektive Erfüllung, die in einen vor-sozialistischen Utopismus und eine chiliastisch-religiöse Heilserwartung eingegangen ist«[1]

Diese Beschreibung trifft ziemlich genau die Intentionen der vom literarischen Aktivismus inspirierten Gruppe von Künstlern und Architekten um Taut, Behne und Gropius, die sich 1918 im Arbeitsrat für Kunst organisiert. Dieser Vereinigung geht es um den, wie Bruno Taut, Vorsitzender des AFK, es formuliert, »Aufbau des Materiellen unter einem großen Willen des Geistigen« in einer erwarteten neuen, sozialistischen Gesellschaft. Womit nichts anderes als eine neue Architektur gemeint ist; eine Architektur, die auf der breiten Basis eines geistigen Prinzips ruhend, Ausdruck einer neuen humanitären Gesinnung sein soll und diese Gesinnung im Prozeß des alle Künste vereinenden, die Trennung zwischen Kunst und Volk überwindenden Bau-Werks befördern will. Die Architektur steht in dieser Utopie an zentraler Stelle. Die Architekten beanspruchen die Führerschaft unter den Künstlern. Ganz in diesem Sinn beginnt die Programmschrift des AFK: »Kunst und Volk müssen eine Einheit bilden. Die Kunst soll nicht mehr Genuß weniger, sondern Glück und Leben der Masse sein. Zusammenschluß der Künste unter den Flügeln einer großen Baukunst ist das Ziel. Fortan ist der Künstler allein als Gestalter des Volksempfindens verantwortlich für das sichtbare Gewand des neuen Staates. Er muß die Formgebung bestimmen vom Staatsbild bis hinunter zur Münze und Briefmarke.«[2]

Daß es sich hier nicht um eine esoterische Außenseiterposition handelt, erkennt man, wenn man die Liste der Programmunterzeichner betrachtet, wo sich u. a. Architektennamen wie Berg, Mebes, Schmitthenner, Schmohl und Tessenow finden. Ob diese ähnlich entschieden an eine Umwertung aller Werte dachten, wie Taut und andere Führer der Bewegung es taten, ist allerdings zu bezweifeln. Die Vision eines Neuen Bauens, welche die große Einheit, die Entsprechung der materiellen, sozialen und spirituellen Formen anstrebt, zielt letztlich auf eine radikal gewandelte Gesellschaft, auf eine Art primitiven Kommunismus. Taut spricht von einem »Sozialismus im überparteilichen Sinn«. Den konkreten Weg dorthin beschreibt er freilich nicht. Keine Revolutionstheorie, nur der unbedingte Glaube an den Anbruch eines neuen Zeitalters liegt dieser Vorstellung zugrunde. Der Gedanke, daß der in diesen Jahren des Aufbruchs gespürte neue Geist, der Geist der Utopie, sozusagen aus sich, aus seiner inneren Kraft heraus – d. h. durch eine Vermittlung seitens der Künstler und Intellektuellen – eine neue humane Gesellschaftsordnung konstituieren könne, ist für diese Zeit keine ungewöhnliche Vorstellung. Gustav Landauer etwa, Anarchist, Sozialist und einer der wichtigsten

Anreger Tauts, drückt dies 1919 wie folgt aus: »Der Sozialismus muß gebaut, muß errichtet, muß aus neuem Geist heraus organisiert werden. Dieser neue Geist waltet mächtig und innig in der Revolution; Puppen werden zu Menschen, eingerostete Philister werden der Erschütterung fähig; alles, was feststeht, bis zu den Gesinnungen und Leugnungen, kommt ins Wanken; aus dem sonst nur das Eigene bedenkenden Verstand wird das vernünftige Denken, und tausende sitzen oder schreiten rastlos in ihren Stuben und hecken zum ersten Mal in ihrem Leben Pläne aus fürs Gemeinwohl; alles wird dem Guten zugänglich; das Unglaubliche, das Wunder, rückt in den Bereich des Möglichen; die in unsern Seelen, in den Gestalten und Rhythmen der Kunst, in den Glaubensgebilden der Religion, in Traum und Liebe, im Tanz der Glieder und Glanz der Blicke sonst verborgene Wirklichkeit drängt zur Verwirklichung. Aber die ungeheure Gefahr ist, daß Schlendrian und Nachahmung sich auch der Revolutionäre bemächtigen und sie zu Philistern des Radikalismus, des tönenden Worts und der Gewaltgebärde machen; daß sie nicht wissen und nicht wissen wollen: die Umwandlung der Gesellschaft kann nur in Liebe, in Arbeit, in Stille kommen.«[3]

Höchstes Ziel stellt die Einheit von Geist und Volk dar. Ein Vorbild für dieses Ziel glaubt man im christlichen Mittelalter zu finden. Der Bezug auf ein idealisiertes Mittelalter und die Verehrung der Gotik sind – neben einer Hinwendung zu den orientalischen und primitiven Kulturen – für die expressionistische Zeit durchaus kennzeichnend. Das christliche Mittelalter gilt als Beispiel für eine gelungene soziale Ordnung, die anschaulich in der Gestalt der mittelalterlichen Stadt hervortritt, welche man als Einheit sozialer, spiritueller und baulicher Formen interpretiert. Die gotische Baukunst dient darüber hinaus als ein Muster kollektiver, prozeßhafter Gestaltung, aber auch als Beispiel einer antiklassischen Ästhetik. Wilhelm Worringer, dessen Buch »Formprobleme der Gotik« in Expressionistenkreisen viel gelesen wurde, vertritt die Auffassung, daß die klassische Ausrichtung unserer Kultur einerseits die adäquate Bewertung primitiver und außereuropäischer Kulturäußerungen, andererseits aber vor allem das Verständnis der größten antiklassischen Bewegung in Europa, der Gotik, verhindert habe.

Schließlich werden im expressionistischen Jahrzehnt die mittelalterlichen Mystiker wiederentdeckt. Landauer, der u. a. »Meister Eckharts mystische Schriften« neu herausgab, sieht im christlichen Mittelalter den letzten Höhepunkt einer Vorherrschaft des Geistes im Abendland, jener Instanz, die als Mittler zwischen dem Volk und der göttlichen Schöpfung dient. Für Landauer ist das Mittelalter vorbildlich durch seine homogene Gesellschaftsstruktur, in der Freiheit und Gebundenheit in ein Gleichgewichtsverhältnis gebracht sind: »Die Christenheit mit ihren gotischen Türmen und Zinnen, mit ihrer Symmetrie des Unsymmetrischen, mit ihrer Freiheit in schöner und strenger Gebundenheit, mit ihren Innungen und Brüderschaften war ein Volk im höchsten und gewaltigsten Sinn: innigste Durchdringung der Wirtschafts- und Kulturgemeinschaft mit dem Geistesbund.«[4]

Im Mittelalter, so glaubt man, deckte sich der Volkswille mit den Entwürfen der geistigen Führer, zu denen die Baumeister ebenso zählten wie die Theologen. Der gestalthafte Ausdruck für diese Einheit von Volk und Geist ist die Kathedrale. Taut übernimmt, wie andere Künstler und Architekten, in seinen Beschreibungen und gezeichneten Visionen einer neuen, Gestalt gewordenen Sozietät genau dieses Bild einer idealisierten Gotik: Aus einer, dem Gewebe der mittelalterlichen Stadt ähnlichen Struktur ebenso praktischer wie künstlerisch unprätentiöser Häuser, ragt das materialisierte Symbol der Gemeinschaft, die »Stadtkrone«, die nun den Namen »Volkshaus« trägt, heraus.

Taut propagiert, analog den Bemühungen der Gartenstadtbewegung, die Auflösung der Städte – wobei er das soziale Elend moderner Industrie- und Mietskasernenstädte vor Augen hat. Das verbindet ihn mit anderen Architektur- und Stadtbestrebungen der Zeit. »Die Erde eine gute Wohnung«, so ein Motto von ihm, mit dem er sich zu einem neuen Bodenrecht bekennt, das die Nutzung des Bodens privaten und monopolistischen Interessen entziehen soll. Dezentralisierung bedeutet für Taut allerdings keineswegs Verzicht auf die modernen technischen Errungenschaften; er plädiert vielmehr lediglich für eine dezentrale Organisation der industriellen Produktion. Was das Bauen betrifft, so besteht in seinem Kreis eine geradezu emphatische Hinwendung zu den neuen Materialien Glas, Stahl und Beton – was Taut andererseits nicht

Domplatz Prenzlau
Wettbewerbsentwurf, 1. Preis, 1919

Vorhof

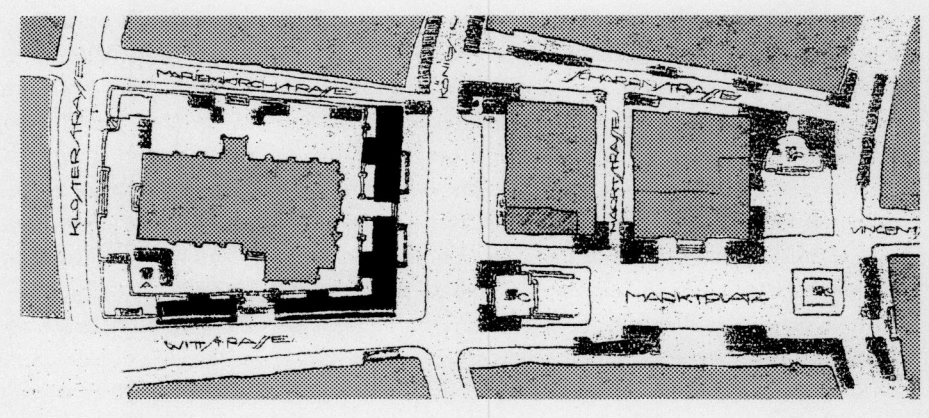

1

2

Der Wettbewerb zur Freilegung der Marienkirche und Umgestaltung des Marktplatzes ist als eine Herausforderung an Scharoun zu sehen, sich mit der historischen Mitte einer kleinen Stadt, geprägt durch Dom, Marktplatz und Rathaus, entwurflich auseinanderzusetzen. Der Platz um das Rathaus – im Laufe der Zeit durch Denkmäler (Roland, Luther, Alter Fritz, Krieger-Denkmal) verstellt, die durch ihre Größe und willkürlichen Standorte die Gesamterscheinung dominieren – soll neu geordnet werden. Wegen der geplanten Verbreiterung der stark abfallenden Wittstraße, südlich der Marienkirche, sind Vorschläge für eine Randbebauung gefordert.

Entsprechend der spätbarocken Architektur der Platzbebauung wird von den meisten Teilnehmern ein einheitlicher Häuserkomplex mit horizontal durchlaufenden Trauf- und Firstlinien vor dem Ostgiebel der Kirche vorgeschlagen, häufig mit Eck- und Achsenbetonung. Im Preisgericht sind u. a. Bruno Möhring und Hans Poelzig, die zu den Vätern der Moderne zählen, und Wilhelm Jung, der in der »Stadtbaukunst« schreibt: »In welch herzerfrischendem Gegensatz steht dazu der kecke Entwurf des Trägers des ersten Preises, des stud. arch. Scharoun-Charlottenburg. Man glaubt jenes [Stadtbild des frühen 19. Jahrhunderts] künstlerisch beseelt wiederzusehen mit dem fröhlichen Häusergewimmel, das noch mehr sich belebt durch die auf- und niedersteigenden Dachlinien und – die lebhaft farbige Behandlung der Fassaden.«[5]

Für einen zeitgemäßen Ausdruck einer Stadtmitte mit vorhandener »Krone« greift Scharoun auf das mittelalterliche Bild der Stadt zurück, wo der Dom aus typisierten, aber jeweils individuell ablesbaren Häusern herauswächst und die Gemeinschaft der Stadtbürger symbolisiert. Vorstudien mit Abtreppungen, sowohl der Giebel als auch der Arkadenöffnungen, sind im Wettbewerbsentwurf zugunsten einfacher Bürgerhäuser aufgegeben. Auch die Denkmäler sind bei Scharoun nicht mehr über die Maße platzbestimmend, sondern erhalten einen kleinräumlichen Bezug am jeweiligen Standort im Vorhof des Doms.

Der Domplatz-Wettbewerb in Prenzlau liegt zeitlich noch vor dem berühmten Aufruf von Bruno Taut zur Korrespondenz der »imaginären Architekten« im Dezember 1919, aus der jene Gruppe entsteht, die später Gläserne Kette genannt wird. Möglicherweise ist die Einbeziehung Scharouns in diesen Kreis auf die Tatsache zurückzuführen, daß Adolf Behne, ein Kampfgefährte Tauts, auf den originellen Beitrag des jungen Architekten aus Insterburg aufmerksam wird und ihn empfiehlt. »Den 1. Preis erhielt der Student Scharoun, der eine Gruppe verschieden hoher Häuser in farbiger Abwechslung vorsieht ... Es sei aber mit Freude verzeichnet, daß ein junger Architekt wieder die Farbe als Ausdrucksmittel verwendet und damit sogar den ersten Preis erringt.«[6]

1 Lageplan
2 Ansicht Wittstraße
3 Blick von der Ecke Klosterstraße und Wittstraße zum Dom, Vorstudie zum Wettbewerbsentwurf
4 Ansicht vom Marktplatz
5 Entwurf von O. Kuhlmann, 2. Preis

daran hindert, sich beim Einfamilienhausbau für die Erdstampfbauweise einzusetzen. Bei seinem Bekenntnis zu den neuen Baustoffen, vor allem zum Glasbau, ist Taut von dem 1915 verstorbenen Dichter Paul Scheerbart inspiriert, seinem, neben Landauer, zweiten großen Anreger. Scheerbart gilt mit seinen phantastisch-skurrilen Bauvisionen, mit denen er, die Erbärmlichkeit des Holz- und Backsteinbaus herausstellend, eine phantasievolle internationale moderne Architektursprache antizipiert, als Vorläufer von Expressionismus, Dadaismus und Surrealismus.

Der Arbeitsrat für Kunst gibt sich nicht mit rein idealistischen Ansprüchen zufrieden, sondern ist bemüht, auf die neue Regierung politischen Einfluß auszuüben. Er beabsichtigt, ein »Reichsamt für geistige Angelegenheiten« zu etablieren. Ein diesbezüglicher Vorstoß einer AFK-Delegation beim Kultusminister Adolf Hoffmann (SPD) scheitert allerdings kläglich. Es zeigt sich, daß mit den idealistischen Zielsetzungen keine konkrete Umsetzungsstrategie einhergeht. Hinzu kommt, daß die hohen Ansprüche der AFK-Wortführer, ihr elitäres Sendungsbewußtsein und ihre geistesaristokratischen Züge vermehrt die Kritik weiter Kreise der Architekten- und Künstlerschaft auf sich ziehen. Das führt bald zu einer Erlahmung der Aktivitäten und zu einer gewissen Resignation bezüglich der realpolitischen Möglichkeiten dieser erklärten Avantgardegruppe, mithin zu einem Rückzug ins »Reich der reinen Phantasie«, ein Rückzug aus der Politik in die angestammten Freiräume der Kunst. Was sich u. a. darin zeigt, daß eine der bemerkenswertesten Aktionen des AFK – mittlerweile unter der Führung von Walter Gropius, der Bruno Taut abgelöst hat – eine Kunstausstellung ist: die »Ausstellung für unbekannte Architekten«, eröffnet am 19. April 1919 im Graphischen Kabinett von J. B. Neumann, Kurfürstendamm 232 in Berlin.

An dieser Präsentation phantastischer Architekturentwürfe sind neben jungen Architekten auch zahlreiche Maler beteiligt. Die Ausstellung löst heftige Reaktionen in der Öffentlichkeit aus. Die meisten Rezensenten stellen empört die Baubarkeit des Gezeigten in Frage. Es gibt aber auch Stimmen, die den innovativen Gehalt dieser Blätter positiv hervorhoben: den Ausdruck eines neuen Raumbewußtseins, der bereits in den Bildern der Kubisten anklingt und der nun auch in der Architektur, wenn auch erst im Medium des phantastischen Entwurfs, Einzug zu halten beginnt. In diesem Sinne ist Kurt Gerstenbergs Besprechung der Arbeiten Jefim Golyscheffs zu bewerten: »Ich zweifle, ob schon ein Geschlecht herangewachsen ist, das sich in solchen Labyrinthräumen wohlfühlen könnte, denn es müßte ein Geschlecht sein, das überhaupt kein Empfinden mehr für

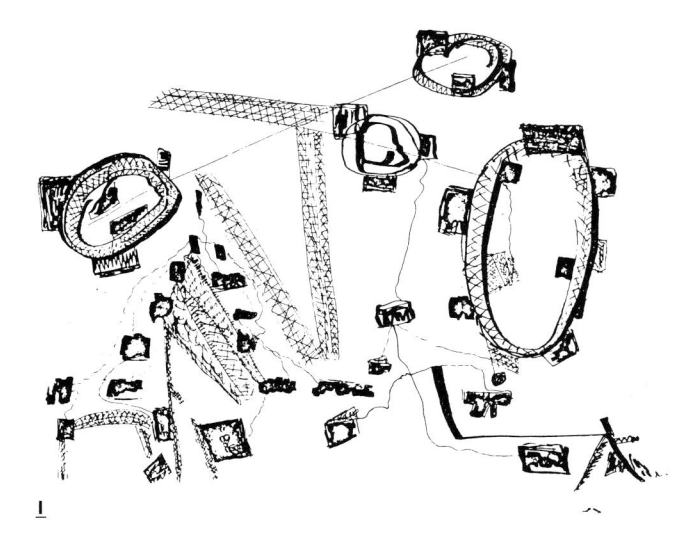

1 Jefim Golyscheff, Zeichnung, 1919
2 Scharoun, Wettbewerb Domplatz Prenzlau, Schaubild, Vorstudie
3 »Frühlicht«, Titelblatt der zehnten Beilage

1

Proportionen und statische Symmetrie besitzt. Es gibt keine durchgehenden Achsen in diesen Bauten, vielmehr sind Gleichgewichtsabweichungen darin, die technische Ausführbarkeit einfach ausschließen.

Und doch ist ein Symptom in diesen Bauphantasien, das sich über bloße Spielerei erhebt. Es zeigen sich Ansätze zu rein gefühlsmäßigem Konzipieren, vom Untergehen des Subjekts, wodurch Unterbewußtheit anstelle der Bewußtheit gesetzt wird. In der Architektur aber sind statische Achse und statische Symmetrie nichts anderes als anthropomorphe Bildungen, die der Architekt aus dem Bewußtsein seiner selbst seinen Schöpfungen mitgibt. Das Schaffen aus der Unterbewußtheit kennt sie nicht, sie gestaltet triebhaft und unbekümmert.

Der bewußte Abbruch aller Beziehungen, die die Architektur mit der Leiblichkeit, mit dem Ichbewußtsein ihrer Schöpfer verbindet, gibt diesen Bauphantasien ihren revolutionären Charakter. Die Richtung drängt nach einem Bauen, dessen treibende Kraft ein vom Verstand nicht bevormundetes Fühlen, eine ursprüngliche Naivität ist, die wieder in einheitlichem Stil die Kunstgattungen zusammenfaßt.«[7]

Die geglückte Provokation und der publizistische Erfolg dieser Ausstellung mögen Bruno Taut dazu bewogen haben, noch einmal einen Vorstoß in die Richtung einer neuen, erst erahnten Architektursprache zu unternehmen. Im November 1919 erfolgt sein berühmter Aufruf an die »imaginären Architekten«: »Seien wir mit Bewußtsein ›imaginäre Architekten‹! Wir glauben, daß erst eine völlige Umwälzung uns zum Werk führen kann. Der Bürger, der Herr Kollege inbegriffen, wittert ganz mit Recht in uns die Revolution. Alle Begriffe, alle bisherigen Grundlagen auflösen, zersetzen. Dung! Und wir ein Keim im Humus.«[8] Diesen Ruf richtet er an einige Teilnehmer der »Ausstellung

2

für unbekannte Architekten«, er reicht aber auch Hans Scharoun in Insterburg.

Die Einbeziehung Scharouns kommt nicht ganz überraschend. Zwar war er nicht an der Ausstellung beteiligt, doch ist er seit seinem, von Behne wohlwollend beurteilten Prenzlauer Wettbewerbsentwurf kein Unbekannter mehr. Eine Vermittlung durch Behne ist – bedenkt man das enge freundschaftliche Verhältnis zwischen Behne und Taut – nicht auszuschließen. Bereits im September 1919 taucht Scharouns Name unter einem in der »Bauwelt« veröffentlichten, von H. Zehder unterzeichneten, aber wohl von Taut initiierten »Aufruf zum farbigen Bauen« auf. Zum Kreis der »imaginären Architekten« gehören zunächst – neben Taut und Scharoun – Wilhelm Brückmann, Hermann Finsterlin, Paul Goesch, Jakobus Göttel, Walter Gropius, Wenzel Hablik, Hans Hansen, Karl Krayl, Hans und Wassili Luckhardt sowie Bruno Tauts Bruder Max. Später stößt der Dichter Alfred Brust hinzu, der u. a. den Namen einbringt, der dem Zirkel fortan auch nach außen Identität verleiht: »Die gläserne Kette«. Behne, der auch aufgerufen ist mitzutun, verzichtet. Gropius, der seit Mai 1919 das Weimarer Bauhaus leitet, ist zwar Mitglied der Gläsernen Kette, hält sich aber vornehm zurück. Das Ziel der Kooperative besteht für ihren Initiator Bruno Taut darin, in einer Gemeinschaft Gleichgesinnter Ideen auszutauschen, aus denen eine, durch Tauts ruheloses Streben der vorangehenden Jahre bereits angelegte, neue Architektursprache und -gesinnung erwachsen soll. Taut spricht mit seinem Aufruf bewußt jüngere Künstler und Architekten an. Er setzt zu einem Zeitpunkt, als der Elan seiner architektonischen Erneuerungsbewegung bereits deutliche Ermüdungserscheinungen zeigt, auf die Kraft und den Enthusiasmus junger, noch nicht etablierter Künstler. Scharoun ist mit gerade 26 Jahren der jüngste in der Gruppe.

Eine weitere Besonderheit der Gläsernen Kette liegt in ihrer dezentralen Organisation. Waren die meisten bisherigen Aktivitäten auf Berlin konzentriert, so fällt nun auf, daß Taut in hohem Maße Künstler aus kleinen randständigen Orten des Reichs, wie Berchtesgaden, Tuttlingen, Emden, Itzehoe und Insterburg anspricht – vielleicht eine Übertragung seines Dezentralisierungsgedankens, wie er in der »Auflösung der Städte« anklingt. Aus dieser Tatsache leitet sich auch die Form des Austausches ab: Sie beruht auf Korrespondenz, wenn man so will: eine frühe Form von Mail-Art. Die Entwürfe, die geschriebenen und gezeichneten Gedanken sollten vervielfältigt und jedem einzelnen Mitglied zugestellt werden. Taut: »Jeder von uns zeichnet oder schreibt in kurzen Zeiträumen je nach Neigung und zwanglos auf einem handlichen Blatt Pauspapier (Aktenformat) seine Ideen auf, die er unserem Kreis mitteilen will und schickt jedem eine Lichtpause. So entstehen Austausch, Frage, Antwort, Kritik.«[9]

Aufgrund der wachsenden polemischen Kritik an der utopistischen Architektur in der Öffentlichkeit plädiert Taut für eine strikte Geheimhaltung gegenüber Außenstehenden. Die einzelnen Mitglieder sollen sich Decknamen zulegen. Die gewählten Namen, wie Glas, Angkor, Prometh, Anfang, Maß usw., verweisen auf Programmatisches. Scharoun nennt sich schlicht Hannes. Taut (Glas) selbst bricht diese Vereinbarung, indem er einen von ihm ausgewählten Teil der Arbeiten in dem von ihm »allein verantwortlich« redigierten Heft »Frühlicht« veröffentlicht, das ab 1920 als Beilage in der von Cornelius Gurlitt, Bruno Möhring und Taut herausgegebenen neuen Zeitschrift »Stadtbaukunst alter und neuer Zeit« erscheint. Das Frühlicht wird somit zum publizistischen Organ der Gläsernen Kette. Im ersten Heft findet man folgende Notiz: »Der Personenkultus ist dem Wesen der Baukunst fremd. Deshalb erscheinen die Beiträge im Frühlicht ohne Namensnennung. ›Interessenten‹ können die Namen vom Verlag oder der Schriftleitung auf Wunsch erfahren. Hieraus soll allerdings kein

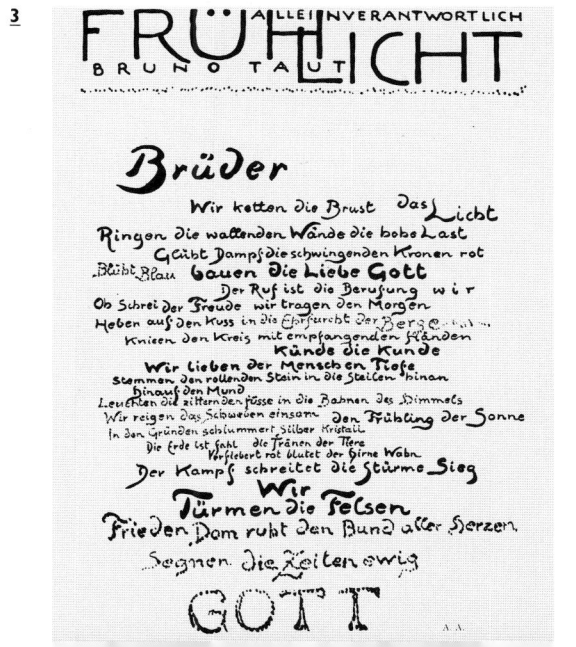

3

1–3 Federzeichnungen zum Volkshausgedanken
4 Palitana, der große Tempel Chamukte, abgebildet in Bruno Taut, »Die Stadtkrone«

Zwang entstehen, wenn in einzelnen Fällen die Verfasserangabe ausdrücklich gewünscht wird.«[10]

Von Januar bis Juli 1920 erscheinen 14 Ausgaben des Frühlichts in der »Stadtbaukunst«, dann kommt es wegen eines Beitrags von Goesch, der von Möhring und Gurlitt als sittenwidrig aufgefaßt wird, zum Bruch. Später, von Herbst 1921 bis Sommer 1922, setzt Taut das Frühlicht-Projekt in eigener Verantwortung von Magdeburg aus fort.

In der ersten Serie des Frühlichts findet man fünf Federzeichnungen von Scharoun. Eine ist unsigniert, zwei mit seinem Decknamen Hannes, zwei mit Hans Scharoun unterzeichnet. Es ist nicht mit Sicherheit zu sagen, ob dieser unterschiedliche Gebrauch der Unterschrift einem Zufall entspringt oder ob sich darin die Unsicherheit widerspiegelt, die aus der Forderung nach Anonymität einerseits und dem verständlichen Wunsch eines jungen Architekten nach öffentlicher Reputation andererseits resultiert. Möglich ist, daß er mit vollem Namen jene Blätter signiert, die er selbst für Publikationen ausgewählt hat. Aus einem Brief, den Scharoun im Januar 1920 an Bruno Taut schickt, geht hervor, daß Taut ihn für einen »Die Erhebung« betitelten Beitrag in dem von Alfred Wolfenstein herausgegebenen Buch »Architektur neuer Gemeinschaft« um Zeichnungen aus der Serie »Volkshausgedanke« gebeten hat. Aus dem Brief geht des weiteren hervor, daß Scharoun Zeichnungen dieser Serie auch an anderer Stelle zu veröffentlichen beabsichtigte: »Ähnliches Material stellte ich dem Volkshausbund für eine Propagandaschrift zur Verfügung.«[11]

Scharoun widmet sich in seinen Skizzen und Aquarellen vor allem der Volkshausidee. Besonders aufschlußreich sind die Federzeichnungen. Diese Arbeiten zeigen eine charakteristische Handschrift und unterscheiden sich deutlich von anderen Arbeiten der Gläsernen Kette. Bereits der graphische Aufbau der Blätter verrät etwas von der Zentralität, die das Thema »Volkshaus« in seiner damaligen Schaffensperiode besitzt. Das Volkshausgebilde, mehr Sinnbild als Abbild, ist eindeutig in den Mittelpunkt gerückt. Der Blick des Betrachters wird auf diesen wesentlichen Gegenstand hin fokussiert. In der Regel wird es von außen betrachtet. Scharouns Zeichenstil ist von einem heftigen Duktus und sicherer Strichsetzung geprägt. Mit unterschiedlichen Strichstärken, die Tiefen, Schattierungen und Akzentuierungen andeuten, wird ein architektonisch-plastisches Gebilde herausgearbeitet, dessen optische Zentralität häufig durch Schwärzungen am Blattrand unterstützt wird. Die Dimensionen des Bauwerks sind unbestimmt, Menschen, ein landschaftlicher oder städtebaulicher Zusammenhang fehlen auf der Darstellung ebenso wie Baudetails, Türen, Fenster..., aus denen sich ein Größenvergleich herstellen ließe. Selbst die Standfläche des Baus ist unbestimmt, löst sich in abstrakten Lineaturen auf. Über das geplante Baumaterial ist nichts ausgesagt. Es ist anzunehmen, daß Scharoun vor allem an Beton und farbiges Glas denkt.

Die dargestellten Bauwerke lassen eine zylindrische Gestalt erkennen. Der Umriß scheint – im Horizontalschnitt betrachtet – zackenförmig aufgelöst zu sein, was eine Unnahbarkeit ebenso unterstreicht, wie die nach außen stürzenden Wandungen. Nach oben verjüngt sich das Bauwerk stufenförmig, wodurch es aber keineswegs einen ruhend lagernden Ausdruck erhält. Vielmehr scheint es, als ob ein unsichtbarer innerer Energiekern auf das Bauwerk einwirke, so daß es sich von innen heraus nach oben, gen Himmel, entwickelt. Die nach außen stürzenden Wandungen unterstützen diesen Eindruck. Die eruptive Kraft greift selbst über die Außenkontur des Baus hinaus: Strichbündel und sternenförmige Teilchen strahlen von ihm aus. Sogar der Himmel zeichnet die Bewegung nach. Ein knospender, keimhafter Ausdruck ist diesen Volkshausgebilden Scharouns eigen. Stilistisch stehen sie indischen Tempelbauten näher als gotischen Kathedralen.

Es ist Adolf Behne, der 1919 in Bruno Tauts Buch »Die Stadtkrone« einen Aufsatz mit dem Titel »Wiedergeburt der Baukunst«[12] veröffentlicht, in dem er emphatisch die indische Tempelarchitektur preist, sie zum Sinnbild »höchster Schönheit« erhebt. In diesem Aufsatz heißt es: »Es gibt keine Gebilde auf Erden, das ist nicht viel gesagt, deren Abstand von uns so riesenhaft wäre, wie die rätselhafte Ferne indischer Tempel. Ihr Bild wirkt dämonisch, und es beunruhigt, seitdem wir es gesehen haben, unser Gewissen. Die Schönheit ist vor uns aufgerichtet und erhebt in göttlicher Ruhe, aber unerbittlich ihre ideale Forderung an uns. Nur wenige hören sie; aber diejenigen, die sie getroffen hat, haben keine Wahl mehr. Ungeheures an Verzicht, an Überwindung, an Reinheit und Einfachheit verlangt das Vorbild von ihnen. Es verlangt ein ursprüngliches elementarkristallenes Menschentum; ein Menschentum, das sich vor keinem Begriffe beugt, keine Konventionen über sich ergehen läßt, keinen Zwang von außen unbesehen hinnimmt, nur weil er von einer Macht ausgeübt wird; ein Menschentum, das alle Ableitungen und Brechungen unserer Kultur enthüllend durchstrahlt, das den brennenden Trieb zur Nacktheit hat.

Dieses Ideal verlangt eine Lostrennung vom Europa unserer Zeit, wie die Umwelt sie in ihrer Konsequenz nur lächerlich und verstiegen nennen kann; verlangt eine so simple und doch so schwere Umwertung aller Werte, daß sie der Zeitgenosse nicht anders als töricht, unlogisch und unhistorisch bezeichnen kann. Aber so vollkommen fast jedes Teil in sein Gegenteil verwandelnd diese geistige Energie auch ist, und so mannigfaltige, komplizierte und nützliche Errungenschaften der europäischen Zivilisation, Kultur und Entwicklung sie auch, scheinbar für ein lächerliches Nichts, preisgibt, der Betroffene wird sich keiner Forderung entziehen. Sein

Auge ist in Dankbarkeit auf die Schönheit der indischen Tempel gerichtet, und er weiß, daß diese höchste Schönheit der Erde ein Kompaß ist, der nicht in die Irre weisen kann. Denn in der höchsten Schönheit offenbart sich mit Notwendigkeit der höchste Sinn. ...

Es gibt nur eine bildende Kunst: Bauen. Außerhalb des Bauens gibt es Malerei und Plastik nur in depravierter Form. In der Gotik hatte Europa zum letzten Mal eine bildende Kunst.

Aber ist Indien nicht noch mehr als die Gotik? Zu keiner Zeit ist Europa so nahe gekommen dem Morgenlande wie in der Gotik. Es ist wahr: in einem ist sie unübertrefflich schön – die süße strömende Innigkeit der Glasfenster hat nur sie. Und auf diese wollen wir gewiß am allerwenigsten verzichten.«

Diese Textpassage Behnes weist die typischen Merkmale der vom Expressionismus oder Aktivismus geprägten Einstellung im Zirkel um Bruno Taut auf: die Ausrichtung an der orientalischen (Ex Oriente Lux) und gotischen Architektur, die Sehnsucht nach einem paradiesischen Primitivismus, ein anarchischer, antibürgerlicher und antiakademischer Zug, die Utopie eines neuen Menschentums und das Verlangen nach einer überwältigenden höchsten Schönheit, die in dem Volkshaus, dem großen, Gemeinschaft stiftenden Bauwerk, als Gesamtkunstwerk Ziel und Ausdruck findet. Scharouns verbale und entwurfliche Äußerungen entsprechen ganz diesem Bild. Wenn Behne sagt: »Es gibt nur eine bildende Kunst: Bauen«, so repetiert Scharoun diesen Anspruch 1921 in einem Vortrag, den er in Königsberg hält: »Architektur bedeutet ›Führerin der Künste‹«.[13] In den Zeichnungen zum Volkshausgedanken tritt die Affinität zu Behnes Gedanken in anderer Weise hervor: in ihrer Silhouettenwirkung und mit ihren wimmelnden Ornamentüberzügen sind diese Gebilde ganz offensichtlich stark von den Abbildungen indischer Tempelanlagen – vielleicht von jenen aus der »Stadtkrone« – inspiriert.

In einer seiner Volkshausskizzen hat Scharoun einen Text geschrieben, der seine Intentionen präzis beschreibt: »Wir müssen ja immer wieder heissblütiges Drängen aus Urmasse durch zusammenballende Form in Ewigkeit ausströmen lassen.

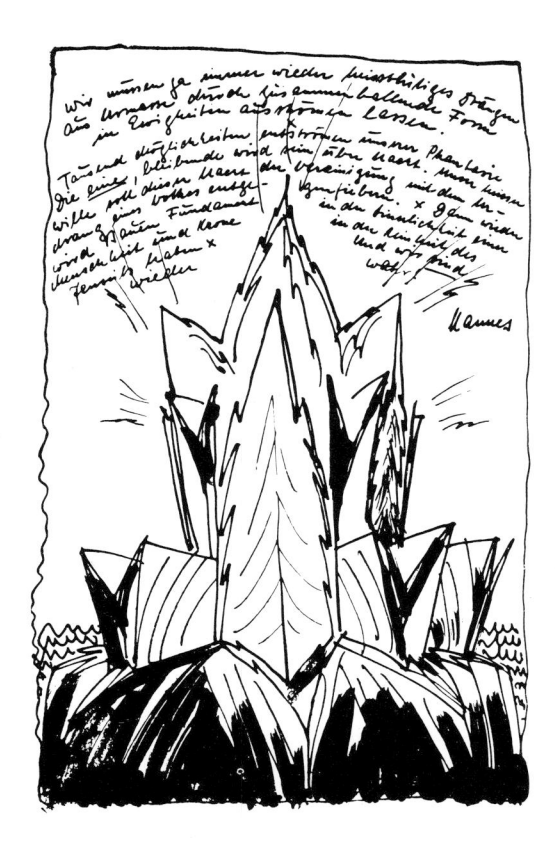

1–4 Federzeichnungen für die Gläserne Kette
5 Lyonel Feininger, »Mellingen«, Holzschnitt, 1919

Tausend Möglichkeiten entströmen unserer Phantasie. Die eine, bleibende wird sein über Nacht. Unser heisser Wille soll dieser Nacht der Vereinigung mit dem Urdrang eines Volkes entgegenfiebern. – Dann wieder wird Bauen Fundament in der Sinnlichkeit einer Menschheit und Krone in der Reinheit des Jenseits haben. – Und wir sind wieder wahr.«

Scharouns Volkshausblätter scheinen genau dieses Ausströmen, dieses heißblütige Drängen aus Urmasse darstellen zu wollen. Die ersehnte Nacht der Vereinigung markiert den utopischen Zielpunkt im Denken Scharouns. Daß dieser Punkt noch weit entfernt liegt und nicht leicht zu erreichen ist, wird von verschiedenen, dem Expressionismus nahestehenden Denkern, wie Martin Buber, Gustav Landauer und Ernst Bloch immer wieder betont. Die Vagheit bezüglich Ort, Stoff und Dimension auf den Blättern Scharouns entspricht dieser Einsicht. Gleichwohl tritt die Großartigkeit und »höchste Schönheit« (Behne) der im Volkshaus materialisierten Utopie deutlich hervor. Scharoun sucht in seinen graphischen Darstellungen nach einer Synthese zwischen dem Naturhaften und dem Geistigen, zwischen der Sinnlichkeit einer Menschheit und der Reinheit des Jenseits. Das zeigt sich in seiner Verbindung von organischen und kristallinen Formen. Pehnt spricht in diesem Zusammenhang von einer »Metamorphose aufbrechender Kristallbüschel«.[14]

Andere Blätter Scharouns, die nicht eindeutig dem Volkshausgedanken gewidmet sind, lassen eine Auseinandersetzung mit konkreteren architekturästhetischen Fragen vermuten: eine Auseinandersetzung um eine neue Raumsprache. Dies geschieht vor allem im Zusammenhang mit den neuen Möglichkeiten des Glases als Baustoff. Auf einer flüchtigen Skizze findet man die Notiz: »Glashausproblem: Raum bricht Raum. Gedanke – Feininger. Wirklichkeit?«

Seit den Entdeckungen in der Malerei des Kubismus ist das Problem einer zeitadäquaten Raumsprache auch in der Architektur virulent. Kubismus und Expressionismus, zwei ungefähr gleichzeitig verlaufende ästhetische Bewegungen, sind in diesem Zusammenhang weniger separat, vielmehr als zwei sich wechselseitig beeinflussende Größen zu sehen. Das zeigt sich nicht zuletzt im Werk Feiningers, der hier von Scharoun angeführt wird. Auch Ernst Bloch betont den expressionistischen Zug des Kubismus, wenn er formuliert: »... das Denken in Fläche, das neue Gedachtwerden in Würfel und Kurve [tendiert] scheinbar auch unmittelbarst abbildlich tiefer, und der Kubismus ist der konsequente Ausdruck einer neuen, neualten Raummagie. Er begann mit dem einfachen Zerlegen der Dinge, mit dem Aufklappen ihrer nicht sichtbaren Flächen in der Bildebene. So führte schon ein frühes Bild Picassos den verräterischen Titel: ›Zerlegte Geige‹: aber bald ging das, was bloß gespielt und versucht war, in eine wirkliche Erfahrung über, es zeigte sich der seltsame Reiz, wie er den geteilten Flächen an sich zukommt, wie er sogar schon an Lage- und Bebauungsplänen zu verspüren ist.«[15] Und über das Raumwollen des Expressionismus schreibt er: »... wie Technik möglicherweise in Nicht-Euklidisches vordringen mag, so zeigt Architekturraum, soweit er, besonders ... in Glasgebilden, abstrakte ›Kompositionen‹ weitertreibt, den unverkennbaren Ehrgeiz, einen imaginären Raum im empirischen darzustellen. Der Expressionismus experimentierte damit, durch rotierende oder schwingende Körper Raumfiguren zu erzeugen, die immerhin mit dem perspektivischen Sehraum nichts mehr gemein haben.«[16]

Bloch könnte sich möglicherweise eine, im »Frühlicht« veröffentlichte, Skizze Scharouns mit dem Vermerk: »3 × 3 dimensionales Glashaus – zwei Dimensionen farbig von blau in rot« vor Augen gehalten haben. Die dargestellte Glaskonstruktion steht auf einem karussellartigen Unterbau.

Bebauung der Wiese, Gelsenkirchen

Wettbewerbsentwurf, 1920

Der Mensch ist gut

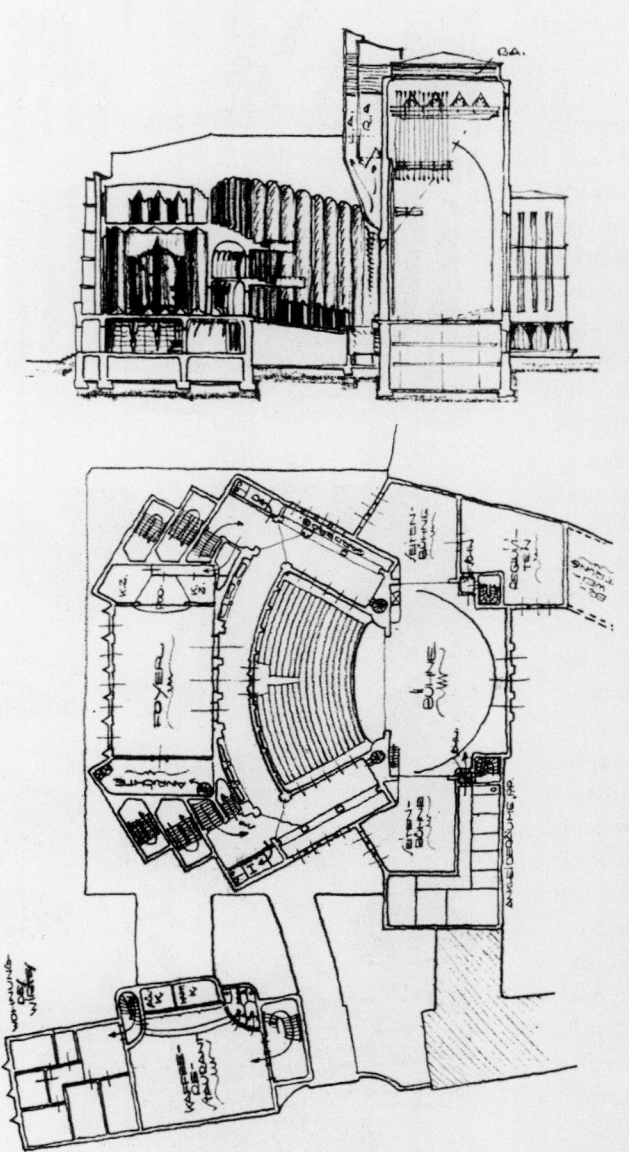

Die Gedanken der Gläsernen Kette sind inzwischen allgemein bekannt und der Ruf zum Bauen verhallt keineswegs in Berlin. Zu einem Wettbewerb in Halle, mit dem zur gleichen Zeit nach architektonischen Umsetzungen von Volkshausideen gesucht wird, schreibt C. J. Bühring in der »Stadtbaukunst«: »Unser Zeitgeist, der auf allen Gebieten mit dem Alten aufräumen will, um Freiheit, Platz zu schaffen für die Durchführung neuer Ideen, dieser Zeitgeist, dessen Sehnsucht nach Ausgleich innerhalb der Schichten der Bevölkerung sich die Umgestaltung der Menschheitsordnung zum Ziel gesetzt hat, – frisch, fröhlich wagt er sich an Aufgaben heran.« Wettbewerbe dieser Art hält Bühring nun für wichtiger »als alle Schriften und politischen Kämpfe«.[17]

Ganz in diesem Sinne dominiert in Scharouns Entwurf der Volksbildungsgedanke. Getragen von Einrichtungen der Volkshochschule (Volkshaus) wird die »Kathedrale der Künste« (Kulthaus) zur »Stadtkrone«. Sie ist Mittelpunkt der Stadtanlage, deren Hauptachse zur Straße Alter Markt und zur Volkswiese führt. Mit mehreren Querachsen wird versucht, sowohl mit Gebäuden als auch mit baukörperlich beschnittenen Baumreihen räumliche Bezüge zur bestehenden Stadt herzustellen, die Nutzbauten in das Häusermeer ausfluten zu lassen. Neben kleineren Vorhöfen und einem Feuerwehrrondell wird der Große Markt mit zweigeschossigen, kommerziellen Einrichtungen neu geformt und mit einem Theater bedeutungsvoll besetzt. Sein Foyer öffnet sich groß zum Marktplatz und verdoppelt die Bühne-Publikum-Beziehung des Theaters innen zur städtischen Szenerie außen: Das Alltagsgeschehen wird mit dem kulturellen Erleben aufs Engste verknüpft.

Scharoun beendet seine Gedanken zum Wettbewerb mit einem Hinweis auf Material und Farbe: »Die Ausdrucksmittel des Architekten sind neben dem Fließen der Linien und Häufen der Massen bewußte Materialanwendung und Farbklang. Die Farbe ist aus den beigefügten Skizzen ersichtlich. Hinsichtlich des Materials ist das Volkshaus und Stadtwahrzeichen – wie könnte es auch anders sein – als Synthese von Kristall und Eisen gedacht – mannigfaltig geformt, gezackt und gefärbt. Die Form des Theaters wirkt am nachdrücklichsten in Beton.«[18]

1

1 *Theater, Schnitt und Parkettgrundriß*
2 *Blick zum Theater*
3 *»Turm aus Glas und Eisen – Kulthaus«, Schnitt*
4 *Das neue Stadtzentrum in der Vogelschau*

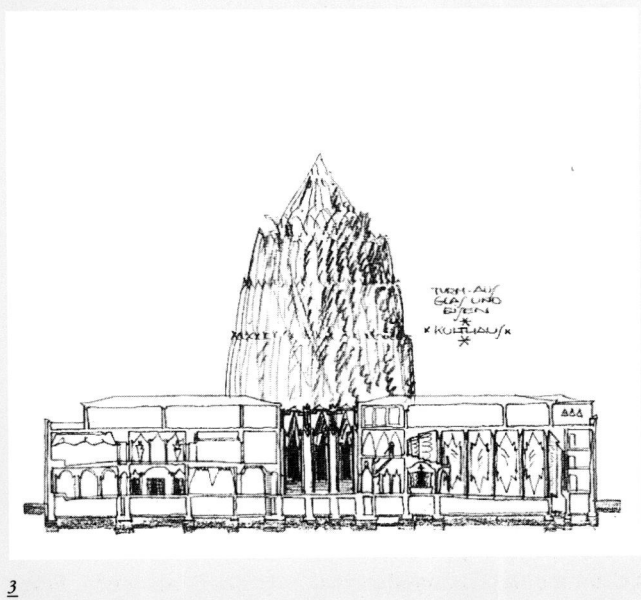

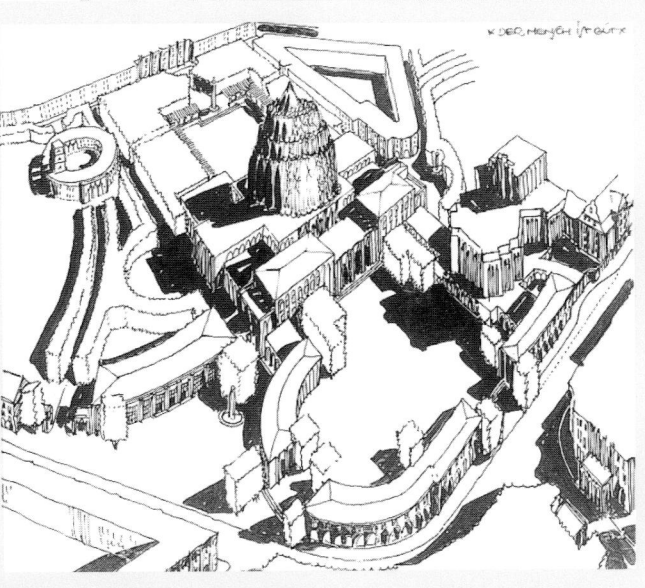

Von den schriftlichen Äußerungen Scharouns innerhalb der Gläsernen Kette ist – neben einigen kürzeren Beiträgen – ein längerer Text, noch 1919 geschrieben, erhalten. Dieser an die Mitstreitenden adressierte Aufruf ist ganz im Tonfall expressionistischen Zeitgeistes gehalten. Auch er weist die dafür charakteristischen Merkmale auf, z. B. ein stark gefühlsbetontes Verlangen nach Kollektivität, Mitmenschentum, dem die Sehnsucht nach einem unschuldigen Primitivismus zugrunde liegt: »Unsere Arbeit ist Rauschtraum unseres heißen Blutes, vervielfacht um die Blutspannungen in der Millionenhaftigkeit des Mitmenschentums. Unser Blut ist das Blut unserer Zeit, unserer Zeitausdrucksmöglichkeit.«[19]

Bemerkenswert ist aber vor allem der strikte Antirationalismus in Scharouns Rede. Hingebung steht über Erkenntnis. Es ist jedoch auch vernehmbar, daß Scharoun in dieser Frage einen inneren Kampf ausficht, so als habe er seine frühreife Einsicht vom Primat der Reflexion in der Architektur noch nicht ganz aufgegeben. Selbst in dieser Phase ekstatischer Gefühlswallungen verschließt er die Pforte zur Möglichkeit rationaler Erkenntnis nicht ganz. So setzt er in Klammern den Zusatz, daß Erkenntnis wohl notwendig zur Aufklärung der Massen sei, doch den schöpferisch Tätigen, die nach »Zeitausdrucksmöglichkeit« strebende ästhetische Aufbruchbewegung nur hemme und verarme: »(Erkenntnis ist wohl notwendig zum bewußten Kampf um Ideale. Doch was Massen bereichert, verarmt uns jetzt. Laßt sie andere tun, die mehr Zeit haben und uns, wenn wir 50 Jahre alt sind.)«[20]

Es ist nicht die Notwendigkeit von Erkenntnissen, die Scharoun negiert, sondern eine einseitige intellektualistische »Gedankenbotanik«, die letztlich zur Isolation führe, weil die Vielfalt der sinnlichen Erfahrung, die spontane emotionale Zuwendung zum Mitmenschen und die Kraft der Phantasie ausgeklammert blieben. Die Haltung mag einer inneren Abwehr entspringen – gegen das relativierende Infragestellen und die analytische Fähigkeit zur Entzauberung: intellektuelle Intention, die Scharoun ebenfalls in sich spürt – zugunsten der intuitiven Kraft künstlerischen Fühlens, das nicht nur um einen Zeitausdruck ringt, sondern auch ein großes utopisches Ziel verfolgt. Der Glaube kämpft hier mit dem Zweifel: »Wir formen, müssen formen, wie das Blut unserer Vorfahren Formwellen erzwang; und wir wollen glücklich sein, wenn wir selbst hernach noch die ganzen Erkenntnisse aus Wesen und Ursächlichkeit unserer Schöpfungen ans Licht zu stellen vermögen. Erzwingen wir reines Schaffen, durch Überlegung, durch Erkenntnis? – nein – der Mensch sei Mittelpunkt, Erstrebtes um uns wölbend gleich dem Firmament. Erkenntnis, auf schmalem Weg uns führend, erfüllt uns nicht. Führt uns, wenn überhaupt, zur Unendlichkeit, zu Enttäuschung in Isoliertheit. Zwischenräume bleiben unausgefüllt. Seitliches Durchdringen, gegenseitiges Tragen fehlt, und statt des Spieles der Kräfte kommen wir zu einem Mechanisieren der Kräfte...

Nicht von Wegen wollen wir reden, sondern buntfarbenen Möglichkeiten hingegeben, Phantasie – in Askese – ausstrahlen lassen. Nicht suchend, sondern stürmend, nicht einen Weg hin zum Ziel, sondern das Zielall wollen. Unendlichkeit ist nicht außer uns, kein Stern, den wir zur Erde hinabzwingen können, sondern – zartfunkig – jeder Regung der Phantasie innewohnend.

Im Schaffen sind wir Götter, im Erkennen Schafe. Das ist gut so! Sonst stände Verstand über Hingebung, Ausdeutung über brünstigem Versenken ins All.«[21]

Erkenntnis ist etwas fürs reife Alter, wir können uns ihr widmen, wenn wir 50 Jahre alt sind, sagt Scharoun – und wird sich später in etwa daran halten. Das Problem, zwischen Ratio und Irratio einen Weg zu finden, wird Scharoun immer wieder beschäftigen. So z. B. in den Jahren nach dem Zweiten Weltkrieg. Allerdings haben sich die Verhältnisse verkehrt. Ist es in dem Text von 1919 die Erkenntnis, der, bei allem Irrationalismus, doch ein Stellenwert zugesprochen wird, so ist es 1948, in einem Vortrag über »Die neue Stadt«, der Irrationalismus, der trotz aller rationalistischen Erwägungen sein Recht behalten soll: »... so dürfen wir von einem Stadtreiz sprechen, der den Großstädten anhaftet und der in dem großen Spiel des Nehmens und Gebens Spannung erzeugt. Neben dem in den übrigen Ausführungen [Scharoun hatte zuvor Themen wie Straßenbau, Arbeit und Wohnen, Soziologie, Typisierung, Normierung abgehandelt] vorwiegend zum Ausdruck gekommenen Rationellen tritt hier das Irrationelle. Erst aus beiden erwächst ein Ganzes, das das Abgleiten ins Mechanistische verhütet. Beides vereint – das wollen wir als Aufgabe sehen – wird in der Lösung ›Die neue Stadt‹ gefunden werden.«[22]

Zeichnung aus Bruno Tauts »Der Weltbaumeister« (Architekturschauspiel für symphonische Musik), 1920

In die Zeit der Gläsernen Kette fällt auch ein Beitrag mit dem Titel »Gedanken zum Theater«[23], der 1920 in der Publikation »Ruf zum Bauen« veröffentlicht wird. Es handelt sich um eine sinnlich reich ausfabulierte Schilderung einer neuen Theaterform, zu der er auch ein Aquarell angefertigt hat (vergleiche Seite 22). In Ablehnung des konventionellen Theaterraums »stellen wir kühnen Griffes Raum und Schauspiel über Menschen und in den Menschen hinein«. Dieses imaginierte Theater ist ein Produkt Scharouns sprühender und unermeßlicher Phantasie, ganz in dem Sinn seiner Worte aus dem Brief an die Mitstreitenden: »Unendlichkeit ist nicht außer uns..., sondern – zartfunkig – in jeder Regung des Künstlers innewohnend.« Er stellt ein expressionistisches Gesamtkunstwerk vor: »›Ein‹ Mensch im Angesicht eines andern, gereiht in Kreise, in mächtig schwingendem Bogen um strebende Kristall-Pyramide. Raum: Schwarz und Blau wühlend durch 1000 Farbsprühen; zum silber-gelben Stern emporschwingend; in Bogen, Rippen, Vorsprung und Aushöhlung aus dunkler Masse zu beschwingter Reinheit hinantastend, sich selbst und erwartungsheißer Volksmenge Aufstieg und Krone weisend.

So weitet er raumlose Unendlichkeit und bereitet empfangsfrohen Boden den Mysterien der Farbe, des Wortes und des Tones.

Raum dunkelt, verschwebend verdichtet sich Lichtschein aus unsichtbarer Lichtquelle in der Kuppel. Aufstrahlen im Kristallblock, Farbe und Form: bald aus Erddunkel sich lösend, bald silberblau tropfend.

Form und Farbe im Rhythmus der Tonklänge, die von irgendwo her Raumweite durchziehen. Durchstoßen übertönt oder begleitet vom Wort.«

Die »erwartungsheiße Volksmenge« ist Teil der Inszenierung: Es geht um eine ersehnte, höhere Einheit, die mit der Profanität des alltäglichen Lebens bricht, und die Entfremdung zwischen Mensch und Welt und zwischen den Menschen überwindet. Die Kunst übernimmt eine quasireligiöse Aufgabe. Sie stiftet eine neue Einheit, in der alle quälenden Gegensätzlichkeiten aufgehoben sind: »Form, gemeinschaftliches Bewußtsein und gemeinsames Erleben, in Haus, Ding und Mensch sind einheitliches Widerspiel unseres Zeitsehnens: Einen Kunst und Leben.«

Gedanken zum Theater hat sich in ähnlicher Weise ein Jahr früher auch Bruno Taut gemacht. Er schreibt und zeichnet nicht nur ein Architekturschauspiel, den Weltbaumeister, sondern legt seine Vorstellungen »Zum neuen Theaterbau« in einem Aufsatz dar, der Scharouns Vision inspiriert haben könnte. Taut schreibt u. a.: »Die Wände sind ein strahlendes Geschiebe von intensiven Farben... Der Zuschauerraum mit seiner Gliederung setzt sich in die Bühne hinein fort, so daß man beim Spiel keine Grenze empfindet. Grenzenlos muß schon der Theaterraum wirken, aber wahrhaft grenzenlos muß die Bühne sein, nicht bloß in ihrer geistigen Vielheit, sondern auch oft wirklich unendlich.«[24]

Ist bei Taut die Grenze zwischen Bühne und Theaterraum zwar verschliffen, aber nicht gänzlich aufgehoben, so vermischen sich bei Scharoun alle beteiligten Elemente, Personen und künstlerische Medien – Publikum und Akteure, Architektur, Bühnenbild, Malerei, Skulptur, Musik, Wort... – zu einer sinnenberauschenden Einheit. Der Theaterbau erweist sich als ein wichtiges Thema des architektonischen Expressionismus. Aus Hans Poelzigs Umbau des Zirkus Schumann zum Großen Schauspielhaus von 1918/19 spricht – wenn Poelzig auch einer älteren Generation angehört und nicht zum unmittelbaren Kreis um Taut, Gropius und Behne zählt – ein ähnliches, vom expressionistischen Zeitgeist geprägtes Empfinden. »Ha – und Poelzig vielleicht doch ein wenig Mystiker?« fragt Scharoun in seinem Aufruf an die Mitstreitenden.[25] Die Bühne, als ein Stück imaginäre Welt in der realen, bietet sich als ein ideales Experimentierfeld dar für utopisch-phantastische Räume, die in der Wirklichkeit der Alltagswelt (noch) nicht realisierbar erscheinen.

Deutsches Hygiene-Museum, Dresden

Wettbewerbsentwurf, 1920

Kultur und Zivilisation

1 Schaubild, Blickrichtung zum Zwinger, Aquarell
2 Das Wettbewerbsgelände am Zwingerteich
3 Entwurf »Farbform«, Hans Luckhardt
4 Schnitt, 1:1000 und Erdgeschoßgrundriß, 1:2000
5 Schaubild von Südost

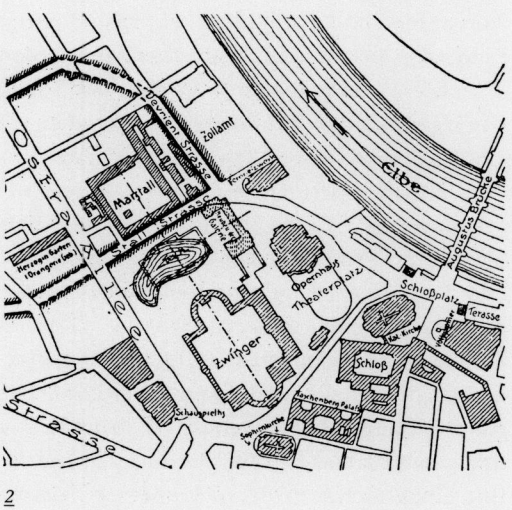

Der Wettbewerb gilt dem Deutschen Hygiene-Museum – einer Institution, die schon seit längerer Zeit durch Ausstellungen zur Bekämpfung von Massenkrankheiten bekannt ist – und einem naturwissenschaftlichen Museum (medizinisch-anatomische Sammlung). Die Ideen sollen für das Marstallgelände am Zwingerteich – ein Überbleibsel des ehemaligen Wallgrabens – entwickelt werden, unter Erhaltung des Reithauses vom Ende des 18. Jahrhunderts. In Fachzeitschriften hagelt es harsche Kritik am Preisgericht, in welchem der Stadtbaurat von Berlin, Ludwig Hoffmann, von vornherein einen allzu großen Einfluß zu haben scheint. »Jedenfalls konnte jeder Bewerber wissen, daß gegen sein Urteil keine Hoffnung auf Erfolg begründet war«[26], kommentiert Friedrich Paulsen in der »Bauwelt«. In Wasmuths Monatsheften schreibt dazu Heinrich de Fries: »Das Ausschreiben fordert geradezu heraus zu klotzigen Monumental-Anlagen, bombastischen Effekten«, und weiter zum Ergebnis der 192 Arbeiten: »Da fand man in der Hauptsache so ziemlich alle Rathäuser, Stadthallen und Bibliotheken der letzten 20 bis 30 Jahre wieder.«[27]

Für Scharoun stehen nicht so sehr die funktionellen Anforderungen der beiden Museen – die zum einen aus wissenschaftlicher Arbeit herrühren und zum anderen die Frage der Belichtung von Sammlungen betreffen – im Vordergrund; sein Entwurf ist davon geleitet, ein Stadtwahrzeichen zu schaffen. So zeichnet er eine dreigeschossige barocke Anlage auf einem Sockelgeschoß, mit Zick-Zack-Ecken und hohen Lisenen, die an Poelzigs Entwurf für ein Haus der Freundschaft in Konstantinopel von 1916 erinnern. Gekrönt wird die Anlage von den kristallinen Umrissen eines gewaltigen Zentralraums. Dieser kaskadenartig geformte Raum, den er »Der Mensch« nennt, bildet den Mittelpunkt des Bauwerks. Bemerkenswert ist weiterhin, daß Scharoun in seinem Schaubild nicht die offensichtliche Hauptfassade zeigt, sondern auf den Zusammenhang mit der alten Stadt aufmerksam macht.

»Hans Scharoun-Insterburg läßt sich durch seine technisch-darstellerisch außergewöhnliche Befähigung verleiten, seinen Entwurf in eine tropische Vegetation hineinzuzaubern, in der van Goghsche Sonnen rotieren und sogar die Hinterfront eines Geschäftswagens sich noch neugotisch benimmt. Der Kathedralstern (typische Krankheitserscheinung) hat's auch ihm angetan. Im wesentlichen weit mehr dekorativ wie irgendwie räumlich und plastisch empfunden. Immerhin bleibt Hoffnung auf der Basis der Grundrißbildung. (Taschenbuch-Notiz: ein Hygiene-Museum ist kein Sakralraum, auch kein Warenhaus, das vor einigen Sekunden infolge Unterkonjunktur religiösen Wahnsinn verfallen ist.)« So findet Scharouns Arbeit bei de Fries besondere Erwähnung, während Cornelius Gurlitt in der Stadtbaukunst allgemein resümiert: »Das Schlußergebnis des Preisgerichts und mithin des Wettbewerbes war für mich die Ansicht, daß es wohl das Beste sei, wenn das Hygienemuseum den früheren Marstall für seine Zwecke ausbaut.«[28]

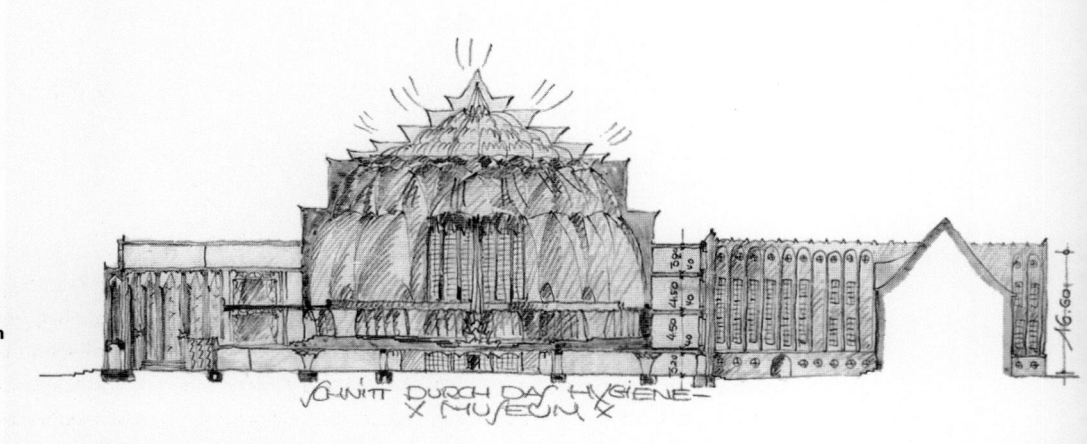

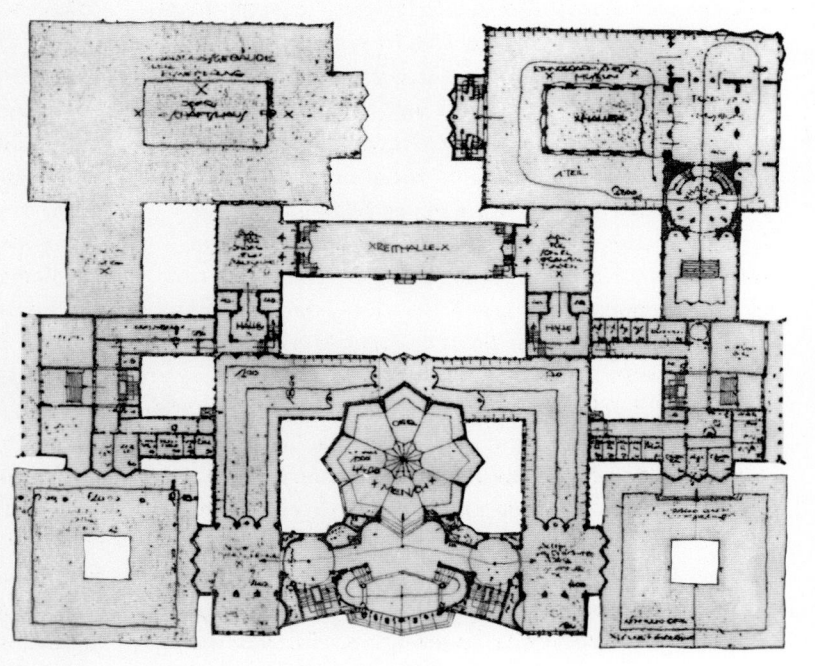

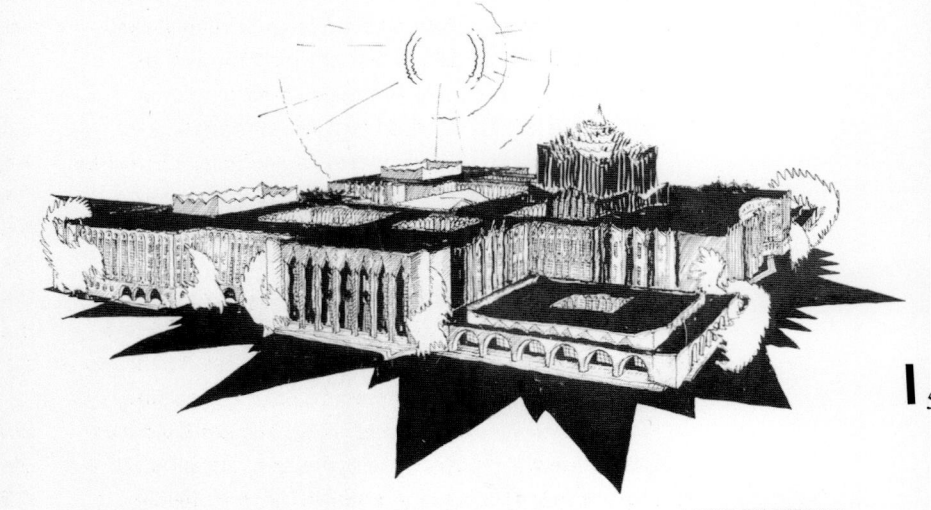

4

5

Im Jahr 1920 beteiligt sich Scharoun an zwei großen, überregional ausgeschriebenen Wettbewerben: dem Wettbewerb für ein »Theater, Volkshaus und Kulthaus« auf dem Gelände der Wiese in Gelsenkirchen und dem Wettbewerb für das Dresdner Hygiene-Museum. Beide Arbeiten lassen sich als Versuche interpretieren, das in den Visionen der Gläsernen Kette utopisch Vorformulierte ins konkrete Bauprojekt zu übertragen. Vor allem gilt dies für die Gelsenkirchner Aufgabe, die sich Scharoun ein wenig in seinem Sinn zurechtrückt: »Die Wettbewerbsarbeit geht über die in den Bedingungsunterlagen enthaltenen Anforderungen hinaus. Indes dem Buchstaben, nicht dem Geiste nach.«[29]

Scharouns unter das Motto »Der Mensch ist gut« gefaßter Entwurf, weist deutlich formale wie ideologische Merkmale auf, die für seine zeitgleich verfaßten Briefe und Zeichnungen kennzeichnend sind. Eine Differenz zwischen utopischem Traum und baulich Realisierbarem sieht er zu diesem Zeitpunkt offenbar nicht. Hier, im Entwurf eines konkreten Bauprojekts, zeigt sich ebenso wie in den imaginären Architekturen ein gotizistischer Gesamtkunstwerkgedanke mit quasireligiöser Komponente, was sich hier u. a. in der Bezeichnung Kulthaus andeutet. Im Erläuterungsbericht heißt es: »Es gilt auch, in unseren Tagen wieder im Sinne der Gotik Stätten der Gemeinschaft und zugleich Stadtwahrzeichen zu schaffen, zu denen Gesicht und Herzen der Bewohner gerichtet sind, an dessen Erbauung und Entstehen sie mit Hand und Herz Anteil haben.

Nicht von heut auf morgen, jahrzehntelang wollen wir wieder an diesen Zentren der Stadt und der Gemeinschaft bauen, und mit der Freude am Schaffen soll wieder die Erkenntnis des Wesenhaften, des Tragenden jedes Baugedankens emporsteigen: die Geistigkeit – als Krone der Sinnenfreudigkeit, die aus den umgebenden Bauwerken spricht, die aus Bedürfnis und Daseinslust der Volksgemeinde entstanden sind:

So soll die Krone dieser Bauaufgabe ein Kulthaus sein, der Kunst – Musik, Plastik, Malerei, Architektur – in ihren reinsten Klängen gewidmet. Und vielleicht noch Anderem, Tieferem. Gedanke im Augenblick nur. Tat wird die Zukunft bereiten.«[30]

Der Widerspruch der mit dem Entwurf verbundenen Intention liegt in der Schwierigkeit begründet, den gesellschaftlichen Träger für die mit hohem ethischem, ja, metaphysischem Anspruch geimpften Architekturformen zu benennen. Das von Scharoun angesprochene kollektive Subjekt, das sich am Vorbild der mittelalterlichen Stadtbürgerschaft, jener von Ordo und Religio geleiteten Gemeinschaft anlehnt, bleibt – auf die Gegenwart übertragen – in Begriffen wie »Volksgemeinde« oder »Gemeinschaft« mehr als schwammig. Der soziale und geistige Konsens, der Voraussetzung für eine echte kollektive Ausdrucksform wäre, ist nicht in Sicht. Bei aller guten Absicht: Eine für das Bauen wie für das gesellschaftliche Zusammenleben leitende Idee, wie sie sich bei Taut und wohl auch bei Scharoun als »überpolitischer« Sozialismus abzeichnet, läßt sich durch eine künstlerische Form wohl kaum initiieren. Doch genau dies legt Scharouns Entwurf nahe, der nicht die gesellschaftlichen Verhältnisse und ökonomischen Bedingungen berücksichtigt und auch nicht die alltäglichen Lebensvorgänge, denen das Gebäude gerecht werden soll, zum Ausgangspunkt nimmt. Der soziale Gedanke läuft auf diese Weise Gefahr, zur pathetischen Formel und dadurch unglaubwürdig zu werden. Michael Stark spricht, in bezug auf den literarischen Expressionismus, der sich in einer ähnlichen Problemsituation befand, vom »utopischen Bewußtsein ohne Öffentlichkeit«.[31]

Die Gläserne Kette hält nur ungefähr ein Jahr, dann wird sie von ihrem Gründer Bruno Taut aufgelöst. Innerhalb des Werdegangs Tauts stellt sie so etwas wie den Abgesang seiner expressionistischen, aktivistischen Phase dar, einer Phase, von der er sich später, einer Verfehlung gleich, distanziert. Ob das für die jüngeren Mitglieder genauso gilt, darf bezweifelt werden. Sucht man etwa im späteren Werk Scharouns nach Spuren dieser frühen Erfahrung, so fällt es nicht schwer, fündig zu werden.

Iain Boyd Whyte geht in seiner ausführlichen Untersuchung der aktivistischen Werkphase Tauts in einem Absatz auch auf den Beitrag Scharouns zur Gläsernen Kette ein: »Scharouns ›Volkshaus‹ kann als typisches Produkt der Gläsernen Kette gelten. Es reflektiert Tauts Diktum, daß man die Form nicht durch

Gestaltung, sondern durch Glauben und Weltanschauung erhalte. Die Form wurde dem Inhalt untergeordnet; sie drückt nur die ganz allgemeinen Vorstellungen von Glas und Farbe aus. Diese materiellen Eigenschaften umgriffen die avantgardistischen Elemente des Agonismus, Purismus, Nihilismus, des spielerisch Naiven und das Verlangen nach einer tabula rasa. Diese wiederum waren verknüpft mit dem Inhalt der Zeichnung, der sich am besten als Ausdruck eines quasireligiösen Glaubens an die gesellschaftliche Erneuerung, an das Gemeinschaftsgefühl bezeichnen läßt. Genauso hätte es Taut gewollt.«[32]

Whytes kritische Betrachtung der Architekturideologie Tauts (und seines Kreises) in den Jahren nach dem Ersten Weltkrieg beleuchtet vor allem die Problematik eines messianischen und elitären Zugs innerhalb der Architekturmoderne, für den der Werdegang Tauts nur ein, wenn auch typisches und überaus deutliches, Beispiel abgebe. Genau diese, letztlich auf Totalität zielende Haltung einer Architektenavantgarde sei nach 1920, nur mit veränderten Vorzeichen und neuen Schlagworten, wie Sachlichkeit und Funktion, unverändert geblieben. So zutreffend diese These auch in ihrem Kern sein mag, so läßt sie die aporetische Situation unberücksichtigt, in der Architektur heute wie 1920 steht die grundsätzliche Schwierigkeit, mittels Architektur eine positive Utopie zu formulieren. »In dem falschen Gesamtzustand schlichtet nichts den Widerspruch«, stellt Adorno dazu fest.[33]

Mechthild Schumpp versucht in ihrer Untersuchung der Gläsernen Kette, stärker die »progressiv utopischen Züge« herauszustreichen: »Versucht man nun diese Phantasiearchitekturen ... auf ihren gesellschaftlichen Gehalt hin zu analysieren, so ist festzuhalten, daß sie progressiv utopische Züge aufweisen im sozialen Widerstand gegen Konventionalismus, Unproduktivität und Zwanghaftigkeit der gewohnten Lebensweisen und in der Suche nach Verwirklichung einer Welt, die sich zum Besseren wenden und die freie Entäußerung der Individuen gewährleisten könnte. ... Diese Utopie der freigesetzten Spontaneität, Ungebundenheit und Subjektivität der Empfindungen setzt sich bis ins Material hinein fort, sie folgt dem tiefen Wunsch der ›Versöhnung‹ der Menschen mit den Objekten ... Diese Intentionen und Impulse – meinen wir – gelte es als das ›Unerledigte‹, als das utopische Potential jener Architektur aufzunehmen und weiterzutreiben, doch mit veränderten Vorzeichen ...«[34]

Betrachtet man das Gesamtwerk Scharouns und läßt man sich auf seine theoretischen Überlegungen ein, so wird deutlich, daß er mit seiner Hinwendung zur Zweckform, mit seiner emphatischen Bejahung der Dynamik modernen Großstadtlebens und mit seinem Bekenntnis zum »Geist in der Sachlichkeit«[35] – womit die Charakteristika seiner Architekturposition in den zwanziger Jahren angedeutet sind – nicht gänzlich die Ideen der imaginären Architekten preisgibt. Das gilt vor allem in bezug auf eine grundlegende sozial-utopische Komponente seines Denkens. Der Volkshausgedanke bleibt in gewisser Weise für ihn stets aktuell, auch wenn er später nicht mehr mit dem so betont antirationalen Akzent von 1919/20 vertreten wird. Sicher gibt es Akzentverschiebungen – zunächst mit der Berücksichtigung der konkreten Lebensvorgänge, später in Richtung einer stärker philosophisch reflektierten Idee einer Sozietät, angeregt etwa durch die Gedanken Martin Bubers. Doch das konstante Moment ist nicht zu übersehen. Nach dem Zweiten Weltkrieg tauchen sogar verstärkt wieder Begriffe auf, die der utopischen Phase um 1919 entstammen. So spricht Scharoun 1948 in dem Vortrag »Zur Situation des Städtebaus« wieder von dem Gesamtkunstwerk Stadt. Und auch der Volkshausgedanke ist 1950 noch nicht versiegt: »Die Bindung des Zusammenwirkens ..., das Gewinnen von Einsichten und das Knüpfen ... menschlicher Beziehungen sollte eine – ich möchte sagen – feierliche Form, eine Form, die höheren Ansprüchen genügt, in den Kulturstätten und Volkshäusern finden. Des Abstrakten entkleidet, sollen sie nicht auf den Bestand kultureller Kräfte hinweisen, sondern jedem Mitglied der Gesellschaft die Möglichkeit geben, nach geistigem Vermögen selbst tätig zu werden. Gerade den Volkshäusern liegt es ob, einer gewissen Formlosigkeit in den Großstädten entgegenzuwirken, die nicht nur eine Folge z. B. schlechter Verkehrsverhältnisse, sondern in viel stärkerem Maße eine Folge der sich immer mehr verschlechternden Gesinnung war. Die Volkshäuser haben zur Förderung der Sozietät die Selbsttätigkeit zu entwickeln ...«[36]

Vom Volkshausgedanken zur Dynamik der Großstadt

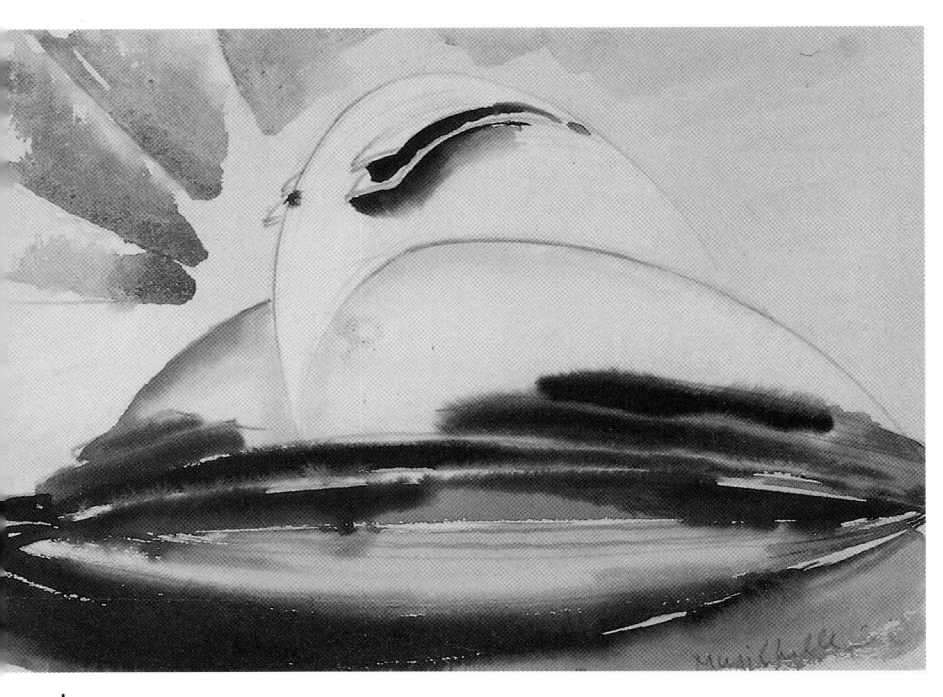

Scharouns Entwurfsarbeit zu Beginn der zwanziger Jahre läßt sich als Auseinandersetzung mit dem Erbe der utopischen Phase verstehen sowie als Versuch einer Neuorientierung. Der Konflikt, der sich abzuzeichnen beginnt, resultiert vor allem aus der Diskrepanz zwischen utopischer Zielsetzung und den konkreten Lebensbedingungen, auf die Architektur, als soziale Kunst verstanden, sich einzustellen hat. Die Tatsache, daß eine Art expressionistischer Stil in Architektur, Filmausstattung, Innendekoration usw. eine gewisse Popularität erlangt – freilich ohne daß sich damit ein inhaltlicher, gar sozial-utopischer Anspruch verknüpfte –, trägt zur Desavouierung der vom Geist des Expressionismus bewegten Generation junger Architekten bei. Eine Revision, ein Überdenken der utopischen Ansprüche an die Architektur setzt ein. Das betrifft nicht nur Scharoun und die Künstler des Taut-Kreises. Ganz allgemein erfährt der expressionistische Zeitgeist, der in den Jahren um den Ersten Weltkrieg die prägende Einflußgröße für zahlreiche Künstler und Intellektuelle in Deutschland ist, zu Beginn der zwanziger Jahre einen rasanten Kursverfall. Ernst Bloch hat 1935 diesen Entwicklungspunkt – mit einem leichten Unterton des Bedauerns – so zusammengefaßt: »Seit 1922 war der Expressionismus verleumdet; Noskes Feldzüge, der Wunsch nach Ruhe und Ordnung, die Lust an den gegebenen Verdienstmöglichkeiten und an der stabilen Fassade haben ihn erledigt. Diese Lust heißt ›Neue Sachlichkeit‹.«[1] Die Haltung, die sich zu Beginn der zwanziger Jahre ausbreitet, gleicht in gewisser Weise dem Ernüchterungsgefühl nach einem Rausch.

In Scharouns Werkentwicklung zeichnet sich eine veränderte Einstellung zuerst in den freien Entwurfsskizzen der frühen zwanziger Jahre ab, die er zunächst – ähnlich den Skizzen zum Volkshausgedanken von 1919/20 – als ideelle Auseinandersetzung, neben der Arbeit an konkreten Entwurfsaufgaben, fortsetzt. Neue Themen klingen an. Der Gedanke einer leistungsgerechten Form wird an Aufgaben wie Kino und Musikhalle exemplifiziert. Extrovertiertheit löst Innerlichkeit ab. Die eruptiv aufbrechenden Formen der Volkshausgebilde werden durch dynamische, fließende Formen abgelöst, die statt einer Ornamentkruste eine gestraffte Oberfläche aufweisen. Mit ihrer grellen Farbgebung sind sie allerdings weiterhin stärker einem emotionalen Aufbruch verpflichtet als neusachlicher Abgeklärtheit. In dieser Phase ist für Scharoun der Gedankenaustausch mit Adolf Behne besonders wichtig. Behne, der Entwürfe von Scharoun zur kritischen Beurteilung erhält, ist sich beim Betrachten dieser Arbeiten nicht ganz sicher, ob Scharoun den in Behnes Augen unerläßlichen Schritt von der expressiv-utopischen Phase zur Sachlichkeit auch konsequent vollzogen habe. 1923 mahnt er den gerade dreißigjährigen Scharoun, er möge sich vor Irrationalismer in seinen Architekturentwürfen hüten. Das grundlos Krumme und Schweifende, das er auf Scharouns Blättern erkennt, hält Behne »für etwas genauso peinliches wie sinnlose Betrunkenheit«: »Dynamische Architektur« müsse »unbedingt rationell, bis zur Kälte einer Hundeschnauze sein«.[2] Es ist derselbe Behne, der 1919 im o. g. Aufsatz »Wiedergeburt der Baukunst« noch emphatisch die »höchste Schönheit« indischer Tempelarchitektur gepriesen hat, der es ohne wenn und aber nachzustreben gelte.

Der eigene Überzeugungswandel mag Behne veranlaßt haben, auch den noch jungen Mitstreiter für die Sache des neuen Bauens von den dazugewonnenen Einsichten zu überzeugen. Ein Briefwechsel zwischen beiden aus dem Jahr 1923 wirft andererseits ein Licht auf Scharouns spezifische Bemühungen um einen neuen konzeptionellen Ansatz in dieser Übergangsphase. Erhaltene Fragmente dieses Briefwechsels lassen vermuten, daß Scharoun Behne etliche Skizzen mit neuen Ideen zur kritischen Beurteilung zugeschickt oder bei Besuchen gezeigt hat. Das Urteil Behnes, dem seinerzeit führenden Architekturschriftsteller, besitzt Gewicht. Scharoun gibt in den Skizzen dem organhaften Prinzip, das bereits in seinen knospenden Volkshausfigurationen angelegt ist, nun zum ersten Mal eine andere Ausrichtung: Es ist nicht mehr – wie bei den Volkshäusern – Sinnbild einer utopischen Antriebskraft, sondern Ausdruck des alltäglichen Lebens, das sich, der organischen Natur gleich, seine materiellen Formen aus den Anforderungen und Bedingungen der Lebensabläufe schafft. Diese Betrachtungsweise mag für ihn einen Ausweg aus der Legitimationskrise der expressionistischen Haltung bedeutet haben. Eine Krise, die aus dem Dilemma des »utopischen Bewußtseins ohne Öffentlichkeit« resultiert. In seiner Beurteilung der Skizzen zweifelt Behne zwar die Triftigkeit der Formensprache Scharouns an, akzeptiert aber den grundsätzlichen Ansatz: »Ich verstehe Ihre Absichten glatt, finde Ihre Problemstellung notwendig und nützlich – aber Sie vergessen eines: ein Bau soll organisch sein, aber niemals ein ›Organismus‹ im Sinne der lebendigen Natur – weil er das nicht sein kann. Also prinzipieller Verzicht auf alle ›Organisnurismen‹ – ein Portal ist kein Maul, saugt nicht u. s. w.«[3]

Besonders irritiert hat Scharoun, daß Behne seine Entwürfe mit den Zeichnungen Hermann Finsterlins in Verbindung bringt. Die stark aus dem Biomorphen abgeleitete Formensprache Finsterlins, die sich kristalliner Elemente gänzlich enthält, stempelte diesen im Kreis der Gläsernen Kette zum Außenseiter, dem der Ruch des am Jugendstil angelehnten Formalisten anhaftete. Gegen einen Vergleich mit Finsterlin glaubt Scharoun sich zur Wehr setzen zu müssen. So beginnt sein nur drei Tage später datiertes Antwortschreiben[4]: »Lieber Herr Behne! Besten Dank für Brief und Kopfwaschung vom 8. ds. Mts. Aber Finsterlin? Ich glaube, daß seine und meine Gestaltungen aus wesentlich anderen Voraussetzungsquellen stammen.« Scharoun hat dem Brief Skizzen eines Kinoentwurfs beigelegt, um zu beweisen, »daß wohl kaum eine unbegründete Linie im Bau steckt«. Das betrifft die Funktionen – »... die Schwingung der Außenwand [entspricht] der Anordnung der Sitzreihen ...« – sowie das vorgesehene Material – »Die Flächigkeit entspricht dem Wunsche, dem Betonmaterial eine eigene Note gegenüber dem Fachwerkbau (Holz), gegenüber dem Ziegelstein (rechteckiges Format) zu geben.«

Am Theaterbau – ein Thema übrigens, das Scharoun zeitlebens besonders beschäftigt hat – glaubt er noch deutlicher die Entwicklung der Zweckform aus Materialbeschaffenheit und Funktionen nachweisen zu können. Die Spannungen in der Baugestalt resultieren für ihn hier schlicht aus der »organische(n) Folge bewußter Raumanwendungen ... Auch hier wie bei allen anderen Entwürfen glaube ich jede Linie, Fläche und Form aus der Notwendigkeit inneren Wesens ableiten zu können ohne Anwendung irgendeiner Theorie«.[5] Der letzte Teil der Aussage ist bemerkenswert. Man muß sich fragen, ob der Verzicht auf Theorie, den Scharoun hier herausstellt, ein Erbe seiner betont und mit Pathos vorgetragenen antirationalen Haltung aus der Phase der Gläsernen Kette ist – etwa entsprechend dem Tenor seiner Äußerung: »Laßt sie [die Erkenntnisse] andere tun, die mehr Zeit haben ...« – oder ob sich hier ein leichtes Grollen gegen die vermeintliche Allmacht von Theoretikern vom Schlage Behnes Luft verschafft, deren intellektuell geschärftes Seziermesser jede spontane künstlerische Idee unsentimental in ihre Grundsubstanzen zerlegt, oder ob der Theorieverzicht sich aus der Legitimationskrise erklären läßt, in die die imaginären Architekten zu Beginn der zwanziger Jahre

<u>1</u> »Musikhalle«, Aquarell, um 1922
<u>2</u> Hermann Finsterlin, »Haus«, Zeichnung, 1920

geraten. Letzteres ist zu vermuten: Der Glaube, daß die Bauform sich notwendigerweise aus dem Wesen, der spezifischen Eigenheit einer Bauaufgabe ergibt, ist identisch mit dem Glauben an eine quasi-objektive Form des Gebauten. Hinter dieser Methode der Formfindung steckt natürlich auch ein mehr oder weniger rationales Kalkül, mithin eine Theorie. Das Ergebnis soll, nachdem die vom Architekten als wesentlich erkannten Funktionen festgelegt sind, sozusagen einem Automatismus entspringen. »Die gestalterische Lösung [ergibt sich] zwangsläufig oder zwangsfrei – wie man determinieren will«,[6] so Scharoun rückblickend auf das hier von ihm bevorzugte Verfahren. Der Glaube an eine Art Objektivität der gebauten Form, die aus der Zwangsläufigkeit resultiert, mit der sich die innere Notwendigkeit Raum schafft, steht im deutlichen Gegensatz zur Willkür der Ausdrucksform einer inneren Empfindung, ganz gleich, ob sie, wie in den Skizzen zum Volkshausgedanken, von einem sozialen Gedanken oder von einem individualistischen Impuls geleitet ist.

Das Resultat der veränderten Entwurfshaltung wird in den wichtigen Wettbewerbsentwürfen um das Jahr 1922 anschaulich, wie der Post in Bremen, dem Hochhaus am Bahnhof Friedrichstraße und dem Börsenhof in Königsberg. Alle drei Entwürfe sind betont an den alltagspraktischen Geschehnissen ausgerichtet, was beispielsweise auch in einem Entwurfsmotto wie »Betrieb – nicht Repräsentation« für die Bremer Post deutlich wird. Diesen Bauwerken liegt der Gedanke einer leistungsgerechten Funktionsform zugrunde, orientiert am Vorbild der organischen Natur. Es scheint, als habe Scharoun aus den Widersprüchen der Volkshausästhetik, als einer spekulativen Ausdrucksform eines vermeintlichen gesellschaftlichen Subjektes, das sich selbst noch nicht gefunden hat und das sich auch durch die Architekturform nicht stiften läßt, Konsequenzen gezogen. Der Versuch, die Architekturform aus dem Leistungsanspruch der Gebäudenutzung abzuleiten, läßt sich als Reaktion auf die Willkür einer Kollektivform ohne tragendes Kollektiv verstehen. Mit der Erkenntnis, daß es der aktuellen ökonomischen Realität keineswegs entspricht, jahrzehntelang nach gotischem Vorbild mit der Freude am Schaffen Zentren der Stadt und der Gemeinschaft zu errichten, wie es ihm noch für den Kultbau in Gelsenkirchen vorschwebte, geht bei Scharoun, wie bei anderen expressionistischen Architekten, offenbar die Einsicht einher, daß sich zwischen den utopischen Intentionen der Gläsernen Kette und der gesellschaftlichen Realität ein unüberwindbarer Graben auftut.

1 »Kultur und Zivilisation«, Wettbewerbsentwurf Hygiene-Museum Dresden, 1920, Schaubild
2 »Betrieb, nicht Repräsentation«, Wettbewerbsentwurf Post am Bahnhof Bremen, 1921, Aquarell

Die Idee einer »leistungsgerechten Form« stellt sich als Alternative dar: einerseits zur freien künstlerischen Ausdrucksform, die versucht, aus dem Nichts zu einer neuen verbindlichen Symbolik zu gelangen, andererseits zum Historismus und zum Eklektizismus, die als Belege für die Unfähigkeit stehen, eine authentische zeitgenössische Ausdrucksform zu gewinnen. Daß es mit dem Leistungsformprinzip, das Scharoun nun verfolgt, nicht um banale Praktikabilität – im Sinn des rein technischen Ablaufs – geht, hat wiederum Adolf Behne schon früh, in seinem 1923 geschriebenen, aber erst 1926 veröffentlichten, Buch »Der moderne Zweckbau« festgestellt. Dort heißt es über die am Vorbild der organischen Natur orientierten Funktionalisten, zu denen er Scharoun ebenso wie Hugo Häring zählt: »[Es] wäre ein Irrtum, in den Funktionalisten Utilitaristen zu sehen. Die Ergebnisse beider berühren sich hier und dort, kommen aber aus ganz verschiedenen Einstellungen. Dem Funktionalisten handelt es sich um die Lösung einer allgemein bedeutsamen Aufgabe unserer Kultur, und während der Utilitarist nur fragt: ›Wie handle ich in diesem Fall am praktischsten?‹, fragt der Funktionalist: ›Wie handle ich prinzipiell am richtigsten?‹. Seine Einstellung tendiert zur Philosophie, sie basiert sich metaphysisch... Der Utilitarist ordnet sich den Zwecken unter, wie sie der gesunde Menschenverstand, wie sie der Bürger eben heute kennt und anerkennt, und wird dadurch leicht zum Materialisten. Der Funktionalist bejaht die Zwecke nicht weniger entschlossen, aber er sieht sie nicht als etwas Fertiges, Unabänderliches, starr Gegebenes, sondern als ein Mittel, durch ihre Erweiterung und Verfeinerung, ihre Intensivierung und Sublimierung den Menschen zu ergreifen und zu formen. Jeder Zweck ist ihm ein Hebel, einen neuen, feiner gearteten Menschen zu gewinnen.«[7]

Diese Charakterisierung belegt recht deutlich das Prinzipielle der Scharounschen Fragestellung. Ob Scharoun freilich den Schluß Behnes, der Funktionalist habe letztlich einen formenden Anspruch auch an den Menschen, unterstrichen hätte, ist nicht sicher. Jedenfalls gibt es keinen Hinweis darauf aus Äußerungen Scharouns. In gewisser Weise stellt dieser von Behne gemutmaßte Anspruch der Funktionalisten eine Verbindung zu der sozialutopischen Grundidee der imaginären Architekten her. Beide, der Utopiker wie der Funktionalist, sind von einem ethischen Anspruch an die Architektur geleitet und von dem Gedanken, die Architektur müsse einer gesellschaftlichen Einheit entsprechen. Da sich aber eine einheitsstiftende Idee, auf der eine neue Architektur basieren müßte, in der Gegenwart allenfalls latent zeigt und sich auch nicht – etwa durch ein ad hoc gesetztes großes Gesamtkunstwerk – initiieren läßt, bleibt dem tätigen Architekten zunächst nichts anderes übrig als den Widerspruch, der sich hier auftut, mit einer Art vorsichtiger, versuchsweiser Annäherung an ein Ideal zu überspielen. Die Beschäftigung mit den alltäglichen Lebensvorgängen erweist sich schon deshalb als sinnvoll, weil eine Tendenz des angestrebten Ideals auf eine Überwindung der Diskrepanz zwischen Kunst und Leben zielt. Die Hinwendung zu den funktionalen Abläufen schafft eine Alternative zur Willkür der reinen Ausdrucksform. Mit der Leistungsform wird die Schönheit des ästhetisch Absichtslosen entdeckt. Sie stellt damit jedoch keineswegs eine objektive Grundlage her. Die einzelnen Faktoren, die sich zwischen den vielfältigen menschlichen Intentionen und der baulich-räumlichen Disposition ergeben, sind – selbst dann, wenn der Blick auf wenige Zwecke eingeschränkt wird – nur annäherungsweise objektiv, d. h. gemeingültig festzulegen. Der Rest ist Interpretation. Und Interpretation zielt auf eine gesetzte Idealität.

Neben dem Erkennen des Grundwiderspruchs, in den ein »utopisches Bewußtsein ohne Öffentlichkeit« gerät, mag die Wandlung der Architekturimaginisten hin zu mehr Sachlichkeit auch noch einen anderen Grund haben. Waren die deutschen Architekten in den Jahren unmittelbar nach dem Weltkrieg noch weitgehend isoliert, so gewinnen ab Beginn der zwanziger Jahre mehr und mehr internationale Einflüße an Stellenwert. Vor allem die Aufsätze Le Corbusiers – 1920/21 in der Zeitschrift »L' Esprit Nouveau« veröffentlicht –, die Manifestationen der niederländischen »De Stijl-Gruppe« sowie die junge sowjetische Architektur werden nun in Deutschland aufmerksam rezipiert. So läßt Bruno Taut Ende 1921 – im zweiten Heft seiner inzwischen von Magdeburg aus neu erscheinenden Zeitschrift »Frühlicht«[8] – nicht die Gelegenheit aus, in einer Besprechung neuer Siedlungen das allerneueste Stichwort zu nennen: machine à habiter. Der Begriff paßt allerdings kaum zu den abgebildeten jurtenartigen Einfamilienhäusern, die Taut entworfen hatte, oder zu den ebenfalls vorgestellten, im Grundriß oder Aufriß schiefwinkligen Häusern der Luckhardt-Brüder.

Und wieder erweist sich Adolf Behne, der 1920 die Niederlande bereist und dort die Auseinandersetzung zwischen der romantischen »Amsterdamer Schule« und der rationalistischen »Rotterdamer Schule« verfolgt hat, als Trendsetter der Architektur-Avantgarde. In der gleichen, o. g. Frühlicht-Ausgabe steht ein Aufsatz von Behne mit der Überschrift »Architekten«[9]. Da Behne einer der wichtigsten Begleiter und kritischer Anreger des Werdegangs Hans Scharouns ist, soll sein Artikel, der symptomatisch den Wendepunkt der Architektur-Avantgarde in den frühen zwanziger Jahren belegt, etwas ausführlicher dargestellt werden.

Behne baut in dem Artikel Hans Poelzig und J. J. P. Oud als Antagonisten gegenwärtiger Architekturauffassungen auf. Poelzig besetzt für ihn dabei die Stelle des von Naturalismus und Individualismus geprägten Künstlerarchitekten herkömmlicher Art, dessen unbestreitbare Begabung doch letztlich nur dazu in der Lage sei, sich selbst darzustellen. Dieser Typus gehört nach Auffassung Behnes nunmehr dem Gestern an, und die »Scheidungslinie zwischen Gestern und Heute«, die er zu ziehen versucht, zeigt sich ihm in dem gewandelten Verhältnis des menschlichen Geistes zur Natur. Das Heute ist für Behne dadurch bestimmt, daß sich die Kunst, die Architektur als das Produkt menschlichen Geistes zu erkennen gibt und nicht als Imitat der Natur, d. h. der Schöpfung Gottes. Der Anspruch des Geistes habe »frei und ebenbürtig zur Natur« zu stehen. »Eines der Mittel zur Freiheit des Geistes ist die Maschine.« Der Architekt habe sich selbstbewußt dem Rhythmus und der Dynamik des modernen Lebens zu stellen; es gehe nun in der Baukunst darum, das »Gleichgewicht der gespannten Kräfte« darzustellen, für das die abstrakten Arbeiten der Maler und Bildhauer bereits

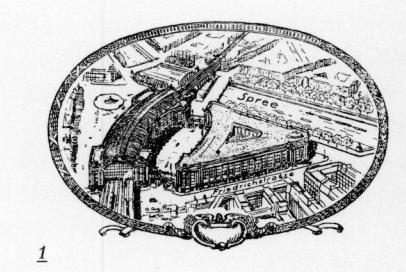

Hochhaus am Bahnhof Friedrichstraße, Berlin
Wettbewerbsentwurf, Ankauf, 1922

Innen und Außen

1 Bahnhof Friedrichstraße,
Entwurf von Augustin Rey,
Paris, vor 1914
2 Blick aus der Friedrichstraße,
links der Bahnhof
3 Entwurf von Ludwig Mies
van der Rohe
4 Grundrisse 1. Obergeschoß
und Erdgeschoß, 1:1500
5 Blick von der Spreebrücke
6 Ansicht vom Bahnhof

Schon beim Entwurf der Post in Bremen überrascht die spezifische Artikulation von Schalterhalle und Verwaltungsbereich, die nichts mit einem tradierten Bautyp gemein hat. Das Dreiecksgrundstück in der Berliner City, begrenzt durch Friedrichstraße, Bahnhof und Spree, führt bei Scharoun zu einer intensiven Auseinandersetzung mit der städtebaulichen Situation. Von den Hochhausprotagonisten wie Möhring und Berg ist keiner im Preisgericht, sondern u. a. wieder Ludwig Hoffmann.

Wettbewerbskennworte sind bei Scharoun stets weniger Metaphern als Charakterisierungen des Entwurfsproblems, das er sich selbst mit der Aufgabe stellt. So auch hier: Durch die Auseinandersetzung mit Innen und Außen eines Geschäftshauses in dieser speziellen Lage greift er eine vergessene Organisationsform auf: die glasgedeckte Passage. Von der Spreebrücke kommend, öffnet sich die Passage trompetenförmig zum Eingang des Bahnhofs Friedrichstraße. Die Passage als Stadt im Kleinen und das Hochhaus als Zeichen im Großen – Scharouns Resultat ist jedenfalls kein Gebäude vom Typ der US-amerikanischen Wolkenkratzer, die auch unter den 141 Arbeiten vertreten sind. Dies stellt Adolf Behne in einer ausführlichen Wettbewerbsbesprechung heraus:

»Den äußersten Gegensatz zu solchen Vorschlägen bildet das (angekaufte) Projekt von Hans Scharoun-Insterburg – scheinbar romantisch und in Wirklichkeit (bis auf geringe, leicht abzustellende Äußerlichkeiten) ganz realpolitisch, wohl am meisten von allen Projekten aus den Gegebenheiten dieses besonderen Platzes entwickelt. Die Unterschiede der Höhenführung sind bei Scharoun nicht ausgedacht, willkürlich, ›Kunst‹, sondern folgen logisch aus der Tatsache, daß die drei Seiten dieses Dreiecks verschiedene städtebauliche Qualitäten haben. Die enge Friedrichstraße verbietet ein bedeutendes Höhenmaß, und die Spree erlaubt am Reichstagsufer ein sehr kräftiges Herausgehen mit der Höhe. Scharouns Hochhaus ist ohne Bedenken Hochhaus – aber es behandelt nicht den ganzen Block, entgegen seinen Wirklichkeiten, schematisch als ›Hochhaus‹, sondern nur dort, wo es sachlich geboten ist. Die bemerkenswerte Reife seiner Arbeit zeigt sich auch darin, daß sie keineswegs auf ›Monument‹ eingestellt ist. Es handelt sich ja wirklich nicht um einen Bau, der irgend etwas besonderes darstellt. Aus ihm ein Symbol mit viel Ernst, Würde und Strenge zu machen, ist abzuweisen. Es handelt sich um ein Haus für Büro und Geschäft, eine Akkumulation von Läden, Café, Restaurant, Passage, Fahrstühlen, Treppen und Kontoren – also ist kein Anlaß zu irgendwelchem Pathos. Während andere zu einem wuchtigen Koloß kommen, dessen starre Schwere die verschiedensten, so alltäglichen Bedürfnisse unter eine tragische Maske zwingt, kommt Scharoun aus einer bewußt nüchternen Einstellung zu einem lockeren, differenzierten Haus, das nichts anderes scheinen will als es ist: eine großstädtische Sensation. So gewinnt er – und fast als der einzige aller Teilnehmer – die Möglichkeit, von vornherein alle Mittel der Reklame heranzuziehen. Das frei, ohne Nachbarn und Konkurrenten und namentlich von der Brücke her weithin sichtbar stehende Haus ist in seiner eindrucksvollen bewegten Silhouette Steigerung seiner Umgebung, wie es das ja auch in seiner Funktion ist ... nicht Fremdkörper.«[10]

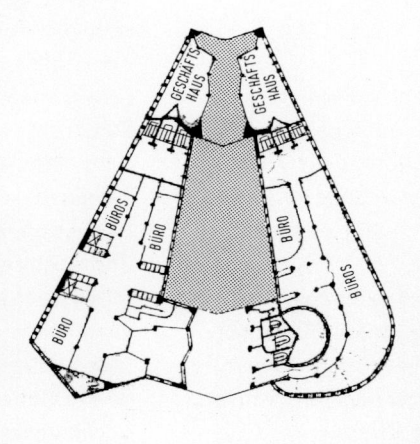

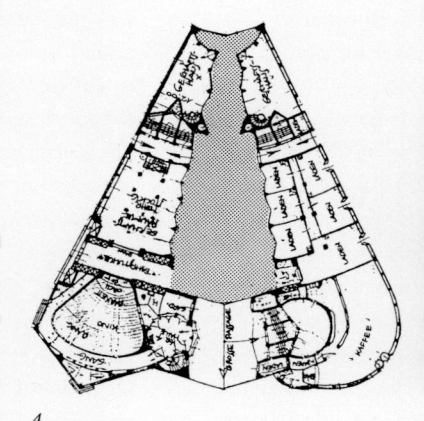

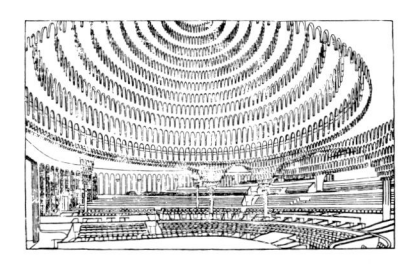

Beispiel gäben. Das bedeute Verzicht auf eine Ornamentkruste am Bauwerk, die ein Produkt handwerklichen Individualismus sei, somit ein Relikt aus verflossener, z. B. mittelalterlicher Zeit. Wer aber heute auf das Handwerk setze, betreibe einen romantischen Eskapismus.

Es ist bemerkenswert, daß Behne Poelzig als Antipoden des neuen Zeitgeistes herbeizitiert. Vielleicht geschieht dies, um die notwendigerweise mitschwingende Selbstkritik an der eigenen vormaligen Position, die von Gotik-Sehnsucht, von dem Erlebnis der »süße(n) strömende(n) Innigkeit der Glasfenster« bestimmt war, abzumildern. So zeigt er für die »Welle des Utopischen und Romantischen«, die die jungen Architekten nach Kriegsende ergriff, durchaus Verständnis. Sie erscheint ihm im Nachhinein als »Folge der langen Isolierung, als Reaktion des Gefühls auf die Nutzlosigkeit der geopferten Jahre«. Er versichert sich und den Lesern, daß inzwischen aber der »Kult des Phantastischen zum Lebendigen und zur Selbstbesinnung zurückgefunden« habe. Was sich zumindestens in Anbetracht der Tatsache merkwürdig ausnimmt, daß in den Magdeburger Frühlicht-Nummern noch zahlreiche Grafiken der Gläsernen Kette (u. a. von Scharoun) ebenso vertreten sind wie die unterschiedlichsten Versuche, den expressionistischen Geist in konkreten Projekten umzusetzen: zu nennen wären Max Tauts Erbbegräbnisstätte Wissinger, sein Entwurf für ein Bürohaus des Allgemeinen Deutschen Gewerkschaftsbunds, Gropius' Märzgefallenen-Denkmal, Mies' Hochhausprojekte, Krayls Normaluhr-Übermalung usw. – selbst Projekte von Gaudí fehlen nicht, und Tatlins Turm wirkt in diesem Kontext eher expressiv als sachlich.

Nur Poelzig, dessen 1918/19 geschaffenes großes Schauspielhaus mit seiner allgemein als expressionistisch eingestuften Innenraumgestaltung Furore machte, ist im Abbildungsteil nicht vertreten. Poelzig, 1869 geboren, elf Jahre älter als Taut, sechzehn Jahre älter als Behne, vierundzwanzig Jahre älter als Scharoun, gehörte einer anderen Generation an. Er war Anreger der jüngeren Generation, und er ließ sich von dieser anregen. 1914, auf einer berühmt gewordenen Werkbund-Tagung in Köln, hatte Bruno Taut Poelzig gar zum Kunst-Diktator auf Zeit, d. h. zum absoluten Richtliniengeber, ernennen wollen. Verfolgt man weiter Behnes Entschuldigung der Utopisten, so mag das Verhältnis der jungen Architektengeneration zu Poelzig deutlich werden: »Auch steckte unter dem Utopischen der sehr berechtigte Wunsch, das wesentlich Neue, von aller Tradition Befreite, zu gewinnen.« Genau diese Neigung zur Tabula rasa ging Poelzig ab. Er zeigte sich weniger entschieden – oder sollte man sagen: verbissen – als die Neuerer. Er war in der Tat ein Künstlerarchitekt von barocker Dimension – die Überbetonung eines sozialen und ethischen Moments war nicht sein vorrangiges Anliegen. Genau dieser Impetus bildet aber in der Argumentation Behnes die Brücke zwischen der utopischen Bewegung und Architekten wie Oud und Le Corbusier: »Wir müssen erkennen, daß die Arbeit, die wir bisher zu charakterisieren versuchten, von einer starken ethischen Idee getragen wird. Es ist der kollektive, überindividuelle Gedanke, der in ihr mächtig ist. Jene Architekten untersuchen, welche Aufgaben zeitgemäß sind, und stellen sich entscheidenden Themen aus dem Gefühl ihrer sozialen Verantwortung zur Bearbeitung.«

Der Bruch mit der utopistischen Vergangenheit, den die Avantgarde in den frühen zwanziger Jahren vollzieht, ist bei genauerer Betrachtung weniger radikal, als es auf den ersten Blick scheinen mag. Erhalten bleiben ein antiindividualistischer, somit kollektivistischer Zug, ein aus einer sozialen und ethischen Fragestellung abgeleiteter umfassender Gestaltungsanspruch, der sich nicht auf die architektonische Schönheit eines Gebäudes beschränkt, sondern letztlich auf eine Gesellschaftsveränderung zielt. Dieser Anspruch besitzt nach wie vor eine utopische Dimension, sofern man utopisch oder utopistisch nicht im abwertenden Sinn meint, der Utopie mit Illusion gleichsetzt. »Ein jeder Utopist glaubte ... an durchschaubare gesellschaftliche Strukturen und eben deswegen auch an die mögliche Manipulierbarkeit der Gesellschaft, zum guten Zweck natürlich. Das ist in jedem Fall auch das gedankliche Grundanliegen eines wie immer gearteten rationalen Optimismus gewesen.« – so Ferdinand Seibt[11] jüngst in einer Veröffentlichung. Auch die Präferenz der modernen Materialien Glas, Eisen und Beton, die Behne in seinem Aufsatz betont, ist keineswegs neu. Ernst Bloch spricht in seinem 1918 erschienenem Buch »Geist der Utopie« von einer »vorübergehende(n) Hoffnung einer Wiedergeburt der Form, sei es durch die neuen Stoffe des Glases, Stahls und Betons, sei es vor allem durch die neuen Form- und Konstruktionsmöglichkeiten auf Grund dieser Materialien«[12]. Auch die Tatsache, daß Behne Bruno Tauts Glashaus von 1914 als »im gleichen Sinn«

modern wie Ouds Architektur darstellt, sollte verblüffen, ist doch Tauts Kölner Ausstellungsbau eher dem Scheerbartschen Imaginismus verpflichtet und steht im engen Zusammenhang mit dem nun verdammten Utopismus. Es wäre gar nicht abwegig, Tauts Glashaus als den modellhaften Versuch einer Synthese zwischen indischem Tempel und gotischer Glasmystik anzusehen. Ebenfalls mag als bemerkenswert registriert werden, daß Behne in seinem Aufsatz die Arbeiten Erich Mendelsohns, die seinerzeit in Holland begeistert aufgenommen wurden, in eine Linie mit Oud stellt. Dabei verschweigt er, daß die Zeitschrift »Wendingen«, die Mendelsohn 1920 ein Sonderheft widmete und der Behne selbst nach seiner Reise in die Niederlande Entwürfe deutscher Architekten vermittelte, das Organ der expressionistisch gestimmten Amsterdamer Schule war. Mendelsohn selbst spricht sich gar für eine Synthese der beiden antagonistischen Architekturrichtungen in den Niederlanden aus: »Oud ist ... funktionell. Amsterdam ist dynamisch.

Eine Vereinigung beider Begriffe ist denkbar, aber in Holland nicht erkennbar. Das erste setzt Ratio voraus – Erkenntnis durch Analyse. Das zweite Irratio – Erkenntnis durch Vision. Der Analytiker – Rotterdam – lehnt die Vision ab. Der visionäre Amsterdamer begreift nicht die kühle Sachlichkeit.

Gewiß, das primäre Element ist die Funktion, aber Funktion ohne sinnlichen Beistrom bleibt Konstruktion. Mehr als je stehe ich zu meinem Versöhnungsprogramm. Beide sind notwendig, beide müssen sich finden.

Geht Amsterdam einen Schritt weiter in die Ratio, will Rotterdam nicht ganz das Blut töten, so sind sie vereinigt. Sonst konstruiert sich Rotterdam in den kühlen Tod, dynamisiert sich Amsterdam in den Verbrennungszauber.«[13]

Möglicherweise ist es aber gerade der aus der unmittelbaren Anschauung der Amsterdamer Bauten gewonnene Eindruck, der Behne dazu veranlaßt, seine Euphorie bezüglich einer neuen phantasiereichen Formensprache in der Baukunst zu bremsen. Er legt Wert auf die Betonung, die Alternative zur überschwenglichen, aber im Wortsinn oberflächlichen Phantasie (hinter de Klerks aufregenden Fassaden lagen simple Standardgrundrisse) sei nicht ein strikter Rationalismus. Es geht ihm um Tiefe und Komplexität, um die Zusammenhänge von Innen und Außen, von Gebäude und Stadt, von Architektur und Gesellschaft. Genau dies vermißt er bei den Amsterdamern ebenso wie bei Poelzig. Ohne diese Bezugnahmen muß Architektur zur rein artistischen Übung verkommen: »Oud predigt keinen platten Rationalismus. Sein Ziel einer auf den Notwendigkeiten des modernen Lebens basierten, sachlichen Baukunst, die ihre Aufgaben in vollkommener, überpersönlicher Hingabe, frei von allen Stimmungen und Launen erfüllen will – unter Bejahung aller neuen Errungenschaften der Technik, als eine Formung geistiger Organismen, die klar durchdacht sind und ihr Leben in den unantastbar reinen Verhältnissen aller Teile zueinander und zum Ganzen tragen, nicht in irgend welchem Drum und Dran –, geht über die Möglichkeit eines bloßen Rationalismus weit hinaus ... nicht aber mit einem stolzen Sprung in das unkontrollierbar Phantastische, sondern unter phrasenloser Rechenschaftslegung für alle Entschlüsse.«[14]

Bei der Unterscheidung von sachlich und (zweck)rationalistisch, die Behne hier trifft, ist allerdings der Ort, an dem Sinnlichkeit, Ausdruckshaftigkeit, Metaphorik der Architektur zu ihrem eingestandenen Recht kommen, nur schwer zu bestimmen. Die Gefahr ist groß, daß auch hier, da in diesen ästhetischen Fragen auf keine gesellschaftliche Verbindlichkeit zurückgegriffen werden kann, Willkür – etwa in einer auch äußerlichen Maschinenhaftigkeit der Architektur – oder letztlich doch ein Dominieren plattesten Rationalismus obsiegen wird. Dies hat die Diskussion über das Für und Wider der Modernen Architektur bis heute immer wieder bestätigt. Sowohl der Subjektivismus des Expressionismus als auch der Objektivismus der Neuen Sachlichkeit drohen, trotz Beschwörung einer Gemeinschaft, eines gesellschaftlichen Subjekts, ihre anspruchsvollen Zielsetzungen zu verfehlen. Wie sich heute zeigt, ist die Gefahr, daß Sachlichkeit zur »Hypostasierung der naturwissenschaftlich-technischen Rationalität« oder zur »Hypostasierung des Eigensinns der technologischen Entwicklung«[15] führt, im gleichen Maß gegeben, wie jene, daß expressive Phantasie notgedrungen in einen Ästhetizismus einmündet.

1 Hans Poelzig, Großes Schauspielhaus Berlin, 1918/19
2 Michel de Klerk, Wohnungsbauten Hembrugstraat, Amsterdam, 1918
3 J. J. P. Oud, Reihenhäuser an der Strandpromenade in Scheveningen, Entwurf, 1917

Büro- und Geschäftshaus Börsenstraße, Königsberg
Wettbewerbsentwurf, 1922

Zeittakt

1

2

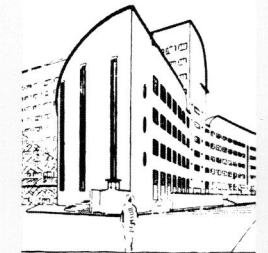

3

Der Wettbewerb für ein Büro- und Geschäftshaus in Verbindung mit einem Hotelbau wird von der Börsenhof AG ausgeschrieben. Das Grundstück ist von drei Straßen mit unterschiedlich hohen Gebäuden eingefaßt und grenzt im Süden an bestehende Bebauung an. Es liegt in der Blickachse der Börsenstraße, einer wichtigen Geschäftsstraße.

Die mit der wirtschaftlichen Situation verbundene schlechte Auftragslage der Architekten steigert sicherlich das Interesse an diesem Wettbewerb: 337 Arbeiten werden eingereicht. Unter den Teilnehmern sind viele junge Architekten, für die ein Wettbewerb als Chance eines beruflichen Einstiegs gilt. Mit Blick auf die Zusammensetzung des Preisgerichts beim »Deutschen Hygiene-Museum« merkt Paulsen zum gängigen Wettbewerbswesen kritisch an, daß es in keiner Weise geeignet sei, neue Talente zu entdecken, denn das Mittelmaß allein hätte Aussicht, in die engere Wahl zu kommen. Beim Wettbewerb der Börsenhof AG setzt sich Heinrich de Fries mit der Rolle des Preisgerichts – u. a. mit Cornelius Gurlitt und Hermann Muthesius besetzt – auseinander und fragt: »Haben nicht zweifellos die vielfältigen jüngeren, zukunftswichtigen Bewegungen in der deutschen Architektenschaft ein Recht auf hinreichende Vertretung in einem solchen Preisgericht?«[16]

Scharouns Kennwort »Zeittakt« verweist auf Rhythmus, Bewegung, Geschäftigkeit. Wie schon für die Berliner Friedrichstraße ist sein Entwurf durch eine eigenwillige Interpretation des Zusammenhangs von Stadt- und Hausgrundriß bestimmt. Sein Bezug ist nicht das Straßenraster, sondern die Bewegung auf der Straße und im Gebäude. So liegt zum Kundenstrom gerichtet der Eingang, mit kleinem Vorhof außen und großer Halle innen – in der betonten Gebäudeecke, die als Turm mit

Restaurant vertikalisiert ist. Die Halle ist öffentlicher Raum (Zeitungskiosk) mit Banken und Post. Ein Bau-»Werk« solle nicht durch den zufälligen Zuschnitt des Grundstücks und die entsprechenden Fronten bestimmt sein, erläutert Scharoun. »Es will nicht Monument sein, sondern gewissermaßen Werkzeug oder Maschine, formgespannt auch in Ruhe.«[17] Wenn dieser Anspruch auch kaum für das Hotel nachzuvollziehen ist, so doch deutlich am Grundriß und an der Außengestalt des Hauptgebäudes mit seinen zwei Büroflügeln, die mit dynamischer Geste den Turm umspielen.

Mit seiner Darstellung setzt sich Scharoun über die ausschließlich geforderten Frontansichten hinweg, um »die Konzentration des Gebäudes nach der Ecke hin in folgerichtiger Entwicklung aus dem Gesamtgebäudekörper heraus ... durch eine konsequent durchgeführte Bewegung der Baumassen« veranschaulichen zu können. Als Gegenbewegung »leitet die Architektur von dem Hausriesen links zum zierlichen Giebel«, der in der Straßenflucht dem Hotel folgt. Dies macht deutlich, daß Scharoun ein aktivierendes Moment der Architektur betont, das zum Erleben einer städtischen Situation beiträgt. Eine Haltung, die sich bewußt gegen eine akademische Architekturauffassung stellt, für die, selbstbezogen, allein die richtige Proportion der Fassade zählt.

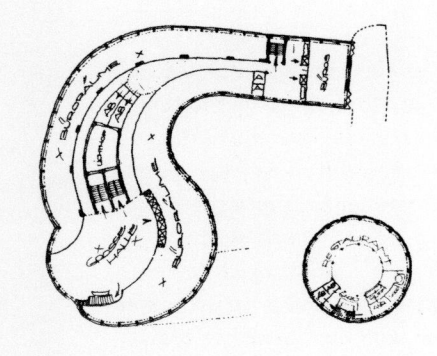

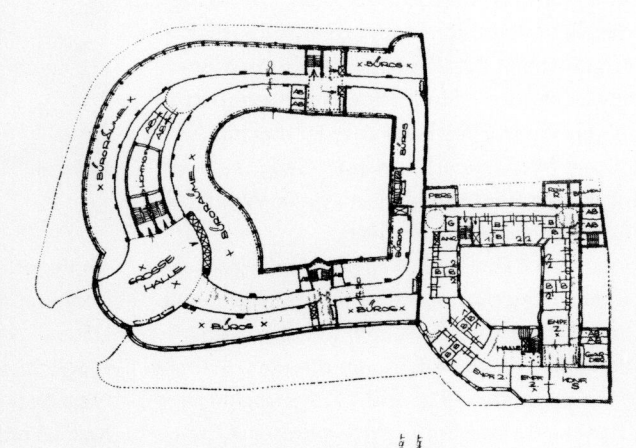

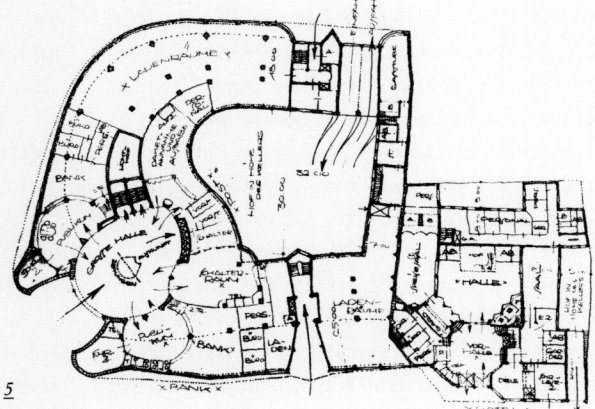

1 Blick aus der Börsenstraße
2 Entwurf von Adolf Rading
3 Entwurf »Sachlich« von F. Lutz, Hannover, 1. Preis
4 Lageplan, 1:3000
5 Grundrisse 6., 7. und 8. Obergeschoß, 1.–5. Obergeschoß, Erdgeschoß, 1:1500
6 Ansicht Schnürlingstraße

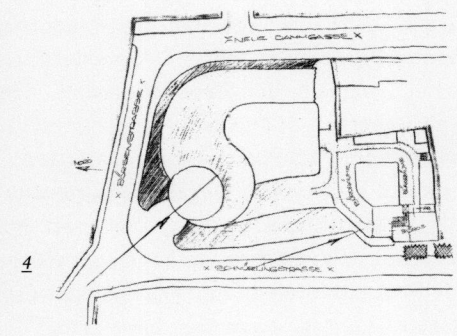

Von heute aus gesehen, ist es nicht schwer, Behnes Sicht der Dinge zu kritisieren. Vom damaligen Erkenntnisstand aus ist sie durchaus nachzuvollziehen. Mag man auch bei den von Behne gewählten Adjektiven wie »klar« oder »unantastbar rein« jenes aseptische Moment spüren, das Bloch schon 1918 kritisierte: »Hier regiert die Abwaschbarkeit...«[18], so ist doch seiner, von Le Corbusier abgeleiteten Forderung zuzustimmen, daß »sachlich sein« bedeute, von der Sache her die Phantasie zu entfalten, und die Quintessenz der Sache sei der Plan, der Grundriß. Ebenso ist dem, sicherlich mit den niederländischen Erfahrungen im Zusammenhang stehenden Gedanken, den Massenwohnungsbau zu einem vorrangigen Thema der Baukunst zu machen, nur beizupflichten. Wie fruchtbar dieser Gedanke wird, zeigen u. a. Scharouns Bemühungen um neue Wohnformen in den späten zwanziger Jahren.

Die Reflexionen Behnes am Scheidepunkt zwischen überschwenglicher Imagination und kühler Sachlichkeit sind deshalb in unserem Zusammenhang bedeutsam, weil die in ihnen aufgeworfenen Fragen die entwurfliche Arbeit Scharouns zwischen 1920 und 1925 entscheidend mitbestimmt haben. An der Entwicklung dieser Arbeit ist deutlich zu verfolgen, daß er für Behnes Anregungen ein offenes Ohr besitzt. Auch der Briefwechsel zwischen beiden im Jahr 1923 belegt dies. Vor allem die Aufforderungen, am Grundriß mit der architektonischen Phantasie anzusetzen und das Bauwerk und seine Teile nicht isoliert, sondern im komplexen Zusammenhang zu verstehen, sind bei Scharoun auf fruchtbaren Boden gefallen. Seine Entwicklung läßt sich in diesem Punkt präzis nachvollziehen. Gehen die ersten Wettbewerbsentwürfe Scharouns für die Wiese in Gelsenkirchen und das Dresdner Hygiene-Museum zwar nicht unsensibel mit der städtebaulichen Situation um, so ruhen sie doch insgesamt sehr stark in sich, bedingt durch ihre mehr oder minder axial-symmetrische Anordnung und die ein wenig angestrengt wirkende Betonung eines stadtkronenhaften Bauhöhepunktes. Im Vergleich mit den nachfolgenden Entwürfen wirken sie eher konventionell, scheinen sie zu sehr auf das Sensationelle ihrer Bekrönung hin angelegt zu sein. Entsprechend komisch nehmen sich die vorher ortlosen Volkshausgebilde aus, wenn sie auf den Schaubildern Scharouns plötzlich in den städtischen Normal-Situationen Dresdens oder Gelsenkirchens auftauchen. Die beiden Entwürfe zeigen überdeutlich, daß die zu weit ausgreifende, von höchster Schönheit orientalischer Tempel und gotischen Kathedralen träumende Utopie durch die Wirklichkeit, in der der Träumende sie plazieren möchte, nur diskreditiert werden kann. In der Schönheit, die Scharoun hier

1

sucht, offenbart sich nicht »mit Notwendigkeit der höchste Sinn«, wie Behne einst postuliert hatte. Die Utopie, verstanden als die Fähigkeit der Menschen, mit Möglichkeiten zu spielen, gewinne vor allem in der Negation des Defizitären am Status quo ihre schärfsten Konturen, heißt es.[19] Je weiter sie in ihrem Gegenentwurf ausholt, um so mehr sollte sie sich davor hüten, ihn unter den falschen Bedingungen durchsetzen zu wollen.

Dagegen nimmt sich Behnes Forderung nach sachlicher, d. h. auf die Sache, die Lage, den Zusammenhang hin konzentrierte Phantasie wie eine Utopie der kleinen Schritte aus. Bei Scharoun, der diese Forderung – freilich nicht ohne ästhetischen Eigensinn – aufnimmt, zeigt sich, in welch starkem Maß Phantasie sich entfalten kann, wenn sie sich am konkret Gegebenen orientiert. Drohten die Volkshausskizzen und -aquarelle letztlich einem Schematismus zu verfallen, so kann sich seine überbordende Phantasie nun an der Wirklichkeit reiben. Und die Zeit zu Beginn der zwanziger Jahre, eine Epoche, die sich in vielem ohne Zweifel an der Schwelle eines Aufbruchs wähnt, ist günstig für einen Künstler, der sich mit aller Kraft einer Erneuerung der Architektursprache widmet. Nach den ästhetischen Umbrüchen in den anderen Künsten, die vielleicht am deutlichsten im Kubismus hervortreten, ist die Architektur mehr als reif für eine neue, zeitgemäße Ausdrucksform. Genau in diesem Sinne argumentiert Scharoun 1921 in dem bereits erwähnten Königsberger Vortrag: »Plastik und Malerei, abseits vom tätigen Leben und daher dem wirtschaftlichen Zwange der Zeit weniger unterworfen, konnten bereits neue Ideen, die geeignet scheinen zu einer Synthese zu führen, bis zu einem weiten Maß der Vollendung durchführen.

Die Architektur machte sich hingegen allzulange von dem Geschmack des verbildeten Publikums abhängig, für das Ästhetik nichts weiter war, als das klassische Schönheitsideal und das diesen aus dem klassischen Schönheitsideal gewonnene Maßstab der Ästhetik ohne weiteres bei Beurteilung der Gotik oder meinetwegen asiatischer Kunst anlegte. Erst jetzt beginnt auch die Architektur, die vorhin bezeichneten Ideen aufzugreifen.«[20]

Vom klassischen Schönheitsideal aus, das Scharoun hier kritisiert, wird Architektur vor allem nach der proportionalen Ausgewogenheit und axialsymmetrischen Anordnung ihrer Fassaden beurteilt. Diese werden als isolierte Einheiten behandelt – nicht in ihrer räumlichen Beziehung zueinander, nicht in ihrer Beziehung zu dem hinter der Fassadenschicht gelegenen Gebäudeinneren, das sich deshalb auch in keiner Weise außen abzeichnet, und nicht in ihrer Beziehung zur Umgebung. Die Fassaden werden des weiteren hierarchisch aufgeteilt, in Haupt- und Nebenansichten, wobei der architektonische Ehrgeiz der repräsentativen Gestaltung der Hauptansicht gilt, die auf einen idealen, zentralperspektivisch-axial angelegten Blickpunkt hin konzipiert ist.

Scharouns Entwürfe ab etwa 1921 lassen sich architekturästhetisch als Antithesen zum hier beschriebenen klassischen Schönheitsideal auffassen. Die Aufhebung der Vorstellung eines Gebäudes als Addition von Einzelansichten in einer hierarchischen Abfolge zeigt sich u. a. in der Betonung und in der besonderen Ausbildung der Gebäudeecke, die die einzelnen Seiten zusammenzieht und in Beziehung zueinander und zum Gebäudeganzen setzt – Gebäudeseiten, die nun auch nicht mehr flächenhaft, sondern extrem reliefiert sind, nervös vor- und zurückspringen, häufig auch gekurvt sind. Bei einer solchen Behandlung der Baukörper ergibt die Fassadenabwicklung eines Architekturentwurfes wenig Sinn, weshalb Scharoun auch beim Königsberger Börsenhofwettbewerb gegen die ausschließlich geforderten Ansichtszeichnungen aufbegehrt: »Auf eine Perspektive konnte der Bewerber um so weniger verzichten, als von ihm die Konzentration des Gebäudes nach der Ecke hin in folgerichtiger Entwicklung aus dem Gesamtgebäudekörper heraus nur durch eine konsequent durchgeführte Bewegung der Baumassen erstrebt werden konnte.«[21] Darüber hinaus wird die Absicht verfolgt, daß die durch die Beachtung der Zwecke gewonnene Gebäudeform auch zum integralen Bestandteil der städtischen Umgebung wird, was u. a. in Scharouns bevorzugter Schaffung von öffentlichen Hallen und Passagen im Gebäudeinneren zum Ausdruck kommt. Das städtische Leben wird in das Bauwerk hineingezogen. Innen und außen verbinden sich aber auch dadurch, daß sich die innere Nutzung nach außen hin im Baukörper abbildet. Die Komplexität und Unterschiedlichkeit der Nutzungen wird zum willkommenen Anlaß einer lebhaften Gliederung der Baumassen. Dies unterstreicht Behne in seiner Besprechung des Scharounschen Entwurfs für die Post in Bremen: »Scharoun differenziert und artikuliert die Masse. ... Schalterhalle und Pakethalle können und sollen flach sein. Das Scheckamt als reines Verwaltungsgebäude ohne nennenswerten Verkehr mit dem Publikum kann geballt in die Höhe gehen. Die Pakethalle legt sich lang und schmal dicht an die Bahngeleise. Der Schalterraum entwickelt sich praktisch über einem Kreisgrundriß – und es entsteht ein Bau von klarer Physiognomie, gegliedert in Höhe, Breite und Länge, ein Bau, der den dynamischen Spannungen seiner Funktionen entspricht ...«[22]

Scharouns Motto für den Bremer Entwurf »Betrieb – nicht Repräsentation« ist eine geradezu programmatische Beschreibung der neuen, dem klassischen Schönheitsideal abgewandten Haltung. Die Darstellung der Lebendigkeit menschlicher Aktivitäten und die Erlebbarkeit der Dynamik der dem geschäftigen Leben entsprechend gegliederten Räume wird zum Leitmotiv seiner Architektur. Die von Scharoun antizipierten Bewegungsabläufe und Lebensvorgänge kneten sozusagen die Bauformen, bis sie sich den gedachten Bewegungskräften, die von innen und außen wirken, angepaßt haben. Das Bauwerk ist eine Art Abdruck der vorhergesehenen Ereignisse, die sich um und in ihm abspielen

2

1 »Vitrine der Industrie«, Wettbewerbsentwurf für ein Geschäftshaus mit Hotel am Bahnhofsplatz in Frankfurt/Oder, 1924/25, Blick aus der Bahnhofsstraße
2 »Zeittakt«, Wettbewerbsentwurf Börsenhof Königsberg, 1922, Blick auf die Gebäudeecke mit dem Hauptportal

Münsterplatz Ulm
Wettbewerbsentwurf, 1924/25

Umfassen und Scheiden

Mit seiner Beteiligung am Münsterplatz-Wettbewerb mischt sich Scharoun in eine Platzgestaltungsfrage, die im Laufe des 20. Jahrhunderts heiß diskutiert und schließlich mit dem Entwurf von Richard Meier in den achtziger Jahren beantwortet wird. Sowohl der Wettbewerb von 1906 als auch der von 1924 haben keine baulichen Konsequenzen. Mit seinem Beitrag kann sich Scharoun nicht nur mit dem ihm wichtigen Thema »Neues Bauens in der mittelalterlichen Stadt« auseinandersetzen, sondern er konfrontiert sich zugleich mit den süddeutschen Traditionalisten.

Die Anschauung Theodor Fischers, dessen Garnisonskirche in Ulm heftig umstritten ist, bestimmt nicht nur den Wettbewerb von 1906, sondern auch das Preisgericht von 1924, das insgesamt der Fischerschule nahesteht. Die Zahl von 478 Teilnehmern deutet auf ein riesiges Interesse an einer solchen Aufgabe in Deutschland. Jedoch wird alles, was nicht irgendwie krumm ist oder eine mittelalterliche Idylle wiedererweckt, vom Preisgericht ausgeschieden. Darin drückt sich der amtierende Geist des 19. Jahrhunderts aus, der die Enge der mittelalterlichen Festungsstädte als gewachsen und gemütlich erklärt. Sein Streben gilt eher dem Wiederaufbau des 1870 abgerissenen Barfüßlerklosters vor dem Münster.

Die Gegenposition zu dieser am Pittoresken der mittelalterlichen Stadt orientierten Auffassung nimmt die geometrische Regelhaftigkeit der Kathedrale zum Ausgangspunkt eines städtebaulichen Ideals. Der durch die ungeheuren Ausmaße der Kirchen geschaffene Raum, sei aber, wegen der bestehenden Bebauung, selten zu einem ihnen entsprechenden regelmäßigen Vorhof erweitert worden.

Beide Positionen sind in ihrer Weise historisierend verklärt, doch werden zum Ulmer Streit auch andere

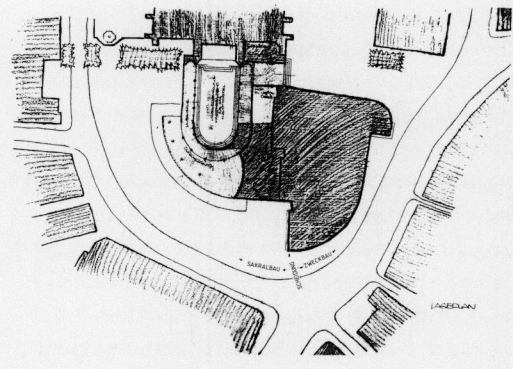

1 Blick aus der Hirschstraße
2 Lageplan, 1:3000
3 Entwurf Heinz Wetzel, Stuttgart, ein 2. Preis
4 Grundrisse, Obergeschoß und Erdgeschoß, 1:1500
5 Ansichten, 1:1000

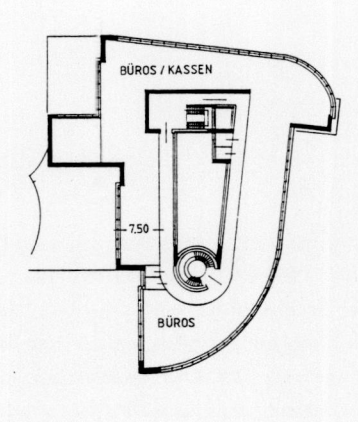

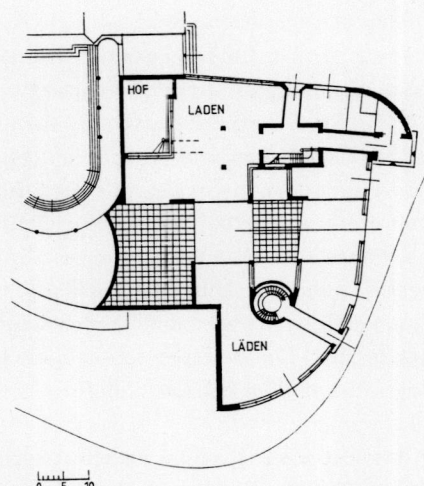

Meinungen veröffentlicht. So stellt Leo Adler fest, daß »Regelmäßigkeit Ausdruck mathematisch-logischer (funktionaler) Verhältnisse ist, während Gesetzmäßigkeit (im ästhetischen Sinn) demgegenüber Ausdruck sinnfälliger energetischer Beziehungen ist.«[23] Er sieht die Aufgabe darin, den Platz nach heutigen Gesichtspunkten ästhetisch wirksam zu gestalten und nicht für die »Meister und Menschen vom Jahre des Heils 1350«.

Scharouns Entwurf scheint vom Geiste Leo Adlers genauso getragen wie von seiner eigenen Gotik-Vorliebe, die ihn aber nicht daran hindert, der zeitgenössischen Verkehrsentwicklung Rechnung zu tragen und Ausdruck zu verleihen. In der Achse Hauptaltar-Hauptportal bildet er mit einem Laubengang einen Vorhof, wie ihn viele ältere Kirchen besaßen – meist als Garten »Paradies« genannt. Durch diesen eingeschossigen Bauteil erhält Scharoun die Tiefe des Münsterplatzes und schafft einen direkten Vorbereich, ohne den Blick auf das Münster beim Austritt aus der geschäftigen Hirschstraße zu versperren.
Er erstrebt damit die Umfassung des Turms als Basis für den Turm.

Mit der fünfgeschossigen Bebauung faßt er den Raum des Münsterplatzes und definiert den Verkehrs-Raum für die Weiterführung der Hirsch- in die Langenstraße. Scharouns Ziel ist dabei: »Scheidung des Verkehrs«. Die erzeugte Spannung zwischen dem 161 m hohen Turm und der dynamischen Bewegung des gegliederten Geschäftshauses versteht er als die »angedeutete Dynamik der Massen«. Werner Hegemanns abschließende Bemerkung zum Wettbewerb: »Ein Kunstwerk wie das Ulmer Münster ist des Schweißes vieler Geschlechter wert.«[24]

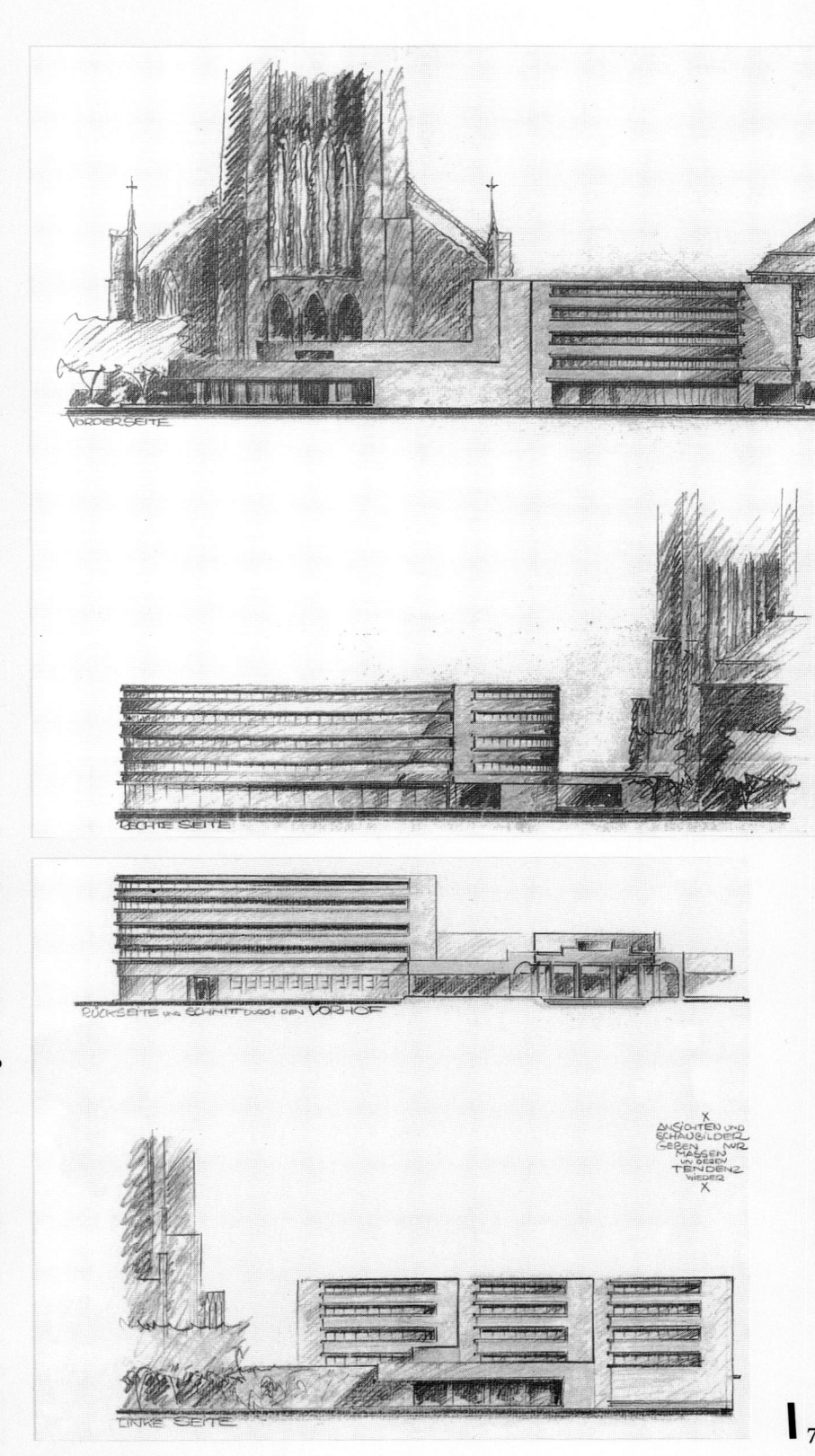

mögen. Diese Vorstellung weist gewisse Affinitäten zur Architekturtheorie Hugo Härings auf, wie dieser sie 1925 in seinem Aufsatz »Wege zur Form« darstellen wird. Die Verwandtschaft der Architekturauffasungen Scharouns und Härings ist aber zum ersten Mal von Behne in »Der moderne Zweckbau« herausgestellt worden.

Die Vorstellung, Architekturform habe unmittelbar aus der Gebäudenutzung zu resultieren und nicht primär von formalen Absichten auszugehen, beruht historisch auf verschiedenen Theorien des 19. Jahrhunderts, die vor allem in Amerika und England entstanden sind. Der amerikanische Bildhauer Horatio Greenough, ein für die Entwicklung der amerikanischen Architektur wichtiger Anreger, postuliert schon in der ersten Hälfte des 19. Jahrhunderts für die Architektur ein der Natur entlehntes System organischer Schönheit. In den ästhetisch absichtslos entstandenen Formen der Werkzeuge, im Schiffs- oder Brückenbau glaubt Greenough ein den natürlichen Formungsprinzipien ähnliches Muster zu erkennen. Dieses gelte es für die Architektur nutzbar zu machen. Aus diesem Umfeld entsteht die bekannte und häufig mißverstandene Formel »form follows function«. Auch für William Richard Lethaby, einem der wichtigsten Theoretiker aus dem Umfeld der Arts and Crafts-Bewegung in England, galt etwa »ship shape« als bedeutsame Inspiration für die Architektur.

Zu den großen Mißverständnissen in der Beurteilung des sogenannten Funktionalismus, die dazu führten, ihn bis heute zum Synonym für die Verfehlungen der modernen Architekturbewegung mit allen gestalterischen Defiziten – vor allem jene der Zeit nach dem Zweiten Weltkrieg – abzustempeln, gehört die Vorstellung, der Funktionalismus verzichte auf alle architekturästhetische Konnotationen. Nichts stimmt weniger als diese Annahme, wenn man die hier dokumentierten Entwürfe Scharouns betrachtet. Zwar macht er sich deutlich das Diktum Behnes zu eigen, nach welchem sich die architektonische Phantasie zuerst an der Sache, d. h. an der leistungsentsprechenden Grundrißgestaltung zu entfalten habe. Das schließt aber keineswegs die Hervorhebung emotionaler und expressiver Gehalte aus. Allein schon die Betrachtung des rein sachlichen Aspektes der Bauaufgabe durch den Architekten ist – wie bereits bemerkt wurde – keineswegs frei von Subjektivität. Sie beruht auf einer interpretatorischen Einstellung, die letztlich das Weltbild und die Wirklichkeitserfahrung des Architekten widerspiegelt. Das kann und soll in der äußeren Form nicht verschwiegen werden. Die Wirklichkeitserfahrung jener Zeit ist – wenigstens innerhalb des großstädtischen Kulturkreises, dem sich Scharoun trotz seines Wohn- und Arbeitsortes, dem ostpreußischen Provinzstädtchen Insterburg, zugehörig fühlt – in einem hohen Maß von einer Dynamisierung und Atomisierung der Erscheinungswelt geprägt, die in engem Zusammenhang mit wissenschaftlich-technischen Entwicklungen stehen. Die neue ästhetische Haltung zielt – im Gegensatz zu einer kulturkritisch rückwärtsgewandten Einstellung, welche Behne in dem Aufsatz »Architekten« als romantischen Eskapismus diskreditiert – auf eine Bejahung der neuen Erfahrungsweisen. In diesem Sinn sind Scharouns Entwürfe aus jenen Jahren vor allem Ausdrucksformen und Entsprechungen des Bewegungsspiels modernen Großstadtlebens. Angesprochen sind mit dieser Ästhetik nicht nur die Gefühle der Passanten, sondern auch jene der Bauherren. So ist der Ausdrucksgehalt beim Börsenhof-Entwurf, wie Scharoun erläutert, auch auf den vorwärtsblickenden Kaufmann abgestimmt, der zum Durchsetzen seiner Ziele jener Energie bedarf, die auch in der Gebäudeform erfahrbar werden soll.

Der Kunsthistoriker Joachim Petsch streicht in seinem 1973 veröffentlichten Buch »Architektur und Gesellschaft – Zur Geschichte der deutschen Architektur im 19. und 20. Jahrhundert« heraus, daß diese Phänomene einer veränderten Wirklichkeitserfahrung, die die Kubisten mit Formen der Simultaneität, die Futuristen mit der Darstellung der Bewegungsdynamik auf den Punkt zu bringen suchen, nun auch als neue Raumkonzeption (von der ja auch Giedion spricht) in der Architektur zum Tragen kommen: »Das in der Architektur umgesetzte Zeiterlebnis, die Gestaltung des bei der perspektivischen Raumdeutung ... nicht faßbaren und völlig untergeordneten Zeitphänomens kennzeichnet die neue architektonische Raumkonzeption ... Die Zeit erscheint in der Architektur als Ausdehnung und Bewegung. Da die Bewegung, worunter die Vielzahl der aktiven inneren Kräfte zu verstehen ist, wieder als Element des Räumlichen gilt, dominieren nicht perspektivische, sondern rhythmische Gesetze ... Der vorgegebene Raum und die statische Raumkonstruktion der perspektivischen Raumdeutung sind dadurch überwunden; der Raum ist bewegt. Durch die Gestaltung des gegebenen realen Raums erfolgt nun eine Gliederung von Körpern im offenen Raum, da sich jetzt Raum als eine von wechselnden Bewegungsabläufen abhängige Ausdehnung vollzieht und verwirklicht und sich durch die Dynamik der Rhythmen offenbart.«[25]

1 »Eckfunktion«, Skizze
2 Wettbewerbsentwurf Wasserturm, um 1925

Mit seinen Wettbewerbsentwürfen der frühen zwanziger Jahre kommt Scharoun fast nie in die Preisränge. Neben einem ersten Preis für einen Wettbewerb in Insterburg (1921) sind zwischen 1920 und 1925 lediglich zwei Ankäufe zu registrieren. Trotz dieser relativen Erfolglosigkeit wird seinen Entwürfen eine vergleichsweise hohe publizistische Aufmerksamkeit geschenkt. Scharoun erwirbt sich schnell den Ruf eines begabten und unkonventionell denkenden Entwerfers. Da die Preisgerichte in der Mehrzahl mit Architekten der älteren Generation besetzt sind, die sich den Neuerern gegenüber skeptisch bis ablehnend verhalten, sind unmittelbare Erfolge unwahrscheinlich. Mittelbar aber sind die Wettbewerbe und die sie in der Fachpresse begleitenden Erörterungen so etwas wie Foren, auf denen über die Entwicklungen der Architektur kontrovers und leidenschaftlich diskutiert wird. Daß bei der hohen Anzahl der Teilnehmer, die oft in die Hunderte geht, Scharouns nichtprämierte Entwürfe häufig zur Sprache kommen, zeugt zum einen von der außergewöhnlichen Qualität der in ihnen enthaltenen Ideen, aber auch von der Tatsache, daß ihm von den zwar nicht zahlreichen, aber relativ einflußreichen Befürwortern einer neuen Baukunst Förderung zuteil wird. Die gerade im Werden begriffene Architekturmoderne ist in den zwanziger Jahren noch wenig in interne Grabenkriege verstrickt und empfindet sich vor allem solidarisch im gemeinsamen Kampf gegen traditionalistische und konservative Kräfte, die über den gesamten Zeitraum der Weimarer Republik in der Mehrzahl bleiben. Trotzdem muß festgehalten werden, daß dieser Zusammenhalt der Modernen nur von relativer Festigkeit ist. Natürlich gibt es Fraktionen innerhalb der Gruppe der Neuerer sowie mehr oder weniger offen ausgetragene Konflikte zwischen diesen Fraktionen.

Als Beispiel mag die Schlußbemerkung einer Besprechung über »Die Internationale Architektur-Ausstellung im Bauhaus zu Weimar« gelten. Sie ist von Behne 1923 für die »Bauwelt« verfaßt worden: »In der Auswahl der deutschen Gruppe scheint mir Ungerechtigkeit vorzuliegen gegenüber denen, die am Problem einer sachlichen dynamischen Architektur nicht weniger ernsthaft arbeiten als manche der Ausgestellten, die aber gewisse grundlegend wichtige Fragen noch nicht für endgültig entschieden ansehen können. (Scharoun, Rading, Häring)

Man sollte nicht als Resultat vorwegnehmen, was immer noch Gegenstand der Auseinandersetzung ist. Wenn man die Arbeit von mehreren Seiten her gezeigt hätte, wäre erst ganz klar herausgetreten, um was es sich im Kern handelt.«[26]

2

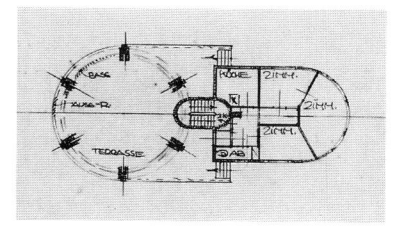

Einer Initiative des von Behne genannten Adolf Rading ist es zu verdanken, daß Scharoun 1925 ein wichtiger Karriereschritt gelingt. Er kann Insterburg verlassen, um in Breslau eine Professur anzutreten. Der beinahe autodidaktisch gestartete Scharoun, der sein Studium an der Technischen Hochschule Charlottenburg nicht abschließt und nicht, wie zahlreiche Kollegen, über die Protektion eines prominenten Lehrers verfügt, schafft es, in etwas mehr als einem halben Jahrzehnt vom unbekannten stud. arch. Scharoun-Charlottenburg (Wilhelm Jung in der »Stadtbaukunst« über den Wettbewerb Domplatz Prenzlau, 1919) zum Architekturprofessor an der Staatlichen Akademie für Kunst und Kunstgewerbe in Breslau zu avancieren. Die Breslauer Akademie besitzt zwar nicht den avantgardistischen Ruf des Bauhauses, aber Namen wie Poelzig, Endell, Moll, Muche und Schlemmer weisen auf den nicht unerheblichen Stellenwert dieser Institution hin. Rückblickend schildert Heinrich Lauterbach, der seinerzeit in Breslau als Architekt arbeitete, die Umstände der Berufung Scharouns lakonisch: »Durch seine oft veröffentlichten Wettbewerbsarbeiten war Scharoun bekannt geworden. 1925 erhielt er eine Anfrage von Adolf Rading, ob er bereit wäre, eine Professur an der Kunstakademie Breslau zu übernehmen. Rading war August Endells Assistent gewesen und nach dessen Tode der Leiter der Bauklasse und Berater von Oskar Moll, Endells Nachfolger als Direktor. Scharoun wurde berufen und übernahm die künstlerische Leitung der Werkstätten, die Hans Poelzig zwanzig Jahre zuvor – lange vor denen des Bauhauses – als erste an einer Akademie eingerichtet hatte.«[27]

Rathaus Bochum
Wettbewerbsentwurf, 1925

Kopf und Bauch der Stadt

1

Treffender kann man die Rolle und Funktion eines Rathauses nicht formulieren: Der Kopf trifft die Entscheidungen, und der Bauch muß sie verarbeiten. Das Kennwort spiegelt aber auch wider, wie unbelastet von gängigen Bildern Scharoun 1925 die Aufgabe angeht. Für ihn ist nicht mehr die symbolische Form eines Rathauses, das einst die Rechtsfreiheit einer Stadtbürgerschaft repräsentierte, leitend, sondern vielmehr die Fragen: Was ist ein Rathaus heute? Wie sind die Erfordernisse einer großen Stadtverwaltung zu erfüllen? Was ist der zeitgenössische Ausdruck einer solchen öffentlichen Institution?

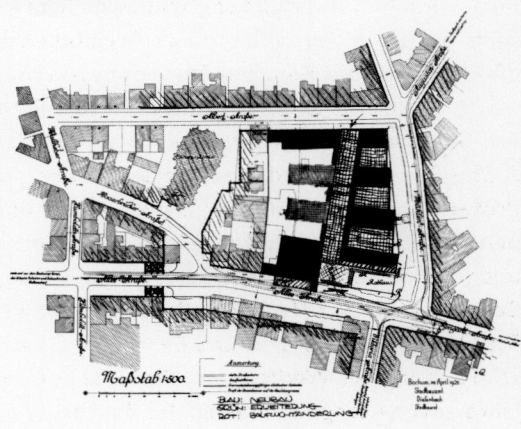

2

Wie anderenorts ist auch in Bochum das bestehende Rathaus für die anwachsenden Verwaltungen zu klein geworden. An gleicher Stelle, mit der Hauptorientierung zur Alleestraße – der Hauptstraße – soll der Neubau auf einer wesentlich größeren Grundfläche geplant werden. Der Baustil ist freigestellt, doch soll das Rathaus den Charakter einer aufstrebenden modernen Industriestadt betonen.

Die Preisträger kommen aus zwei Hochburgen traditioneller Stilkunst: Stuttgart und Düsseldorf. Die Büroanordnung um geschlossene Höfe ist bei den meisten Entwürfen ähnlich, unterschiedlich ist nur der äußere Schmuck im freien Stil des 19. Jahrhunderts. Was dann 1931 gebaut wird, ist eher eine Burg als eine Stadtverwaltung.

Das alte Rathaus an der Straßenecke soll erst nach Errichtung des Neubaus abgerissen werden, wodurch sich dieser Grundstücksbereich als Rathaus-Vorplatz anbietet. Gleich einem städtebaulichen Signal schlägt Scharoun – wie viele Mitbewerber – einen Rathausturm mit Flaggenmast für den Kopfbau vor, der nach seiner Meinung »eine repräsentative – dekorative Behandlung zuläßt«. Diese Äußerlichkeit lenkt aber eher von der Grundsätzlichkeit ab, von der sein Entwurf bestimmt ist. »Der Ausgangsgedanke war, die üblich gewordene Monumentalität städtischer Verwaltungsgebäude auf den Tatbestand zurückzuführen und bewußt Repräsentationsteil und Betriebsteil zu trennen, um aus der Gestaltung der beiden Teile ein Formspiel der Architektur lebendig werden zu lassen.«[28]

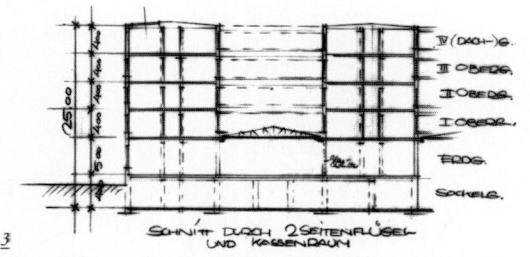

1 Vogelperspektive: Blick in die Allee Straße nach Westen
2 Lageplan, 1:5000
3 Schnitt durch zwei Seitenflügel und Kassenhalle, 1:1000, das 4. Geschoß ist von oben belichtet
4 Schaubild mit Vorplatz, Haupteingang und Rathausturm
5 Grundrisse 2. Obergeschoß (oben) und Erdgeschoß, 1:1500
6 Entwurf von R. Meyer und H. Freese, Düsseldorf, 1. Preis
7 Das 1931 von Karl Roth, Darmstadt, gebaute Rathaus

»Der Kopfbau treibt gegenüber dem Betriebsbau vor«, eine Maßnahme, durch die das organisatorische Kernstück, ein glasgedeckter, mehrgeschossiger Durchgang in leichter Diagonale – von internen Flurverbindungen brückenartig überquert – betont wird. Diese innere, 12 m breite Straße, dem Bautyp der Passage des 19. Jahrhunderts gleich, endet an der gegenüberliegenden Straße und ist auf diese Weise mit dem öffentlichen Straßensystem der Stadt verbunden. Der Charakter einer innerstädtischen Straße ist von Scharoun bewußt gewählt. Die Passage wird beiderseits von Wänden begleitet, wodurch die einzelnen Kassen und Verwaltungen wie einzelne Häuser betreten werden. Diesen öffentlichen Raum im Inneren, der sicher auch dazu beigetragen hätte, vorhandene Angst vor Behördengängen zu reduzieren, beschreibt Scharoun knapp: »übersichtlich, sauber, schlicht, für Publikumsandrang berechnet«.

Trotz der kammartigen baulichen Organisation erreicht Scharoun, unterstützt durch die erdgeschossigen Kassenhallen, ein gewohntes innerstädtisches Straßenraumprofil. Dies vor allem dadurch, daß er die geplante Erweiterung geschickt im Innenbereich des Baublocks vorsieht. Das Bauen in Bauabschnitten ist problemlos möglich und nicht mehr so waghalsig gedacht wie noch beim Entwurf für die Börsenhof AG, wo er vorschlug, den »Eckturm entweder mit rechtem oder mit linkem Flügel« zu errichten.

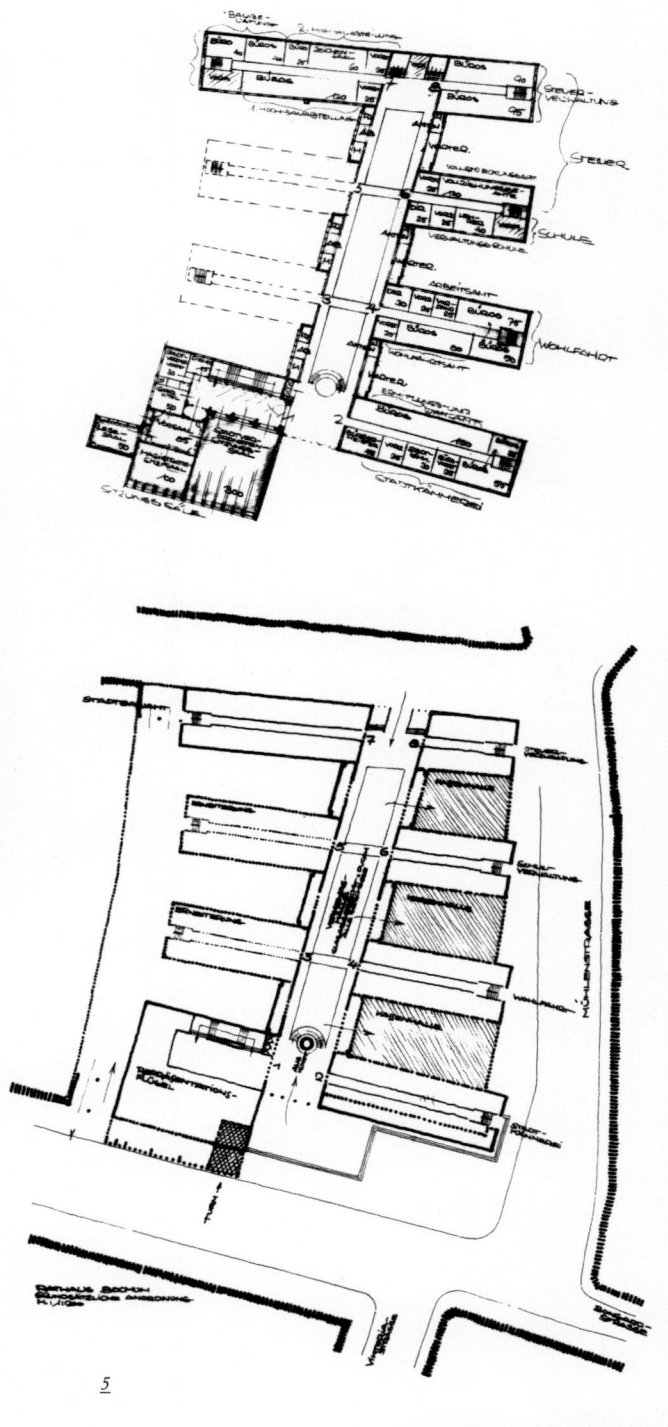

Bebauung der linksrheinischen Rampe der Kölner Hängebrücke

Wettbewerbsentwurf, Ankauf, 1925

Zwischen Brücke und Dom

1

2

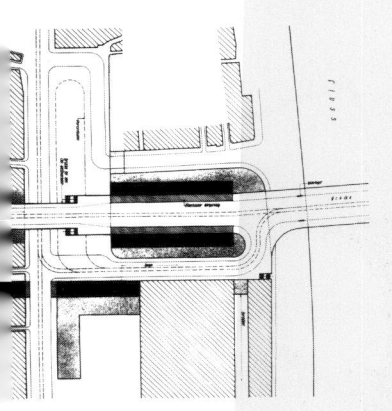

Die charakteristische Hängebrücke über den Rhein endet über der Uferstraße an einer Rampe, die zum ca. 4,50 m tiefer gelegenen Heumarkt führt. Der Wettbewerb bezieht sich auf zwei ca. 120 m lange Streifen beiderseits dieser Rampe. Bezüglich der Verkehrsführung ist eine Überbrückung des Heumarktes weiter bis zum Gürzenichplatz offen gelassen.

Mit ca. 15 000 m² Büroflächen hat nun auch Köln seinen Hochhaus-Wettbewerb, mit dem ein bald dreijähriger Streit um einen von Fritz Schumacher im Auftrag der Stadtverwaltung gefertigten Entwurf beendet werden soll. Auch die fünf Gutachter Wolf, Poelzig, Kreis, Fahrenkamp und Elsässer haben sich im Sommer 1925 gegen diesen Entwurf ausgesprochen, so daß selbst Oberbürgermeister Adenauers »geduldige Bemühungen« den Verzicht Schumachers letztlich nicht aufhalten kann. Bezeichnenderweise lösen sich die 412 Teilnehmer nur schwer von der Vorarbeit Schumachers; sie übernehmen meist die Staffelung der Baukörper mit einem Hochhaus am Heumarkt, verzichten dabei nur auf das Zwingerhafte.

Eine eigenwillige Lösung zum Thema Dom-Stadt-Strom-Brücke liefert dagegen Scharoun. Durch die Auseinandersetzung mit der Gestalt der mittelalterlichen Stadt, in der der Dom aus der Stadt als Basis herausragte, verfolgt er die Idee, das erkannte Gestaltprinzip zu unterstützen und – auf die Gegenwart übertragen – zu aktualisieren. Wie schon beim Entwurf für Ulm oder mit der Skizze »Eckfunktion« (siehe Seite 72) zeigt auch dieser Vorschlag für Köln deutlich, wie aus der Spannung zwischen horizontaler Linie als Basis und vertikaler Dominante das mittelalterliche Prinzip wieder aufgenommen werden soll.

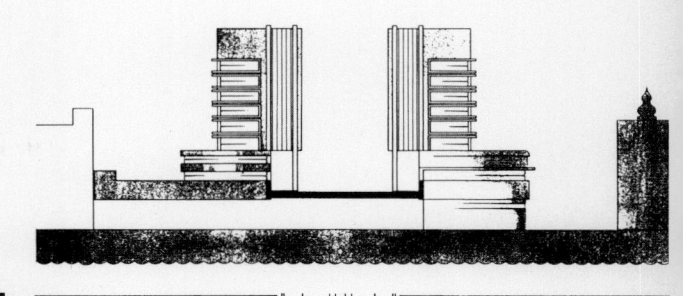

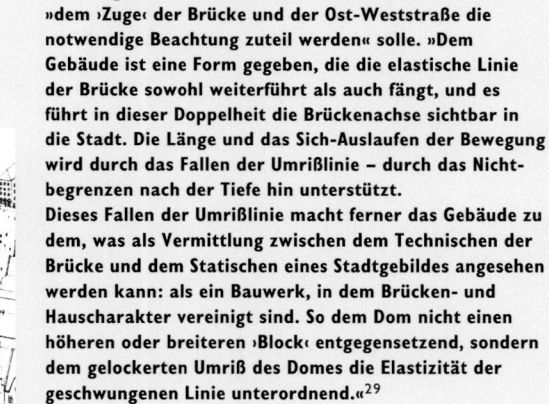

Die gekurvte, horizontal entwickelte Bauform für
Geschäfte und die zum Rhein hin ansteigende Hochhausform begründet Scharoun mit seinem Bestreben, daß
»dem ›Zuge‹ der Brücke und der Ost-Weststraße die
notwendige Beachtung zuteil werden« solle. »Dem
Gebäude ist eine Form gegeben, die die elastische Linie
der Brücke sowohl weiterführt als auch fängt, und es
führt in dieser Doppelheit die Brückenachse sichtbar in
die Stadt. Die Länge und das Sich-Auslaufen der Bewegung
wird durch das Fallen der Umrißlinie – durch das Nichtbegrenzen nach der Tiefe hin unterstützt.
Dieses Fallen der Umrißlinie macht ferner das Gebäude zu
dem, was als Vermittlung zwischen dem Technischen der
Brücke und dem Statischen eines Stadtgebildes angesehen
werden kann: als ein Bauwerk, in dem Brücken- und
Hauscharakter vereinigt sind. So dem Dom nicht einen
höheren oder breiteren ›Block‹ entgegensetzend, sondern
dem gelockerten Umriß des Domes die Elastizität der
geschwungenen Linie unterordnend.«[29]

Die erwartete Zunahme des Verkehrs – ein weiterer Anlaß
dieses Wettbewerbs – wird von Scharoun als ein zusätzliches formbildendes Element behandelt. Für ihn steht
außer Frage, den Verkehr kreuzungsfrei auf zwei Ebenen
zu organisieren. Zudem teilt er den Heumarkt in zwei
stadtfunktional unterschiedliche Plätze: einmal als
Verkehrsknotenpunkt, zum anderen als offenen Markt an
der Markthalle. Das Preisgericht betont die Qualitäten
dieses Vorschlags: »Die stark malerische Darstellung des
Entwurfs konnte nicht hindern, die Qualitäten des sehr
modernen Baugedankens hervorzuheben. Die zunächst
ungewohnte Kurve in der Baumasse wurde in ihrem
rhythmischen Zusammenhang mit der Linienführung der
Brücke anerkannt.«

1 Schaubild, Blick vom Rhein
2 Lageplan, 1:6000
3 Blick von der Hängebrücke
4 Schnitt und Grundriß mit
Laden- und Bürogeschossen,
1:1500
5 Der umstrittene Entwurf
von Fritz Schumacher
6 »Porta Agrippina«, Entwurf
von W. Pipping und
W. Dunkel, 1. Preis

Bebauung Bahnhofsvorplatz, Duisburg
Wettbewerbsentwurf, 1926

Vorschlag 3

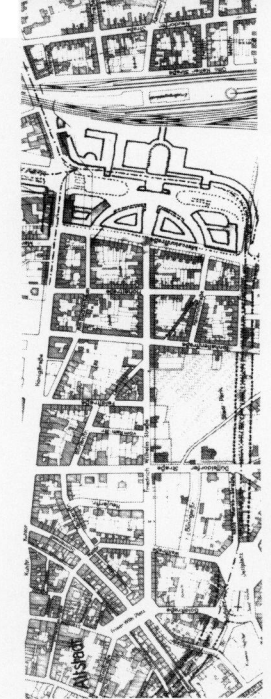

Der Duisburger Hauptbahnhof besteht 1926 noch immer aus einem kümmerlichen Empfangsgebäude zwischen den Bahnsteigen und einem zur Altstadt mit Hafen hin vorgelagerten Güterbahnhofsgelände. Für den 75 000 m² großen Bereich werden im Wettbewerb Ideen erwartet, die den »Stadteingang« aufwerten sollen, damit der mit der Bahn ankommende Fremde gleich ahnt, »daß er eine gewaltig aufstrebende Handels- und Industriestadt mit dem größten Binnenhafen der Welt betreten hat«.

Der Bahnhofsvorplatz soll aus Neubauten des Empfangsgebäudes und der Reichspost sowie aus Geschäfts-, Hotel- und Bürogebäuden gebildet werden. Er soll zudem dem wachsenden Verkehrsaufkommen gerecht werden. 1926 ist nicht zu ahnen, daß einmal eine Autobahn (die heutige A 59) dieses Gebiet durchschneiden wird. Preisgericht und Preisträger belegen im Nachhinein Einigkeit darin, daß sie dem anwachsenden Autoverkehr und seinen Folgen noch keinerlei Bedeutung beimessen. Der Entwurf von F. E. Scholer, Paul und Karl Bonatz bekommt den ersten Preis und spiegelt wohl auch den herrschenden Zeitgeist wider: eine Platzvorstellung des 19. Jahrhunderts mit allen Verkehren, wobei die geschlossenen Platzwände mit einem obligatorischen Turmhaus modernisiert sind. Genau von solchen Vorstellungen setzt sich Scharoun bewußt ab. Es gelte nicht, »dem Platz vor dem Bahnhof« die Rolle des Ehrenhofs« zu geben, »des repräsentierenden Vorhofs vom Bahnhof, an dessen Barrieren die Häuser der Stadt als Zuschauer gewissermaßen im besten Sonntagsstaat aufgereiht sind.« Statt dessen geht Scharouns Lösung von folgenden »Voraussetzung« aus:
»1. Der Bahnhofsplatz ist die Fortsetzung des Bahnhofes mit anderen Mitteln. Von hier werden die Straßenbahnen, Untergrundbahnen, Autobusse pp in geregeltem Verkehr abgelassen.
2. Die Stadt tritt in ihren Hauptverkehrsstraßen plastisch bis an das große Glasvordach beinahe heran und offenbart die verkehrstechnische Struktur des Stadtgebildes.
3. Dem Fußgänger ist dieselbe Wichtigkeit beigemessen wie dem Verkehrsmittel.«[30]

1 Scharouns Entwurf im Stadtgrundriß
2 Vogelschau
3 Blick vom Bahnhofsausgang in die Fußgängerstraße
4 Skizze zur flexiblen Nutzung der Gebäude, 1:4000
5 Lageplan, 1:4000
6 »Gleichgewicht«, Entwurf von Paul Bonatz, F. F. Scholer und Karl Bonatz, 2. Preis

_3_

Die Weitsichtigkeit des Scharounschen Entwurfs ist erstaunlich und läßt einer überkommenen Platzvorstellung keinen Raum: Der Fußgänger selbst und seine funktionelle Rolle als Verkehrsteilnehmer werden entwurfsbestimmend. Mit dieser bemerkenswerten Führung des Verkehrs hätte bis heute Duisburg zum Vorbild aller Bahnhofsvorplatz-Planungen werden können. Mit zwei Rampenauffahrten der Straßenbahn wird die Bahnhofshalle zum modernen Verkehrsverbund, und der Fußgänger gewinnt für sich den ebenerdigen Bereich. Die Buslinien und Droschkenvorfahrten sind an diesen Fußgängerbereich von zwei Seiten herangeführt und bilden – städtebaulich nur angedeutet – jeweils die Bereiche zum Umsteigen. Zentral situierte Eingänge für eine zukünftig geplante U-Bahn sind ebenfalls vorbedacht. Dieser engere Bahnhofsbereich ist stadträumlich durch zwei vertikale Bauteile gefaßt, die zugleich die Straßenbahnhalle begrenzen. Mit den vertikalen Eckbetonungen werden zusätzlich Reklameträger angeboten, um die »gewaltig aufstrebende Handels- und Industriestadt« ins rechte Licht setzen zu können. Drei trichterförmig ausgebildete, offene Fußgängerpassagen führen zur Stadtmitte, wobei die betonte Horizontale der Fensterbänder der Geschäftshäuser das städtebauliche Konzept unterstützen. Für diese Geschäftshäuser unbestimmter Nutzung schlägt Scharoun vor: »feste Stützen und Decken, wodurch alles andere – auch Außenwände plattenweise – entfernbar und somit für Hotel, Geschäftshaus, Büro- und Wohnzwecke verwendbar ist.«

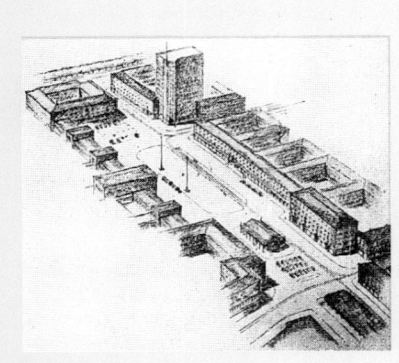

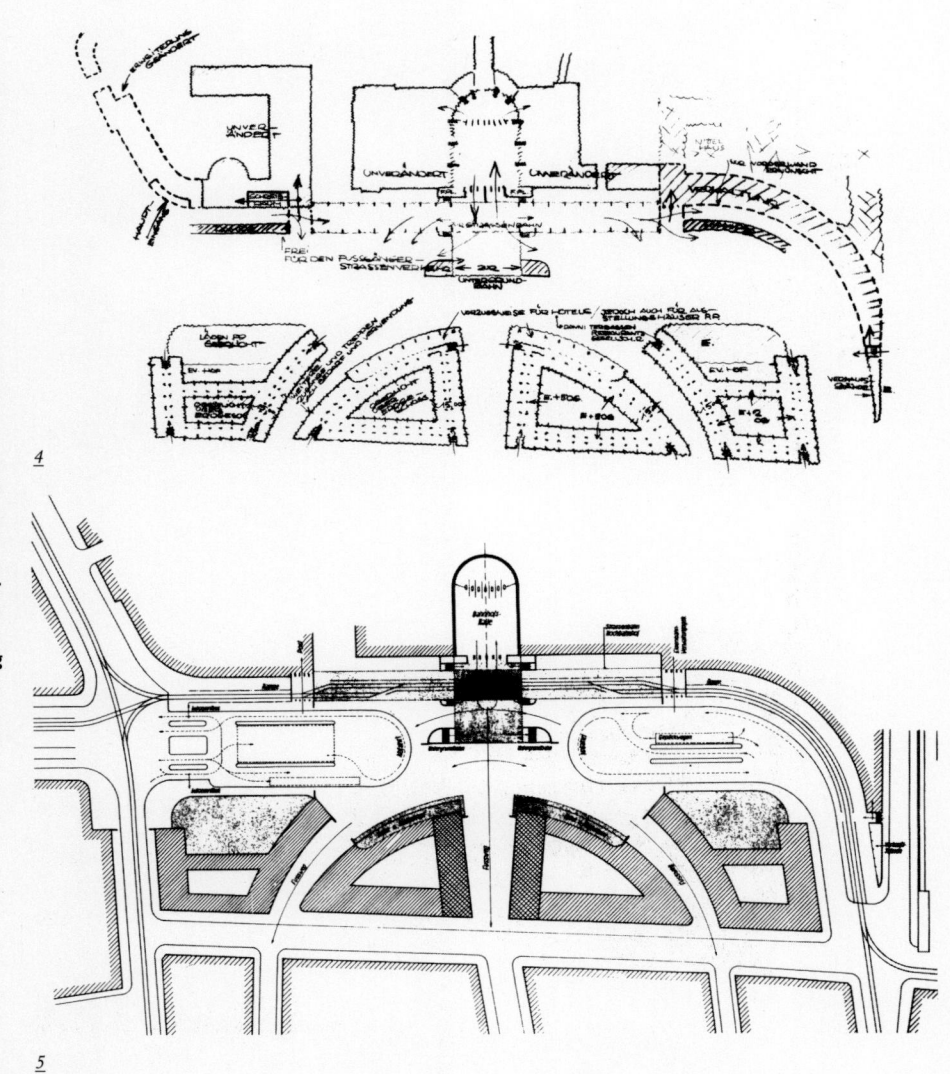

_4_

_5_

_6_

Zusammenführung von Französischer und Jägerstraße, Berlin
Städtebauliches Gutachten, 1927

Durchbruch durch die Ministergärten

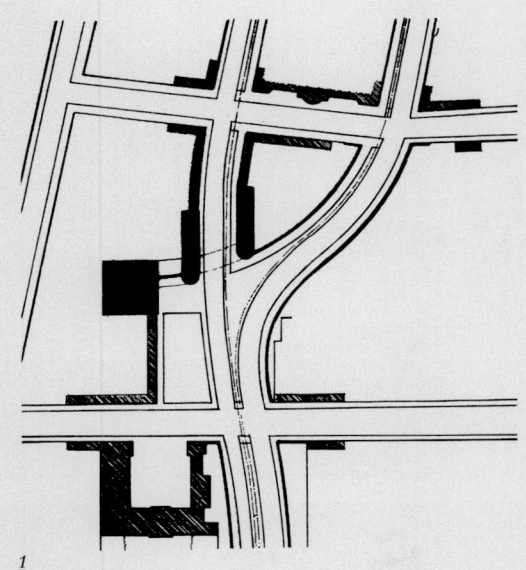

2

1

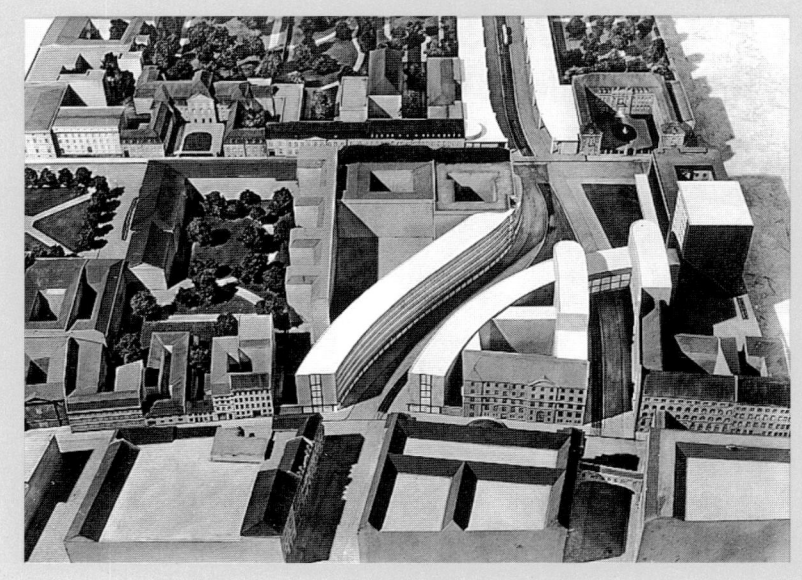

3

Die Einladung Scharouns zu diesem Gutachten, zusammen mit Behrens, Poelzig, Rading und Tessenow, ist erste Folge einer durch seine Ring-Mitgliedschaft intensivierten Beziehung zwischen Breslau und Berlin. Der neue Stadtbaurat von Berlin, Martin Wagner, ab 1925 Nachfolger von Ludwig Hoffmann, ist auch Mitglied des Rings. So sind die Voraussetzungen günstig für neue Arbeitszusammenhänge und mögliche Aufträge – auch für Scharoun.

Die Ergebnisse des Gutachtens werden in einer Sonderausstellung verschiedener städtebaulicher Projekte innerhalb der Großen Berliner Kunstausstellung gezeigt. Seit Martin Mächlers Plänen von 1917/19 gibt es in den zwanziger Jahren eine Vielzahl von Überlegungen zu Einzelbereichen Berlins, erzwungen durch die ökonomischen und politischen Veränderungen, wie durch den zunehmenden Autoverkehr. Nach Eisenbahndurchbrüchen des 19. Jahrhunderts werden Straßendurchbrüche das Thema des 20. Jahrhunderts. Einer davon soll durch die Ministergärten führen. Von den Gutachtern werden Vorschläge erwartet, wie die Französische und Jägerstraße zusammengeführt und über, auf oder unter den Ministergärten mit der Lennéstraße verbunden werden kann. Ziel dieses Vorhabens ist die Entlastung der Hauptverkehrsstraßen Unter den Linden und Leipziger Straße.

Hugo Häring, Sekretär des Rings, kommentiert in der »Stadtbaukunst« die verschiedenen Vorschläge, wobei er auf die Notwendigkeit einer Gesamtplanung für die Zukunft Berlins hinweist. Auch der – am Ende des Jahrhunderts wieder aktuelle – Aspekt der Konzentration der damaligen Reichsministerien spielt in diesem Zusammenhang eine Rolle. Häring fordert für die Hauptstadt der Republik eine Planung, »die in engstem Zusammenhang mit den konstitutiven Prinzipien der Gesellschaft steht. Städtebau ist nicht eine Summe technischer und künstlerischer Leistungen, sondern eine Willenssetzung geistpolitischer Art«.[31]

Die Gutachter machen jeweils mehrere Vorschläge. Abriß ist erlaubt, für die Neubauten gibt es kein Programm und außer bei einigen Eckdominanten ist die Bauklasse V (5 Geschosse) einzuhalten. Häring schreibt zu den Entwürfen: »Die Frage ist: Dominiert eine architektonische Idee von Platz- und Straßenraum, unbeteiligt am

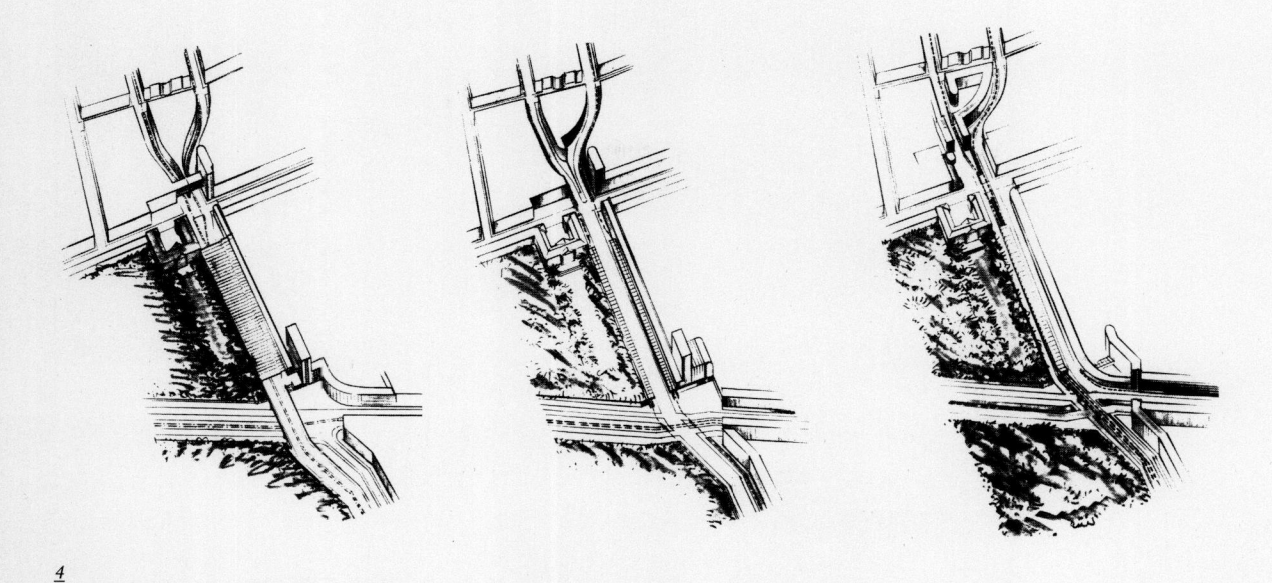

Verkehr, oder ist die Gestalt der Platz- und Straßenwandungen das Ergebnis des Verkehrs? Poelzig und Behrens gruppieren kubisch strenge Baumassen zu geometrisch gebundenen selbständigen Platzgebilden, während Scharoun in einem seiner Projekte ganz rein die Verkehrsbahn gewissermaßen aus den Gebäudeblöcken herausschneidet, somit die Straßenwandung als Bett des Verkehrsstroms gestaltet. In anderen Projekten Scharouns sind noch Ansätze geometrischer Platzgestaltung enthalten, aber vorherrschend auch bei diesen die Würdigung des Verkehrsstroms. Ein Vorschlag von Behrens gibt dem dynamischen Moment einen gewissen Einfluß, bleibt aber bei der statisch bestimmten Platzfigur, eine Situation, die auch bei Rading schließlich entscheidend ist, wenn schon seine Lösungen erheblich näher zur Scharounschen Fassung neigen. Die interessantesten und geistvollsten Überlegungen sind in Tessenows Projekten niedergelegt. Die Straßenwandungen, die die Straßengabelung der Französischen und Jägerstraße begleiten, sind ebenfalls vollkommen auf den Verkehr bezogen, ja sogar so weit, daß an der Stelle der Gabelung in den Kurven die Stauungen des Verkehrs sich noch Einfluß verschaffen. Die leichten Ausbuchtungen, die auf diese Weise entstehen, finden sich schließlich zu einem neuen Platzraum von individueller Bedeutung zusammen, der bei Scharoun natürlich nicht mehr entstehen kann. Aber hier liegen auch die Konflikte dieser Lösung: der Abfluß der Stauung scheint behindert, die Stauung wird verstärkt statt beseitigt.«[32]

1 Lageplan
2 Modell, Zusammenführung der Französischen und Jägerstraße
3 Modell, Blick in die Jägerstraße mit der Überbauung der Französischen Straße
4 Vorschlag 1, 2 und 3 (drei alternative Lösungen)
5 Schaubild zum Vorschlag 1, Blick aus der Lennéstraße
6 Vorschlag von Hans Poelzig
7 Vorschlag von Peter Behrens
8 Vorschlag von Heinrich Tessenow

Stadthalle und Ausstellungshallen, Bremen
Wettbewerbsentwurf, Ankauf, 1928

Bremer Flagge

1 Blick über den erweiterten Holler See zur Stadthalle
2 Vogelschau vom Bahnhof
3 Blick auf die Stadthalle mit Planetarium, Fußgängersteg und Vorfahrt für Autos und Straßenbahnen
4 Entwurf »Nordlandvolk« von Carl Rotermund, Bremen, 1. Preis
5 Ansicht der Stadthalle von Südwest, 1:2000
6 Lageplan, 1:10 000
7 Grundrisse der Stadthalle, 1:4000
8 Schwimmbad, Schnitte, 1:2000

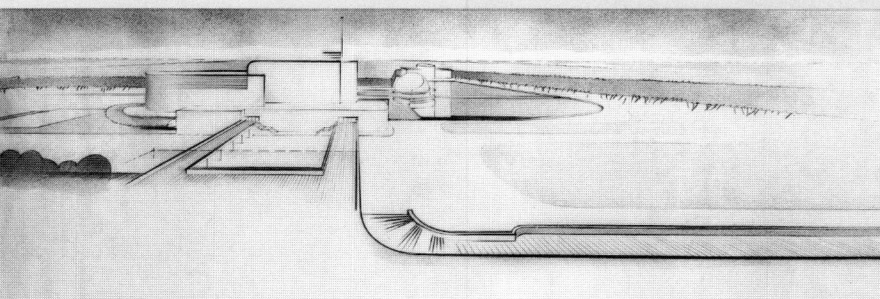

Für Bremen, mit damals ca. 300 000 Einwohnern, macht sich das Fehlen einer Stadthalle schon seit langer Zeit bemerkbar. 1925 ringt man sich durch, »daß trotz der Ungunst der Zeit dem Bau einer Stadthalle baldmöglichst nähergetreten werden müsse, um Bremens wirtschaftliche Stellung zu erhalten und zu stärken«. Im Juli 1927 wird der Wettbewerb – der erste, aber nicht der letzte zu diesem Thema in Bremen – für die Bürgerweide, einem Gelände zwischen der Rückseite des Bahnhofs und dem Bürgerpark, ausgeschrieben. Teilnahmeberechtigt sind bremische Architekten und »einige anerkannte auswärtige Architekten«, u. a. Bonatz, Fahrenkamp und Höger. Für die Aufgabe wird eine Bearbeitungsdauer von fast einem Jahr festgelegt.

Angesichts des bis heute gebauten Flickwerks auf der Bürgerweide ist es bedauerlich, daß Scharouns städtebauliches Konzept nicht zum Tragen kommt. Auch das Preisgericht unter dem Vorsitz von Fritz Schumacher ist von der »Kühnheit« seines Entwurfs beeindruckt – prämiert wird dann aber doch wieder Altbekanntes, an Kaserne oder Ehrenhof Angelehntes. Welch anderem Geist Scharouns Vorschlag entspringt, zeigt allein der Umgang mit dem einzufügenden, damals geplanten Reichskolonialdenkmal, in Form eines Elefanten inklusive Gruft. Von den meisten Teilnehmern bekommt das Denkmal entweder einen eigenen Hof oder es wird in eine städtebauliche Achse gestellt – bei Scharoun taucht es gar nicht auf.

Scharouns Entwurf ist einfach und städtebaulich wirkungsvoll, er eröffnet Verbindungen, setzt mit seiner Anordnung Orte und legt Orte frei – städtebaulich entstehen Zusammenhänge, die neu erfahrbar werden. Sofern Achsen auftauchen, führen diese nicht zu einer axialen Ordnung, sie sind offen, erstarren nicht in einem gegenüberliegenden Pendant. Wie sooft setzt sich Scharoun auch hier mit dem großen Zusammenhang der gestellten Aufgabe auseinander. Indem er die Hollerallee, die das Planungsgebiet im Nordwesten begrenzt, aufgibt, zieht er den Stadtpark in den Ausstellungsbereich mit ein. Neben der dominierenden Stadthalle führt die Anordnung der weiteren Programmteile zu einer städtebaulichen Neudefinition. Das trifft sowohl für die leicht konstruierten Ausstellungshallen, eine Großgarage und ein Schwimmbad mit Sonnendeck an der Schlachthofstraße zu als auch für das markante Planetarium.

5

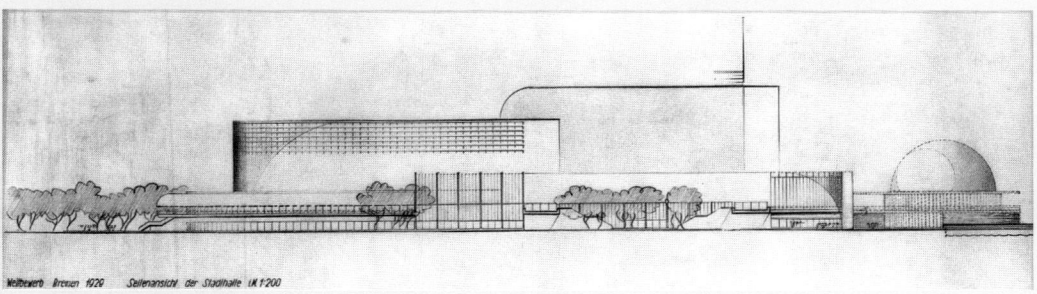

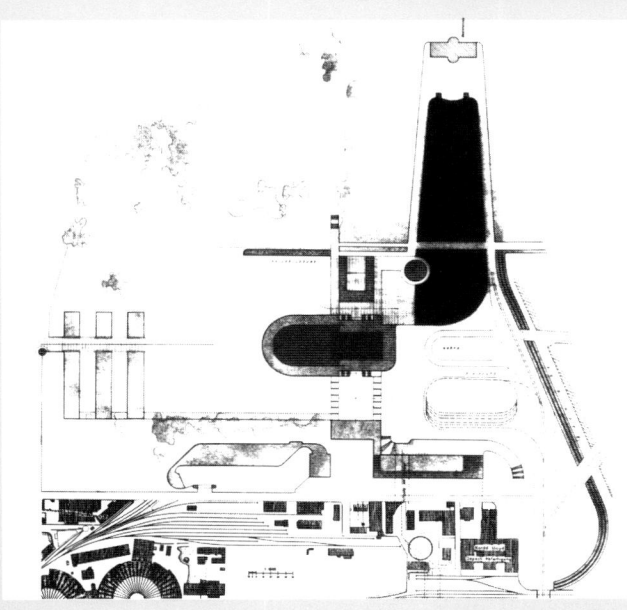

Dem bis heute gehegten Wunsch, den Bürgerpark spürbar auf die Innenstadt zu beziehen, kommt Scharoun unter den gegebenen Umständen (trennender Bahndamm) mit überraschend simplen Überlegungen nach. Er verbindet den Stadthallenvorplatz sowohl – mittels eines Steges über die Schlachthofstraße – mit dem Bahnhof als auch mit dem Bürgerpark, indem er den kleinen See ausweitet. Alle diese Vorzüge hat das Preisgericht wohl erkannt, hält die städtebauliche Idee aber für zu gewagt und will der Art, wie »der Verfasser nach einem aus der Aufgabe entwickelten selbständigen Ausdruck« strebt, nicht folgen.[33]

6

7

8

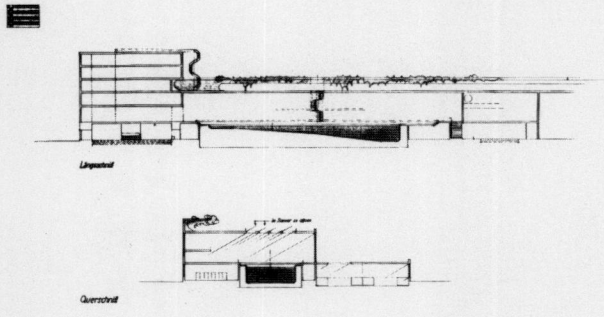

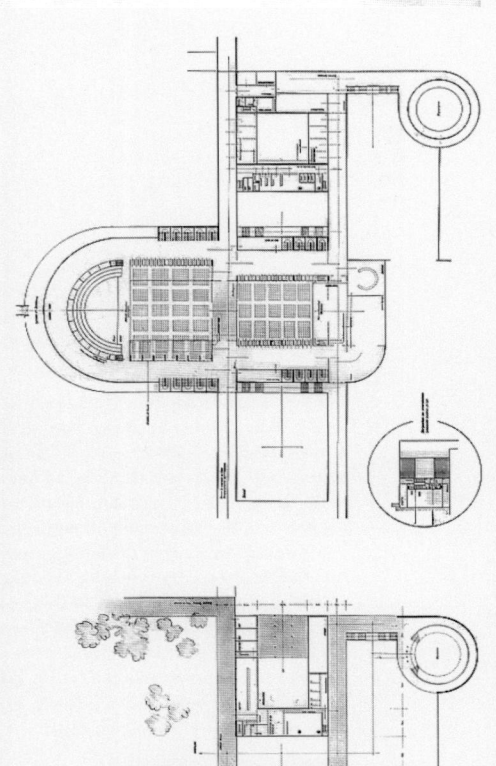

Justizgebäude, Berlin-Tiergarten
Wettbewerbsentwurf, 1930

3300 Raumachsen

1

Auf dem Gelände des Zellengefängnisses an der Invalidenstraße, Ecke Lehrter Straße, sollen sechs Justizbehörden zusammengefaßt werden. »Gegenstand der Bearbeitung war die Unterbringung und Anordnung von ca. 3330 Raumachsen«,[34] mit einer Raumbreite von 3,20 m. Bei dem von der Akademie des Bauwesens ausgeschriebenen Ideenwettbewerb dürfen – entgegen der zulässigen fünf Geschosse der Bauordnung – durchschnittlich sieben, bei einzelnen Teilen bis zu zwölf Geschosse vorgeschlagen werden. 450 Teilnehmer gehen mit ihren Entwürfen in die Konkurrenz, wobei fast ausnahmslos eine zweibündige Fluranordnung das Grundelement für die bauliche Organisation ist, entweder additiv in Form von Zeilen oder in Form von Höfen angeordnet.

Scharouns Auseinandersetzung gilt ebenfalls den 3330 Achsen, doch zugleich auch dem zwangsläufig schematischen Charakter zweibündig organisierter Büroräume. Für das riesige Gebäude, das fast einer kleinen Stadt gleichkommt, verwendet er das Prinzip einer inneren Erschließungsstraße – dem Entwurf des Rathauses in Bochum ähnlich. Er findet Möglichkeiten, Innen und Außen zu verbinden, nicht nur durch Verglasung, sondern durch den Rhythmus von direkter Belichtung der Verkehrs- und Kassenhalle und mittels seiner großzügig behandelten Wartehallen, die sich »wintergartenmäßig« und spreizend nach draußen öffnen – nicht allein optisch, denn vor jedem Wartebereich ist eine Terrasse vorgesehen. Zur leichten Orientierung – um bei Tausenden von Zimmern das richtige schnell zu erreichen, ohne sich zu verirren – liegen die vertikalen Erschließungen mit Aufzügen und Rolltreppen entlang dieser zentralen Verkehrshalle. Die vertikale Übersichtlichkeit steht spannungsvoll zur horizontalen Durchsichtigkeit auf ebener Erde, was durch die aufgestelzten hohen Bauteile erreicht wird. Scharoun strebt einen »Zusammenklang von architektonisch Geformtem und landschaftlich Gelöstem« an. Er versucht, die seinerzeit für den Städtebau allgemein aufgestellte Forderung nach »Licht, Luft, Sonne, Grün« konsequent für ein Justizgebäude zu verwirklichen. Dabei fällt ein später häufig wiederkehrendes Charakteristikum Scharounscher Entwürfe und Bauten auf: die Begehbarkeit der Dächer. Auch für die Hochhäuser des Justizgebäudes sind vollständig überdeckte Dachterrassen geplant.

Mit seinem Erweiterungsvorschlag für das Zusammenlegen weiterer Gerichte verfolgt Scharoun nicht nur eine funktionelle Verbindung, sondern: »Erst die Zwischenfügung der Erweiterung bringt die klare Beziehung zwischen den bestehenden Türmen des Moabiter Gerichtsgebäudes und den geplanten Hochhaustrakten. Die der Erweiterung gegebene Form kann nur insofern bindend sein als sie eben Trägerin dieser gesteigerten Weiträumigkeit ist.«[35]

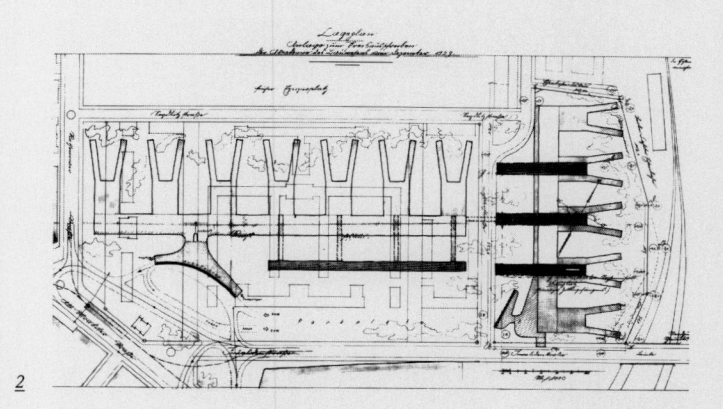

2

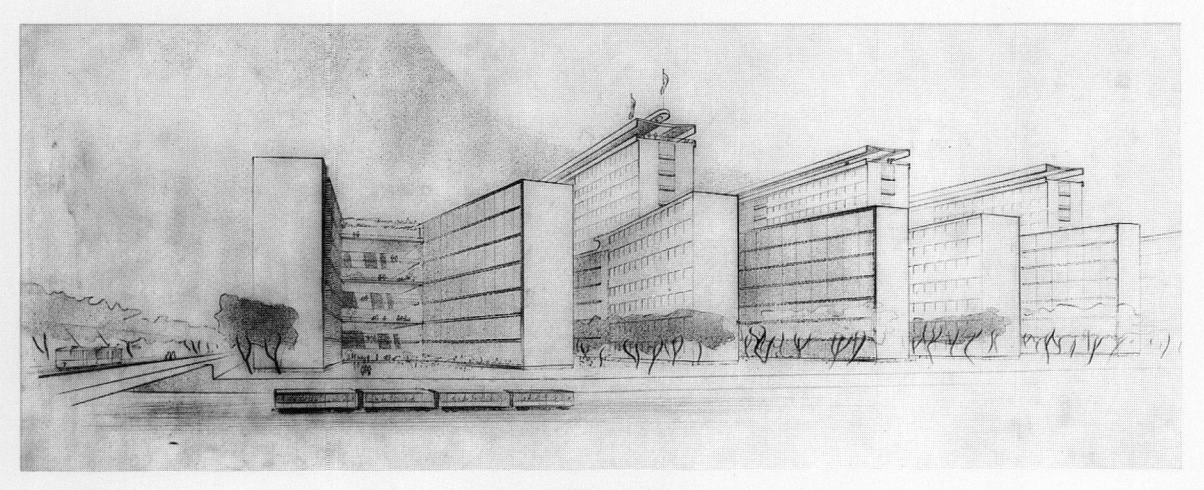

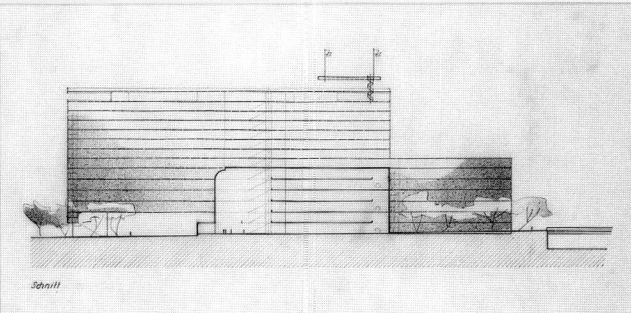

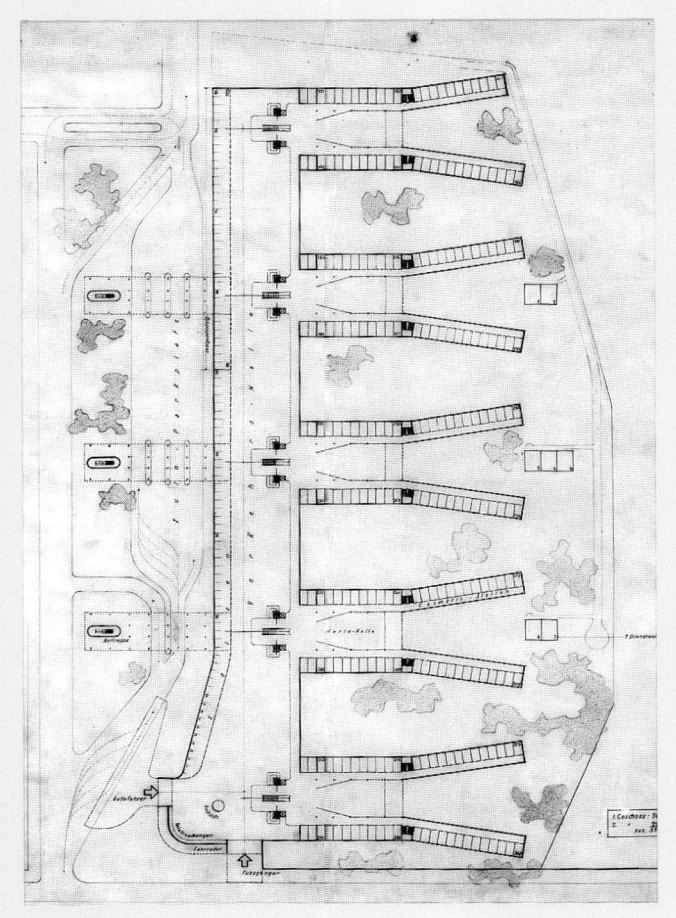

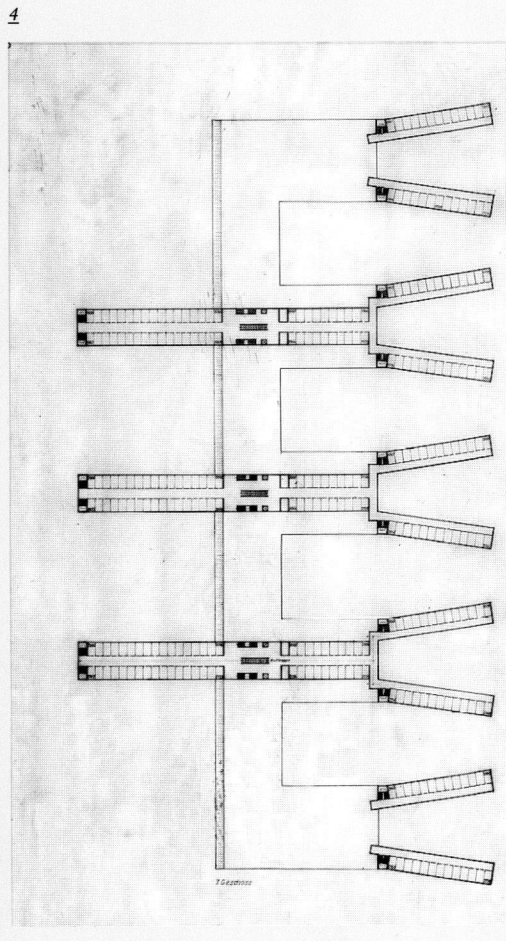

1 Vogelschau von der
Eingangsseite
2 Lageplan mit Erweiterungsvorschlag, 1:10 000
3 Schaubild: Blick von Osten über die S-Bahntrasse auf die Gebäudeflügel
4 Schnitt durch die Verkehrs- und Wartehalle, 1:3000
5 Grundrisse Erdgeschoß (links) und 7. Obergeschoß, 1:3000

Die Breslauer Antrittsvorlesung

Scharouns Breslauer Antrittsvorlesung[1] aus dem Jahr 1925 ist sein erster umfassender Versuch, den Status der modernen Architektur aus seiner Sicht – der eines unmittelbar Beteiligten – zu reflektieren. Der Vortrag ist eher assoziativ als logisch stringent aufgebaut und verknüpft in lockerer Weise weltanschauliche, geschichtliche, ökonomische, ästhetische, wahrnehmungspsychologische u. a. Aspekte. Eine Art der Gedankenentwicklung, die auch für die späteren Aufsätze Scharouns typisch ist. Die Vorlesung beginnt mit wahrnehmungstheoretischen Fragen, leitet zu einer architekturgeschichtlichen Betrachtung über, an die sich eine Beurteilung der gegenwärtigen Situation in der Architektur – unterschieden in ihre geistigen und materiellen Aspekte – anschließt, um schließlich zu Überlegungen bezüglich der Bedeutung von Mensch und Licht in der heutigen Architektur zu gelangen, was anhand eines Exkurses über die Entwicklung des Bühnenbildes exemplifiziert wird.

Im ersten Teil geht Scharoun auf die Raumwahrnehmung und Raumdarstellung und deren Wechselwirkungen in bezug auf Phantasie und Verstand ein. Er spricht die Renaissance-Erfindung der Perspektive an, die er kritisch beurteilt. Sie habe die Raumerfahrung einschneidend verändert, weil sie »die durch die Farbspannung angeregte Phantasievorstellung durch das verstandesmäßige Konstrukt ersetzt«. Einst Waffe in der Hand des Künstlers, sei die perspektivische Darstellung – gerade in der Architektur – inzwischen zu einer standardisierten Übung verkommen. Architekten, die sich einseitig auf das »plastisch empfindbare Raumbild« der Perspektive verließen, liefen Gefahr, Architektur auf malerische Szenerien zu reduzieren. Seit der Renaissance werde die Beherrschung des Raumes durch dieses Mittel suggeriert, wobei mehr und mehr in Vergessenheit geraten sei, daß es sich bei der Perspektive lediglich um eine rationale Konstruktion handele. Das Konstrukt wird so leicht mit der Wirklichkeit verwechselt. »Die Natur der Augen ... läßt nur auf gewisse Entfernung die Empfindung einer Plastik zu. Was darüber hinaus liegt, wird noch als Flecken und Fläche wahrgenommen, die durch den Umriß begrenzt ist. Diese Flecken aber sind gleichzeitig Farbe. Die Abtönung der Farbe aber bildet wieder das, was wir Raum nennen.«

1 Scharoun um 1927
2 Wettbewerb Domanbau Bremen, 1920, Entwurf von Walter Göring, Bremen, ein 1. Preis, Blick von der Domsheide
3 Wettbewerb Brückenkopf Köln, 1925, Blick vom Rhein
4 Robert Delaunay, »St. Séverin«, 1909

Scharoun geht hier zweifellos auf Erkenntnisse ein, die im Zusammenhang mit den Entdeckungen der modernen Malerei stehen. So äußert sich Paul Fechter 1914 in seinem Buch »Der Expressionismus«, einem der ersten Versuche, die neuen künstlerischen Formen zu bewerten, über Bilder Paul Cézannes: »Es gibt Bilder von Cézanne ... vor denen man das Gefühl hat, daß der, der sie schuf, imstande war, optische Eindrücke unabhängig von dem, was Schopenhauer das ›Vorstellen‹ nennt, zu empfinden. Er verwendet sozusagen reines Netzhautmaterial, reine Farbeindrücke, die noch nicht, von dem formenden und in den Raum projizierenden, kausal arbeitenden ›Verstand‹ zu Dingen verschmolzen, verdichtet sind.«[2]

Die von Scharoun formulierte Ablehnung architektonischer Schaubilder steht in einem gewissen Widerspruch zu seiner ausdrücklichen und begründeten Verwendung dieser Darstellungsform im Rahmen seines Börsenhof-Wettbewerbs für Königsberg (vergleiche Seite 67). In der Tat wird ihm von Kritikern seinerzeit – auch bei anderen Entwürfen – eine »stark malerische Darstellung« vorgehalten. Der Unterschied, der diesen offenbaren Widerspruch wenigstens teilweise aufhebt,

2

3

liegt darin, daß sich Scharoun vor allem gegen das gefällige architektonische Schaubild ausspricht, das die projektierte Architektur von einem idealen Standpunkt aus betrachtet, von dem aus die flächenhaft konzipierte Fassade lediglich in ihrer Schrägsichtwirkung als malerischer Blickfang überprüft wird – vielleicht auch auf ihr Zusammenspiel mit dem Ensemble der Nachbarschaft. Seine Schaubilder hingegen – man denke an jene für die Wettbewerbe in Köln und Ulm angefertigten – prüfen die beabsichtigte dynamische Wirkung des Bauwerks aus dem – wie zufällig wirkenden – Blickwinkel des vorbeiziehenden Passanten, Autofahrers, Schiffers: Der dynamische Baukörper muß allen denkbaren Blickwinkeln standhalten.

Die Flüchtigkeit des Wahrnehmungseindrucks, aber auch seine Zersplitterung in eine Vielzahl von Teileindrücken, sind Momente moderner Raumerfahrung, die von der statischen Einstellung, die seit der Renaissance vorherrscht, abweichen. Die moderne Kunst entdeckt den Zeitfaktor. In der Architektur wird dieser in erster Linie durch die sukzessive Entwicklung und Wandlung der Formen und Flächen im durch Bewegung erschlossenen Raum deutlich. Die Renaissanceerfindung der Perspektivierung, sagt Jean Gebser, auf den sich Scharoun später häufig berufen wird, »fixiert sowohl den Betrachter als auch das Betrachtete; ihre positive Folge ist: sie konkretisiert sowohl den Menschen als auch den Raum; die negative Folge ist: sie stellt den Menschen in einen Teilsektor, so daß er nur dieses Teilsektors ansichtig wird ... es erhält der Teil das Übergewicht über das Ganze. Das Ganze ist aber aus der perspektivischen Einstellung zur Welt heraus nicht mehr anzunähern; statt dessen verleiht man dem bloßen Sektor ›Ganzheits-Charakter‹...«[3]

Die modernen Kunstbewegungen versuchen, die veränderten Wahrnehmungsweisen experimentell umzusetzen. Auch hier findet sich eine antirenaissancistische und, damit meist in einem Atemzug genannte, antiklassische Einstellung, häufig verbunden mit einer Wiederentdeckung der Gotik, der größten antiklassischen Bewegung in Europa (Worringer). Das spiegelt sich z. B. in einer Beschreibung des kubistischen Malers und Theoretikers Albert Gleizes. Auf ein Gemälde von Delaunay eingehend, sagt er: »Hier behandelt Delaunay, unabhängig von der Umwertung des Volumens, rein instinktmäßig, ein optisches Problem von höchster Wichtigkeit: die Deformation der Vertikale vom Betrachter aus. Die Architekten des Mittelalters kannten es und verstanden es zu lösen; die der Renaissance vergaßen es und rechneten nicht damit.«[4]

Die Erfindung der Perspektive, das methodisierte Sehen, steht für Scharoun in einem unmittelbaren Zusammenhang mit der Spezialisierung des Geistes. So verbindet er in seinem Vortrag die Kritik an der Perspektive mit einer Kritik an der rasant fortschreitenden Technisierung und Mechanisierung als Folgeerscheinungen jener Spezialisierung des Geistes. Scharoun sieht hierin die Ursache des aktuellen Dilemmas, von dem Kultur wie Architektur betroffen sind: »Die rapide Entwicklung der Technik und der Mechanisierung des

4

Arbeitsvorganges setzt an Stelle der Universal-Maschine Mensch die Spezial-Maschine aus Stahl und zerlegt den Arbeitsvorgang in viele kleine Teilvorgänge. Diese Umwälzung bemächtigte sich auch des Universal-Geistes des Menschen und ersetzt diesen durch eine Reihe von Spezial-Fertigkeiten.« Die Entwicklung drücke sich in der gegenwärtigen Architektur, so Scharoun, durch den »Verfall der natürlichen Universalität des schöpferischen Willens« aus. Auch hier – ähnlich wie bei Gebser – deutet sich an, daß die negativen Erfahrungen der Entfremdung, Zersplitterung, Sektorierung, Spezialisierung in einer neuen ganzheitlichen Ordnung wieder aufgehoben werden sollen. Darum fordert Scharoun eine »Neueinstellung gegenüber den Dingen der Baukunst«.

Baukunst stellt sich für ihn als eine Synthese aus Zeitwille, Zweck und Material dar. Besonders aufschlußreich erscheint ihm (unter Ausklammerung der Zweckfrage) der Wandel des Verhältnisses zwischen Zeitwille und Material im Vergleich der großen Stilepochen der letzten Jahrhunderte. Zeitwille schließt für Scharoun die geistigen Aspekte der Baukunst ein, Material weist für ihn technische, ökonomische und sinnliche Komponenten auf. In einem knappen historischen Exkurs versucht er, das Verhältnis von geistiger zu materieller Komponente in der Baukunst im Wandel der Zeiten darzustellen. Für die Gotik konstatiert er ein Überwiegen geistiger Aspekte und eine Geringschätzung von Materialfragen: »Der Geist, der Wille der Zeit war der Glaube, der sich in seinem Gestaltungstrieb von ihm beseelte Räume ungeheuren Ausmaßes schuf. Das Material wird in sinnlicher Beziehung nur zu einem geringen Prozentsatz verwendet. Vielmehr entmaterialisiert die gotische Kunst, vergeistigt ...« Während in der Renaissance-Baukunst sich Geist und Material im Gleichgewicht halten, ist im Barock der Materialausdruck als sinnliches Zeichen weltlicher und kirchlicher Macht deutlich in den Vordergrund gestellt. Erst im Rokoko verschiebt sich das Verhältnis wieder zugunsten des Geistigen – wobei Scharoun vor allem an die dominante Rolle der Musik in dieser Periode denkt.

Scharoun übernimmt weder das 1917 von Karl Scheffler in dessen Buch »Der Geist der Gotik« entwickelte Modell eines antithetischen Gegenüberstehens »gotischer« und »griechischer« Epochen, einem »ewigen Dualismus« gleich, noch dessen erweiterte Form, die besagt, daß selbst innerhalb eines Stils Entwicklungsstufen ablaufen, die der individuellen Entwicklung des Menschen entsprächen, wobei das gotische Moment für die Jugend, das griechische für die Zeit der Reife und das barocke für die Zeit des Alters stehen[5]. Auch stellt sich Scharoun Architekturgeschichte nicht als eine »Geschichte der Gestaltwerdung der Dinge«,[6] gleich einem genetischen Prozeß, dar, ein Modell, das etwa zur gleichen Zeit Hugo Häring zu formulieren beginnt und das später von Scharoun z.T. übernommen wird. 1925 scheint Scharoun jedenfalls den Vorstellungen Schefflers näher zu stehen als denen Härings. Sein Bild der Geschichte ist aber noch nicht zu einem Modell gefügt, aus welchem sich Gesetzmäßigkeiten ergäben oder sich gar Handlungsanleitungen für das Bauen ableiten ließen.

»Wir [erschauen] Gotik, Renaissance, Barock und Rokoko in ihrer Blütezeit als Gipfelpunkte der Baukunst. In ihrer Blütezeit, d. h. da, wo die prozentualen Möglichkeiten im Geistigen bzw. Stofflichen bis zur jeweils zeitlich erreichbaren Höhe steigen und sich erfüllen. Zwischen den Gipfeln liegt Abstieg und Tal, Atempause: Tiefe nach Übersteigerung, Leere nach Überfüllung.

In einem solchen Tal, einer solchen Atempause befinden wir uns heute.«

Da die gegenwärtige Baukunst noch im Werden begriffen sei, habe sie ihre Ausdrucksformen noch nicht gefunden – was auch eine gerechte Beurteilung des Status quo erschwere. Scharoun glaubt jedoch, daß sich der Zeitgeist der Gegenwart einerseits im Sozialismus, andererseits in der Wirtschaftsmacht der Industrie ausdrücke. »Als Parallelen tauchen beim Klang dieser Worte und beim Deuten dieser Begriffe für den Sozialismus die Gotik, für die Wirtschaftsmacht das Barock ... auf.«

Scharoun sieht in beiden Zeitgeistaspekten Anzeichen für die Etablierung eines neuen internationalen Stils, eine Auffassung, die seinerzeit von den meisten modernen Architekten geteilt wird, Jahre bevor die Bezeichnung International Style durch Hitchcock und Johnson emblematischen Rang gewinnt.

Die Internationalisierung der Märkte und die Angleichung der Produktionsweisen an den höchstmöglichen Grad der Rationalisierung führt in den industriell entwickelten Ländern zu einer veränderten, auf größere Flexibilität hin ausgelegten Strukturierung der Industriearbeit. Patriarchalisch geführte Industriebetriebe scheinen ebenso obsolet wie ein seßhaftes, bodenständiges Industrieproletariat. Scharoun jedenfalls sieht in dem flexiblen, nomadischen Arbeiter eine Art neuen Typus, für den es adäquate bauliche Formen zu schaffen gelte. Als Konsequenz für den Wohnungsbau schlägt er hotelartige Service-Häuser vor, die das Umziehen erleichtern: neue Wohnformen, mit denen er ein paar Jahre später experimentieren wird. Der Architekt habe aber, so Scharoun weiter, nicht nur für die technische Seite des notwendigen neuen Wohnungsbaus zu sorgen, sondern müsse auch von der psychologischen Seite her gegenüber den Entfremdungserscheinungen der modernen Produktions- und Lebensverhältnisse mit seinen Bauwerken positive Gegenpole setzen: »Zweierlei Dinge müßten aber psychisch der Beweglichkeit der Arbeiterheere das gewaltsame Lieb- und Leblose nehmen. Er [der Arbeiter] muß wieder das Bewußtsein erhalten, nicht nur Werkzeug, sondern Substanz der Wirtschaft zu sein. Zum zweiten müßte dem Gefühl einer sich stets wiederholenden Entwurzelung entgegengewirkt werden. Das Heimatgefühl soll nicht getötet, sondern auf verbreiteter Grundlage lebendig gehalten werden.«

Dieses Heimatgefühl »auf verbreiteter Grundlage«, das er nicht genauer definiert, scheint auf den völlig neuen Lebenserfahrungen des modernen Menschen zu basieren. Es ist bar jedes sentimentalen Untertons, der sich gewöhnlich mit Heimat verbindet. Vielleicht entspricht es in gewissem Maß jener heutigen Erfahrung, die der moderne Nomade macht, wenn er in den weltweit standardisierten Einrichtungen von Hotel- und Restaurantketten eine Spur von Heimat entdeckt: etwas Vertrautes in fremder Umgebung finden. Überraschend ist in dieser Passage der Rede Scharouns die militärische Metaphorik, wenn er von Arbeiterheeren, Mietskasernen usw. spricht. Er scheut sogar nicht davor zurück, die militärische Disziplin als Vorbild für wirtschaftliche Organisationsfragen herbeizuzitieren: »Vielleicht wird es möglich sein in Fortentwicklung der ungeheueren Organisationsarbeit in unserem alten Heere, die in ihrem Ziele – Wille zum Gemeinsamen – in diesem Heere bereits einmal klassische Form fand, unter Anerkennung des Prinzips der Pflicht und des Rechtes die Arbeiterbewegung in ähnlicher Weise zu gestalten. Und in Zusammenhange damit die Form für die Kasernierung dieses Heeres der Arbeiter zu finden. Die Spezialisierung der Arbeit, die von jedem Arbeiter im jeweiligen Fabrikationszweig nur einen bestimmten Handgriff fordert, also keine komplizierte Vorbildung nötig macht, kommt uns zur Hilfe und ist die Voraussetzung für die Beweglichkeit und das Einsetzen der Arbeiterheere.«

Zum offenen Widerspruch wird, daß Scharoun die Spezialisierung des Geistes, die er am Anfang seiner Rede kulturkritisch beklagt, ganz offenbar einer völlig anderen Bewertung unterzieht als die Spezialisierung und die damit einhergehende Entfremdung in der Welt der Industriearbeit. Die Wirtschaftsmacht der Industrie als Zeitgeist-prägendes Moment basiert für ihn notwendigerweise auf der Spezialisierung der Industriearbeit, die er akzeptiert. Den Arbeiter sieht er nicht als Individuum, sondern als Soldaten, der mit der Uniformität seiner Tätigkeit jenes Recht auf die Ganzheitlichkeit der Erfahrungswelt eingebüßt hat, das der geistige Arbeiter für sich reklamiert. Bezeichnenderweise ist hier auch von Heeren und Massen die Rede und nicht von einzelnen Menschen. Die im philanthropischen Sinn gemeinte Feststellung Scharouns, der Arbeiter sei Substanz, nicht Werkzeug der Wirtschaft, kann man in diesem Zusammenhang auch anders interpretieren, bedenkt man die Stoff- oder Material-Bedeutung des Begriffs Substanz. Man muß sich fragen, ob nicht in dieser Einstellung ein Erbstück jener elitären, geistesaristokratischen Haltung deutlich wird, die schon für die intellektuellen Führer der aktivistisch/expressionistischen Bewegungen kennzeichnend war. Auf genau diesen Aspekt spielt Iain Boyd Whyte an, wenn er resümiert: »Der aktivistische Architekt leitete seine Autorität von seinem Status als geistiger Führer her, als welcher er in einzigartiger Weise befähigt war, die ›objektiven Wahrheiten des Geistes‹ mit den Forderungen des Volkswillens in Einklang zu bringen. Unter der Regie des Funktionalismus spielte der Architekt genau dieselbe Rolle – allerdings mit leicht verändertem Drehbuch. An die Stelle des objektiven Geistes waren die objektiven Gesetze von Technik und Funktion getreten; und aus dem Volkswillen war der Zeitwille geworden.«[7]

Ohne gesellschaftliche Ungleichheiten zu reflektieren, scheint Scharoun die ökonomische Dynamik wie ein Naturgesetz aufzufassen, dem sich die Architektur anzupassen hat. Mit neuen architektonischen Formen, in die ja die Versprechungen eines kollektiven Wollens eingeschrieben sind, sollen den Arbeitern jene Defizite erträglich werden, die als Entfremdungserfahrungen mit den veränderten Produktionsbedingungen verbunden sind. Doch muß festgehalten werden, daß Scharoun hier keineswegs eine isolierte Position einnimmt. Ähnliche Einschätzungen sind aus den unterschiedlichsten ideologischen Richtungen des Neuen Bauens zu vernehmen z. B. von Alexander Schwab in seinem »Buch vom Bauen«: »Die unaufhörlichen Umwälzungen, die die moderne Technik im wirtschaftlichen Leben verursacht, der häufige Standortwechsel großer Industrien, die rasche Zusammenballung riesiger Arbeitsarmeen, bei neuen Großbetrieben mitten in einer ländlichen Umgebung, die Ansaugungskraft der großen Städte – all diese Entwicklungen haben zu einer ständigen Wanderbewegung großer Volksteile geführt, und der Umfang dieser Wanderbewegung nimmt noch immer zu. Er würde sicherlich noch schneller zunehmen, wenn er heute nicht durch die Schwierigkeiten bei der Finanzierung des Bauens neuer Wohnungen gehemmt würde.

Die neue, rasch aufkommende Sitte, neue Wohnungen mit eingebauten Möbeln, vor allem Schränken, zu versehen, entspringt diesem Bedürfnis erleichterten Umzugs und begünstigt das ›Nomadentum‹ des modernen Großstädters.«[8]

Das Subjekt des Neuen Bauens, der moderne Großstädter, der sich in der Masse der Industriearbeiter oder im Heer der kleinen Angestellten verliert, wird in jenen Jahren von Scharoun (genauso wie von anderen modernen Architekten) nicht als eigenständige Person, als Individuum, vielmehr als willen- und eigenschaftsloses, formbares Massenteilchen betrachtet, dem Bedeutung allenfalls als statistische Größe zukommt. So fährt Scharoun in seinem Vortrag fort, neue Architektur im Sinne einer »Ästhetik der Masse«[9] zu proklamieren: »Leicht aufnahmefähig, klar und sicher in der Führung der Massen, bereit, immer neue Massen aufzunehmen, das sind Grundstimmungen, aus denen viel Formales des kommenden Bauwerks uns erwachsen wird. [...] Der neue Raum wird stärker als je vom Rhythmus der fließenden Bewegung der Massen abhängen, der ein anders gearteter sein wird, als ihn je eine geschichtliche Periode gezeigt hat.«

Ohne die großartigen Leistungen des Neuen Bauens, vor allem im Siedlungsbau, in Abrede stellen zu wollen, so wird doch in dieser Passage der Rede Scharouns deutlich, daß die Grundstimmung emphatischer Bejahung von Dynamik und Rhythmik modernen Lebens auch einen Mangel an kritischer Distanz gegenüber den realen Bedingungen dieses Lebens offenbart. Das mag sicherlich mit der architekturspezifischen Entwicklungsgeschichte in Zusammenhang stehen, denkt man etwa an die Entwicklungshemmung im 19. Jahrhundert, als Architektur im Schatten expandierender Ingenieurleistungen stagnierte. Architektur will wieder Ausdruck der zeitprägenden Kräfte sein, sei es der Sozialismus oder die Wirtschaftsmacht, auf jeden Fall soll sie eine Art choreographischer Rahmen für die fließende Bewegung der Massen sein. Scharouns bedenkenlose Kombination der zeitprägenden Kräfte Sozialismus und Wirtschaftsmacht der Industrie erweist sich als problematisch, zumal die Vorstellung, wie der Sozialismus seine bauliche Entsprechung erhalten soll, nicht dargelegt wird.

Eine der fundiertesten zeitgenössischen Kritiken an der ästhetischen Erscheinungsform der neuen Architektur, die nicht aus dem Lager traditionalistischer Architekturideologie oder konservativer Kulturkritik stammt, findet man in Ernst Blochs Reflexionen über die Kultur der zwanziger Jahre in seinem Buch »Erbschaft dieser Zeit«. Hier spricht er von »einer Architekten-Zuversicht, die überhaupt nicht aus Politik, sondern aus technoid fortgeschrittenem Können und aus dem Willen zu seiner Anwendung erwachsen ist, die aber gleichfalls, wenn auch mit anderen Worten, eine Art ›friedlichen Hineinwachsens des Kapitalismus in den Sozialismus‹ propagiert ...

Sieht sie in jedem Schiebefenster schon ein Stück Zukunftsstaat, so überschätzt sie offenbar das technisch-neutrale, unterschätzt das klassenhaft-parteiische Element. Sie überschätzt die neutrale Sauberkeit, Bequemlichkeit des neuen Bauens, die Herkunft aus Fabrik, aus technischer Zweckmäßigkeit und genormter Maschinenware. Sie unterschätzt, daß dies ›gleichmäßig hygienische Wohnen‹ noch keineswegs auf eine klassenlose Gesellschaft ausgerichtet ist oder auch nur potentiell ausgerichtet sein kann, sondern auf jungen, modern fühlenden, geschmackvoll klugen Mittelstand, auf seine sehr spezifischen, keineswegs klassenlosen oder gar ewigen Bedürfnisse. Sie unterschätzt den Termitencharakter, den die neue Sachlichkeit überall dort ausrichtet und unterstreicht, wo – wie in Arbeiter-, auch Angestelltensiedlungen – das Geld zur Babbit-Umgebung nicht reicht ...«[10]

»Der Unternehmer fährt mit Schwung und braucht ihn«, sagt Bloch an anderer Stelle des Buches. Es ist daher kaum erstaunlich, daß die in Emphase getränkten Töne der ästhetischen Avantgardisten sich kaum von denen herausragender Wirtschaftsführer unterscheiden: »Wir brauchen Menschen, die die formlose Masse in politischer, sozialer, industrieller und ethischer Hinsicht zu einem gesunden, wohlgebildeten Ganzen umzuformen vermögen. Wir haben die schöpferische Begabung allzu sehr eingeengt und zu trivialen Zwecken mißbraucht. Wir brauchen Männer, die uns den Arbeitsplan aufstellen zu allem, was recht, gut und wünschenswert ist.« (Henry Ford)[11]

Weiter setzt sich Scharoun in seinem Vortrag mit dem zeitgenössischen Material-Aspekt auseinander. Diesen Gesichtspunkt unterteilt er in konstruktive Fragen und in sinnliche Materialqualitäten. Die Konstruktion rechnet er dem Bereich des Geistigen zu. Mit einem Hinweis auf die Möglichkeiten des Eisenbetonbaus stellt er fest, daß mit der Formensprache der modernen Architektur »zum entmaterialisierten Aufwärtsschweben in der Gotik ein entmaterialisiertes Schweben, das breit zur Erdoberfläche gelagert ist und scheinbar keine Stützbeziehung zur Erde hat« als zeitgerechter Ausdruck hinzukomme. Scharouns Wettbewerbsentwurf für die Bebauung des Ulmer Münsterplatzes mag für diesen Gedanken die unmittelbare Anschauung liefern. Zum sinnlichen Aspekt des neuen Materials Eisenbeton bemerkt er: »... die Haut der Konstruktion hat noch immer nicht den Ausdruck gefunden, der dem Wesen dieses Baustoffs genügend gerecht wird.«

Das offenbare Problem, die dem »technischen Fortschritt entsprechende Formgebung« zu finden, liegt für Scharoun auch darin begründet, daß Baustoff und Konstruktion ästhetischen Gesetzmäßigkeiten unterlägen, deren Kenntnis heute weitgehend verloren und neu zu entdecken sei. In diesem Zusammenhang verweist er auf die einfachen »Grundlagen, nach denen sich das Zellensystem einer Stadt aufbaut... : Raum und kubische Form«. Der Wand kommt als Raum-

Begrenzungsfläche eine besondere Bedeutung zu. Sie sollte deshalb nicht bloß Grundrissen vorgeklebt werden: eine Kritik an dem klassischen Schönheitsideal. »Aus den Beziehungen und Spannungen, die ... zwischen Raum und Wand entstehen, muß das architektonische Schaffen weitere Formgesetze ableiten. Öffnungen in der Wand betonen die Art der Benutzung des dahinter liegenden Raumes, werden Auge für Blickausfall und Lichteinfall«.

Durch Ausbalancieren der verschiedenen Spannungen läßt sich, so Scharoun, ein harmonisches Ganzes schaffen, »wobei gegebenenfalls unter Bauwerken Straßenzüge, Baublöcke oder ganze Siedlungen zu verstehen sind, innerhalb deren das Haus, die Wohnung, der Laden usw. Zellen in einem Gesamtorganismus, je nach Rang betont, sind«. Als vorbildliche Lösungen erwähnt Scharoun in diesem Zusammenhang die Geschäftsbauten Erich Mendelsohns.

1
2

Kennzeichen eines zeitgerechten Ausdrucks in der Baukunst ist nach Scharoun die Tendenz, statt mit einem architektonischen Motiv mit Rhythmus zu arbeiten. Der Rhythmus eines modernen Bauwerkes setze »an der Stelle an, die infolge der ... zusammenstoßenden Gebäudemassen die klangvollste ist. Die Bedeutung einer solchen Stelle des Zusammenprallens verschiedener Massen wird durch diesen Rhythmus unterstrichen und die verschiedenen Kräftespannungen, die diesen Räumen innewohnen, werden durch den Rhythmus gebändigt und durch ihn in Beziehung zueinander gesetzt«. Als eine besonders augenfällige Verkörperung des erwähnten Prinzips »Zusammenprallen verschiedener Massen« läßt sich der Eckturm des Börsenhofentwurfs ansehen (vergleiche Seiten 66, 67 und 69).

1 Wettbewerb Münsterplatz Ulm, 1924/25, Schaubild
2 Erich Mendelsohn, Kaufhaus Schocken, Chemnitz, 1928–30

Es ist unschwer zu erkennen, daß Scharoun die Schilderung der formalen Merkmale einer zeitgerechten Architektur, so wie er sie vor Augen hat, leichter fällt als ihre ideologische Herleitung. Gleichwohl erkennt er die Gefahr eines Formalismus, die sich mit einer Konzentration auf formalästhetische Fragen verbindet. Aus der Korrespondenz mit Behne geht hervor, daß es ihm um eine zwangsläufige Form und nicht um eine primär durch ästhetische Erwägungen bestimmte Form geht. Die Abneigung gegen Geschmackskultur und Schönheitsideale ist groß. Deshalb bricht er seine Charakterisierung der Formensprache zeitgenössischer Architektur auch mit der Bemerkung ab, es könne nicht darum gehen, Rezepte, im Sinne einer Gestaltungslehre, auszugeben, weil die Sprache des neuen Bauens noch im Werden begriffen sei. Er betont den Charakter von Teilerkenntnissen an seinen Ausführungen, die die Komplexität der Fragestellung allenfalls erahnen ließen. Auf George Bernhard Shaw bezugnehmend, spricht er von der Strömung »Geist der Sachlichkeit oder besser Geist in der Sachlichkeit«, zu der er auch seine Architekturauffassung rechnen möchte, denn »es ist dies das Formerleben und Formschaffen auf Grund konzentrierter Erfassung der Gegebenheiten, die zum Bau führen werden ...«

Nach den Ausführungen über Geist und Material einer zeitgemäßen Baukunst untersucht Scharoun abschließend die Bedeutung der Faktoren Mensch und Licht in der Architektur. Er versucht, das Thema anhand einer Erörterung über die Entwicklung des Bühnenbildes zu entfalten, weil dieses »experimentatorisch wieder anregend auf dem Gebiet der Raumschöpfung sein kann und muß«. Schon 1920, zur Zeit der Gläsernen Kette, formulierte Scharoun »Gedanken zum Theater«. Auch damals besaßen Theater, Bühne und Inszenierung experimentellen Charakter bezüglich einer neuen architektonischen Raumsprache.

In seinen Breslauer Ausführungen zur Entwicklung des Bühnenbilds unterscheidet Scharoun naturalistische, realistische und idealistische Formen, je nachdem, ob der Hauptaspekt des Stückes auf der Daseinsform, Wirkungsform oder Eindrucksform liege. Die jeweilige Dekorationsform habe Einfluß auf die Bewegung des Darstellers. »Durch Bewegungen des Darstellers und durch die Intensität der Spannung zwischen Darsteller und Dekoration lassen sich die beiden Dinge herausstellen, die unser Empfindungsleben richtunggebend beeinflussen: Zeit und Raum.«

Scharoun vergleicht das Mysterienspiel der Gotik, das sich lediglich mit symbolisch angedeuteten Schauplätzen begnügt, mit dem sinnlich präsenten, durch Kulissen in illusionistische perspektivische Tiefenstaffelung gebrachten Raum der Renaissancebühne, jenem Raumgebilde, das »zwar aus Verherrlichung von Menschenmacht und Menschenkönnen aufgerichtet« sei, jedoch die »unerhörten Probleme mystischer Raumbeziehungen« nicht zu bewältigen verstünde. Nach einer weiteren Steigerung der Betonung des Stofflichen im Barocktheater seien die nachfolgenden Epochen in bezug auf die Bühnengestaltung unsicher geworden. Man versuchte sich in verschiedenen Formen, ohne zu zwingenden Lösungen zu gelangen. Bei dieser Gegenüberstellung historischer Phasen zeigt sich deutlich, wie schon an anderen Stellen des Vortrags, daß Scharoun auch nach seiner expressionistischen Periode Gotizist geblieben ist. Die mit der Gotik in Verbindung gebrachten Momente, wie die Betonung des Geistigen, aber auch die Unmittelbarkeit des Erlebens (Mysterienspiel) werden von Scharoun mit deutlicher Sympathie hervorgehoben.

Mit dem Konstatieren von Formlosigkeit in der gegenwärtigen Bühnenkunst kommt Scharoun zu einer allgemeinen Betrachtung über den Verlust »des Gefühls für den allbeherrschenden Raum«, eines Verlustes, der »den Niedergang in der Architektur so auch in der Bühnenkunst mit sich brachte«: »Die Empfindung des sich verändernden Raums hat in gleicher Weise wie der Ablauf der Zeit dem Menschen das Gefühl der Gesetzlosigkeit eingegeben, die ihn in Schrecken versetzen kann und deren er sich durch Schaffen irgendeiner Gesetzmäßigkeit zu erwehren trachtet. Alle Gemeinschaftsgedanken gipfeln, oder besser gesagt, werden anschaulich durch Formung des Erlebnisses zwischen Einzelwesen und Raum um uns. Die bildende Kunst, Malerei, Plastik, ist durch das Material einseitig an das Statische, an die Wiedergabe eines Zustandes gebunden, während die Architektur gleich der absoluten Musik das Dynamische herauszustellen in der Lage ist. [... im] Körper des Menschen drückt sich am ehesten die Verbindung von Raum und fließender Handlung vereint aus, der Raum verbindet sich im Menschen mit dem Zeitablauf.«

In dieser Formulierung stellt sich eine wichtige Erweiterung der Raumkonzeption Scharouns heraus. Im mittleren Abschnitt seiner Rede spricht er noch von den Menschenmassen als dem Gesamtsubjekt eines neuen Raumes, der »stärker als je vom Rhythmus der fließenden Bewegung der Massen abhängen« werde. Der Blick auf die Massenbewegungen und dem ihnen gemäßen Raum erfolgt von außen, sozusagen aus der Sicht des über den Dingen Stehenden. Spricht Scharoun am Ende seiner Vorlesung von »der Formung des Erlebnisses zwischen Einzelwesen und Raum um uns«, so zeichnet sich ein nicht unwesentlicher Perspektivwechsel ab: Die Außensicht auf die bewegten Massen wird ergänzt durch die Innensicht des sich bewegenden Subjektes. In diesem Sinn ist Raum mehr als ein materialisiertes Bewegungsdiagramm – dem Menschen, in seiner Körperlichkeit, d. h. als leiblich-sinnliches Wesen betrachtet, wird das Raumerlebnis zu einer je eigenständigen, dynamisch fließenden, in hohem Maß offenen Handlung. Daß Scharoun dieses Raumerlebnis zwar der individuellen Erfahrung zuordnet, diese aber nicht unabhängig von kollektiven Erfahrungen, »Gemeinschaftsgedanken«, versteht, ist ein früher Hinweis auf jene konzeptionelle Ausrichtung, die für Scharoun später bestimmend wird. Dabei ist aufschlußreich, daß die nun einsetzenden Überlegungen zum Verhältnis von Individualität und Gemeinschaftsgedanken am Beispiel der Raumerfahrung erörtert werden.

Mit analogen Erfahrungen befaßt sich 1927 Siegfried Kracauer in einem Aufsatz mit der Überschrift »Das Ornament der Masse«. Auch Kracauer beachtet den besonderen Blickwinkel, aus dem bestimmte Phänomene der zeitgenössischen Körperkultur, wie Massenturnveranstaltungen oder Revuegirl-Gruppen, erst wirksam werden: »Das Ornament wird von den Massen, die es zustande bringen, nicht mitgedacht. So linienhaft ist es: keine Linie dringt aus den Massenteilchen auf die ganze Figur. Es gleicht darin den Flugbildern der Landschaften und Städte, daß es nicht dem Inneren der Gegebenheiten entwächst, sondern über ihnen erscheint. Auch die Schauspieler ermessen das Szenenbild nicht, doch sie nehmen bewußt an seinem Aufbau teil, und noch bei den Ballett-Figurinen ist die Figur gegen ihre Darsteller hin offen. Je mehr ihr Zusammenhang zu einem bloß linearen sich entäußert, um so mehr entzieht sie sich der Bewußtseinsimmanenz ihrer Bildner. Aber darum wird sie nicht von einem Blick getroffen, der entscheidender wäre, sondern niemand erblickte sie, säße nicht die Zuschauermenge vor dem Ornament, die sich ästhetisch zu ihm verhält und niemanden vertritt.«[12]

Kracauer betrachtet das Phänomen weder fasziniert noch mit bildungsbürgerlichem Dünkel. Vielmehr streicht er den hohen Realitätsgehalt des Massenornaments heraus. Es entspräche genau der Abstraktheit der kapitalistischen Denkweise. Diese Abstraktheit sei der »Ausdruck einer Rationalität, die sich verstockt. Die in abstrakter Allgemeinheit getroffenen Bestimmungen von Sinngehalten – so die Bestimmungen auf wirtschaftlichem, sozialem, politischem, moralischem Gebiet – geben der Vernunft nicht, was der Vernunft gehört.«[13]

Diese in Abstraktheit abgeglittene Rationalität, diese »unkontrollierte Natur unter dem Deckmantel der rationalen Ausdrucksweise«, gelte es wieder zu ihrem Ausgangspunkt zurückzuführen: der Vernunft, der es von je an »um die Einsetzung der Wahrheit in der Welt« gehe. Kracauer warnt vor politischen und ästhetischen Tendenzen, die mit dem Aufbegehren gegen die Abstraktheit der Lebensformen auch die Errungenschaften der Ratio wieder über Bord werfen und einer neualten Mythologie zustreben. Ihr Schicksal sei die Irrealität. »Der Prozeß führt durch das Ornament der Masse mitten hindurch, nicht von ihm aus zurück. Er kann nur vorangehen, wenn das Denken die Natur einschränkt und den Menschen so herstellt, wie er aus der Vernunft ist. Dann wird die Gesellschaft sich ändern.«[14]

1 Giacomo Balla,
»Geschwindigkeit eines
Autos und Licht und Ton«,
1913
2 László Moholy-Nagy,
»Licht-Raum-Modulator«,
1922–30
3 Kurt Schwitters,
»Merzbau, Kathedrale
des erotischen Elends«,
1924–36

In der Beachtung der zeitgenössischen Massenphänomene berühren sich die Sichtweisen Scharouns und Kracauers. Freilich ist Scharoun als Architekt auf unmittelbare Umsetzungen der erkannten gesellschaftlichen Gegebenheiten und Möglichkeiten in architektonische Form eingestellt. In diesem Punkt besteht so etwas wie ein berufsspezifischer Handlungszwang, der den Architekten von dem nur analysierenden Intellektuellen unterscheidet. Die Frage, ob Scharouns Hervorhebung eines individuellen Raumerlebnisses als Basis eines Gemeinschaftsgedankens ein das »Ornament der Masse« überwindendes gesellschaftsveränderndes Potential beinhaltet oder ob es der Irrealität mythologischer Sinngehalte zusteuert (beides im Sinne Kracauers), ist nur schwer zu entscheiden. Auf jeden Fall wird der hier von Scharoun erstmals angeführte Perspektivwechsel von nun an immer wichtiger für ihn. Wenn man sich seine weitere Entwicklung, vor allem ab Mitte der dreißiger Jahre, vor Augen führt, wird deutlich, daß er ca. zehn Jahre später das, was er 1925 erkennt, konsequent umzusetzen beginnt: die vom Subjekt abhängige und aufs Subjekt hin konzipierte Erlebnisqualität und -vielfalt des Raumes. In den zuletzt zitierten Sätzen der Breslauer Rede werden erste Ansätze zu einer solchen neuen Raumkonzeption reflektiert. Dabei ist nicht unwesentlich, daß sich Scharoun in bezug auf die Architektur am aktuellen Entwicklungsstand der anderen Künste und ihren spezifischen Möglichkeiten orientiert. Da er sich stets mit den Entwicklungen anderer Künste auseinandergesetzt hat, ist anzunehmen, daß er hier auf jene künstlerischen Experimente anspielt, die sich vornehmlich auf eine neue Raum-Zeit-Empfindung bezogen.

Scharouns Feststellung, daß die bildende Kunst einseitig an das Statische gebunden sei, stimmt sicher nur zum Teil. Zwar kommt der Versuch der Darstellung von Simultaneität im Kubismus oder der Versuch der Darstellung dynamischer Vorgänge im Futurismus oder der Versuch der Darstellung emotionaler Bewegungen im Expressionismus letztlich nicht über den Punkt einer statischen und kontemplativen Rezeptionsform hinaus. Die dargestellten Bewegungsimpulse beruhen nicht auf einer tatsächlichen Bewegung des Objektes oder des Betrachters. Doch gibt es auch hier weiterführende Schritte, wie das 1922 begonnene Experiment mit einem »Licht-Raum-Modulator« von László Moholy-Nagy. »Seine Lehrtätigkeit am Bauhaus umfaßt Gleichgewichtsstudien, Licht und Schatten, Bewegung, Dreidimensionalität, Grenzbereiche zwischen Architektur und Skulptur. Im Lichtrequisit werden alle diese Untersuchungen zusammengeführt und um eine entscheidende Dimension, die Kinetik, erweitert. Der Licht-Raum-Modulator offenbart die Struktur des Lichtes und seine Raum-Zeit-modulierende Kraft: ein offenes, permanent sich wandelndes relatives Raum-Zeit-Geschehen von Linie zu Volumen zu Raum zu Bewegung zu Licht.«[15]

Ein anderer künstlerischer Versuch, der in eine ähnliche Richtung weist, ist der »Merzbau« von Kurt Schwitters, mit dem Scharoun, wie mit zahlreichen anderen Künstlern auch, persönlich bekannt war.[16] Der Merzbau, zwischen 1924 und 1936 Stück für Stück gewachsen, ist in dem hier betrachteten Zusammenhang als ein früher Versuch bedeutsam, den Bildraum als Versuchsfeld raum-zeitlicher Experimente zu verlassen und in den Architekturraum vorzudringen.

Vielleicht belegt die Hinwendung vieler bildender Künstler der zwanziger Jahre zum Architekturraum die Berechtigung der Scharounschen Hypothese, nach der das Zusammenspiel räumlicher und zeitlicher Erfahrensweisen nirgends so deutlich hervortritt wie in der Architekturrezeption. Doch bleibt andererseits festzuhalten, daß keine Kunst so sehr Sach- und Legitimationszwängen ausgesetzt ist wie die Architektur, seien sie technischer oder wirtschaftlicher Art, seien sie durch das ästhetische Geschmacksurteil der Mehrheit hervorgerufen. Insofern ist eine gewisse Entwicklungsverzögerung der Architektur gegenüber den freien Künsten festzustellen. Bezeichnenderweise nimmt Scharoun den Umweg über das Bühnenbild, um zu seinen wichtigen Überlegungen zum Architekturraum zu kommen.

Die ganze Breslauer Antrittsvorlesung läßt sich als Versuch verstehen, eine als Notwendigkeit empfundene neue Architektursprache theoretisch zu legitimieren. Zweifellos ist Scharouns Begründung nicht frei von Widersprüchen. Es ist aber wenig sinnvoll, auftauchende Widersprüche Scharoun persönlich anzulasten oder gar in unmittelbaren Zusammenhang zu entwurflichen Qualitäten zu setzen. Alles in allem entsprechen die von dem damals 32jährigen Scharoun angeführten Topoi, wie die Infragestellung des perspektivischen Sehens, das kulturkritische Feststellen eines Verlustes der »natürlichen Universalität des schöpferischen Willens«, der anti-klassische Impuls, die Vorstellung eines Zeit-Willens, der Glaube an ein kollektives Subjekt des Bauens, die Entdeckung des Zeit- und Bewegungsfaktors in der bildenden Kunst (einschließlich der Architektur) usw. durchaus den damaligen ästhetischen Debatten. Die disparaten Elemente in Scharouns Argumentation spiegeln nicht nur die relative Offenheit des eigenen Konzeptes, sondern auch die relative Offenheit des allgemeinen architektur-theoretischen Sachstandes um 1925 wider: das Schwanken zwischen geistigen und materiellen Gesichtspunkten, zwischen kulturkritischem oder affirmativem Umgang mit den Phänomenen der Modernisierung, die Frage nach der geistigen Basis eines kollektiven Subjektes, das noch unzureichend beleuchtete Verhältnis von Masse und Individuum, die noch nicht entschiedene Ausrichtung des Bewegungsraumes auf einen inneren oder äußeren Wahrnehmungsschwerpunkt usw.

Das Herantastende und Versuchsweise seiner Überlegungen wird von Scharoun offen bekannt: es gibt »kein Rezept zur Schaffung moderner Architektur«.

Zwischen Breslau und Berlin

Die Zeit nach 1925 wird zu einer wichtigen Phase für den jungen, »vorwärtsstrebenden Architekten« (Scharoun über Scharoun). Nicht allein die Berufung an die Breslauer Akademie ist zu erwähnen, wo er mit Hilfe einer Empfehlung Adolf Radings, des Leiters der dortigen Bauklasse, die künstlerische Leitung der Werkstätten übernimmt. Auch andere folgenreiche Ereignisse treten ein. Als der deutsche Werkbund 1924 beschließt, mehr junge Architekten in den Vorstand aufzunehmen, fällt die Wahl auf Mies van der Rohe und den 31jährigen Scharoun. Sie lösen Otto Bartning und Bruno Taut ab.[1]

Von besonderer Bedeutung ist für Scharoun aber die Aufnahme in die Architektenvereinigung »Der Ring«, die aus dem sogenannten »Zehnerring« hervorgeht, eine 1924 in Berlin geschlossene Vereinigung von neun Architekten – Bartning, Behrens, Häring, Mendelsohn, Mies v. d. Rohe, Poelzig, Schilbach, B. und M. Taut. Im Frühjahr 1926 ergreifen die Brüder Luckhardt mit einem Brief an 27 Architekten die Initiative, den »Zusammenschluß moderner Architekten« zu vergrößern: »Sehr geehrter Herr Kollege! Die moderne Architekturbewegung besitzt zur Zeit in Deutschland keinen praktisch geregelten Zusammenhang. Von vielen Seiten wird dies als ein Mangel empfunden. Die Tatsache besteht, daß durch eine feste Organisation Einfluß auf die zuständigen behördlichen wie privaten Stellen im Reiche gewonnen werden könnte...«[2]

Auf einer Tagung des Zehnerrings am 29. 5. 1926, zu der auch Nicht-Berliner Architekten gekommen sind, wird der Ring gegründet und u. a. beschlossen: »Kein Verein. Kein Vorstand. Logencharakter, mit allen damit gegebenen Verpflichtungen der Mitglieder untereinander und nach außen. Daher neue Mitglieder nur einstimmig. Ausschließung durch Ehrengericht.« Scharoun erklärte am 13. 6. seinen Beitritt. Die Mitgliederliste des Rings liest sich wie ein »Who's who?« der damaligen deutschen Architekten-Avantgarde. Auch gemäßigte Moderne, wie Behrens, Poelzig und Tessenow, sind vertreten. In der programmatischen Haltung des Rings mag einiges an den gotisierenden Zeitgeist der Jahre nach 1910 erinnern, der ja – wie auch anhand von Werk und Äußerungen Scharouns deutlich wird – in vielen Punkten die zwanziger Jahre überlebt. Beim Ring äußert sich dies in dem gewählten Charakter einer

»Ho-Tro«, Wettbewerbsentwurf, Bebauung der Prinz-Albrecht-Gärten, Berlin, 1924, Schaubild: Blick von der Parkseite mit aufgeständerter Garagenzufahrt

verschworenen, logenartigen Bruderschaft. Er versteht sich als eine Art Pressure-group der modernen Bewegung, eine »notwendig gewordene Front« gegen die konservativen Kräfte in Deutschland, so Hugo Häring, der Sekretär des Rings: »Die Sache des Rings erfordert von seinen Mitgliedern eine vollkommene Lauterkeit des persönlichen Verhaltens. Geschäftliche Konkurrenz oder intriguierendes Vorgehen der Mitglieder untereinander müssen unmöglich sein. Voraussetzung für das Gelingen der gemeinsamen Sache ist, daß sie der einzelne als seine eigene Sache ansieht.

Vollkommenes Vertrauen untereinander, gegenseitige Unterstützung in allen Berufsfragen und Zurückhaltung gegenüber Außenstehenden in allen internen Angelegenheiten des Rings sind selbstverständliche Forderungen an alle Ring-Mitglieder.«[3]

Nicht zuletzt dieser beschworene Gemeinschaftsgeist, der sich mit dem festen Glauben an den sozialen Auftrag des Neuen Bauens und an die Berufenheit der Architekten zur geistigen Führerschaft verbindet, hat den – verglichen mit Entwicklungen in anderen Ländern – relativ großen Erfolg der modernen Architektur gegen Ende der zwanziger Jahre in Deutschland entscheidend begünstigt. Dabei muß im Auge behalten werden, daß es innerhalb des Kreises der modernen Architekten individuelle Ausprägungen ebenso wie unterschiedliche Fraktionen gibt. Doch überwiegt in diesen Jahren – verglichen etwa mit der Situation nach dem Zweiten Weltkrieg – der Zusammenhalt. So ist es nicht ungewöhnlich, daß z.B. so unterschiedliche Charaktere wie Ludwig Mies van der Rohe und Hugo Häring – schon früh Antipoden innerhalb der Modernebewegung – sich zu Beginn der zwanziger Jahre in Berlin ein Büro teilen. »Damals gab es noch ein europäisches Zusammengehörigkeitsgefühl der Schicht der Gebildeten, noch nicht aufgespalten durch Demagogen. Man schätzte zumindest Witz und Geistesblitz des anderen, auch wenn man entgegengesetzter Meinung war.«[4]

Da die Betätigungsmöglichkeiten für moderne Architekten Mitte der zwanziger Jahre noch äußerst rar sind, ist es verständlich, daß sich Scharoun auch über die Grenzen des Schlesischen Architekturgeschehens hinaus orientiert. Zwar beteiligt er sich – wie zuvor schon in Insterburg – aktiv am lokalen Kulturgeschehen, doch weiß er nur zu gut, daß architektonische Innovationen anderenorts, vor allem in einer Metropole wie Berlin, günstigere Voraussetzungen besitzen. Scharoun schließt sich mit Rading zusammen und gründet in Berlin ein Stadtbüro. »Rading und ich [haben] unsere Fühler nach Berlin ausgestreckt. Seit dem 1. April 1926 haben wir dort mit meinem früheren Chef – Kruchen – ein Stadtbüro ... Kruchen betätigt sich wie bisher mit Taxen und Hypothekenbeschaffungen ... Jedoch war gerade diese Betätigung ein Grund für uns, mit ihm zusammenzuarbeiten, da er sie zur Beschaffung von Aufträgen ausbauen kann«, schreibt Scharoun einem Bekannten in Insterburg, das er erst ein halbes Jahr zuvor verlassen hat.[5]

Die letzten praktischen Bauprojekte in Insterburg und Umgebung liegen einige Zeit zurück und entsprechen auch nicht mehr dem aktuellen Stand der sich rasch entwickelnden architektonischen Erkenntnis und Ausdrucksfähigkeit Scharouns. Um endlich wieder zum Bauen zu kommen, entschließt er sich zu einer Mehrfach-Strategie, die lokales Engagement, aber auch überregionale Ausrichtung und Hinwendung zu den kulturellen Brennpunkten einschließt, die auf kommunale, öffentliche Bauherren ebenso setzt wie auf private Investoren, auf begüterte Bildungsbürger und kulturell engagierte Unternehmer, einer bedeutsamen Klientel für das neue Bauen; schließlich nutzt er seine neu erworbene Reputation als Professor und den Nimbus des eigensinnigen jungen Avantgardisten, der ihm durch seine vielbeachteten Wettbewerbsbeiträge anhängt, um seinen Namen im Gespräch zu halten und schließlich auch für einen Bauauftrag unumgänglich zu werden.

1927 zeichnen sich die ersten Erfolge der Scharounschen Strategie ab. Sicherlich stehen die Einladungen zu einem städtebaulichen Gutachten (vergleiche Seite 80), die Scharoun und Rading erhalten, im unmittelbaren Zusammenhang mit der Ring-Mitgliedschaft der beiden und mit ihren intensiven Bemühungen um ein Teilhaben am Berliner Architekturgeschehen. Die Hoffnungen auf einen beruflichen Durchbruch in Berlin erhalten auch durch die Tatsache Nahrung, daß dort ein der Moderne verpflichteter Stadtbaurat arbeitet, Martin Wagner, ebenfalls Ring-Mitglied. Er hat 1925 den konservativen Ludwig Hoffmann abgelöst.

Die Gutachter sollen verkehrstechnisch und gestalterisch befriedigende Lösungen für einen Straßendurchbruch im Bereich der Ministergärten zur Entlastung der Leipziger Straße und der Straße Unter den Linden vorschlagen. Die Aufgabenstellung kommt Scharouns architektonischer Position – einem von Bewegungsdynamik inspirierten Funktionalismus – sehr entgegen.

Schon sein ein Jahr zuvor für den Duisburger Bahnhofsvorplatz gefertigter Wettbewerbsentwurf zeigt eine bemerkenswerte Inszenierung der unterschiedlichen Verkehre. Stadt und Architektur bieten ihm den Rahmen für ein kinetisches Spiel funktional-sinnvoll geordneter, aber auch lustvoll inszenierter Bewegungsmodi.

Mitte der zwanziger Jahre ist Scharoun weiterhin ständig mit Wettbewerben beschäftigt. Diese Arbeiten bringen ihm nach wie vor Anerkennung und Aufmerksamkeit ein. Das gilt z.T. für die Preisgerichte – sei es durch einen Ankauf, wie beim Kölner Brückenkopf-Wettbewerb (vergleiche Seite 76), sei es wenigstens durch Bemerkungen, die auf ein gewisses Anerkennen seiner entwurflichen Intentionen schließen lassen, wie etwa das Konstatieren eines »aus der Aufgabe entwickelten selbständigen Ausdruck(s)« (vergleiche Seite 83). Und das gilt für die bemerkenswerte Tatsache, daß seine Entwürfe immer wieder an relevanter Stelle in der Fachöffentlichkeit Aufmerksamkeit erregen. Das drückt sich etwa darin aus, daß ein renommierter Autor wie Gustav Adolf Platz in seinem Buch »Die Baukunst der neuesten Zeit« von 1927 ausgiebig auf Scharouns nicht-prämierten Entwurf zum Bochumer Rathauswettbewerb »Kopf und Bauch der Stadt« eingeht, der ihm beispielhaft für die »dynamische Ausprägung der Funktion« erscheint und aus dessen Erläuterungsbericht er längere Passagen zitiert, um sie mit der Bemerkung abzuschließen: »Wenn auch diese Betrachtungsweise die Gefahr einer intellektuellen Einstellung enthält, die aus dem Wortsinn den Bausinn herleiten könnte, so ist der anregende Wert solchen Durchdenkens von Bauproblemen nicht zu leugnen.«[6]

Scharoun betreibt seine Wettbewerbsarbeit, trotz des ökonomisch zweifelhaften Effekts, mit einem erheblichen Aufwand, was u. a. in der nachdrücklichen Bemühung deutlich wird, mit der er sich dann um die Teilnahme an Wettbewerben bewirbt, die für ihn nicht offen sind, wenn diese ihn von der Aufgabenstellung her interessieren. So schreibt er am 23. 1. 1927 an den Bremer Magistrat: »Ich erfuhr, daß die Stadt Bremen den Bau einer Stadthalle plant und zur Herstellung eines Vorentwurfs bremische und einige auswärtige Architekten auffordern will.

Ich wäre dankbar, wenn Sie mich in die Liste dieser aufnehmen sollten, und darf dazu bemerken, daß ich in Bremen geboren und in Bremerhaven aufgewachsen bin.«[7]

Die mehrgleisig angelegten Bemühungen Scharouns um seine Etablierung als bauender Architekt führen auf der lokalen Ebene in Breslau u. a. dazu, daß er im Dezember 1926 von der Hochbauverwaltung der Stadt den Auftrag zu einem Vorentwurf für eine Baugruppe mit Schule, öffentlicher Bücherei, Polizei-Dienststelle, Verwaltungsbüros und einigem mehr für die Vorortsiedlung Zimpel erhält. Scharouns Entwurf, zu dem auch eine modifizierte, vom Programm her ausgedünnte Variante zählt, wird ebensowenig realisiert, wie einige andere für Breslau entwickelte Projekte, zu denen u. a. ein 1928 zusammen mit Rading gemachter Wettbewerb für die evangelische Gustav-Adolf-Gedächtniskirche in der gleichen Siedlung gehört. Die beiden genannten Projekte zeichnen sich durch einen strengen axialsymmetrischen Aufbau aus, ein Ordnungsprinzip, das Scharoun sonst eher bewußt zu vermeiden scheint.

In der Tat steht ein solches Prinzip in engem Bezug zur klassischen Raumvorstellung und zum blockhaften Architekturideal des 19. Jahrhunderts. Joachim Petsch stellt eine Ablösung der statischen und perspektivisch fixierten Architektur-Vorstellung des 19. Jahrhunderts um ca. 1910 fest. Ab diesem Zeitpunkt setzt sich, so Petsch, der entscheidende Impuls der modernen Architektur durch. Während die Architektur des 19. Jahrhunderts »ideale Prinzipien und nicht das Allgemeine, Alltägliche, ständig Wechselnde« verkörpere und damit »Bleibendes der wechselnden Realität« gegenüberstelle, setze die neue Einstellung auf die Rhythmen des Lebens, die sie für den architektonischen Raum als »Bewegungsqualitäten« erschließe. Die idealen Prinzipien des vorigen Jahrhunderts benötigen »Ordnungselemente und endgültige Formen ... Deshalb bestimmen Konstanten, Symmetrie und Axialität die architektonische Ordnung. Sie werden in den Formen der Stereometrie durch die damit gegebenen reinen Maßverhältnisse und harmonischen Gliederungen zum grundlegenden Merkmal der Architektur des 19. Jahrhunderts. Die Symmetrie bewirkt Geschlossenheit, die Axialität Klarheit des Aufbaus. Die ästhetische Zielsetzung, die Bindung an die vorgegebenen Inhalte der Architekturästhetiken mit verbindlichen Normen sollen die Schönheit und damit die Erscheinung der Ideen im Kunstwerk bewirken.«[8]

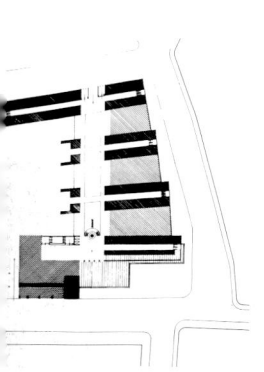

Die Erklärung, mit der Scharoun die für ihn ungewöhnliche Axialsymmetrie darlegt, macht deutlich, daß es ihm hier keineswegs um einen heimlichen Klassizismus geht, sondern belegt, in welch starkem Maß der Charakter und die Gestalt des stadträumlichen Kontextes (neben funktionalen Fragen der spezifischen Bauaufgabe) für ihn bedeutsam sind. Im Erläuterungsbericht zu seinem Entwurf der Baugruppe mit Schule führt er aus: »Der zwischen den beiden Siedlungshälften Zimpels gelegene Grünstreifen verpflichtet einerseits durch seine übersteigerte Achsengebung zur Aufnahme und zum Abschluß dieser Achse; andererseits gestattet dieser Grünstreifen, der die Siedlung klar in zwei einander gleichwertige Siedlungshälften teilt, zum Abschluß dieser Achse eine ebenfalls in sich ruhende Gebäudegruppe zu schaffen, die die Beziehung zu den beiden Siedlungshälften gerade durch die Betonung der Selbständigkeit erlangt, d. h. eine Gebäudegruppe, die nicht in den beiden Siedlungsteilen aufgeht.

Diese wäre m. E. auch die einzige Möglichkeit, eine so starke Zusammendrängung von Gebäuden auf verhältnismäßig beschränkter Grundfläche (insonderheit im Hinblick auf die sonst so weitläufige Besiedlung Zimpels) zu begründen.«[9]

Die Vermeidung eines bestimmten Formprinzips wird von Scharoun nicht zum Dogma erhoben. Dort, wo triftige Gründe dafür sprechen, kann sich auch ein überlebtes Muster als brauchbar erweisen, ohne daß die damit verbundenen obsoleten Vorstellungen reaktiviert werden müßten. Die triftigen Gründe sind hier städtebaulicher Art: Das Bauwerk, das übergeordnete Einrichtungen enthält für eine Siedlung, die aus zwei gleichwertigen und gleichgewichtigen Hälften besteht, soll dieses Gleichgewicht durch die Betonung seiner baukörperlichen Selbständigkeit betonen. Die Symmetrie taucht hier in einem durchaus funktional gedachten Zusammenhang auf. Während in den meisten anderen Fällen Scharouns Bauformen jener Zeit funktionale Bewegungsimpulse nachzeichnen, die in der Regel – situationsbedingt – dynamisch gerichtet sind und asymmetrisch verlaufen, so erfindet er hier eine Form, die – situationsbedingt – ein bestehendes Gleichgewicht bewahren will (und zu diesem Zweck ein klassisches Formprinzip funktional – und nicht im Sinne normativer Architekturästhetiken – einsetzt). A priori schließen sich Symmetrie und Funktionalität keineswegs aus – ihr Zusammenhang beruht auf einem Kann, nicht auf einem Muß.

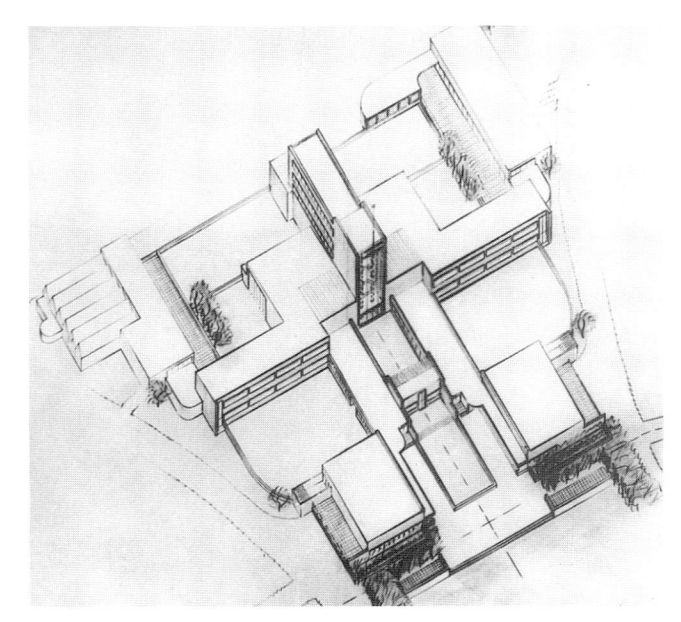

2

Zu den lokalen Aktivitäten Scharouns zählt ebenfalls ein Vorentwurf für eine Ausstellungshalle, der in einem weiteren Entwurfsschritt modifiziert wird. Die Initiative zu diesem Projekt geht von dem Breslauer Kaufmann Adolf Rothenberger aus. Heinrich Lauterbach berichtet in »Die Form« über das Vorhaben: »Breslau bedarf zweifelsohne viel eher einer ... Ausstellungsorganisation als Berlin, wo ohnedies alle bedeutsamen Erscheinungen des zeitgenössischen Lebens anzutreffen sind. Die ersten Schritte zur praktischen Verwirklichung sind bereits getan. Ein Kreis von Künstlern und kunstinteressierten Persönlichkeiten hat zur Durchführung den Verein ›Schlesische Kunst- und Gewerbehalle‹ gegründet. Die Stadt Breslau hat ein in bester Verkehrslage gelegenes Gelände ... zur Verfügung gestellt. Scharoun hat für das vielseitige, von Rothenberger entwickelte Programm der Halle einen interessanten Vorentwurf aufgestellt ...«[10]

Im folgenden schildert Lauterbach, was die kulturbeflissenen Initiatoren für ihre Provinzhauptstadt wünschen: einen großen Kunstausstellungsbereich, ein an eine öffentliche Passage angegliederter Ausstellungsbereich für Erzeugnisse aus Industrie und Handwerk, Räume für Musik-Darbietungen, Theater-Matineen, Vorträge; des weiteren Klubräume, »um das geistige und kulturelle Leben Breslaus gesellschaftlich zu stützen«, einen großen Saal, der für Kongresse genutzt werden kann, ein großes, dreistöckiges Restaurant mit Café, ein Kabarett und ein Verkehrsbüro; sogar an eine »Arbeitsvermittlung für Künstler, Gebrauchsgrafiker, Architekten usw.« ist gedacht. Auch dieses Vorhaben bleibt Papier.

1 »Kopf und Bauch der Stadt«, Wettbewerbsentwurf Rathaus Bochum, 1925
2 Schule in Breslau-Zimpel, erster Entwurf, 1926/27, Isometrie
3 Kirche in Breslau-Zimpel, Schaubild: Blick von Süden

3

Bauausstellungen Welche Möglichkeiten bieten sich dem Neuen Bauen Mitte der zwanziger Jahre? Wenn es dem Architekten nicht gelingt, einen wirtschaftlich potenten privaten Bauherren für ein Experiment mit neuen Bauformen am eigenen Wohnhaus, dem Geschäftssitz oder der Produktionsstätte zu gewinnen, was einem jungen Architekten ohne Beziehungen schwerfallen muß, und wenn, wie in den meisten Fällen, die Vergabe öffentlicher Bauaufträge durch die Filterung seitens konservativer Wettbewerbspreisgerichte und Bauverwaltungen weitgehend vorbestimmt ist, so bleibt noch die Chance, über Bauausstellungen zu einer Realisierung zu gelangen. Bauausstellungen sind stets wichtige Foren für architektonische Innovationen gewesen. Ihr provisorischer Charakter – die Ausstellung als öffentliche Manifestation ist temporär, ganz gleich, ob die Gebäude erhalten bleiben oder abgebaut werden – erhöht die Bereitschaft zu Risiko und Experiment, sei es aufgrund der leichten Revidierbarkeit von Entscheidungen, sei es wegen eines gewissen Reklameaufwands, der mit jeder Ausstellung verbunden ist, und dem mit dem Sensationsgehalt des Ausgestellten entsprochen werden kann. Sogar Bauwerke, die auf allgemeine Ablehnung stoßen, erscheinen, selbst wenn sie nach Ende der Ausstellung nicht abgebaut werden, wie in Anführungszeichen gesetzt und belegen, wenn schon nicht die zukunftsweisende Vorausahnung der Veranstalter, so doch mindestens ihre Liberalität.

Eines der bekanntesten Beispiele, das sich der spezifischen Situation einer Ausstellung verdankt, ist Bruno Tauts Glashaus auf der Kölner Werkbund-Ausstellung von 1914. Es ist eines der ganz wenigen authentischen Werke des architektonischen Expressionismus, das seinerzeit in einem anderen, als diesem herausgehobenen und temporären Zusammenhang kaum hätte entstehen können. Bezeichnenderweise ist eine wichtige Forderung, die Taut in seinem 1918 für den Arbeitsrat für Kunst verfaßten Architektur-Programm erhebt, der Ruf nach einem »Experimentiergelände«. Folgende handfeste Ansprüche an den Staat werden von Taut vorgetragen:

»a) Unterstützung baulicher Ideen, welche über das Formale hinweg die Sammlung aller Volkskräfte im Sinnbild des Bauwerks einer besseren Zukunft anstreben und den kosmischen Charakter aufzeigen, sogenannte Utopien. Hergabe öffentlicher Mittel in Form von Stipendien an radikal gerichtete Architekten für solche Arbeiten, Mittel zur verlegerischen Verbreitung, zur Anfertigung von Modellen und

b) für ein gutgelegenes Experimentiergelände (in Berlin: Tempelhofer Feld), auf welchem die Architekten große Modelle ihrer Ideen errichten können. Hier sollen auch in naturgroßen vorübergehenden Bauten oder Einzelteilen neue bauliche Wirkungen, z. B. des Glases als Baustoff, erprobt, vervollkommnet und der großen Masse gezeigt werden. Der Laie, die Frau und das Kind führen den Architekten weiter als der beklemmte Fachmann.«[11]

Einen ähnlichen Tenor findet man bei Scharoun, wenn er konstatiert: »Der vorwärtsstrebende Architekt ist von der praktischen Mitarbeit abgedrängt und erschöpft sich in Theorien. (Und da die praktische Arbeit den Architekten ja auch erst die wirtschaftliche Möglichkeit zur eigenen Lebensgestaltung geben kann, fehlt ihnen die Möglichkeit des Experiments auch in der eigenen Wohnung.)«[12] Diese Äußerung Scharouns stammt aus dem Jahr 1927, dem Jahr, in dem es ihm endlich gelingt, zwei Bauvorhaben zu realisieren. Und es überrascht keineswegs, daß es sich bei beiden um Ausstellungsexponate handelt. Von den mehrgleisig angelegten intensiven Bemühungen um Bauaufträge führen jene am schnellsten zum Erfolg, die mit dem (relativen) Freiraum einer Bauausstellung in Zusammenhang stehen. Mit gewissen Abstrichen entspricht die Bauausstellung jenem Experimentiergelände, das Taut für die fortschrittlichen Architekten 1918 reklamierte. Und so erscheint Scharouns Forderung nach weiteren Freiräumen für Bauexperimente durchaus folgerichtig. Mit einer Anspielung auf eigene bittere Erfahrung bemerkt er: »Daß Kräfte, fähig, eine dem Leben nahe Entwicklung zu fördern, trotz mangelnder Unterstützung – gewissermaßen unter Ausschluß der Öffentlichkeit – noch am Leben, am Werke sind, das aufzuzeigen scheint mir Sinn und Zweck der [Stuttgarter] Ausstellung ... Und ehe diese Kräfte nicht ständig mit den alltäglichen Aufgaben verbunden sind, wäre es zu wünschen, daß in kürzester Zeit und weitem Umfange weitere Ausstellungen den ›neutralen‹ Boden für neue Versuche hergeben würden. Leider scheint dies im Augenblick die einzige Form zu sein, Lokalinteressen zu überwinden und die Verantwortung von Personen auf Ideen abzuwälzen.«[13] Auch in Breslau, der Stadt seiner Lehrtätigkeit, steht ein ähnliches Projekt in Aussicht. Hier engagiert sich Heinrich Lauterbach seit ca. 1923 für den Bau einer Ausstellungssiedlung[14] – ein Vorhaben, das schließlich 1929 gelingen wird. Auf dieser Werkbundausstellung »Wohnung und Werkform« (WUWA) schafft Scharoun schließlich seinen bedeutendsten Ausstellungsbau, ein Ledigenheim.

Die beiden 1927 entstandenen Häuser, das »transportable Holzhaus« auf der »Deutschen Garten- und Gewerbeausstellung« im niederschlesischen Liegnitz, ein temporäres Bauwerk, das nach dem Ausstellungsende wieder verschwindet, sowie das Einfamilienhaus auf der Ausstellung des Deutschen Werkbundes in der berühmten Stuttgarter Weißenhofsiedlung, das heute noch zu besichtigen ist, behandeln die gleiche Bauaufgabe: mittelständiges Wohnen. Obgleich ein traditionelles Architektursujet, so hat sich Scharoun doch mit diesem Bauthema in den Jahren zuvor kaum beschäftigt. Sein beruflicher Werdegang im Umfeld der Avantgardebewegung legte ihm andere Aufgaben nahe als die Auseinandersetzung mit privaten Wohnbedürfnissen des Bürgertums, Aufgaben, die stärker ein Suchen nach kollektiven Ausdrucksformen in Architektur und Stadtbau herausforderten, und die auf eine neu zu schaffende Gemeinschaftskultur zielten: Volkshäuser, öffentliche Bauten, Kulturstätten, Verkehrsbauten. Von den Wohnbauaufgaben wäre in diesem Entwicklungszusammenhang die Beschäftigung mit dem Massenwohnungsbau, wie Behne sie 1921/22 in seinem Aufsatz »Architekten« angeregt hatte, sicher angemessener gewesen.

Trotzdem kann davon ausgegangen werden, daß bei Scharoun die Freude darüber, sich endlich bauend beweisen zu dürfen, überwiegt, und daß er mit großem Engagement daran geht, innovative Gedanken auch für das Einfamilienhaus zu entwickeln. Dabei läßt sich die Tatsache, daß die Planung ohne Bezug auf einen konkreten Nutzer geschieht, ambivalent bewerten. Einerseits fehlen dem Funktionalisten die phänomenologischen Daten, um einer spezifischen mikrogesellschaftlichen Konstellation, der Familie, in Abstimmung individueller, rollen- und entwicklungsabhängiger Eigenarten, Bedürfnisse, Tätigkeiten ihrer Mitglieder, eine bauliche Paßform zu geben. Andererseits tendiert der zumindest latent vorgetragene Anspruch des Neuen Bauens zu dem »neuen Menschen« als einem Idealtypus, der mit den empirischen Subjekten ohnehin nicht viel gemein hat. Da dieser Typus sich vielleicht am ehesten im »jungen, modern fühlenden, geschmackvoll klugen Mittelstand« (Bloch) wiederfindet, ist die Bauaufgabe mittelständiges Einfamilienhaus – auf den zweiten Blick – dem modernen Bauen doch sehr angemessen.

Scharoun erläutert sein transportables Holzhaus, das auf einer doppelwinkelförmigen Grundrißfigur basiert, als einen Versuch, im Wohnungsbau vom Prinzip des »Zimmer-Grundrisses« zum »Bedürfnisgrundriß« zu gelangen: ganz im Sinn des Funktionalismus, der die bedürfnisgerechte Form zu ermitteln sucht. »Statt der früher üblichen 2, 3, 4-Zimmerwohnungen usw. sagen wir Wohnung für den ›Handarbeiter‹ oder den ›geistigen Arbeiter‹ usw. mit 2, 4, 6 Kindern usw. mit Bedienung, ohne Bedienung, mit der Möglichkeit, einen Fremden unterzubringen oder ohne diese.«[15]

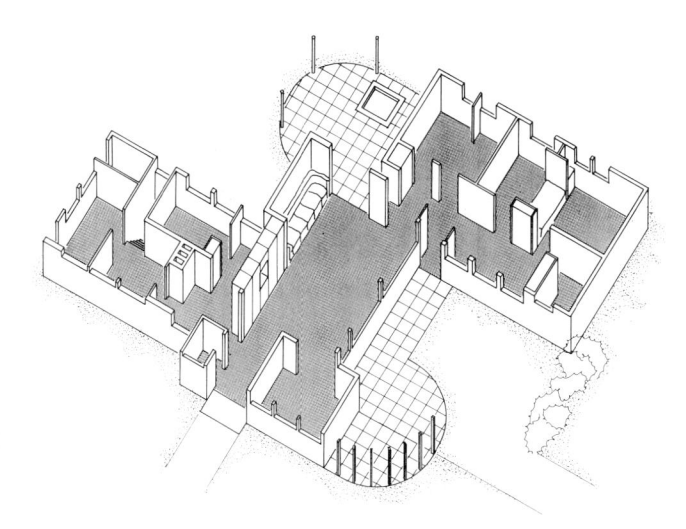

Bedürfnisgrundriß bedeutet aber für ihn weniger eine einmalige, stimmige Paßform, vielmehr zieht er einen möglichen Bedürfniswandel, etwa durch eine Veränderung der familiären Situation der Bewohner, in seine funktionalen Überlegungen mit ein. Vielleicht macht sich hier eine Reaktion auf die von Behne formulierten Bedenken gegen den allzu konsequenten Funktionalismus bemerkbar. Dieser neige, so Behne, zu »überspitzter Individualisierung«.[16] Die »Anpassungsmöglichkeit an die jeweiligen Bedürfnisse und die jeweilige Lage und Grundstücksform erforderte auch im äußeren Aufbau eine gegliederte Gestaltung, die ein verschiedenartiges Aneinandersetzen der Teilbaukörper leicht gestattet.«[17] Die Möglichkeit der Anpassung an veränderte Situationen macht eine anpassungsfähige Baustruktur notwendig, eine Art Baukastensystem. Eine solche Voraussetzung schränkt den Architekten als Schöpfer einer signifikanten Form von vornherein ein. Die Struktur gewinnt gegenüber der Form Vorrang. Scharouns formulierter Anspruch an den Benutzer als praktischen Mitgestalter des Hauses klingt einerseits – von heute aus betrachtet – höchst aktuell (Partizipatorisches Bauen); andererseits steht dieser Gedanke aber auch in der Tradition eines u. a. von den mittelalterlichen Profanbauten geprägten Bildes vernakulären Bauens. Der bescheidene Ton, die Zurücknahme des architektonisch Gesetzten, der Ausdrucksform, entspricht ganz dem von Scharoun in seinen Erläuterungen betonten Grundprinzip, das dem Menschen Souveränität gegenüber dem Dinglichen zugesteht.

Transportables Holzhaus auf der Garten- und Gewerbeausstellung (GuGaLi) Liegnitz, 1927, Isometrie

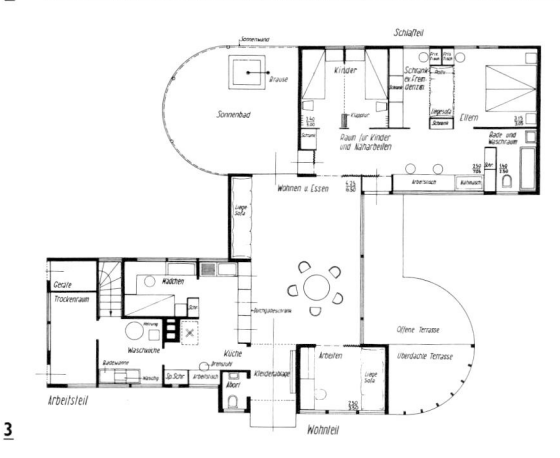

Der Zurücknahme des architektonisch-formalen Ausdrucksgehaltes zugunsten einer neutralen räumlich-konstruktiven Struktur zur Bedürfnisbefriedigung entspricht auf der Materialebene die Zurücknahme des Ausdrucksgehaltes des Baumaterials. Genauer gesagt: die den Materialien und Verarbeitungsformen anhängenden alten Evokationen sollen durch neue ersetzt werden. Das erfordert einen veränderten Umgang mit den Baustoffen. Für das beim transportablen Holzhaus verwendete primäre Material Holz bedeutet dies, daß mit ihm nicht die altbekannten Gefühlswerte wie Bodenständigkeit und Solidität hervorgehoben werden sollen, sondern der Charakter des Leichten, somit einfach (De-)Montablen, d. h. Nicht-Endgültigen. Dahinter steht ein weiterreichender Gedanke, der das ausschließliche Beharren auf der »Eigenlebendigkeit« des Materials in Frage stellt und sich gegenüber synthetischen Verbundstoffen aufgeschlossen zeigt, neuen Stoffen, die auf eine bestimmte Funktion hin optimiert sind und Sentimentalitäten zu vermeiden suchen.

Einen anderen wichtigen Anspruch formuliert Scharoun so: »Außerdem wurde angestrebt, dem Haus trotz seines verhältnismäßig geringen Umfanges im Inneren eine möglichst große Weiträumigkeit zu geben.«[18] Hier deutet sich ein Aspekt spezifisch Scharounscher Raumauffassung an, der im Laufe seiner weiteren Werkentwicklung immer deutlicher in den Vordergrund treten wird. Ein Aspekt, der auch in der Breslauer Antrittsvorlesung reflektiert wurde. Es geht um das subjektive Raumerlebnis. Spiegeln die dynamischen Baukörper, die man in Scharouns Wettbewerbsentwürfen jener Jahre findet, die inneren, funktionalen Bewegungsvorgänge symbolhaft verdichtet – z. B. als Bewegungssuggestion – nach außen, so ist damit noch keine Aussage über die Qualität des Raumerlebnisses gemacht, d. h. über das komplexe Zusammenwirken der architektonisch-räumlichen Kompartimente, wie Formgefüge, Innen-Außenbezüge, Materialwerte, Lichtführung usw. zu einer Erlebnisganzheit, die sich aus dem Blickwinkel des raumerlebenden Subjektes als Raumgefühl verfestigt. Wenn Scharoun sich beim Liegnitzer Holzhaus Gedanken darüber macht, wie einem – aufgrund ökonomisch bedingter Umstände – faktisch kleinen Raum eine Wirkung von Großzügigkeit gegeben werden kann, so betrifft das genau diese Erlebnisqualität. Das Bauwerk soll nicht bloß nach außen die Insignien der Modernität präsentieren, sondern zielt bewußt auf die »Formung des Erlebnisses zwischen Einzelwesen und Raum um uns«, wie es in Scharouns Breslauer Vorlesung heißt.

Für Scharouns berufliche Laufbahn ungleich wichtiger als die Liegnitzer Arbeit ist – wegen der zu erwartenden Öffentlichkeitswirksamkeit – die Beteiligung an der Stuttgarter Werkbundausstellung. Die Weißenhofsiedlung, an der neben den nationalen Größen der modernen Bewegung, wie Mies van der Rohe, Gropius und die Brüder Taut, auch Oud, Mart Stam und Le Corbusier beteiligt sind und damit der Ausstellung zum – für die Architekturmoderne so bedeutsamen – Flair der Internationalität verhelfen, stellt den ersten durchschlagenden öffentlichen Erfolg der Bewegung dar. Was kann dem 34jährigen »vorwärtsstrebenden Architekten« Scharoun besseres passieren, als sich in diesem erlauchten Kreis und vor großem Publikum als bauender Architekt darstellen zu können? Daß er für seinen bescheidenen Beitrag eines Einfamilienhauses nicht gerade mit positiven Kritiken überschüttet wird und vor allem seine gekurvten Formen ein gewisses Befremden hervorrufen, mag er mit der Erkenntnis verschmerzt haben, daß eine schlechte Presse immer noch besser als Nichtbeachtung ist. »Ähnlich wie Bruno Tauts Haus die vielbeschworene ›Einheitlichkeit der Weißenhofsiedlung‹ mit dem Mittel der ungemischten Farbe durchbrach, baute Scharoun ein Gebilde, das wenig vom strengen Kubus, von der aufs reinste und einfachste reduzierten Form an sich hat. In der ersten Besprechung der Weißenhofsiedlung durch einen Berichterstatter der ›Form‹ (...) wurde von allen Beiträgen als einziges das Haus von Hans Scharoun ausgenommen mit seiner ›seltsame(n), der Orginalität sicher nicht entbehrende(n) Kurvenromantik‹.«[19]

Das Befremden der Kritik lösen vor allem zwei sich diagonal gegenüberliegende Ecken aus, die, statt des üblichen rechten Winkels, viertelkreisförmige Rundungen aufweisen. In einer dieser Rundungen befindet sich die Treppe zum Schlafgeschoß. Der Treppenlauf zeichnete sich in der Außenkontur deutlich ab und erzeugte eine schwungvolle Lineatur. Wenn die Kritik hier von Kurvenromantik spricht, so ist das vielleicht angeregt durch Adolf Behnes ein Jahr zuvor erschienenes Buch »Der moderne Zweckbau«, in dem es heißt, daß »der Funktionalist, auch der sachlichste, eher den Romantikern als den Rationalisten zuzurechnen wäre«.[20] Der von Behne beschriebene »konsequente Funktionalismus« (zu dessen Hauptvertretern Behne Häring und Scharoun rechnet) hat sich innerhalb der modernen Bewegung nie überzeugend durchsetzen können.

Stets um eine intellektuelle Klärung seiner architektonischen Arbeit bemüht, hat Scharoun zu seinen Werken meist begleitende Schriften verfaßt, die über den Charakter simpler Erläuterungsberichte hinausgehen. Das zeigt sich u. a. in der vielfachen Überarbeitung seiner Manuskripte. Entsprechend der öffentlichen und persönlichen Bedeutung der Stuttgarter Ausstellung, sind Scharouns Erläuterungen zu diesem Projekt umfangreicher als gewöhnlich.[21] Scharoun nennt drei Absichten, die für die Gestaltung dieses kleinen Einfamilienhauses ausschlaggebend gewesen seien: klare Gliederung, Wirkung räumlicher Großzügigkeit und der Versuch beim Publikum einen bleibenden, »eindeutigen« Eindruck hervorzurufen. Um dies zu erreichen, bedient er sich erklärtermaßen folgender Mittel:
einer deutlichen Trennung der Bereiche Wohnen, Schlafen, Wirtschaft;
Maßunterschiede zwischen Schlaf- und Wohnräumen;
dem Zusammenfassen verschiedener Wohnfunktionen zu einer Raumeinheit;
einer das ganze Erdgeschoß durchschneidenden Wegachse (»Linie gegen Raum«),
einer visuellen Erweiterung des Wohnraums zum Garten und zur Landschaft hin.

Im Gegensatz zum transportablen Holzhaus wirkt hier alles stärker räumlich kalkuliert. Aus dieser Tatsache spricht nicht nur die schon erwähnte Anstrengung Scharouns, mit Raumwirkungen zu experimentieren. Man merkt daran auch, wie wichtig die Stuttgarter Präsentation für ihn ist. Zum ersten Mal kann er sich in einem ganz exklusiven Rahmen beweisen. Daß sein Bauwerk am stärksten aus dem Stilkanon der sich hier erstmals auf höchstem Niveau und mit internationalem Anstrich öffentlichkeitswirksam präsentierenden Architekturavantgarde herausfällt, ist nur zum Teil durch den Übereifer zu erklären, mit dem der ehrgeizige junge Architekt naturgemäß zu Werke geht. »Der Weißenhof ist am Ende doch das Werk einer Clique. Sie hatte einen weiten Horizont, diese Clique: Sie schloß Peter Behrens ein und merkwürdigerweise auch Hans Scharoun, der der offiziellen Linie der modernen Architektur niemals gefolgt ist.«[22]

1–3 Transportables Holzhaus auf der Garten- und Gewerbeausstellung (GuGaLi) Liegnitz, 1927
1 Sonnenbad
2 Zentraler Wohnraum
3 Grundriß, 1:300

Sicherlich überlagern und vermischen sich in dieser Werkphase Scharouns drei prinzipielle Absichten, erstens, allein aus der Auseinandersetzung mit den zum Bauwerk gehörenden Handlungsabläufen die adäquate Form gewinnen zu wollen, zweitens, eine Ausdrucksform zu finden, die den Zeitgeist und den Zeitwillen widerspiegelt und drittens, der »Formung des Erlebnisses zwischen Einzelwesen und Raum um uns« nachzugehen. In den meisten Arbeiten jener Zeit finden diese unterschiedlichen Absichten noch zu keiner gelungenen Synthese, wovon auch das Haus in der Weißenhofsiedlung Zeugnis ablegt. Scharoun ist sich dieser Tatsache bewußt. Er betont die notwendige experimentelle Arbeit, die bis zur Reife einer neuen Bauform und Architektursprache notwendig sei. Ausstellungen dieser Art böten einen wichtigen Freiraum für Experimente, ohne die keine sinnvolle Entwicklung möglich sei. Dabei offenbaren sie zunächst nur Versuchsweises, Zwischenschritte, von denen man noch nicht zu viel erwarten dürfe. Die am Weißenhof sichtbaren Ergebnisse seien keineswegs »Spitzenleistungen, sondern Formulierungen aus einer bisher fast nur theoretisch entwickelten Reihe..., für die die endgültige Form noch nicht abzusehen ist«.[23]

Das Raumerlebnis, das in Scharouns Bauten nun immer wichtiger wird, ist nicht – obwohl zuerst im Zusammenhang mit Überlegungen zum Theater entdeckt – oberflächlicher, theatralischer Effekt. Es steht vielmehr im unmittelbaren Zusammenhang mit seiner Grundrißarbeit, ganz im Sinne der Forderung Behnes, mit der architektonischen Phantasie beim Plan zu beginnen. Die Räume eines Wohnhauses z. B. und ihr Gesamtgefüge werden so lange in Grundrißskizzen modifiziert, bis sie nicht nur ökonomischen und funktionalen Anforderungen genügen, sondern darüber hinaus mit der Formung eines Erlebnisses ein ästhetisches Mehr hervorbringen. Ein Mehr, das primär eine Frage des geistigen, nicht des materiellen Aufwandes ist, und das sich nicht in quantitativen Begriffen beschreiben läßt. Was sich bei Scharoun in dem Begriff des Raumerlebnis andeutet, entspricht in ungefähr der Definition, die Theodor W. Adorno für den Begriff des Raumgefühls gibt: »Spricht man... in der Architektur von Raumgefühl, so ist das Raumgefühl kein abstraktes An sich... Raumgefühl ist ineinandergewachsen mit den Zwecken; wo es in der Architektur sich bewährt als ein die Zweckmäßigkeit Übersteigendes, ist es zugleich den Zwecken immanent. Ob solche Synthesis gelingt, ist wohl ein zentrales Kriterium großer Architektur. Diese fragt: wie kann ein bestimmter Zweck Raum werden, in welchen Formen und in welchem Material; alle Momente sind reziprok aufeinander bezogen. Architektonische Phantasie wäre demnach das Vermögen, durch die Zwecke den Raum zu artikulieren, sie Raum werden zu lassen; Formen nach Zwecken zu errichten. Umgekehrt kann der Raum und das Gefühl von ihm nur dann mehr sein als das arm Zweckmäßige, wo Phantasie in die Zweckmäßigkeit sich versenkt. Sie sprengt den immanenten Zweckzusammenhang, dem sie sich verdankt.«[24]

Das Haus in der Weißenhofsiedlung stellt den Anfang einer überaus erfolgreichen Werkphase Scharouns dar, die ungefähr bis 1930 andauert. Danach verhindert zunächst die wirtschaftliche Rezession, später die Machtergreifung der Nazis eine Fortsetzung des erfolgreich begonnenen Weges. Scharoun kann in dieser Zeit vier bedeutende Bauvorhaben realisieren. Alle haben mit Fragen großstädtischen Massenwohnungsbaus zu tun. Dabei bestätigt sich die Prognose Scharouns aus der Breslauer Vorlesung von 1925: »Die Voraussetzungen..., die der Architekt unserer Zeit zu erfüllen haben wird, sind neben dem Wirtschaftlich-Verkehrstechnischen einmal die Erleichterung des physischen Umzuges und zum anderen und besonderen das Erträglichmachen der psychischen Umstellung. Das erstere könnte m. E. gelöst werden durch Schaffung gleichartiger Wohnzellen in sämtlichen Wirtschaftsgebieten, die jedes Umzugsgut überflüssig machen.«[25] Scharoun experimentiert mit Wohnformen, die zwischen traditioneller Mietwohnung und Hotel angesiedelt sind. Das gilt vor allem für die beiden Berliner Appartementhäuser am Kaiserdamm und am Hohenzollerndamm, wo er »dem Bewohner das Empfinden von etwas Hotelmäßigem, das Empfinden einer zwar auf kleinstem Raum aber dafür konzentriert geschaffenen Repräsentation (Telefon, Safe, Flure – auch Garagen) und das Gefühl von Entlastung in hauswirtschaftlicher Beziehung«[26] verschaffen will.

Einfamilienhaus, Stuttgart-Weißenhof

Werkbundausstellung »Die Wohnung«

1 Blick von Süden
2 Weißenhofsiedlung, Übersichtsplan

1

1. J. FRANK, WIEN
2. J. J. P. OUD, ROTTERDAM
3. M. STAM, ROTTERDAM
4. L. CORBUSIER, GENF-PARIS
5. P. BEHRENS, BERLIN
6. R. DÖCKER, STUTTGART
7. W. GROPIUS, DESSAU
8. L. HILBERSEIMER, BERLIN
9. MIES VAN DER ROHE, BERLIN
10. H. POELZIG, BERLIN
11. A. RADING, BRESLAU
12. H. SCHAROUN, BRESLAU
13. A. G. SCHNECK, STUTTGART
14. B. TAUT, BERLIN
15. M. TAUT, BERLIN
16. V. BOURGEOIS, BRÜSSEL
17. E. WAGNER, STUTTGART

Auf der Jahrestagung des Deutsche Werkbunds 1925 in Bremen wird Mies van der Rohe – ab 1926 zweiter Vorsitzender des Werkbundes – beauftragt, die Stuttgarter Ausstellung »Die Wohnung« vorzubereiten und durchzuführen. Ein erster Entwurf und ein Massenmodell, das für das Gelände in freier Höhenlage mit Blick auf Stuttgart angefertigt wird, führt im Frühjahr 1926 zum Eklat. Kurz vor einer geplanten Besprechung, veröffentlichen Paul Bonatz und Paul Schmitthenner, die Exponenten der »Stuttgarter Schule«, ihre scharfe Kritik in den Tageszeitungen. Die Kritik ist polemisch: »In vielfältigen horizontalen Terrassierungen drängt sich in ungewöhnlicher Enge eine Häufung von flachen Kuben am Abhang hinauf, eher an eine Vorstadt Jerusalems erinnernd, als an Wohnungen für Stuttgart.« – sie ist aber auch sachlich angesichts des Aufwands für ein Bauen am Hang: »Man braucht für Leitungen, Stützmauern, Terrassen usw. rund das Doppelte, als wenn man einfach zwei Reihen Häuser hinstellen würde.«[27] Bonatz und Schmitthenner stellen sich mit ihrer Kritik gegen die Stadtverwaltung und gegen den Werkbund, der Mies van der Rohe jedoch als künstlerischen Leiter bestätigt.

Damit ist für einen in Stuttgart unbekannten Architekten der Weg frei, eine internationale Bauausstellung zu organisieren. International nicht nur, weil für einzelne Häuser der Weißenhofsiedlung ausländische Architekten beauftragt sind, sondern weil in einer gesonderten Halle eine umfassende Ausstellung internationaler moderner Architektur in Plänen und Modellen gezeigt wird. Dadurch will Mies van der Rohe demonstrieren, »daß der Weißenhof nicht eine Modeerscheinung unseres Landes ist, sondern eine Bewegung, die sich in der ganzen Welt anbahnt«.

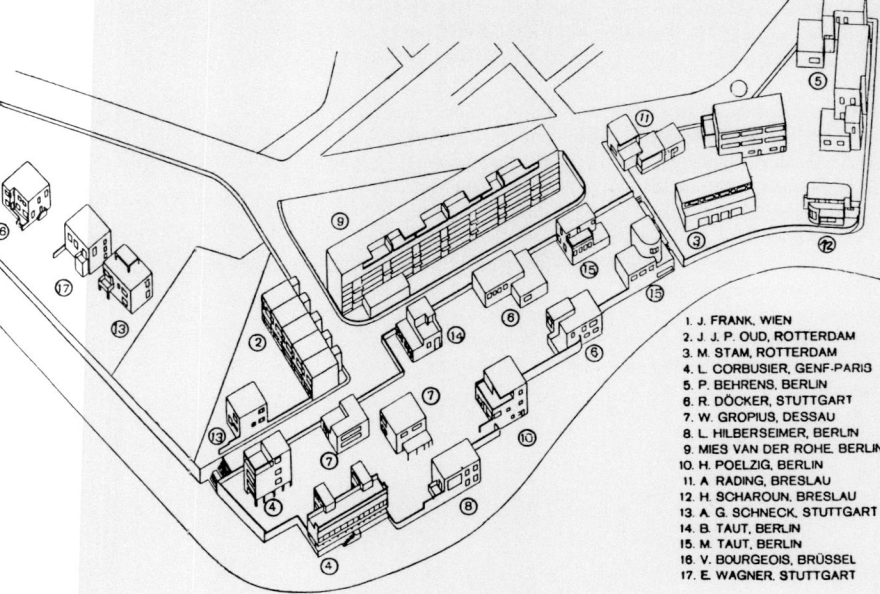

1

2

Für die Wahl der Architekten sucht Mies van der Rohe nach Persönlichkeiten, »deren Arbeit interessante Beiträge zu der Frage der neuen Wohnung erwarten ließ«. Von 33 Namen, die im Laufe eines Jahres gehandelt werden, wird im November 1926 eine Liste mit 17 Architekten von der Bauabteilung der Stadt Stuttgart genehmigt. Scharoun, schon früh genannt, kommt aber erst wieder auf die Liste und zum Auftrag, als Häring, Tessenow und Mendelsohn zuletzt noch zurückziehen.

Die Weißenhofsiedlung soll ein Experiment für neue Wohnformen, für rationelle Bauweisen, für neue Konstruktionen und Baumaterialien sein – was sie hauptsächlich wird, ist eine große formale Demonstration des »Neuen Bauens«. Richard Döcker, das einzige Stuttgarter Ring-Mitglied – ungefähr im gleichen Alter wie Scharoun – ist Bauleiter der Ausstellung.

Mit neuen Bautechniken und Baustoffen soll die regionale Bauwirtschaft Anregungen erhalten. So wird z. B. das als reiner Mauerwerksbau gedachte Haus Scharouns in Eisenfachwerk konstruiert – ausgefacht mit Thermosplatten (mehrlagige Pappen mit Luftschichten) und mit Schlakkenplatten ummantelt und verputzt. Die Bauzeit der Weißenhofsiedlung ist extrem knapp kalkuliert. Zwischen dem ersten Spatenstich am 1. März 1927 und der Ausstellungseröffnung am 23. Juli liegen keine fünf Monate. Merzkünstler Kurt Schwitters, der als Rezensent für eine niederländische Architekturzeitschrift an der Eröffnung teilnimmt und die Bauten besichtigt, spielt in seiner Besprechung ironisch auf die Eile bei der Fertigstellung der Siedlung an: »Ich war 6 Stunden unter den Häusern, habe meinen neuen Sommermantel mit frischer Ölfarbe eingeseift, wodurch ich mich nicht von anderen Besuchern unterschied ...«[28]

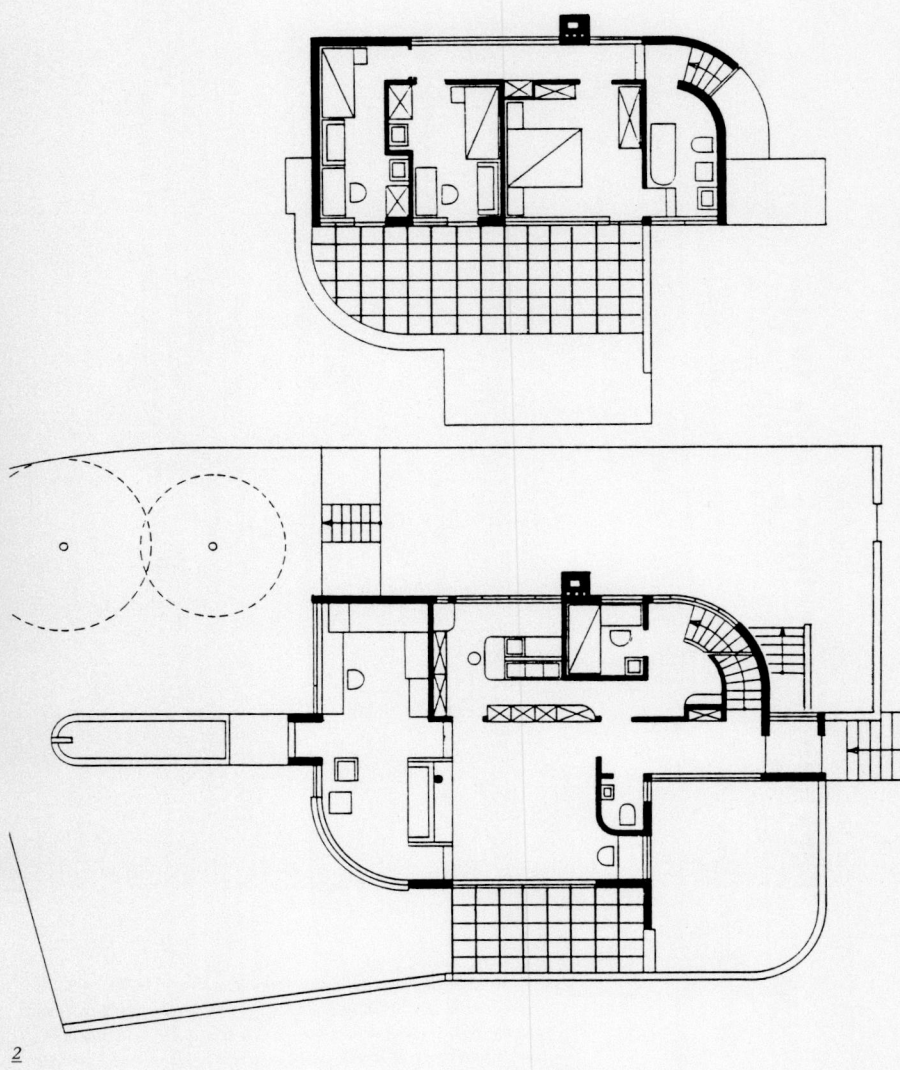

In den ersten Skizzen zum Bebauungsplan verstärken die Häuserlinien den Schwung der Höhenlinien. Bekrönt wird die Anlage durch mehrgeschossige Bauten. Aus dieser eindrucksvollen städtebaulichen Form ist im Laufe der Planung nur noch eine Parzellierung in einzelne Hausgrundstücke übriggeblieben. Dazu wird der Hang terrassiert. Ein optisch zusammenfassendes, aber zugleich trennendes Element ergibt sich aus der hohen Stützmauer entlang der Rathenaustraße. Das Eckgrundstück an ihrem Ende beim Hölzelweg wird Scharoun zur Planung überlassen, wobei der Lageplan eine direkte Eckbebauung vorsieht.

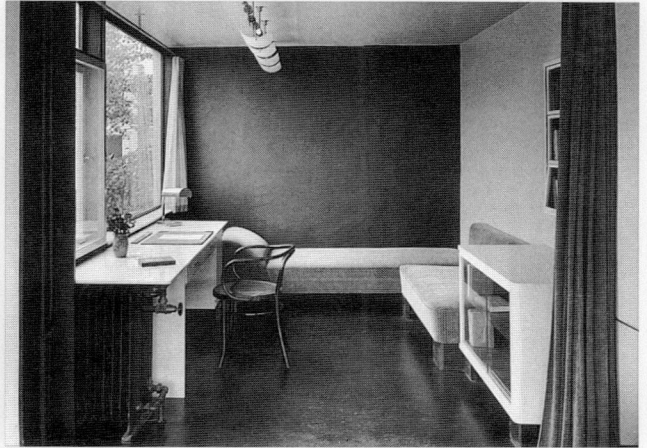

In mehreren Vorentwürfen hat sich Scharoun mit der speziellen Ecksituation auseinandergesetzt und dazu einen detaillierten Gartenplan entwickelt. Zwei Gründe mögen dazu geführt haben, diesen Ansatz aufzugeben. Einmal ist das Haus für den vorgesehenen Typ D (Familie mit zwei Kindern) zu groß geraten, zum anderen zielt die Ausstellung insgesamt auf eine bauliche Interpretation neuer Wohnformen, unabhängig von der speziellen Lage. In der Folge rückt das Haus von der Ecke ab zur Grundstücksmitte und orientiert sich mit seinen Bereichen freier nach den Himmelsrichtungen. Eine plastische Ausformung der Eingangssituation weist aber auch beim gebauten Entwurf auf die Besonderheit eines Eckhauses hin. Auf Bemerkungen über sein Treppenhaus, es erscheine von außen wie eine Rutschbahn, soll Scharoun geantwortet haben, dies sei eine »sinnvolle Betätigung«, die ihm und anderen Freude bereite.

Betreten wird das Haus über eine kurze Treppe, in deren Achse eine optische und eine Wegbeziehung zum Garten hergestellt ist. Vom Flur aus sind Wohnbereich, Wirtschaftsbereich und – über eine Treppe – das Schlafgeschoß zugänglich. Der Wohnbereich (Essen, Erholen, Arbeiten) ist durch große Fenster mit dem Außenraum verbunden: Vom Eßplatz aus blickt man durch eine raumhohe Verglasung zur überdachten Terrasse, vom Sofa aus fällt der Blick auf den Stuttgarter Talkessel, und der Arbeitsbereich öffnet sich zum Garten hin. Wirtschafts- und Eßbereich befinden sich auf einer Ebene; der zwei Stufen höher, auf Gartenniveau gelegene Wohn- und Arbeitsbereich ist davon durch ein Einbauelement aus Vitrine und Liege getrennt. Diese Raumgliederung wird graphisch durch farbige Deckenteile unterstützt. Ein Mädchenzimmer, eher als Erholungsraum verstanden, kabinenartig, »als kleiner Raumteil in den großen gestellt«,[29] ergänzt den Wirtschaftsbereich, der von einem dreiseitig freistehenden, voll installierten Küchenblock bestimmt ist. Alle Schränke und Regale sind eingebaut.

Die sich gegenüberliegenden Rundungen von Panoramafenster und Treppenhaus sind für den Innenraum ebenso prägend (Betonung der Diagonale) wie für die äußere Erscheinung. Aus dem Grundriß ergibt sich, im Sinne des Funktionalismus, die Hausform. Deshalb sind die Lage und die Größe der Fensteröffnungen nicht von der Außenansicht her konzipiert: Sie befinden sich dort, wo sie für die Innenräume zweckvoll und wünschenswert erscheinen. Eine kleine Auskragung deutet die Sonnenterrasse im Obergeschoß an; geradezu gewagt weit und frei auskragend wird die Gartenterrasse überdeckt.

1 Eingangsseite
2 Grundrisse Obergeschoß und Erdgeschoß, 1:200
3 Blick vom Arbeitsraum zur Terrasse
4 Eßplatz und erhöhter Wohnteil mit Blick zum Garten
5 Die Küche
6 Der Arbeitsraum
7 Isometrie, 1:300

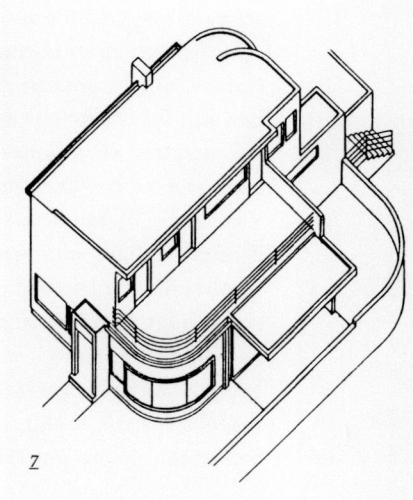

Als Bindeglied zwischen den beiden Ausstellungsbauten von 1927 und den Berliner Appartementhäusern mag das Breslauer Wohnheim gelten. Die hier in Angriff genommene Aufgabe kommt zum einen in ihrer Thematik stärker dem sozialen Impetus Scharouns entgegen, dessen Ziel ja nicht unbedingt im mittelständischen Einfamilienhausbau liegt, ist aber zum anderen, da sie sich im relativen Freiraum des Experimentiergeländes einer Bauausstellung entfalten darf, weniger stark durch ökonomische Verwertungskalküle beeinträchtigt. Es bestehen also für Scharoun ideale Voraussetzungen, um zu demonstrieren, was er unter »Schaffung gleichartiger Wohnzellen« versteht, und was mit »Erträglichmachen der psychischen Umstellung« gemeint ist. Ersteres zeigt sich in den raffiniert geschnittenen, rationell erschlossenen und bei minimiertem Raumbedarf gleichwohl Großzügigkeit ausstrahlenden Kleinstwohnungen. Letzteres in den mit Sorgfalt gestalteten öffentlichen Bereichen der Bauanlage. Mit diesem Projekt gelingt es Scharoun in weit höherem Maß als in Stuttgart, im Sinne Adornos, »durch die Zwecke den Raum zu artikulieren«. Sein Grundgedanke liegt in einem Ausgleich gegensätzlicher Wohnbedürfnisse. Die Bauform soll vermitteln »zwischen dem Repräsentativen – mehr Äußerlichen – und dem – auch seelischen – Wohnwert des Appartements, ohne daß das Anonyme, das weltoffene Wohnen – ›wie in einem Hotel‹ – verlorengeht«.[30] Das Programmatische, das in diesem Bau zum Ausdruck kommt, besteht in der Spannung zwischen Distanz (privat) und Beziehung (Gemeinschaft). Als Bautyp entspricht das Wohnheim eher einem verweltlichten Kloster als einem Hotel.

Einige Gebäude der Breslauer Ausstellung, vor allem die von Rading und Scharoun, geraten, etwa als »Grabmonumente der neuen Sachlichkeit«, in die Schlagzeilen, nicht nur in der Lokalpresse. Die Namen der Breslauer Vertreter des Neuen Bauens werden einer größeren Öffentlichkeit bekannt. Auf den publizistischen Erfolg der Modernen reagieren weite Kreise der schlesischen Architektenschaft mit Mißgunst. Die Ausstellung insgesamt mehrt in beträchtlichem Maß den Ruf der Breslauer Akademie, denn, obwohl nicht Veranstalter, so sind doch neben Scharoun und Rading auch andere Akademielehrer beteiligt (Moll, Molzahn, Vinecky). Die in den Besprechungen von allen Seiten in Zusammenhang mit den Gebäuden bemühte Schiffssymbolik wird sowohl abwertend als auch anerkennend verwendet. Ilse Molzahn, Gattin des Ausstellungsgraphikers und Akademieprofessors Johannes Molzahn, hebt beispielsweise das aktivierende Moment dieser Formensprache hervor, wenn sie über Scharouns Bauwerk bemerkt: »Kühn um die Ecke herumgeworfen, [gleicht

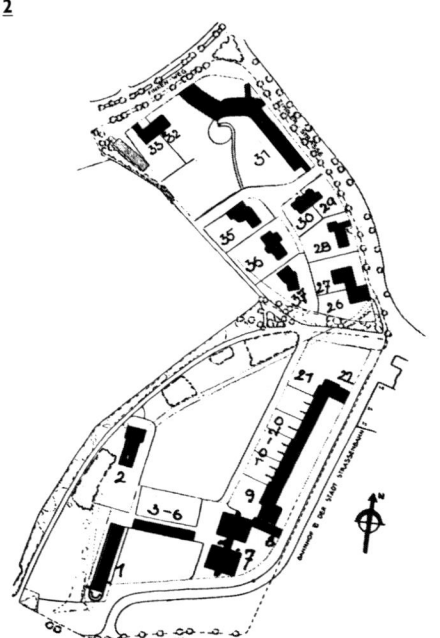

1 Appartementhaus am Hohenzollerndamm, Berlin, 1929/30
2 Werkbundausstellung »Wohnung und Werkraum« (WUWA), Breslau, 1929, Luftfoto mit Scharouns Wohnheim
3 Lageplan mit Wohnhaus von Adolf Rading (Nr. 7), Einfamilienhaus von Heinrich Lauterbach (Nr. 35), Wohnheim von Hans Scharoun (Nr. 31)

Wohnheim, Breslau-Grüneiche
Eine regionale Bauausstellung, 1929

Werkbundausstellung »Wohnung und Werkraum«

1

Die Entstehung der Werkbundausstellung Breslau verläuft eigenständig, weist aber – nicht nur durch die Namen Scharoun und Rading – einige Beziehungen zur Stuttgarter Ausstellung auf. Schon auf der Werkbundtagung 1925 in Bremen sind Ausstellungsvorhaben zur Darstellung neuer Wohnformen ein zentrales Anliegen. Nach Stuttgart sollen weitere große Demonstrationen dieser Art in Berlin und Köln stattfinden. In Breslau ist Heinrich Lauterbach die treibende Kraft. Er initiiert die Gründung eines Schlesischen Werkbund-Landesverbandes und schafft damit die formalen Voraussetzungen für ein solches Projekt. Nach weiterem Engagement übernimmt er zusammen mit Adolf Rading die künstlerische Leitung.

Das Gesicht der Weißenhofsiedlung ist durch internationale und nationale Vertreter der Moderne geprägt. Die bekanntesten Traditionalisten im Werkbund gehen im Streit auf Distanz. Wie in Stuttgart, ist man auch in Breslau auf die Finanzierung der Siedlung durch die Stadt angewiesen. Im Breslauer Bauamt sind die widerstreitenden Architekturauffassungen selbst vertreten. Deshalb einigt man sich schon bei den Vorbereitungen, unterstützt durch die Vermittlung von Hans Poelzig und Heinrich Tessenow, auf die Teilnahme von Breslauer Architekten (Werkbundmitglieder) beider Richtungen. Nur aufgrund dieses Kompromisses ist das Projekt zu realisieren. »So wurden die Namen Lauterbach, Rading, Scharoun auch denjenigen geläufig, die sie bis dahin ebensogut für Ortsbezeichnungen im Innsbruckischen oder in der Schweiz gehalten hätten. Sie wurden prominent.«[31] Trotz ihrer lokalen Herkunft, hat die Versuchssiedlung – hauptsächlich die Werke der Prominenten – bemerkenswerte internationale Resonanz.

Nach der Fertigstellung ist in Breslau nicht nur die Siedlung umstritten, sondern auch die Ausstellungsgestaltung von Johann Molzahn und die Möbel- und Textilentwürfe von J. und L. Vinecky, die auch an der Kunstakademie unterrichten. Erst mit dieser Ausstellung kommt die Kunstakademie in die öffentliche Debatte, und man beginnt in Breslau zu begreifen, daß schon seit Jahren in der Stadt eine Schmiede der Moderne existiert, die sehr wohl mit dem Bauhaus verglichen werden kann. Wie in Stuttgart, steht auch dem Schlesischen Landesverband ein Eklat ins Haus. Auf den Vorwurf der Diktatur der Prominenten reagieren diesmal die Vertreter der Moderne mit einem Rückzug aus dem Landesverband.

1 Vorbereich des Wohnheims an der Parkseite mit Gartenlokal
2 Wohnhaus (»Turmhaus«) von Adolf Rading

2

Die Versuchssiedlung Grüneiche schließt an den Baumgürtel um das Breslauer Ausstellungsgelände – mit der Ausstellungshalle von Hans Poelzig und der Jahrhunderthalle von Max Berg – an. Das Thema Wohnung wird durch freistehende Einfamilienhäuser, Reihenhäuser und Kleinwohnungen vorgestellt. Das Thema Werkraum bezieht sich auf die Hallenausstellung zu verschiedenen handwerklichen Bereichen, u. a. auch zu Wohnungseinrichtungen. An dieser Ausstellung arbeitet auch Scharoun mit.

Noch deutlicher als die Weißenhofsiedlung scheint die Breslauer Versuchssiedlung durch die Verteilung der Baugrundstücke an die einzelnen Architekten bestimmt zu sein – ohne ein erkennbares städtebauliches Konzept. Mag sein, daß als formaler Gedanke vorherrscht, mit dem als Hochhaus geplanten Radingschen Projekt einerseits und dem horizontalen Scharounschen Wohnheim andererseits einen einheitsstiftenden Ausdruck zu finden.

Das Wohnheim dominiert in Größe und Gestalt den nördlichen Teil des Geländes. Ein dreigeschossiger Flügel begleitet die Straße, schwingt dann mit einem Mittelteil – der Halle – zur Siedlung hin, wodurch mit einem zweiten Flügel ein Vorbereich zur Straße und zum gegenübergelegenen Park entsteht. Wenn auch nicht als öffentlicher Durchgang, so doch als zentraler Bereich für die gesamte Wohnanlage, ist der Mittelteil, die Eingangshalle, Bestand einer gedachten Achse Park – Siedlung. Ein schattiges Gartenlokal liegt zur Seite des Parks, während das leicht abfallende Gelände im Süden mit dem großen Schwung einer Dachterrasse, der sich in einer Brüstungsmauer und in Form abgemauerter Wege fortsetzt, eingefangen wird.

Der Vorschlag für ein Ledigenwohnheim hat in Breslau sicherlich überrascht. Er muß aber im Zusammenhang jener Appartementhäuser gesehen werden, an denen Scharoun zur gleichen Zeit in Berlin arbeitet. Andererseits setzt sich allenthalben die Meinung durch, daß der »möblierte Herr« der Vergangenheit angehöre und das zukünftige Wohnungsprogramm auch Wohnungen für ein und zwei Personen einschließen müsse. Vergleichbare Beispiele gibt es bereits in anderen Ländern. Mit deutlich unterschiedlichen Zielen reichen sie vom Boardinghouse in den USA über das Kollektivhaus in Schweden bis zum Kommunehaus in der Sowjetunion.

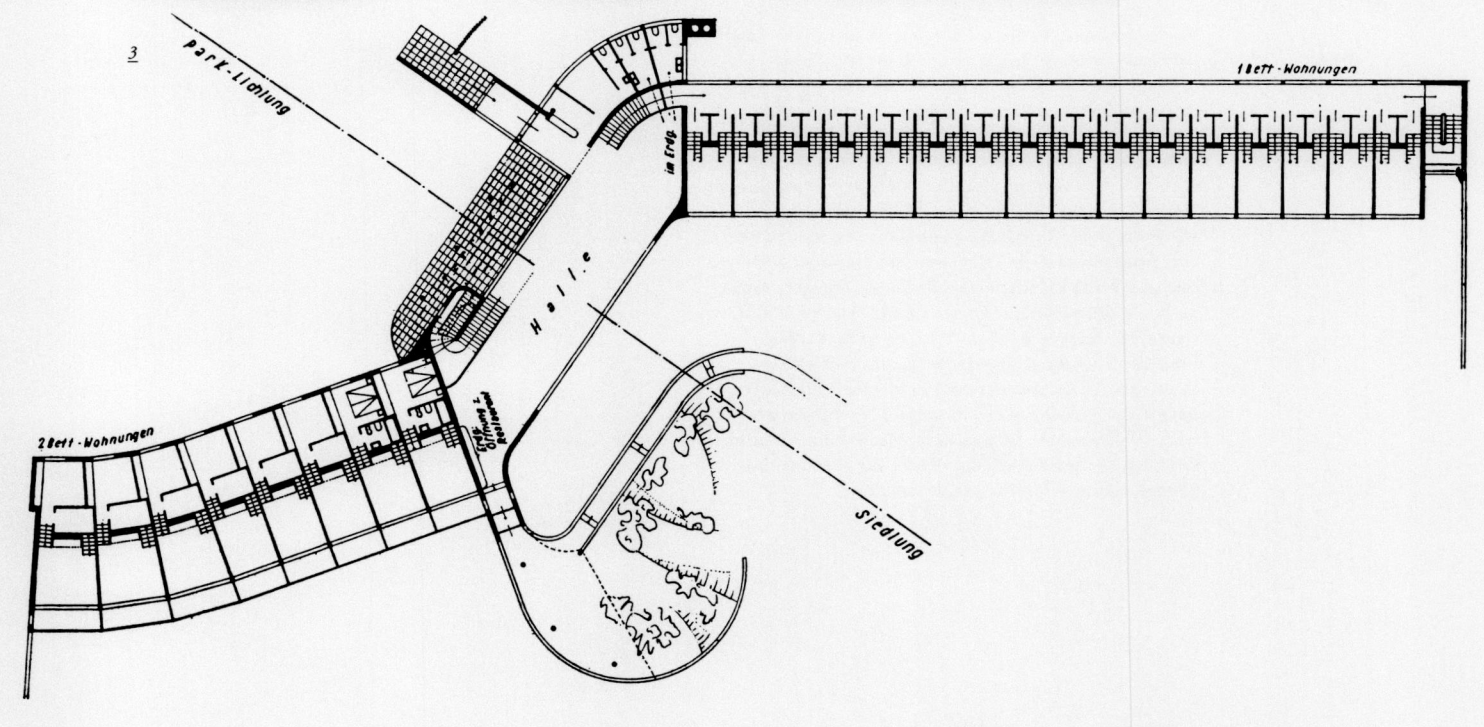

Die Reihung der Kleinstwohnungen, die durch die Parade der Lüftungskästen auf der Dachterrasse verstärkt wird, nimmt Scharoun zum Anlaß, die Horizontale zu betonen, sowohl mit Brüstungen und Decken als auch mit durchgehenden Fensterbändern, ermöglicht durch die Kartenblattbauweise aus Eisenbeton. Die 48 Kleinstwohnungen sind so organisiert, daß zwei übereinanderliegende, halbgeschossig versetzte Wohnungen von nur einem Korridor erschlossen werden, der dann direkt in den Gemeinschaftsraum führt. Die auf diese Weise durchgehenden, zweiseitig belichteten Wohnungen haben in dem östlichen Flügel ein Achsmaß von 3,00 m (1 Bett) und in dem westlichen Flügel von 3,50 m (2 Betten). Der Speiseraum im Erdgeschoß wird deshalb auch durch die rückversetzte Stützenreihe im 3,50 m-Rhythmus bestimmt.

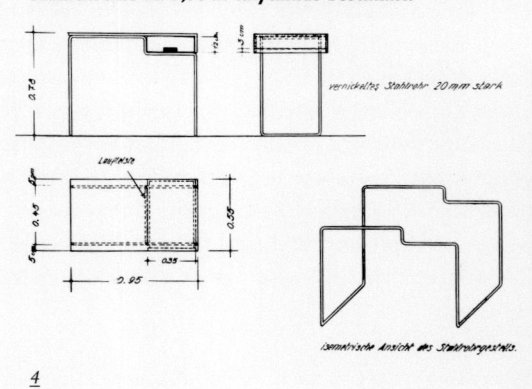

1 Der südlich gelegene Vorbereich
2 Die Halle
3 Grundriß Normalgeschoß, 1:500
4 Schreibtisch für Zweibettwohnung, 1:50
5 Blick von Süden auf den westlichen Flügel mit den Zweibettwohnungen
6 Speiseraum im Erdgeschoß des westlichen Flügels
7 Schnitt durch den östlichen Flügel mit den Einbettwohnungen, 1:200
8 Blick vom Flur in die untere Einbettwohnung
9 Flur im westlichen Flügel

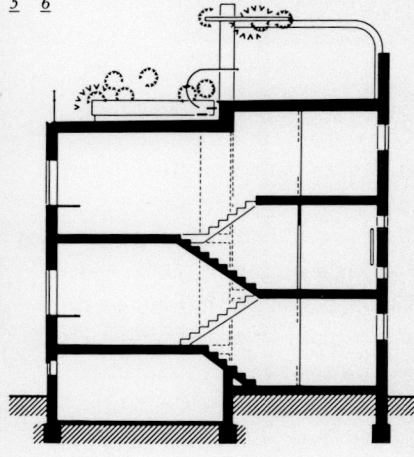

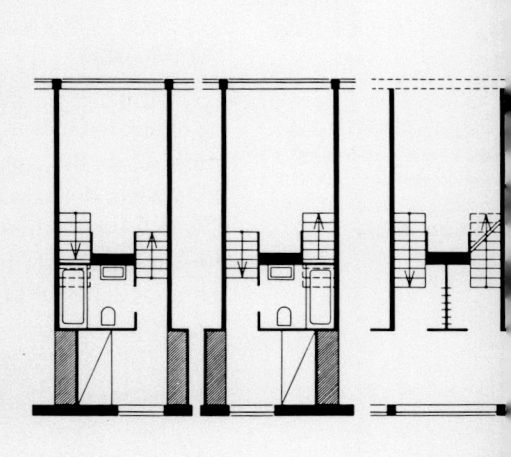

1 Blick von der Terrasse des Lauterbach-Hauses zum Wohnheim
2 Blick aus einer oberen Einbettwohnung

es] einem leibhaften Ozeandampfer auf das vollkommenste, mit Bullaugen, Kajütenfenstern, Deck, Schott und Kojen, die Schornsteine nicht zu vergessen ... Große Gemeinschaftsräume sind neben Sonnenterrassen diesem Musterschiffe eingegliedert, dem nichts weiter fehlt, als daß man es besteigt, seine Koffer in den eingebauten Schränken entleert und nun erwartungsvoll sich hineinschiffen läßt in das Land noch nicht erprobter Möglichkeiten.«[32]

Nach Beendigung der Ausstellung macht sich Scharoun Gedanken über eine sinnvolle Weiternutzung des Gebäudes, besonders über ein wünschenswertes Zusammenwirken von Restaurant und Wohnungen. Zu diesem Zweck verfaßt er ein Exposé, in welchem er sich dagegen ausspricht, Wohnungen und Restaurant getrennt zu vermieten: »... diese Nutzungsart wird dem gedachten Zweck des Hauses in keiner Form gerecht, das Florieren des Unternehmens hängt weniger von der richtigen Erfassung und Nutzung der baulich gegebenen Voraussetzungen ab, als vielmehr von den Möglichkeiten, die außerhalb des Hauses liegen, also Wirksamkeiten nicht für, sondern durch das Haus.

Der andere Weg ist der, vom lebendigen Vorgang her das Haus in Benutzung zu nehmen, d. h. den Restaurantbetrieb von vornherein dem Gesamtbetrieb einzuordnen, ihn gegebenenfalls unterzuordnen.«[33]

Eine sinnvolle Nutzung des Hauses setze nicht allein finanzielle, sondern personelle Erwägungen bezüglich der Leitung des Hauses voraus. Scharoun macht einen konkreten Vorschlag: die Leiterin einer bekannten Breslauer Pension, mit der er bereits Vorgespräche geführt hat. Sogar ein präzises, auf seine Rentabilität überprüftes Nutzungskonzept hat Scharoun vorzuweisen. Vollpension sieht er dabei als Voraussetzung für die wirtschaftliche Tragfähigkeit dieser neuen Wohnform an.

Typus Großstadtmensch Wie läßt sich Scharouns Architekturposition gegen Ende der zwanziger Jahre beschreiben? Obwohl sein umfassender Versuch einer Darlegung des neuen Bauens (die Breslauer Antrittsvorlesung von 1925) erst wenige Jahre zurückliegt, erscheint eine erneute Positionsbetrachtung berechtigt. Einerseits hat Scharoun selbst inzwischen durch baupraktische Erfahrungen innerhalb der Architekturmoderne seinen Ansatz modifizieren können, der zuvor – zwangsläufig – rein theoretisch sein mußte, was ihm nicht sehr behagt haben dürfte. Schon früh wird seine Abneigung gegen eine zu ausschließlich gepflegte »Gedankenbotanik«[34] deutlich. Er glaubt, »Linie, Fläche und Form [seien] aus der Notwendigkeit inneren Wesens« ableitbar – »ohne Anwendung irgendeiner Theorie«.[35] Die Betonung des Wesens-Begriffes durch Scharoun – ein Kennzeichen, das für sämtliche Werkphasen zutrifft – deutet auf eine intuitionalistische Methode bei seiner Entwurfslösung. Scharouns Bauten sollen mehr sein als Verkörperungen theoretischer Programme. Es geht ihm um ein nicht quantifizierbares Zusätzliches, das sich etwa in der Qualität eines Raumerlebnisses zeigen kann. Dieses ist allein in Plänen oder mit Worten nicht darstellbar. Es bedarf der unmittelbaren Anschauung und Erfahrung der Praxis. Intuitiver Ausgangspunkt von Scharouns baukünstlerischem Verfahren ist die Betrachtung des Wesens einer Bauaufgabe. Das als Wesen Empfundene wird in eine nach und nach sich verfestigende Formidee (später spricht Scharoun von Gestalt) übertragen, ein Vorgang, der ebenfalls der »bewegenden Kraft« (Scharoun) der Intuition bedarf. Die Vorgehensweise ist aber nicht mit einem reinen Subjektivismus zu verwechseln. Starke reflexive Momente spielen eine ebenso wichtige Rolle. In einem unveröffentlichten Manuskript aus den späten zwanziger Jahren vermerkt Scharoun, daß Intuition des dialektischen Gegenpols der Erkenntnis bedarf, um nicht der Gefahr des Formalismus zu verfallen. Von den Syntheseversuchen zwischen Ratio und Intuition legen, so Scharoun, die Werke der Künste Zeugnis ab. In jedem Fall verbleibe aber immer ein subjektiver Rest, ein prinzipiell Nicht-Entschiedenes, Offenes – und zwar sowohl beim Künstler wie beim Betrachter: »Es ist das ›Zweierlei‹ in jedem Menschen, das zur ›Einheit‹ der Werke des Künstlers und auch zur Einheit in der schöpferischen Betrachtung drängt. Die Vielheit der Spielarten der Schöpfenden und Betrachtenden ergibt den lebendigen Reichtum des Lebens.«[36]

Wie bei vielen zeitgenössischen künstlerischen Konzeptionen stehen Theorie – oder vielleicht treffender gesagt: ein ausgeprägtes Reflexionsbedürfnis seitens der Künstler – und Praxis in einer überaus fruchtbaren Wechselwirkung. »Bei allen wirklich entscheidenden Ereignissen der Malerei, die damals einsetzten, nämlich der Kunst des Kubismus, der Klees und der Kandinskys, gehört die systematische theoretische Reflexion unmittelbar in den Prozeß der Bildentstehung hinein, sie ist in keinem Sinne sekundär und keine nachherige Zutat; der Begriff ist nicht überwachend und leitend allein, er sitzt im Nerv der malerischen Konzeption, die trennende Unterscheidung zwischen ›Vision‹ und ›Rationalität‹ wird falsch, weil die Reflexion, und zwar in ihrer begrifflichen, systematischen Form bereits als Bestandteil des schöpferischen Prozesses zu gelten hat.«[37] Was Arnold Gehlen hier als ein Kennzeichen der avantgardistischen Malerei jener Zeit hervorhebt, gilt ebenso für die Architektur. Nur unterliegt die Architektur ungleich konkreteren Produktionsbedingungen, »dem wirtschaftlichen Zwange der Zeit«, wie Scharoun in einem 1921 in Insterburg gehaltenen Vortrag formuliert. Das Ineinandergreifen von Reflexion und Produktion ist beim Architekten schlicht dann unmöglich, wenn er nicht zum Bauen kommt. Genau in diesem Sinne ist Scharouns Klage zu verstehen, die er noch im Anschluß an die Stuttgarter Ausstellung äußert: der vorwärtsstrebende Architekt werde »von der praktischen Mitarbeit abgedrängt und erschöpft sich in Theorien«.[38] Deshalb erscheint an diesem Punkt seines Werdegangs, nachdem die ersten wichtigen Bauten realisiert sind, die Frage interessant, inwieweit die praktischen Bauerfahrungen Scharouns Architekturkonzeption beeinflussen.

Neben der persönlichen Weiterentwicklung Scharouns zum Schöpfer beeindruckender Bauwerke Ende der zwanziger Jahre ist auch ein rasantes Fortschreiten der allgemeinen Entwicklung in der Architektur zu registrieren. Das zeigt sich nicht zuletzt in einer Fülle von neuen Publikationen über moderne Architektur seit 1925, die Scharoun zum größten Teil gekannt haben dürfte und von denen mit Sicherheit auch Wirkungen auf seine Werke und seinen geistigen Werdegang ausgegangen sind. Auch dies ist einzubeziehen, betrachtet man den Stand seiner Architekturauffassung um 1930. Von den wichtigen neuen Publikationen sind u.a. der bereits mehrfach erwähnte »Moderne Zweckbau« von Behne, Härings Aufsatz »Wege zur Form«, »Internationale Architektur« von Gropius, »Internationale Neue Baukunst« von Ludwig Hilberseimer, »Befreites Wohnen« von Sigfried Giedion, »Die Baukunst der neuesten Zeit« von Gustav Adolf Platz und die deutsche Übersetzung von Le Corbusiers »Vers une architecture« – 1926 unter dem Titel »Kommende Baukunst« – zu nennen. Bei einigen dieser Bücher überwiegt der Abbildungsteil. Diese tragen dazu bei, daß die abgebildeten Beispiele in ihrer formalen Ausprägung rasch kanonisiert werden können, wodurch eine eindeutige Gegenposition zur traditionellen Architektur markant hervortritt. Präsentiert werden die typischen Insignien der Modernität. Die Wirkung wird noch durch die Art der fotografischen Inszenierung gesteigert. Man erkennt saubere, fast hygienisch rein wirkende Häuser, deren Äußeres Klarheit, Leichtigkeit, Dynamik ausstrahlen. Menschen machen sich rar auf den Fotografien, so daß mitunter der Eindruck entsteht, die Spezies Mensch, die sie einmal bewohnen soll, sei noch nicht geboren. Die Innenräume sind in ihrer Einrichtung von spartanischer Gegenstandsarmut, so daß jedes Stück in ihnen eine fast auratische Präsenz gewinnt. Das u.a. auch mit Hilfe solcher Architekturbilderbücher geschaffene Imago der physischen Beschaffenheit moderner Lebenswelt erreicht seinerzeit in begrenzten Zirkeln Popularität; es trifft durchaus das Lebensgefühl, auf der Höhe der Zeit zu sein. »In bezug auf Originalität vermag heute vielleicht keine andere Kunst mit der Baukunst zu wetteifern«, so der Philosoph Karl Jaspers in seinen Reflexionen unter dem Titel »Die geistige Situation der Zeit« aus dem Jahr 1930. Und er führt weiter aus: »In großartigen Beispielen gelingt..., was mehr ist als praktische Form, ein Analogon des Stils. Hier erscheinen Architekten wie in neidloser Konkurrenz gemeinschaftlich um etwas zu ringen, was allen als die Erfüllung echter

Aufgaben für das Gesamtleben des gegenwärtigen Menschen erscheint. Inmitten der häßlichen Maskerade der europäischen Bauten erwächst seit Jahrzehnten in öffentlichen Gebäuden, im Städtebau, in Maschinen und Verkehrsmitteln, in Wohnhäusern und Gartenanlagen eine nicht nur negativ schlichte, sondern positiv befriedigende Sichtbarkeit und Fühlbarkeit der Umgebung, deren Schöpfung wie ein nicht bloß gegenwärtig modeartiges, sondern säkulares Geschehen aussieht.«[39]

Der Nachteil dieser Art vornehmlich fotografischer Verbreitung besteht in der Konzentration der Betrachtung auf Oberflächenphänomene. Durch die Aufzählung kanonischer Merkmale wird ein Verlust an Differenziertheit gefördert. So entsteht die Gefahr, allzu schnell wieder in rein stilistische Kriterien einzurasten, über Formen, statt über Inhalte zu sprechen. In der Tat werden in den angesprochenen Publikationen relativ wenige Grundrisse gezeigt, geschweige denn vergleichend analysiert. Gerade jene inhaltlichen Kriterien aber, die in den Hintergrund zu rücken drohen, sind andererseits offenbar nur schwer auf den Begriff zu bringen, wie die andere Kategorie von Büchern – jene, die sich um eine theoretische Grundlage des neuen Bauens bemühen – beweist. Obschon die hier unternommenen Versuche der Legitimierung einer neuen architektonischen Formensprache, mit ihren funktional, rational, ethisch, ästhetisch oder wie immer begründeten Herleitungen, in vielen Punkten unausgereift und widersprüchlich wirken, bieten sie doch eine Fülle von Anregungen, von denen auch Scharouns Architektur um 1930 profitiert.

So sehr für das Scharounsche Werk ein ästhetischer Eigensinn kennzeichnend ist, so ist er doch stets auch Kind der Zeit. In den späten Zwanzigern bedeutet dies, daß für ihn die Bejahung der modernen Erscheinungswelt und der modernen Lebensformen außer Frage steht. Eine Faszination, ausgelöst von der Dynamik und dem Lebensrhythmus der Großstadt ist hier ebenso zu nennen wie das Bekenntnis zum »Geist in der Sachlichkeit«, eine aus einem sozialen Empfinden entsprungene Haltung des Verzichts, die materielle Askese mit geistig-schöpferischem Reichtum verbindet, sowie ein zum modernen Nomadismus tendierendes Bestreben nach Ungebundenheit. Einstellungen, die – in je eigener Ausprägung – auch für andere moderne Architekten jener Jahre gelten. Andererseits lassen aber einige Hinweise erkennen, daß Scharoun durchaus die psychologische Problematik spürt, die sich mit dem modernen Raum verbindet und mit einer – in Zusammenhang dazu stehenden – veränderten Zeiterfahrung. Scharoun scheint so etwas wie die Ahnung eines Mangels zu empfinden. Er schwankt zwischen einer Faszination der Dynamik technisierten Lebens und kulturkritischen Aspekten hin und her. Mit der Lust an der Dynamik scheint die Angst einherzugehen, mitgerissen zu werden – von einer Bewegung, deren Richtung und Ziel unbestimmt ist. So haftet der Orientierung an der Ästhetik der mechanisierten Dingwelt das Moment einer Beschwörung an. Das Fremde soll gebändigt, vertraut werden. Scharouns Begriff des »Heimatgefühls auf verbreiteter Grundlage«, 1925 in seiner Breslauer Rede angeführt, gehört in diesen Zusammenhang.

Eduard Führ weist auf die Traditionslinie eines anderen Heimatbegriffs hin, der weniger mit normativen Werten verbunden und konservativ oder reaktionär besetzt ist. Er spricht von der gotischen Fraktion innerhalb der Begriffsgeschichte. Die Linie wird mit Herders »Kritik an feudal begründeter Handlungsunfreiheit und scholastischer bzw. religiös-feudaler intellektualistischer Abstraktheit«[40] eingeleitet und reicht über die Arts and Crafts-Bewegung bis zur Gläsernen Kette und zum Neuen Bauen. Wenn sich diese Linie auch nicht ausdrücklich mit dem Heimatbegriff befaßt habe, so habe sie »aber dennoch den Versuch unternommen, die kulturelle Identität, den Glückstopos in seiner Bedingtheit zu bestimmen. Dabei kam es ihr am Anfang nicht auf ein überindividuelles regelhaftes System, dessen Befolgung das allgemeine Glück vermittelt, sondern auf die individuellen Bedingungen eines subjektiven Glücks an. Nicht die Subsumtion des Einzelnen unter eine soziokulturelle Norm, sondern die anthropologischen Bedingungen des individuellen Glücks waren ihr Erkenntnis- und ihr architektonisches Entwurfsziel.«[41]

Was Führ als wesentliche Qualität von Heimat beim Neuen Bauen hervorhebt, ähnelt dem Scharounschen Raumerlebnis. Heimat zeige sich gerade im Unvollendeten, in der Offenheit einer räumlichen Struktur, die dem Benutzer sinnliche Interaktion mit ihr abverlange: »die kognitive Endarbeit an der Fertigstellung des Hauses«.[42]

Ernst Bloch, für den die wesentliche Aufgabe der Architektur darin liegt, »Produktionsversuch menschlicher Heimat« zu sein, kritisiert die moderne Architektur gerade in Hinsicht auf diese Anforderung. In ihr fände man allzu viele leere Versprechungen. Bedeutsam sei allenfalls »die Abfahrtsrichtung dieser Zeiterscheinung aus sich selbst heraus, eben das Haus als Schiff«.[43] Bloch bemängelt die Diskrepanz zwischen der Aufbruchspathetik des modernen Bauens und ihrem defizitären gesellschaftlichen Bewußtsein. Beispielhaft trete dies in einer formalen Tendenz jener Jahre zutage: der beliebten architekturästhetischen Suggestion eines Hauses als Schiff. Bloch merkt pointiert an, diese Häuser negierten zwar den Platz, auf dem sie stünden, doch wüßten sie nicht, wohin die Reise gehen soll.[44]

Unter den modernen Architekten gilt Scharoun – neben Le Corbusier – als einer, bei dessen Bauwerken die Dampferassoziationen besonders signifikant hervortreten. Für beide, Le Corbusier und Scharoun, stellt der Bezug zum Schiffsbau einen bewußten Akt der Aneignung dar. Le Corbusier formuliert in »Vers une Architecture«:

»Vergißt man einen Augenblick, daß der Ozeandampfer ein Transportmittel ist, und betrachtet man ihn mit neuen Augen, dann begreift man ihn als eine bedeutende Offenbarung von Kühnheit, Zucht und Harmonie und von einer Schönheit, die zugleich ruhig, nervig und stark ist.

Ein ernsthafter Architekt, der als Architekt (Schöpfer von Organismen) einen Ozeandampfer betrachtet, wird in ihm die Befreiung von jahrhundertelanger, fluchbeladener Knechtschaft erkennen.

Er wird den Respekt vor den Naturkräften dem trägen Respekt vor den Traditionen vorziehen und die Großartigkeit der Lösungen für ein richtig gestelltes Problem der Kleinmütigkeit mittelmäßiger Einfälle; es sind Lösungen, die dieses Jahrhundert der großen Anstrengungen mit einem Riesenschritt nach vorn gefunden hat. Das Haus der Landratten ist Ausdruck einer veralteten Welt von kleinem Ausmaß. Der Ozeandampfer ist die erste Etappe auf dem Weg zur Verwirklichung einer Welt, die dem neuen Geist entspricht.«[45]

Eine Formulierung Scharouns von 1928 klingt – bis hin zur Verwendung identischer rhetorischer Formeln – sehr ähnlich: »Man ersehnt, etwas von der Kühnheit moderner Schiffskonstruktionen auf die Gestaltung des Hauses übertragen zu sehen und hofft, dadurch die Kleinlichkeit und Enge des heutigen Wohnhauses zu überwinden. (Selbst bei Musterbauten entzog man sich nicht dem Eindruck einer vorhandenen Muffigkeit.) ... Es ist Intuition, die versucht, Großzügigkeit des Schiffsbaus dem Hausbau ... zu geben. Wenn die Ergebnisse dieser Übertragung noch reichlich formal erscheinen, so ist dies erklärlich, weil mit Hilfe prägnanter Formelemente der dahinterstehende Ideenkomplex deutlicher vermittelt werden soll.«[46]

1927 hat Scharoun eine Werft seiner Heimatstadt Bremerhaven aufgesucht, um sich Inspirationen für den Hausbau zu holen. In dem Dankesbrief an den Direktor Claussen heißt es: »Besonders aufschlußreich war für mich, daß eine Reihe von Konstruktionen des Schiffsbaues auf den Hausbau ohne weiteres zu übernehmen sind und daß diese Konstruktionen im Schiffsbau bereits in einer Güte gearbeitet sind, die unseren Hauskonstruktionen heute noch abgeht. Sehr verbunden wäre ich Ihnen für eine evtl. leihweise Überlassung der für diese Konstruktionen angefertigten Zeichnungen.«[47]

Kurz vor dem Stapellauf der »Bremen«, 1928

Man kann das als Hinweis darauf betrachten, daß das Dampfermotiv für Scharoun weder nur Sinnbild für einen Aufbruch ist noch nur als »ship-shape« das bevorzugte Beispiel einer prototypischen »Leistungsform« abgibt. Auch der oft angeführte biographische Aspekt zur Begründung der Vorliebe Scharouns (seine Kindheits- und Jugendeindrücke in der Hafenstadt Bremerhaven) sollte nicht überstrapaziert werden. Es könnten ganz schlichte, praktische Gründe gewesen sein, den Schiffsbau als Vorbild zu betrachten. Es spricht einfach vieles dafür, sich von den ebenso raffinierten wie strikt pragmatischen Lösungen des Schiffsbaus für den Hausbau inspirieren zu lassen, zumal bei den anstehenden Problemen des Wohnungsbaus, wo es, wie im Schiffsbau, darauf ankommt, einen stark begrenzten Raum sinnvoll zu gestalten.

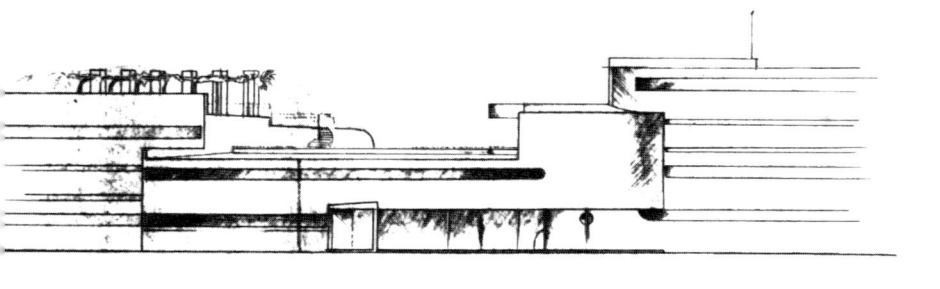

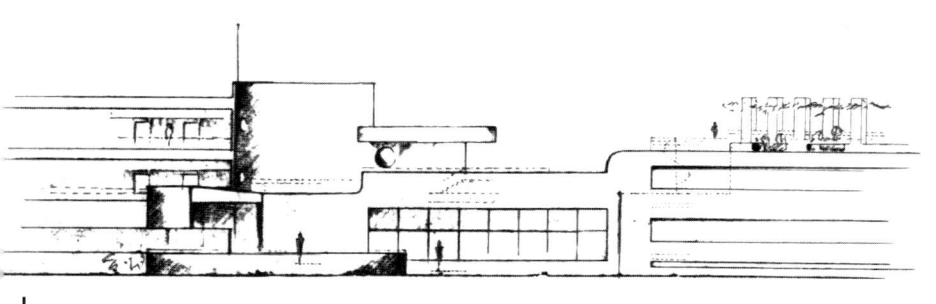

Gleichwohl spricht aus der Vorstellung, »mit Hilfe prägnanter Formelemente« einen »dahinterstehenden Ideenkomplex« besser vermitteln zu können, eine ambivalente Haltung, die für Scharouns Position jener Jahre typisch zu sein scheint. Offensichtlich spricht die prägnante Form gegen das anti-formalistische Dogma funktionalistischen Bauens, nach welchem die Form »zwangsläufig oder zwangsfrei« (Scharoun) aus ihren inneren (Nutzungs-) und äußeren (Umgebungs-)Anforderungen erwachse. Aus diesem Ansinnen entsteht keineswegs zwangsläufig eine prägnante äußere Form. Scharouns Haltung jener Jahre scheint zu changieren zwischen der schöpferischen Lust, ausdrucksvolle (individuelle) Formen zu schaffen, zwischen der Erkenntnis, daß solche Formen in ihrer Signifikanz auch eine städtebauliche Orientierungsfunktion erfüllen und zwischen der berechtigten Sorge, daß die Formprägnanz zu rein formaler Nachahmung (ohne dahinterstehenden Ideenkomplex) anregt. Gerade im Berlin jener Jahre kommt ein neusachlicher Stil, eine Art Reklamearchitektur mehr und mehr in Mode und führt die ursprünglichen sozialen Impulse der vom Geist in der Sachlichkeit geprägten Richtung ad absurdum.

Wie keine andere europäische Metropole gibt sich die aufstrebende »Weltstadt« Berlin, die kaum über historische und topographische Merkmale verfügt, emphatisch den Erscheinungsformen des modernen Lebens hin, in denen der Topos Tempo eine ausschlaggebende Rolle spielt. »Berlin gilt als ›gleichzeitige Stadt‹, als Stadt auf der Höhe der zivilisatorischen und gesellschaftlichen Entwicklung – und daher als das ideale Terrain für die Suche nach einem konkreten Allgemeinen. Es genießt – wegen seines ›Tempo‹, seines ›transitorischen‹ Charakters – den Ruf, mehr als bloß eine moderne Großstadt zu sein, nämlich der ›Ort der Moderne‹.«[48] Für Michael Bienert tritt dieses Charakteristikum und Wunschbild Berlins in den zwanziger Jahren besonders signifikant in Joe Mays Film »Asphalt« hervor: »Die ... Straßenszenen ... sind ausschließlich im Studio gedreht worden. Die zu diesem Zweck aufwendig nachgebaute und belebte Großstadtstraße enthält alles, was damals als typisch ›weltstädtisch‹ galt: nicht abreißenden Autoverkehr, modisch gekleidete Passantinnen, erleuchtete Schaufenster, neusachliche Fassaden und blinkende Reklamearchitekturen. Das alles konnte man auch auf dem Kurfüstendamm sehen, den die Studiostraße zitiert. Dennoch handelt es sich nicht nur um eine zum Zweck der besseren Abfilmbarkeit gefertigte Kopie, sondern um die Materialisation einer fixen Idee jener Jahre. Die Studiostraße ist die Idealstraße, sie ist frei von Schmutz, von den störenden Überresten einer veralteten Architektur, von Bäumen, von Kriegskrüppeln, von allem, was das Bild einer funkelnden, anonymen, aber reibungslos funktionierenden City trüben könnte. Die Verkehrsströme sind übersichtlich geordnet, die Regie sorgt dafür, daß sich nichts ereignen kann, was die rhythmische Bewegtheit stört. Im Filmstudio wird nicht bloß nachgebaut, was in der Stadt schon abfilmbar zu haben wäre, sondern ein Traum verfilmt, über dessen Verwirklichung die Stadtplaner und Architekten sich zur gleichen Zeit noch die Köpfe zerbrechen. Im selben Jahr, in dem Joe May die Autos durch die Filmkulissen dirigiert, schreibt der Hauptverantwortliche für die städtebauliche Neugestaltung, Stadtbaurat Martin Wagner: ›Woran es uns fehlt, das ist die zielklare Führung, die alle Kräfte zu einer weltstädtischen Bildwirkung zusammenfassende Regie. Der Regisseur der Weltstadt Berlin fehlt uns.‹

Dies ist die prägnanteste Formulierung für einen Traum, den Filmemacher, Architekten, Zeitungsleute, Literaten miteinander teilen. Sie alle träumen von der ›Weltstadt Berlin‹. Und sie mühen sich redlich, durch geschickte Regie – sei es im Film, auf Zeitungsseiten, in literarischen Texten oder durch bauliche Veränderungen – eine ›weltstädtische Bildwirkung‹ zu erzeugen.«[49] Dieser besondere Ehrgeiz, Modernität zu verkörpern, und die ihm zugrundeliegende Mentalität mögen auch für Scharoun entscheidende Gründe gewesen sein, sich nach Berlin auszurichten.

1946 geht er – nicht ohne einen gewissen selbstkritischen Zug – in einem Vortrag auf das geistige Klima und die vorherrschende Mentalität im Berlin der Weimarer Zeit ein. Die Stadt sei »in ihrem Gefüge, in ihrem inneren und äußeren Leben bis zum Bersten angespannt und überlastet« gewesen. Scharoun macht dieses Moment der Überlastung an dem charakteristischen Merkmal fest, das die Reaktion der Menschen auf diesen Zustand betrifft und das für ihn Symptom der Weltstadt ist: »die Hast, die Eile, der wir uns als dem Rhythmus der Großstadt bedingungslos auslieferten. ... Nicht, daß es sie [die Eile] gab, ist das Entscheidende ..., aber daß sie ein alles umfassendes Prinzip wurde, das sich damit stark gegen den Menschen wandte, das ist, was wir erkennen, wozu wir Stellung nehmen müssen. ... Die Hast ließ uns nirgends mehr los und gewährte uns nirgends mehr Muße. Materiell allein ist eine solche Tatsache nicht zu erklären. Sie ist auch psychischer Natur. Da sie eine der elementaren Grundlagen für die Wesenszüge unserer Architektur wurde, schlossen sich andere Formäußerungen des Lebens allzu bereitwillig an. So wirkte sie auf den Menschen zurück, denn die objektive Welt ist eine unbarmherzige Tatsächlichkeit, das Ich wird ihr Produkt.«[50]

1 Wohnheim Breslau, Ansichten des Mittelteils, 1929
2 Der Schnelldampfer »Bremen« auf dem Helgen der AG Weser, Bremen

Auf seinem Berufsweg von Insterburg über Breslau nach Berlin hat Scharoun verschiedene Stadttypen kennengelernt. Er ist sich des deutlichen Unterschieds zwischen der spezifischen Natur der Großstadt und der einer Kleinstadt bewußt. Die Herausbildung der großstädtischen Bevölkerung, insbesondere ihrer mobilen Anteile von Ledigen und Jungverheirateten aller Schichten, trägt nicht unerheblich zur Faszination der Großstadt bei. Den möblierten Damen und Herren soll das Recht auf die eigenen vier Wände verwirklicht werden, auf eine Lebensform ohne Familienanhang. In neuen gemeinschaftlichen Wohnformen sieht Scharoun einen Ausgleich zum Alltagsstreß des Großstadtmenschen: »Im Laufe einer zeit- und zielbewußten Entwicklung hat sich schon vor dem Kriege der Typ des Großstadtmenschen herauskristallisiert, ein anderer Typ als der Mensch der Kleinstadt, der Mittelstadt, eben so grundsätzlich verschieden von diesem wie vielfältig innerhalb seiner eigenen Art. ...

Zunächst galt es sich der Vielfältigkeit und Verschiedenartigkeit des Typus ›Großstadtmensch‹ der Spezies ›Berliner Bürger‹ bewußt zu werden und dann bewußt für eine Gruppe, irgendeine Gruppe dieser Spezies Spezielles im Wohnungsbau zu ersinnen, es galt auf der langen Skala der Wohnmöglichkeiten vom Einfamilienhaus bis zum Hotel für speziell diese Gruppe die ihr sowohl vom ökonomischen als vom soziologischen und psychologischen adäquate Wohnform zu ersinnen (Und, was nicht leicht war, neben der Fürsorge für den gedachten Konsumenten den Mitproduzenten) Hypothekenbanken, sonstige Mitfinanziers vom Wohnbedürfnis dieser Sondergruppe, d. h. von der Marktmäßigkeit einer Wohnungsart für diese Sondergruppe zu überzeugen.«[51]

In den frühen dreißiger Jahren nimmt sich Scharoun der Vielfältigkeit der Spezies Berliner Bürger in umfangreichem Maße an. Er ersinnt in der Zeit bis 1933 mit ca. 25 Entwurfsarbeiten auf systematische Weise und für unterschiedliche Standorte Wohnformen für den Typus Großstadtmensch in seiner Verschiedenartigkeit. Durch diese Arbeit entsteht ein Fundus an Wohnungs- und Gebäudetypen, auf den Scharoun nach dem Zweiten Weltkrieg zurückgreifen wird und den er in differenzierter Weise erweitern wird.

Appartementhaus, Berlin-Charlottenburg
1928/29

Kaiserdamm

1 Ecke Kaiserdamm und Königin-Elisabeth-Straße
2 Grundriß Normalgeschoß, 1:500
3 Schaubild
4 Kaiserdamm

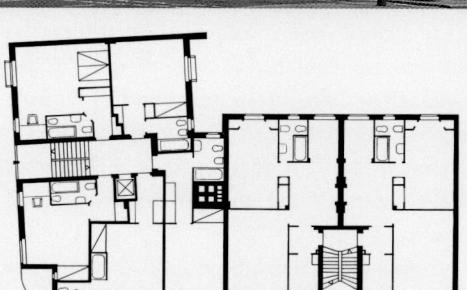

Im Zuge des wirtschaftlichen Aufschwungs kann das privat finanzierte Junggesellenhaus am Kaiserdamm realisiert werden. Ein Mann mit »Unternehmergeist« ist Georg Jacobowitz, der mit seinem Mitarbeiter Spielhagen das Projekt plant und verwirklicht. Bauherrin ist die A.G. West für Textilhandel. Scharoun ist – nach einer Bildnotiz in der »Bauwelt« 18/1929 – damit beauftragt, »die Schauseiten zu gestalten«. Im Erdgeschoß ist eine Gaststätte für die Bewohner vorgesehen, die aber keine Konzession erhält.

Das Junggesellenhaus schließt, aus einer Addition von Zweispännern organisiert, den Baublock Ecke Kaiserdamm, Königin-Elisabeth- und Fredericiastraße ab. Es besteht hauptsächlich aus 1-Zimmer-Wohnungen mit Schlafnische, einseitig orientiert (ca. 40 m^2) und durchgehenden Wohnungen mit separatem Schlafzimmer und einer Diele mit Erker und Kamin (ca. 80 m^2). Gestalterisch interessant ist der Anschluß einer modernen fünfgeschossigen Bauweise an eine bestehende der Bauklasse V gelöst. Scharoun führt mit einer Wohnungsachse das bestehende Hausprofil fort, um dann mit einer hochgezogenen Brandwand über dem Treppenhaus, die auch als Reklamefläche gedacht ist, zu bekunden: Hier beginnt der Neubau. Das an der Westfassade geschlossene Dachgeschoß mit Ateliers und Nebenräumen verstärkt die Horizontale in der Gesamterscheinung, während die Reihen der Treppenfenster und der französischen Fenster mit ihren Austritten sowie die Ausformung der Gebäudeecken einen vertikalen Rhythmus erzeugen.

Appartementhaus, Berlin-Wilmersdorf
1929/30

Hohenzollerndamm

1 Ecke Hohenzollerndamm und Mansfelder Straße
2 Die verglasten Treppenhäuser
3 Grundriß Normalgeschoß, 1:500

Die Eckbebauung Hohenzollerndamm/Mansfelder Straße ist ein weiteres Projekt, das Scharoun mit dem Bauunternehmer Georg Jacobowitz realisiert. Ist die Gebäudetiefe des Junggesellenhauses am Kaiserdamm mit 13 m Tiefe reformierten Mietshäusern ähnlich, so deutet die als 22,50 m tiefe Doppelzeile organisierte Bebauung am Hohenzollerndamm geradezu unverhohlen auf das Interesse an maximaler Ausnutzung hin. Die Hinterzeile liegt nach Norden, was durch den Lichthof zwischen den Treppen kaum ausgeglichen werden kann. Ausgetüftelt sparsam sind die verglasten Treppenhäuser mit ihren Podesten, die jeweils drei Wohnungen der gegeneinander halbgeschossig versetzten Zeilen erschließen.

Auf Läden oder eine Gaststätte im Erdgeschoß ist verzichtet. Im Dachgeschoß der rückwärtigen Zeile befinden sich Ateliers und, wie am Kaiserdamm, im Untergeschoß eine Tiefgarage. Das Grundrißangebot für Singles und für Paare – nur Einzimmerwohnungen mit abtrennbarem Schlafteil – variiert in den Größen und auch im Zuschnitt, bedingt durch die besondere Ecksituation. Kleine Loggien sind nicht Teil aller Wohnungen, sondern vielmehr gestalterisches Element der Fassadengliederung. Auch die Lage der Bäder über den Hauseingängen folgt der von außen gewünschten Fensterordnung.

In einer Besprechung dieses Gebäudes hat Julius Posener 1932 darauf hingewiesen, daß Scharoun mit seiner Fassade die Bedeutung des Details für die moderne Architektur demonstriere – was im übrigen auch für den Kaiserdamm gelten mag: »Aber sehen wir uns die Fenster an! ... Schauen wir etwas näher hin: wie angenehm wirkt diese Abrundung der Fensterleibung! ... Der Unterschied zwischen festen und beweglichen Teilen des Fensters wird durch die Farbe noch besonders hervorgehoben: die festen Teile sind weiß, die beweglichen dunkelblau gestrichen. Dem Viertelkreis der Leibung antwortet eine Gegenkurve: die Aufbiegung der beiden Enden der Bleiabdeckung der Sohlbank.«[52]

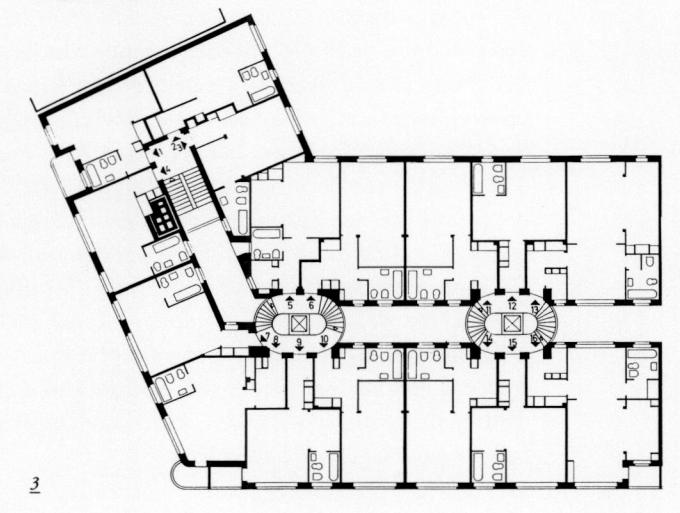

Nach den beiden realisierten Appartementhäusern am Kaiser- und Hohenzollerndamm verhindert das Ende des wirtschaftlichen Aufschwungs die Verwirklichung weiterer Projekte. Vielen Entwürfen liegt eine Vorstellung großstädtischer Lebensweise zugrunde, die dadurch geprägt ist, daß Mann und Frau berufstätig sind, daß sie in der Lage und willens sind, Dienstleistungen unterschiedlicher Art zu bezahlen und daß sie ihre zunehmende Freizeit in der Gemeinschaft am Ort, an dem sie wohnen, verbringen wollen. Dadurch erhalten viele Projekte, je nach Ausstattungsgrad, den Charakter einer dezentralen Hotelorganisation.

In dem Organisationsmodell von Dienstleistungsangeboten auf der einen Seite und der Befriedigung privater, auch gemeinsamer Bedürfnisse der »Großstadtmenschen« auf der anderen sieht Scharoun eine weitere Vergleichsebene zwischen Schiffsbau und Hausbau. Auf sich selbst bezogen, wie ein Schiff im Meer, entsteht ein neuer Wohnhaustypus, an breiten Straßen oder Platzerweiterungen gelegen, mit Ladenstraße, Aussichtscafé, Restaurant, Sportplätzen und Gärten ausgestattet – anstatt Kabinengänge findet man Laubengänge. Der Entwurf für ein Quartier mit ca. 350 Wohnungen an der Paulsborner Straße in Berlin kommt dieser Idee des passagiermäßigen Wohnens recht nahe, wenngleich nicht mit kleinen Kabinen, sondern mit Wohnungen für mehrere Personen. »Das Projekt, das von den Architekten Professoren Rading und Scharoun stammt, bedeutet einen großen Fortschritt in der neuen Wohnkultur. Die Wohnungen werden im Frühjahr 1933 beziehbar sein«, so endet die Ankündigung im »Berliner Tageblatt«. Aber auch dieses schon genehmigte Bauvorhaben konnte von der »Rischäl-Heimbau GmbH« aus Mitteln des freien Kapitalmarktes nicht mehr realisiert werden.

Hat Scharoun für das Appartementhaus am Hohenzollerndamm noch die »Schauseiten« einer Blockrandbebauung zu gestalten, so basiert seine weitere Entwurfsarbeit auf einer bewußten Ablehnung einer Repräsentationsfront zur Straße, einer Ablehnung der »bisher geübten Tradition, der zufolge als das Primäre die Straße, als das Sekundäre das Haus und das Letztwertige endlich der von den Hauswänden umschlossene Gartenhof erscheint. Statt dessen sollen Straße, Haus und Garten gleichberechtigt nebeneinander stehen, jedes selbständig, eines das andere stützend. Also: Anstelle von Straße und Straßenbild parkähnliche Grünlandschaft, in die sich die zum Block vereinten Wohnzellen hineinlagern...«[53]

Diese »grundsätzliche Umordnung« hat Scharoun 1930 zur Siemensstadt formuliert, sie wird aber auch zur Leitlinie bei seinen Entwürfen für die innere Stadt. Unterschiedliche Baugrundstücke innerhalb der alten Berliner Mietskasernenstruktur nimmt er sich zum Anlaß, Vorschläge – seinem neuen Prinzip entsprechend – zu entwickeln, wenngleich der Bestand und die zulässige Bebauungsdichte die Verwirklichung einer »parkähnlichen Grünlandschaft« enge Grenzen setzt. Nicht länger bleibt das Prinzip der Straßenrandbebauung maßgebend für die Organisation der Wohnungen und für die städtebauliche Erscheinung, vielmehr werden die »zum Block vereinten Wohnzellen« zum Ausgangspunkt der städtebaulichen Anordnung genommen. Daher reagiert Scharoun auf die unterschiedliche ökonomische Lage und die verschiedenen Haushaltsgrößen der »Großstadtmenschen« mit der Entwicklung unterschiedlicher Wohn- und Erschließungsformen. Die vier auf den folgenden Seiten gezeigten Projekte können nicht viel mehr sein als ein Hinweis auf die intensive Grundrißarbeit jener Jahre, die sich mit dem mehrgeschossigen Wohnhaus beschäftigt.

Daß Scharoun sich um 1930 häufig dazu veranlaßt sieht, seine markante Formensprache gewissermaßen zu entschuldigen, deutet darauf hin, daß es aus dem Kreis der modernen Architekten offene oder versteckte Formalismusvorwürfe gegen ihn gibt. Zu seinen Siemensstadt-Häusern bemerkt er: »Die Schwunghaftigkeit ist nicht Dekorativum. Die ästhetische Seite ist das sekundäre. Die Form des Bauwerks wird in erster Linie bedingt durch Art und Zweck des Bauwerks und durch die Lage zur Umgebung. Darüber hinaus ist für mich jede Gestaltung nichts Anderes als eine Lebensäußerung; meine Schüler bekommen immer wieder zu hören, daß darin alles liegt: es muß Lebendiges, aus dem geschaffen werden kann, vorhanden sein, und es muß auch die Möglichkeit bestehen, dieser Lebensäußerung Form zu geben. Ohne diese Schaffensfreude kann natürlich nichts entstehen, das den Betrachter gefangen nimmt.«[54]

Dieser Anspruch, den Betrachter gefangen zu nehmen, mag für einige Architekturkritiker, die an so etwas wie die reine Lehre der Modernen Architektur glauben, verdächtig geklungen haben. Leonardo Benevolo spricht etwa mit Blick auf Scharoun von einem »modernen Manierismus«.[55] Und für Manfredo Tafuri zeigt sich gar an der Siedlung Siemensstadt exemplarisch jenes »Drama«, das sich innerhalb der Architekturmoderne als deren Hauptkonflikt zwischen Expressionismus und Rationalismus abspiele: »Die beiden Pole Expressionismus und Neue Sachlichkeit symbolisieren ... die in der Dialektik der europäischen Kultur enthaltene Spaltung: Es gibt keinen wirklichen kritischen

Wohnbebauung, Berlin-Wilmersdorf

Entwurf, 1929

Paulsborner Straße

1

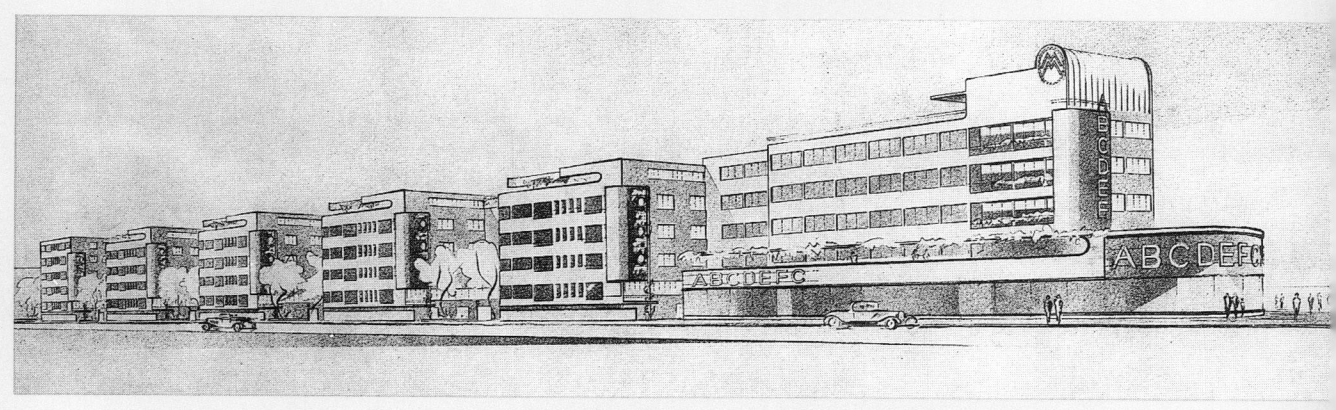

In unmittelbarer Nähe zum Kurfürstendamm liegt das, an zwei gegenüberliegenden Ecken bebaute, sonst brachliegende Straßengeviert. Der Entwurf von Rading und Scharoun wird im »Berliner Tageblatt«[56] mit der Überschrift abgebildet: »Wohnung mit Sportplatz – jedem Mieter seine Garage«. Sowohl die Lage als auch die weitere Ausstattung mit Läden, Restaurant, Tennisplätzen auf der Garage und das hotelähnliche Dienstleistungsangebot zielen auf einen zahlungskräftigen großstädtischen Mittelstand.

»Das durchaus zweckmäßige Äußere der Häuser wird viel Glas- und Blumenfenster zeigen und ist dem in der Nachbarschaft stehenden Kunstforum am Lehniner Platz [von Erich Mendelsohn] sehr gut angegliedert«, lautet nicht zu Unrecht der Zeitungskommentar zur formalen Erscheinung. Charakteristisch für den Bebauungsvorschlag aber ist, daß er aus Grundrißüberlegungen zu einem Haustyp und seiner Verkettung entwickelt ist. Ganz in dem von Scharoun geäußerten Sinne[57] verzahnen sich Straßen- und Hofraum gleichwertig mit den beiden Gebäudeketten. Die spitze Ecke an der Paulsborner Straße ist mit seinen Einrichtungen baulich besonders herausgehoben, während die einzelnen Häuser im Fahrwasser zu dümpeln scheinen. Die gestalterische Verbindung zur bestehenden Bebauung wird in geschickter Weise durch je einen direkten Anbau in gleicher architektonischer Sprache geschaffen.

Der mit kleinen Erkern aneinandergekuppelte Haustyp ist als 4- und 6-Spänner organisiert, wobei im gesamten Vorhaben Wohnungsgrößen für zwei bis fünf Personen angeboten sind. Das Erdgeschoß ist nicht nur Eingangshalle mit Portiersloge, sondern auch Empfangs- und Aufenthaltsbereich für die Bewohner des Hauses.

Die Stahlskelettkonstruktion bietet die Flexibilität, um auf den konkreten Wohnungsbedarf zu reagieren. Die hauptsächliche Orientierung der Wohnungen geht nach Ost oder West; sie sind charakterisiert durch kleine Schlaf-Arbeitszimmer, wodurch ein mehrfach unterteilbarer Wohnbereich entsteht, der sehr großzügig wirkt. Als weitläufiger Verwandter dieser Hausform kann sicher Radings »Hochhaus« der Breslauer Ausstellung gesehen werden.

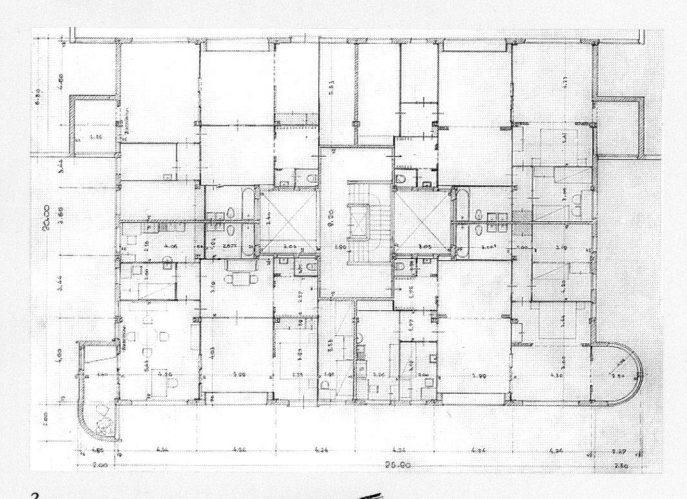

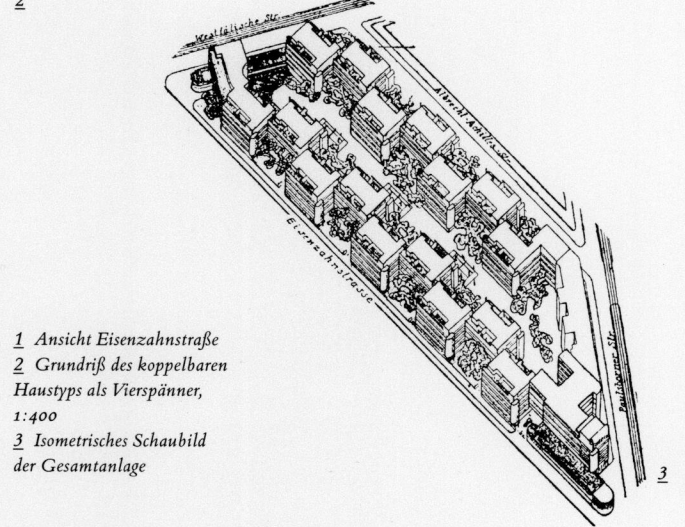

2

3

1 Ansicht Eisenzahnstraße
2 Grundriß des koppelbaren Haustyps als Vierspänner, 1:400
3 Isometrisches Schaubild der Gesamtanlage

Wohnheim, Berlin-Wilmersdorf
Entwurf, 1929–1931

Heidelberger Platz

1

2

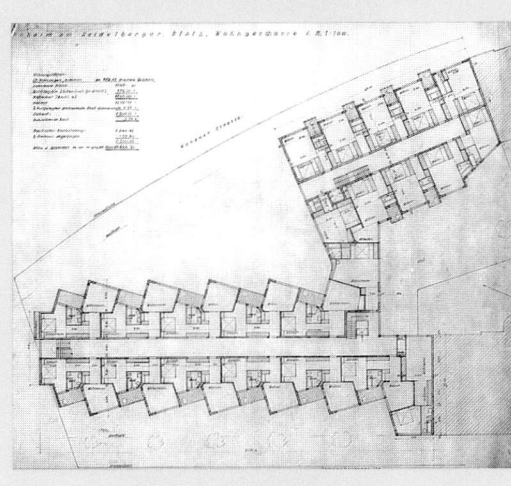

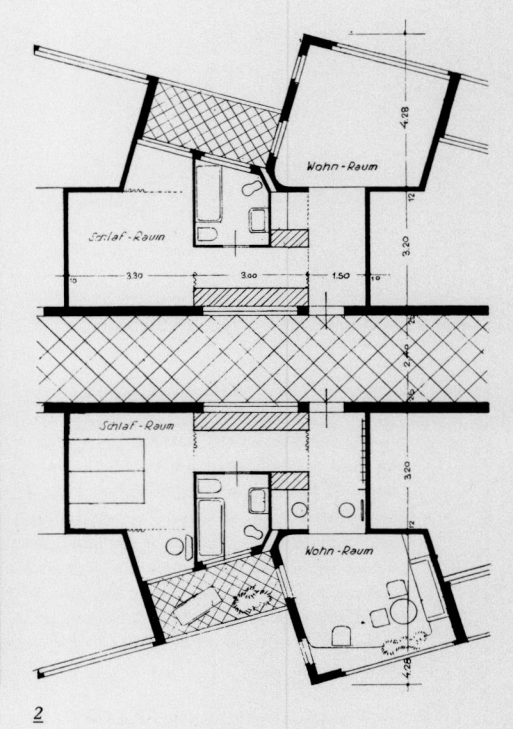

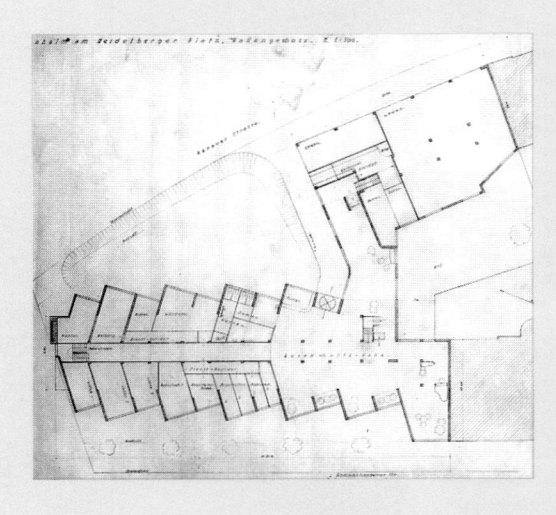

1 Grundrisse Wohngeschoß (oben) und Hallengeschoß, 1:1000
2 Wohnungstypen, 1:200

Das Baugrundstück zwischen Hanauer- und Aßmannshauser Straße, die in den Heidelberger Platz einmünden, hat einen keilförmigen Zuschnitt am Ende einer Straßenrandbebauung. Als Anschluß an den Bestand folgt die Planung der vorgegebenen Baufluchtt und endet mit einem zurückversetzten langgestreckten Bau zum Heidelberger Platz. Keine »Repräsentationsfront«, sondern die Anordnung von zwei sechsgeschossigen Innenganghäusern ist bestimmend für die städtebauliche Gestalt. Die beiden Häuser sind durch spezielle Wohnungsgrundrisse zu einer Gesamtform verknüpft.

Der kurze Block enthält Ein-Raum-Wohnungen mit Bettnische, der längere Block Ost und West gerichtete Zwei-Raum-Wohnungen, die sich sägeblattartig mit Wohnraum und Loggia nach Süden wenden. Durch die insgesamt 138 Appartements ohne Kochgelegenheit bekommt dieses Projekt den Charakter eines Stadthotels. Mit einem Restaurant im Sockelgeschoß, Ladenflächen mit Friseur zur Straße, einer großen, verglasten Gesellschaftshalle auf dem Niveau des Eingangs sowie Aufenthalts- und Arbeitsbereichen für die Angestellten ist dieses Wohnheim »weitgehender zum Hotel durchgestaltet.«

Appartementblocks, Berlin-Charlottenburg

Entwurf, 1932

Reichsstraße

1

Die städtebauliche Situation an der Einmündung der Rüstern Allee in die Reichsstraße ähnelt dem keilförmigen Grundstück am Heidelberger Platz. Nachdem alle vorherigen hotelartig organisierten Projekte unrealisiert bleiben, entwickelt Scharoun für dieses Bauvorhaben einen Vorschlag mit Kleinwohnungen ohne Dienstleistungsangebot. Auch hier scheint das »Ersinnen« besonderer Wohnformen im Vordergrund zu stehen. Das entstandene Doppelhaus wird aber auch auf seine städtebauliche Anwendung geprüft. Die dünne, bauliche Verkoppelung der Häuser erinnert an die Paulsborner Straße. Die ungezwungen wirkende Anordnung der Gebäudeteile auf dem Grundstück wird durch die vertikale Höhenstaffelung von zwei über vier auf sechs Geschosse und durch die markanten Treppenelemente zu einer plastischen Gesamtform gefügt.

Je Geschoß werden vier Wohnungen von einem Treppenhaus erschlossen. Aus drei 3 x 6 m großen Raumzellen sind Kleinwohnungen organisiert, die auf drei Ebenen mit unterschiedlichen Raumhöhen einen differenzierten Raumzusammenhang ergeben. Im Wechsel gestapelt, schließt das Haus mit einer Wohnung mit Dachgarten ab, die um eine zusätzliche, offene Raumzelle erweitert ist.

1 Blick von der Reichsstraße
2 Schnittskizze
3 Grundrisse und Schnitt, Dachgeschoß und Normalgeschoß, 1:300
4 Lageplan, 1:2000

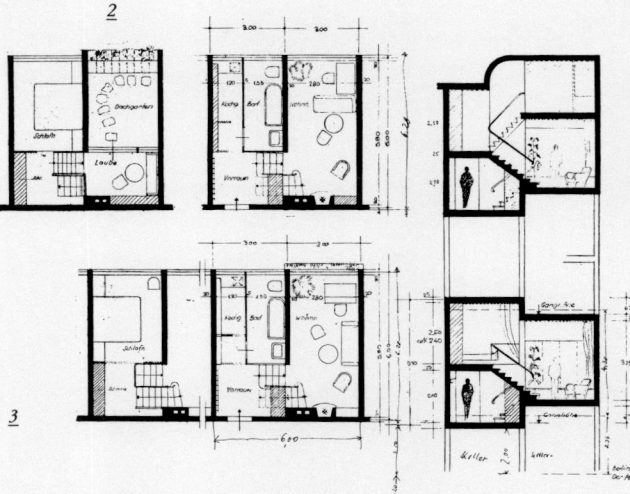

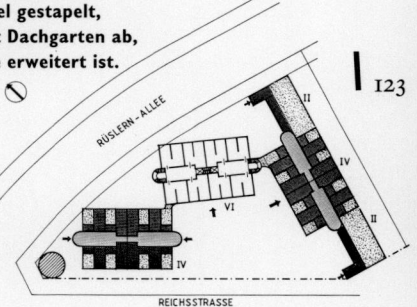

Kombination von Wohnungstypen
Entwurf, 1933

Die variable Wohnung

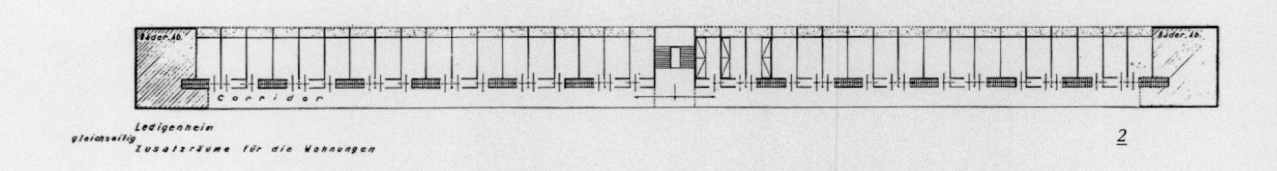

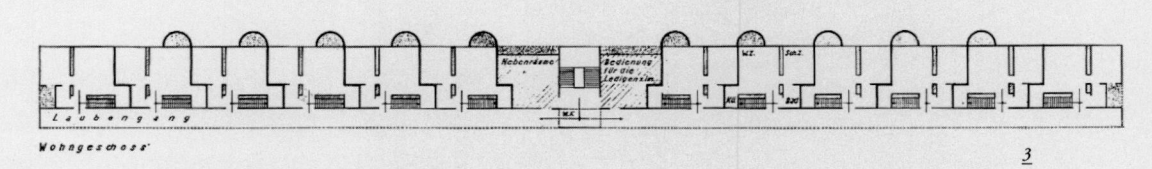

Die variable Wohnung auf Grund einer Combination von Wohnungs- und Ledigenheimgeschossen. M 1:200.

1 Organisationsschema, 1:1000
2 Ledigenheim-Etage, 1:1000
3 Wohngeschoß, 1:1000
4 Grundrißausschnitt Ledigenheim, 1:300
5 Grundrißausschnitt und Schnitt Wohngeschoß (überarbeitete Fassung), 1:300

Am Ende seiner intensiven Auseinandersetzung mit möglichen Organisationsformen für Kleinwohnungen entwickelt Scharoun ein Laubenganghaus, ohne konkreten Standort, für variable Wohnungen »auf Grund einer Combination von Wohnungs- und Ledigenheimgeschossen«. Der Übersichtsplan zeigt das Prinzip der geschoßweisen Schichtung von »Wohnungen für Jungverheiratete« und »Ledigenzimmer« im Wechsel. Die mittige Haupterschließung führt zu Laubengängen, an denen Zwei-Raum-Wohnungen aufgereiht sind. Im Eingangsbereich der Wohnungen ist eine Treppe vorgehalten, über die, je nach Bedarf, ein oder zwei weitere Zimmer des Ledigenheimgeschosses mit der Wohnung verbunden werden können. Die kleinen Ledigenzimmer im darüberliegenden Geschoß sind an einem geschlossenen Laubengang aufgereiht, an dessen Enden zentrale Bäderabteilungen liegen.

Die Ausführungszeichnungen sind gegenüber dem Übersichtsplan verändert. Die Wohnungen sind im Grundriß vereinfacht und verkleinert, sie sind nicht mehr drei Ledigenzimmer breit. Um das Kombinationsprinzip in vorgesehener Weise aufrechtzuerhalten, ersetzt Scharoun den Treppenlauf durch eine steile Schiffsleiter.

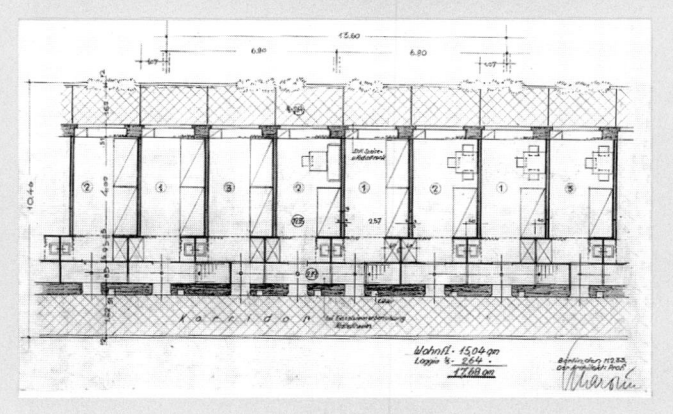

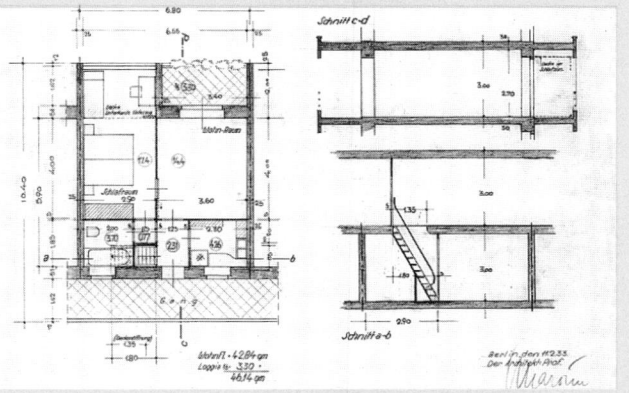

Dialog zwischen der Zerstörung des Objekts, seiner Auflösung durch einen als solchen zu erlebenden Prozeß, wie sie die künstlerische Revolution des Bauhauses und der konstruktiven Strömungen betrieben, und der Dramatisierung des Objekts, wie sie dem pathetischen, aber doch ambivalenten expressionistischen Eklektizismus eigen ist. Der Subjektivismus von Häring und Mendelsohn ist gewissermaßen eine Kritik des ›Taylorismus‹ von Hilberseimer und Hannes Meyer. Aber objektiv gesehen ist das eine Kritik aus der Sicht der Nachhut, die ihrem Wesen nach unfähig ist, globale Alternativen vorzuschlagen. . . .

Die Krise auf dem spezifischen Gebiet der Architektur bricht 1930 in der Berliner Siemensstadt offen auf. Es ist erstaunlich, daß die gegenwärtige Architekturgeschichte in der von Scharoun geplanten berühmten Berliner Siedlung noch nicht den geschichtlichen Knotenpunkt erkannt hat, an dem einer der schwerwiegendsten Brüche innerhalb der ›modernen Bewegung‹ sichtbar in Erscheinung tritt.

Das Postulat der methodologischen Einheit des Entwurfs auf seinen verschiedenen Maßstabsebenen verrät in der Siemensstadt seinen utopischen Charakter. Auf der Grundlage eines Stadtentwurfs, der, vielleicht mit Recht, mit den ironischen Deformationen eines Klee verglichen wird,[58] zeigen Bartning, Gropius, Scharoun, Häring und Forbat, daß das Aufgehenlassen des architektonischen Objekts im Formungsprozeß des Ganzen auf die Widersprüche der modernen Bewegung prallt. Gegen Gropius und Bartning, die der Konzeption der Siedlung als Montagekette treu bleiben, stehen Scharouns ironische Anspielungen und der hartnäckige Organizismus von Häring. Während sich – um den bekannten Ausdruck Walter Benjamins zu gebrauchen – in der Ideologie der Siedlung die ›Zerstörung der Aura‹ vollzieht, die mit dem architektonischen ›Stück‹ traditionellerweise verbunden war, tendieren die ›Objekte‹ Scharouns und Härings dagegen zur Wiedergewinnung einer ›Aura‹, auch wenn diese von neuen Produktionstechniken und formalen Strukturen bedingt ist.«[59]

Tafuris in den sechziger Jahren formulierte Beobachtung gibt auf pointierte Weise die Tatsache wieder, daß innerhalb der Moderne-Bewegung, die – nicht zuletzt dank ihres Ring-Schwurs – nach außen einen geschlossenen Eindruck vermittelte, durchaus unterschiedliche Richtungen existieren. Zur Geschichte der Moderne gehört leider, daß diese Differenzen nicht in angemessener Form ausgetragen wurden. Vor allem auf der Ebene einer fast parallel zur Moderne-Bewegung verlaufenden Geschichtsschreibung der Bewegung kommt es zu ärgerlichen Formen der Diffamierung oder des Totschweigens nicht genehmer Positionen. Das ist in Anbetracht der Zweifelhaftigkeit endgültiger architektonischer Wahrheiten um so bedauerlicher, weil es zu einer ideologischen Verengung und Verhärtung führte, die schnell kontraproduktive Züge annahm.

Die Sympathien Tafuris liegen zweifellos auf der Seite des Rationalismus. Daß er Häring und Scharoun zu den Hauptprotagonisten einer diesem Rationalismus entgegenstehenden Richtung zählt, die er unter Expressionismus faßt, entspricht in etwa einer Beobachtung, die Adolf Behne, der profunde Kenner deutscher und europäischer Architekturentwicklung zwischen den beiden Kriegen, bereits 1923 darlegt. Im Buch »Der moderne Zweckbau« konstatiert er einen prinzipiellen Auffassungsgegensatz zwischen Funktionalisten und Rationalisten. Eine Aufteilung, die der Tafuris fast gleicht, denn auch bei Behne werden Häring und Scharoun, als Gegenspieler des Rationalismus angeführt, für den vor allem der Name Le Corbusier steht. Doch erscheint es wichtig zu erwähnen, daß sich Behne, nachdem er das Für und Wider beider Auffassungen erörtert hat, sich weder für die eine noch für die andere Seite entscheidet, sondern eine Synthese vorschlägt. Genauer gesagt, spricht er von Kompromiß, den er nicht im Sinne des faulen Kompromisses auffaßt, sondern anthropologisch bestimmt: aus einer Sicht auf den Menschen als ein zwischen gegensätzlichen Anforderungen und Bedürfnissen nie ganz entschiedenes Wesen. »Uns scheint, daß alles Bauen den Charakter eines Kompromisses trägt: zwischen Zweck und Form, zwischen Individuum und Gesellschaft, zwischen Wirtschaft und Politik, zwischen Dynamik und Statik, zwischen Eindringlichkeit und Einheitlichkeit, zwischen Körper und Raum – und daß Stil nichts anderes ist, als die jeweils besondere Fassung dieses Kompromisses.«[60]

Scharouns Bauteil der Siedlung Siemensstadt, mit Typ-C-Wohnungen

Daß Behne auch zu einem gewissen Maß den Expressionismus-Verdacht Tafuris geteilt hat, zeigt eine Kritik an einem Aufsatz Hugo Härings, in dem dieser 1931 seine Architekturkonzeption darlegt. Behne: »Unten auf der Erde die organhafte Hausung, die Zelle des Eremiten – und oben im Weltraum die ›struktiven Konflikte‹. Es ist wieder ein bißchen die Seelenstimmung des ›Espressionismus‹, und tatsächlich fehlt bei Häring auch nicht die uns von dort vertraute Vorliebe für die Gotik und das Primitive.«[61]

Tafuris Verwendung des aus Walter Benjamins Aufsatz »Das Kunstwerk im Zeitalter seiner technischen Reproduzierbarkeit« übernommenen Aura-Begriffs ist bemerkenswert, spricht die Art seiner Verwendung doch in gewisser Weise gegen die Intentionen Benjamins. Der Grundtenor von Benjamins Text zeigt eine gedankliche Verwandtschaft zu Kracauers »Ornament der Masse« wie zu Scharouns Raumfindungen als Fließformen von Massenbewegungen. Was Benjamin über Architektur und Architekturrezeption schreibt, ist äußerst aufschlußreich: »Die Architektur bot von jeher den Prototyp eines Kunstwerks, dessen Rezeption in der Zerstreuung und durch das Kollektivum erfolgt. Die Gesetze ihrer Rezeption sind die lehrreichsten.

Bauten begleiten die Menschheit seit ihrer Urgeschichte. Viele Kunstformen sind entstanden und vergangen... Die Baukunst hat niemals brach gelegen. Ihre Geschichte ist länger als die jeder anderen Kunst und ihre Wirkung sich zu vergegenwärtigen von Bedeutung für jeden Versuch, vom Verhältnis der Massen zum Kunstwerk sich Rechenschaft abzulegen. Bauten werden auf doppelte Weise rezipiert: taktil und optisch... Es besteht... auf der taktilen Seite keinerlei Gegenstück zu dem, was auf der optischen Kontemplation ist. Die taktile Rezeption erfolgt nicht sowohl auf dem Wege der Aufmerksamkeit als auf dem der Gewohnheit. Der Architektur gegenüber bestimmt diese letztere weitgehend sogar die optische Rezeption. Auch sie findet von Haus aus viel weniger in einem gespannten Aufmerken als in einem beiläufigen Bemerken statt. Diese an der Architektur gebildete Rezeption hat aber unter gewissen Umständen kanonischen Wert. Denn: Die Aufgaben, welche in geschichtlichen Wendezeiten dem menschlichen Wahrnehmungsapparat gestellt werden, sind auf dem Wege der bloßen Optik, also der Kontemplation, gar nicht zu lösen. Sie werden allmählich nach Anleitung der taktilen Rezeption, durch Gewöhnung, bewältigt.«[62]

Da »Aura« für Benjamin in unmittelbarem Zusammenhang mit der kontemplativen Rezeptionsform steht, ließe sich festhalten, daß Architektur, vor allem Bauten, für den alltäglichen Gebrauch am wenigsten auratische Kunstwerke darstellen. Man mag über Scharouns prägnante Formen denken, wie man will: ihnen einen spezifisch auratischen Gehalt zuzusprechen, als ein im Gegensatz zu rationalistischen Bauten regressives Moment, ist eine eindeutig parteiische Interpretation. Man könnte sich freilich fragen, ob nicht in den zwanziger Jahren die Architekturfotografie einen Zug zur auratischen Objektverklärung aufweist – und ob das nicht letztlich dem Wunschbild der Architekten entspricht? Das gilt aber für alle modernen Bauten.

Nimmt man den Anspruch Scharouns ernst, die »prägnante« Form (das was für Tafuri »auratische Form« ist) habe bei ihm einen dahinterstehenden Ideenkomplex zu vermitteln, so muß nach dessen Substanz gefragt werden. Hier zeigt sich, daß Scharoun dem Benjaminschen Architekturbegriff durchaus nahe kommt. Man kann den Scharounschen Ideenkomplex vielleicht am treffendsten als eine Art sozial-ästhetisches Erfahrungsmodell darstellen. Diesem liegen spezifische Fähigkeiten Scharouns zugrunde: u. a. seine bemerkenswerten Grundrißorganisationen und ein stadträumliches Einfühlungs- und Differenzierungsvermögen, das Schematismen meidet. Scharoun geht seit seinen Bauten von 1927 mehr und mehr von dem Raumerlebnis als primären Wert der Architektur aus. Damit verbinden sich Begriffe wie Erfahrung und Gebrauch (Praxis) – Begriffe, die Benjamin gerade in Zusammenhang mit der Besonderheit der architektonischen Rezeptionsweise unterstreicht. Die Ernsthaftigkeit von Scharouns Anspruch zeigt sich nicht zuletzt darin, daß er in eine der von ihm entworfenen Mietwohnungen der Siemensstadt selbst einzieht. Es sind Wohnungen von bescheidener Größe, aber – dank einer raffinierten Aufteilung – von großzügiger Wirkung. Er verzichtete auf die ihm statusgemäße Wohnform, z. B. das repräsentative Einfamilienhaus, um die architektonischen Möglichkeiten des gemeinnützigen Wohnungsbaus sozusagen »am eigenen Leib« zu erkunden.

Großsiedlung Berlin-Siemensstadt
Städtebaulicher Entwurf und Wohnbauten, 1929–1931

Siemensstadt

Die durch den Hobrechtschen Fluchtlinienplan von 1862 vorgezeichneten, für Berlin typischen Baublocks und Mietskasernen mit Hinterhöfen, sind am Ende des 19. Jahrhunderts zum Korsett für die industrielle Entwicklung geworden. Damals noch weit entfernt vom Stadtkern, beginnt Siemens 1899 in den Nonnenwiesen zwischen Charlottenburg und Spandau aus einem Kabelwerk das größte deutsche Elektrounternehmen aufzubauen. Die Möglichkeiten eines Wasser- und Gleisanschlusses erweisen sich hier als ebenso vorteilhaft wie das billige Baugelände.

Nach den Fabrikgebäuden werden Zug um Zug auch werksbezogene, genossenschaftliche Miethäuser errichtet, was dazu führt, daß 1914 der Nonnendamm die amtliche Bezeichnung Siemensstadt erhält. Von den Wohnungen stehen zunächst viele leer, weil die Mieten für die Siemensarbeiter, deren Zahl durch die Rüstungsproduktion auf 40 000 steigt, zu hoch sind. Tagtäglich pendeln zigtausend Menschen mit der Straßenbahn oder zu Fuß zwischen den Arbeitervierteln – hauptsächlich im Nord-Osten Berlins gelegen – und dem Siemenswerk.[63]

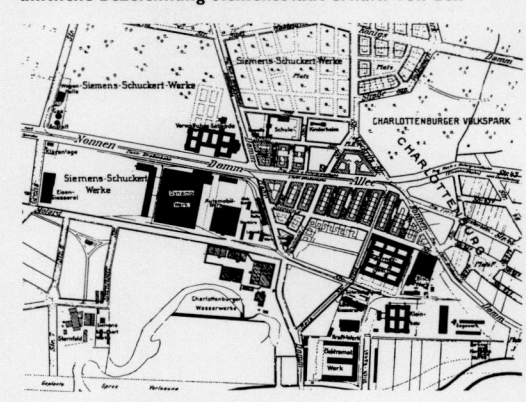

Infolge des vorübergehenden wirtschaftlichen Aufschwungs 1924–1929 wird das Siemenswerk, mit inzwischen ca. 60 000 Beschäftigten, nach Westen (Haselhorst) und die Siemenssiedlung nach Norden und Osten (Charlottenburg) erweitert. Die Jungfernheide erstreckt sich damals noch mit ihren alten Eichen bis an die Mäckeritzstraße. Ein erster Eingriff erfolgt 1927 durch den Bau einer werkseigenen S-Bahn-Verbindung nach Gartenfeld, deren Trassenführung Scharoun später zu einer besonderen städtebaulichen Lösung veranlaßt. Die zweite Veränderung erfolgt 1929 durch den Bau der neuen Großsiedlung Siemensstadt selbst.

In den zwanziger Jahren ist die Wohnungsnot vor allem in den Großstädten zum zentralen Problem geworden. Benachteiligt sind diese noch dadurch, daß seit 1924 die Mittel aus der Hauszinssteuer, die im Wesentlichen aus der Altbausubstanz der großen Städte gezogen wird, nicht voll der Wohnungsbauförderung zugute kommt.

Zudem ist die Gewährung der Mittel an Mindestgrößen der Zimmer geknüpft. Aus dieser Zwangsjacke ist die Siemensstadt-Erweiterung befreit, da sie über ein Berliner Sonderprogramm für Kleinstwohnungen (1928) gefördert wird. Als Ziel soll »durch möglichst rationalisierte Grundrißtypen auf ein Mindestmaß von Wohnfläche die größtmögliche Bettenzahl untergebracht werden, ohne hygienische, soziale oder sittliche Anforderungen zu gefährden«. Angesichts der Baukosten und daraus folgender Miethöhen geht es darum, mit erfinderischen Grundrißlösungen die Wohnfläche möglichst noch unter die Mindestforderung der Hauszinssteuervergabe zu drücken.

1 Scharouns Wohnbauten am Jungfernheideweg, Eingang zur Siedlung
2 Plan der Siemensstadt, 1913
3 Das Modell zeigt, wie sich Scharoun den Anschluß an seine Typ-C-Zeile vorstellt
4 »Langer Jammer«, Wohnzeile von Otto Bartning

Einigkeit besteht bei den Vertretern des modernen Bauens darin, daß das Wohnungselend der städtischen Industriebevölkerung nur durch eine Rationalisierung des Bauwesens – mit Blick auf die Methoden der Automobilproduktion von Ford – gelindert werden kann. Ebenso einhellig anerkannt ist die Forderung nach Durchlüftung und Besonnung der Wohnungen, angesichts der Hunderttausende von Familien in den Kellerwohnungen und dunklen Küchenstuben der Berliner Mietskasernen. Der Bau von Siedlungen im Sinne der Gartenstadtbewegung vermag die Wohnungsnot dieser Familien nicht zu verringern.

Über das von Wagner initiierte und von der »Gemeinnützigen Baugesellschaft Berlin-Heerstraße« durchgeführte Siedlungsprojekt berichtet Fred Forbat rückblickend: »Als die Architekten ausgesucht wurden, bat mich Wagner, der als Stadtbaurat die oberste Leitung hatte, an dieser Gemeinschaftsarbeit teilzunehmen. Unsere Gemeinschaft bestand aus Scharoun, Gropius, Bartning und Häring aus der radikalen Architektenvereinigung ›Der Ring‹, dazu mir und Henning außerhalb dieser Gruppe ... Wir beschlossen in unserer ersten Sitzung, Siemensstadt in Zeilenbauweise zu errichten, und aus den Bebauungsskizzen, die jeder von uns vorzulegen hatte, wurde der Vorschlag von Scharoun zur Durchführung bestimmt.«

Die Entscheidung für den Zeilenbau ist sicher in starkem Maße durch Gropius beeinflußt, der schon seit einiger Zeit den »Streifenbau« und das Wohnhochhaus propagiert, so auch auf dem II. CIAM-Kongreß 1929 in Frankfurt mit seinem Referat: »Die soziologischen Grundlagen der Minimalwohnung für die Städtische Industriebevölkerung«.

Die Wohnungsbaugesellschaft unterstützt das Siedlungskonzept und sieht ihren Erfolg darin, »den volkswirtschaftlich und volksgesundheitlich so überaus wichtigen Fortschritt auf dem Gebiete der Wohnungskultur zu fördern«. Andererseits hält sie es aber unter den gegebenen Finanzierungsbedingungen nicht für möglich, »in größerem Umfange neue Bauverfahren zu erproben«.

Scharouns städtebauliches Konzept für die Erweiterung der Siemensstadt nimmt die vorhandenen Rahmenbedingungen in interessanter Weise auf. Er selbst hat sich mit seinen städtebaulichen Entwürfen für die innere Stadt bislang nicht als Anhänger eines strikten Zeilenbaus hervorgetan. Es gelingt ihm, die Siedlung sowohl mit der bestehenden Straßenrandbebauung und der Geschäftsstraße Nonnendamm im Süden zu verknüpfen als auch dem Zeilenbau jenseits des Bahndammes sein Recht zu lassen. Aber auch dort ist die konsequente Nord-Süd-Zeilenreihung durch lange Zeilen entlang der neu angelegten Straßen städtebaulich zusammengefaßt. Mit der Schonung des Baumbestandes und dem Schulbereich im Grünen ist die Verbindung zum Volkspark Jungfernheide gekennzeichnet.[64]

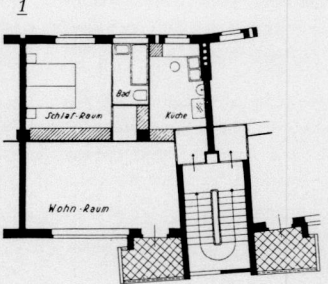

1 Typ A, Grundriß, 1:300 Ansicht vom Hof und von der Mäckeritzstraße
2 Typ B, genannt Panzerkreuzer, Grundriß, 1:300, und Ansicht vom Jungfernheideweg
3 Typ C, Grundriß, 1:300, und Ansicht vom Jungfernheideweg
4 Scharouns eigene Wohnung in Typ C

1

Der Bauteil Scharouns südlich der S-Bahn macht deutlich, daß die Addition typisierter Kleinwohnungen nicht zugleich zu einer Addition städtebaulicher Formen führen muß. Die Anordnung definiert ohne Bruch den Zusammenhang von bestehender und neuer Bebauung. Das Modell gibt Aufschluß darüber, wie sich Scharoun die städtebauliche Gliederung des großen Platzes in einen geschäftigen Verkehrsplatz und einen Vor- oder Eingangshof zur neuen Siedlung vorstellt. Zur Bahnunterführung hin ist der Eingang durch einen fünfgeschossigen Bauteil betont und zusätzlich pfortenartig verengt. Um größere Grünbereiche zu erhalten, wird für die Siedlung insgesamt auf dem Dispenswege ein viertes Geschoß durchgesetzt.

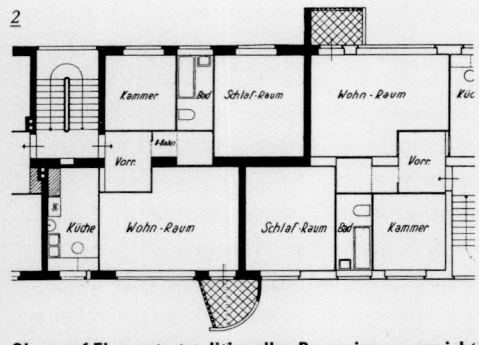

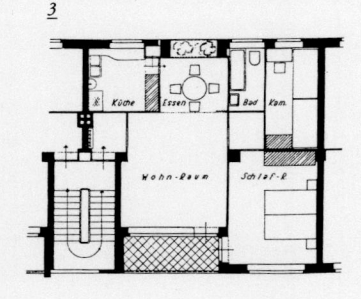

Ohne auf Elemente traditioneller Bauweise zu verzichten, wie Straßenrandbebauung, Zugang von der Straße und die Orientierung von Loggien und Balkongondeln zur Straßenöffentlichkeit, entwickelt Scharoun drei unterschiedliche Wohnungstypen, die auch das Gesicht der einzelnen Bauteile prägen. Der geschwungene Bau an der Mäckeritzstraße wird durch den Rhythmus der Balkone im Schutz vorspringender Treppenhäuser bestimmt. Dieser Bauteil schwingt auf den Kopfbau am Jungfernheideweg zu. Der Kopfbau mit seinen glatt verputzten Wänden, mit Bullaugen und Dachaufbauten ragt über einer Bankfiliale im Erdgeschoß mit Glas- und Ziegelsteinfassade dynamisch nach vorne, weshalb er bald mit »Panzerkreuzer« recht treffend bezeichnet ist.

Die Wohnungsgrundrisse sind bemerkenswert in dem Bemühen, Innen- und Außenraum zu verknüpfen. Der Wohn-Eßbereich als zentraler Raum mit großen Fenstern und Balkon oder Loggia erreicht diese Verbindung bei unterschiedlicher Anordnung. Straßenseite und Gartenhof haben für Scharoun je eigene Werte, keine Seite ist bevorzugt, was er durch die diagonal gespiegelten Grundrisse am Jungfernheideweg (Typ B) belegt. Er selbst zieht in den Loggien-Typ (C) – mit durchgehendem, zweiseitig belichtetem Wohn-Eßraum – ein. In dieser Kleinwohnung ist der »Raum der Mitte« – später ein wesentliches Kennzeichen Scharounscher Architektur – trefflich vorweggenommen.

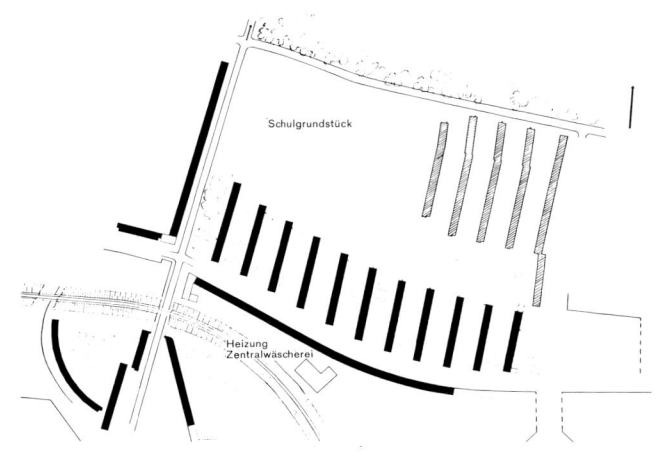

Lageplanvergleich Siemensstadt und Karlsruhe-Dammerstock

Tafuri hat zweifellos insofern recht, als die Scharounsche Konzeption für die Siemenstadt-Siedlung von der »Konzeption der Siedlung als Montagekette« abweicht. 1930, in dem Jahr, als die Siemensstadt gebaut wird, erscheint in der Werkbund-Zeitschrift »Die Form«[65] ein Artikel von Adolf Behne, der verdeutlicht, daß der von Tafuri geschilderte Grundkonflikt bereits seinerzeit offensichtlich wird. Behnes Artikel über die 1927/28 begonnene Siedlung Dammerstock in Karlsruhe ist eine »im gemeinsamen Interesse der Weiterarbeit an den Problemen« formulierte Kritik an jener Montageketten-Konzeption. Die notwendige Vielschichtigkeit des Siedlungsbaus anführend, bemängelt er die hier vollzogene Reduktion auf ein starres und mechanistisches Wohnzeilenschema, das nach einem einzigen, soziologisch und hygienisch für optimal befunden, Grundmuster in beliebiger Stückzahl repetierbar, potentiell endlos ausgeführt werden kann. Ohne die Siemensstadt zu erwähnen, wird – wenn Behne das prägnante Raumerlebnis in Dammerstock schildert – deutlich, daß in dem Punkt der Erlebnisqualität der entscheidende Unterschied zwischen den beiden Auffassungen heraustritt:

»Die Zeilen verlaufen von Nord nach Süd. Es gibt nur ein Rechts vom Wege und ein Links vom Wege. Die Nullpunkthaftigkeit der Markierung ist stark unterstrichen durch die blinden Schnittflächen der Giebel rechts und links vom Wege. Die Gegenbewegung, die Tiefenerstreckung, scheint für illegitim zu gelten. Die Hauszeilen weichen notgedrungen ein paar Meter auseinander, und man denkt beim Hindurchgehen, daß sie sich gleich hinter einem mit den nackten Schnittflächen wieder zusammenschließen werden ... wie Eisenbahnwaggons schnell auseinander und wieder zusammengekoppelt werden. Auch hier, wie im Ganzen des Dammerstock, sagt uns das Gefühl, daß etwas nicht richtig ist. Denn ... diese Lösung entbehrt der Totalität. Sie ist betont ›sachlich‹, und in Wirklichkeit, aus Furcht, formal zu werden, gerade formal und ausgesprochen unsachlich. Es gibt kein gröberes Mißverständnis als zu meinen, sachlich sei eine Lösung nur, wenn sie nach dem laufenden Band schmecke und rieche, billig, leiblos und möglichst mechanisch sei.«

Eine der entscheidenden Fragen des Neuen Bauens (eingeschlossen die Versuche der »Imaginären Architekten«) war die nach dem gesellschaftlichen Gesamtsubjekt, die Frage, welcher Form eines gesellschaftlichen Zusammenlebens denn die neue bauliche Form entsprechen solle. War dieses Subjekt des Bauens für Scharoun in der Phase seiner Volkshaus-Entwürfe eine nur in verschwommenen Umrissen erkennbare Gemeinschaft, so wird es Mitte der zwanziger Jahre die Masse. Scharoun sagt 1925: »Der neue Raum wird stärker als je vom Rhythmus der fließenden Bewegung der Massen abhängen, der ein anders gearteter sein wird, als ihn je eine geschichtliche Periode gezeigt hat.«[66] Das entspricht einem verbreiteten ästhetischen Topos. »Die Masse ist eine matrix, aus der gegenwärtig alles gewohnte Verhalten Kunstwerken gegenüber neugeboren hervorgeht«, sagt Benjamin in dem Kunstwerk-Aufsatz.[67] Gleichwohl sind allzu optimistische Hoffnungen auf einen emanzipatorischen Auftrag des Neuen Bauens um 1930 auf mehrfache Weise getrübt. Die noch kurze Geschichte dieser Bewegung offenbart nur zu deutlich die doppelte Gefahr eines Formalismus. Sie liegt einerseits in einer undifferenziert mechanistischen Vervielfältigung von gutgemeinten Wohnungstypen zu leiblosen, termitenhaften Siedlungsformen, andererseits in einer modischen, warenästhetischen Vereinnahmung der stilistischen Merkmale des Neuen Bauens. »Eine merkwürdige Umdrehung hat sich vollzogen. Expressionismus und Konstruktivismus waren theoretisch sozial, waren im Atelier proletarisch. Sie waren der kühnste revolutionäre Vorstoß in der Kunst – und blieben esoterisch. Sie kamen nicht auf die Straße.

Heute ist der Gedanke des Konstruktivismus verwirklicht. Die Kunst lebt an der Straße, in der Straße, auf der Straße. Was in den Salons und Ausstellungen hängt, das hübsch gerahmte Ölgemälde, kann nur selten und in besonderen Fällen den Kampf aufnehmen mit dem tausendfältig spielenden Werbetheater der Straße. Hier wird die Masse gepackt, unmittelbar, praktisch und vergnüglich. Keep smiling!

Eine anti-bürgerliche Theorie füllt sich mit bürgerlichen Inhalten, und das Resultat ist erstaunlich: Abbau der Monumentalität, zumindest der alten Monumentalität am falschen Platz. Die neue Monumentalität ist Sache der Kalkulation, hängt direkt vom Umsatz ab.«[68]

Schließlich ist aber auch die Hoffnung, daß der Massenform und Massenformung per se ein emanzipatorisches Moment zukomme, in Anbetracht des aufkommenden Faschismus mehr als fragwürdig geworden. Der Faschismus »sieht sein Heil darin, die Massen zu ihrem Ausdruck (beileibe nicht zu ihrem Recht) kommen zu lassen. Die Massen haben ein Recht auf Veränderung der Eigentumsverhältnisse; der Faschismus sucht ihnen einen Ausdruck in deren Konservierung zu geben. Der Faschismus läuft folgerichtig auf eine Ästhetisierung des politischen Lebens hinaus.«[69] Benjamins 1935/36 im Pariser Exil formulierten Sätze aus dem Nachwort des Kunstwerk-Aufsatzes besitzen schon um 1930 Gültigkeit, die Tendenz einer derartigen Ästhetisierung ist zumindest spürbar. Ein Abweichen Scharouns von seiner 1925 noch unüberhörbaren Emphase gegenüber einer den Massenbewegungen nachgeformten Architektur, wird nun deutlich.

Der sich schon 1925 andeutende Wechsel des Betrachtungsstandpunktes von einem quasi-objektiven Überblick zu einem, vom Stellenwert der einzelnen je subjektiven Wahrnehmung her geleiteten Ansatz tritt mehr und mehr hervor. Ebenfalls wird die Form-Inhalt-Relation, das Verhältnis von prägnanter Form und Ideenkomplex neu überdacht. Die Formfrage erhält eine immer stärkere Verknüpfung mit der Sinnfrage. Ein bedeutsames ästhetisches Kredo stellt der von Rading und Scharoun 1932 gefertigte Entwurf eines Lehrplans dar.[70] Kunst und Architektur, die als »Sinndeutung des Lebens der Menschheit«, als »dessen gestaltgewordenes Ergebnis« gelten, haben primär eine humane Aufgabe zu erfüllen: »Der Dienst am Menschen ist das Wesentliche allen Geschehens, aller menschlicher Tätigkeit. Nur von ihm aus wird alles sinnvoll, nur von ihm aus ist alles zu begreifen.« Weil der Mensch aber nicht endgültig bestimmt werden kann, weil der Sinn des menschlichen Lebens in Architektur und Kunst nur versuchsweise als Deutung Form werden kann, darf auch die Kunstlehre keine Dogmen vermitteln: »... für einen Unterrichtsaufbau (kann) der Unterrichtsstoff nicht feste, in sich selbst ruhende erstarrte Form sein, die in ebenso fester und erstarrter Methode vermittelt wird, sondern er muß gezeigt werden als Ergebnis menschlicher Äußerungen und Lebensvorgänge.

Das Zustandekommen, die Bildung der Form ist hier wichtiger als die Form selbst. Das Ergebnis ist nur verständlich aus der Erkenntnis der Kräfte, die es hervorbringen.

So kann auch ein Bauunterricht nicht, wie so oft, begriffen werden in einer Reihe fester Konstruktionen, Baulichkeiten und Bauformen, die ›gelernt‹, ›beherrscht‹ und ›angewandt‹ werden, sondern der Lehrplan muß vor allem anderen deutlich machen, was Bauen überhaupt ist, Gefäß und gestaltgewordene Voraussetzung für natürliche und menschliche Lebensvorgänge.«

Ganz eindeutig plädieren Scharoun und Rading für eine pluralistisch offene, anti-dogmatische Kunstlehre, ganz im Sinne einer geistigen Ökonomie auf gesellschaftlicher Ebene: denn die Gesellschaft sei geistig zu arm, um den »ungeheuren Reichtum an Gestaltungsmöglichkeiten« ungenützt zu lassen. Das Leben bedarf des Geistigen oder es verfällt, denn »das Lebensproblem der Menschen liegt nicht so sehr in Geld und Zahl, ... vielmehr in der geistigen Fähigkeit, ihr Leben zu gestalten und ihm einen Sinn zu geben«. Kunst wird hier dem geistigen Volksvermögen zugerechnet. Ohne sie sei ein Volk wie ein Körper ohne Seele.

Der Hinweis auf die Kunst als gesellschaftlichen Wert, als geistiges Volksvermögen, ist ganz sicher auch im Zusammenhang mit dem Ereignis der Schließung der Breslauer Akademie im gleichen Jahr zu sehen. Aufgrund einer Notverordnung des Preußischen Innenministers werden die Akademien Breslau, Königsberg und Kassel aufgelöst. Für die Breslauer Akademie ist die Maßnahme besonders bedauerlich, weil ihr immerhin gelang, Erstaunliches zu leisten und mit ihrem Renommee auch über die Landesgrenzen hinaus für die schlesische Hauptstadt zu werben. Als wahre Pioniertat gilt vor allem die 1929 von Lauterbach und Rading organisierte Werkbundausstellung (WUWA), an der Lehrer der Akademie maßgeblich beteiligt sind. In den letzten Jahren der Akademie stoßen mit Schlemmer und Muche zwei ehemalige Bauhauslehrer zum Lehrkörper. Doch das geistige Volksvermögen der Akademie Breslau ist 1932 nicht mehr gefragt.

Einige Wohnhausbauten grundsätzlicher Bedeutung

Am Ende der zwanziger Jahre verschlechtert sich die Auftragslage im gesamten Bauwesen zunehmend. Dies wird beim Wohnungsbau besonders deutlich, der in den Jahren 1924–1929 vergleichsweise stärker expandierte als andere Bereiche. Die Wohnungsbauprogramme, die Voraussetzung für den Siedlungsbau moderner Architekten in der Weimarer Republik sind, können nicht mehr weitergeführt werden. Die Zahl der Arbeitslosen steigt sprunghaft, und die Wirtschaftskrise kulminiert schließlich 1931. Für den selbständigen Architekten ist die Chance, Bauaufträge zu bekommen, geringer, und der Kampf um diese wird entsprechend härter.

Scharouns größere Projekte in Berlin sind fertiggestellt, weitere, trotz vieler Bemühungen, nicht in Sicht. Ohne öffentliche Gelder bleibt bezüglich möglicher Aufträge nur die Aussicht, daß für den Bau von Einfamilienhäusern privates Kapital mobilisiert wird, entsprechende Wettbewerbsausschreibungen charakterisieren diese Situation. Mit dem Zusatz »Unter erschwerten Umständen« hat Scharoun rückblickend die Bedingungen seiner beruflichen Arbeit im Dritten Reich angedeutet. Doch gilt diese Formulierung – bezogen auf die ökonomische Situation – mit gutem Recht bereits für die Jahre zuvor. Das Einfamilienhaus wird so für ihn in den Jahren von 1930 bis Kriegsbeginn zur kontinuierlichen, zentralen Bauaufgabe – sehr wohl unter drastisch sich verändernden Bedingungen. Er selbst hat das Ergebnis seiner beruflichen Arbeit zwischen 1933 und 1945 in dem bereits erwähnten Brief an Rudolf Gleimius damit charakterisiert, daß »einige Wohnhausbauten grundsätzlicher Bedeutung« entstanden seien.

Größere Wohnbauprojekte, Aufgaben, die ihn Ende der zwanziger Jahre in kurzer Zeit zu einem renommierten Berliner Architekten gemacht haben, kann er gegen Ende der Weimarer Republik nur noch beschränkt fortsetzen. Mit der politischen Wende werden die Siedlungsexperimente der Weimarer Zeit gänzlich eingestellt. Aufgrund bestehender Kontakte zu Siedlungsgesellschaften in Berlin und Bremerhaven gelingt es Scharoun zwar, auch nach 1933 noch einige Aufträge zu bekommen. Staatliche Bauaufträge in größerem Umfang sind ihm jedoch verwehrt, denn er ist nun als ein exponierter Vertreter des Neuen Bauens mit dem Verdikt »Kulturbolschewist« geächtet. Das Haus

1

des Fabrikanten Schminke wird zwar noch 1933, nach der Machtergreifung, fertiggestellt. Es ist jedoch Scharouns letztes Bauwerk in der typischen Formensprache der Zwanziger-Jahre-Architektur, die zu dieser Zeit, da sie anderenorts zum »Internationalen Stil« kanonisiert wird, ihren Zenit bereits überschritten haben mag.

Mit dem aufkommenden Nationalsozialismus und seiner Ideologie gewinnen die Traditionalisten, die nun laut ihre deutsch-nationale Baugesinnung hervorheben, wieder die alte Position als führende Bauauffassung in Deutschland zurück, die ihnen seit der Weißenhofsiedlung vorübergehend – zumindest in den von Sozialdemokraten regierten Städten – von der neusachlich-modernen Architektur streitig gemacht wurde. Einigen Vertretern der Moderne bietet der Industriebau ein Betätigungsfeld, das auch während der nationalsozialistischen Herrschaft im Zuge der Modernisierung der (Kriegs-)Wirtschaft für baukonstruktiv-rationale Bauweisen erhalten bleibt.

Die Reaktion der als modern geltenden Architekten auf die neue politische Situation und der mit ihr verbundenen künstlerischen und beruflichen Einschränkung ist höchst unterschiedlich. Einige emigrieren sofort, andere im Laufe der nächsten Jahre. Wieder andere scheuen diesen Schritt einer neuen beruflichen Existenzgründung in einem unbekannten Kulturkreis, ziehen die – wenn auch beschränkt – vorhandenen Arbeitsmöglichkeiten einer noch ungewisser erscheinenden Zukunft andernorts vor, immer in der Hoffnung, die Herrschaft der Nazis werde sich als ein kurzer Spuk erweisen. Zu der letztgenannten Gruppe gehört Scharoun. Die notwendige Hinterfragung des Verhaltens Scharouns unter dem Nazi-Regime ist mit dem bislang zugänglichen Informationsmaterial nicht in Einzelheiten möglich. Scharoun, der in seiner künstlerisch-ethischen Haltung auf die Selbstbestimmung des Individuums zum Wohle eines sozialverantwortlichen Gemeinschaftslebens insistiert und jede totalitäre gesellschaftliche Organisationsform, jeden Drill ablehnt – wie das zusammen mit Rading entwickelte Lehrprogramm von 1932 zeigt –, befindet sich um 1933 in der Lage, als Architekt finanziell gesichert zu sein. Er arbeitet an konkreten Bauprojekten, von denen er einige, trotz Wirtschaftskrise und wachsender Reglementierung, realisieren kann. Hierin liegt sicher ein Grund dafür, daß Scharoun bleibt, anders als Rading, der Deutschland 1933 verläßt.

Obwohl seine Hauptinteressen in den zwanziger Jahren – wie die Wettbewerbe zeigen – Bauten der Gemeinschaft galten und seine hauptsächliche berufliche Tätigkeit sich am Ende der zwanziger Jahre auf kleine Wohnungen in großstädtischen Siedlungen und Appartementhäuser bezog, liegen am Anfang und am Ende dieser

2

ersten bedeutsamen Phase des Bauens zwei Einfamilienhäuser: das Haus in der Weißenhofsiedlung von 1927 und das Haus Schminke in Löbau von 1933.

Mit der großen Zahl von Hausentwürfen und Realisierungen werden die dreißiger Jahre für Scharoun zu einem Jahrzehnt der vertieften Auseinandersetzung mit dem Einfamilienhaus. Sein Renommee, aber auch private Bekanntschaften bringen ihm in diesen Jahren immer wieder Bauaufträge. Von den Bauherren wird er ganz bewußt als Architekt ausgewählt. Innerhalb des Lebenswerkes von Scharoun ist diese Phase deshalb von Bedeutung, weil die Reihe der Einfamilienhäuser die Herausbildung einer eigenständigen Entwurfsarbeit anschaulich macht. Eine Phase also, in der an relativ kleinen Projekten jene Momente einer spezifischen Raumsprache und Entwurfsweise entwickelt werden, die nach dem Zweiten Weltkrieg bei größeren Projekten zu den ganz unverwechselbaren Raumartikulationen Scharouns führen. Dies bestätigt einmal mehr, daß der Entwurf eines Einfamilienhauses ebenso komplex ist – oder zumindest sein kann – wie ein großes Bauprogramm oder eine städtebauliche Aufgabe – sofern die individuellen Wohnvorstellungen nicht normativ, mittels eines bestimmten Bautyps, verallgemeinert werden.

1 Haus Schminke, Löbau, 1933
2 Haus Moll, Berlin, 1936; Blick vom Musikzimmer zur Terrasse, rechts – im Liegestuhl – Scharoun

1

2

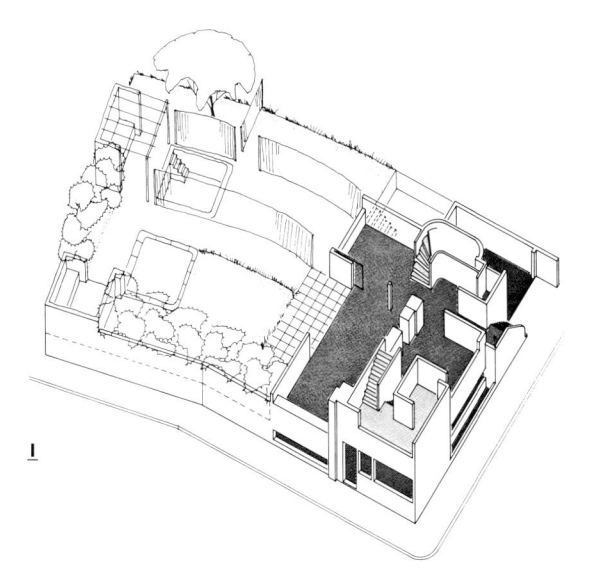

1 Weißenhofsiedlung, Vorentwurf, 1927, Isometrie, 1:300
2 Transportables Holzhaus, Liegnitz, 1927, Terrasse
3 Gegenüberstellung in »Das Deutsche Wohnhaus« von Paul Schmitthenner, 1932

Die beiden Einfamilienhäuser Scharouns für die Bauausstellungen in Liegnitz und Stuttgart 1927 geben Auskunft über seine Vorstellung »moderner Lebensweisen« und einer entsprechenden »Zweckmäßigkeit« sowohl der Grundrißorganisation als auch der Beziehung zwischen Haus und Garten. Während er mit dem »transportablen Holzhaus« den Grundriß für das »Neue Wohnen« geradezu prototypisch demonstriert, sind seine zur gleichen Zeit durchgeführten Vorentwürfe zum Haus auf dem Weißenhof in starkem Maße von der speziellen städtebaulichen Situation geprägt. Sie kennzeichnen einen Übergang vom traditionell straßenorientierten Stadthaus zum frei im Grundstück stehenden Einfamilienhaus. Am Ende der Entwurfsreihe realisiert Scharoun ein Haus, das sich weitgehend vom Bezug zur Straße löst, indem es in den Garten rückt und somit zu einer speziellen Ausdrucksform modernen Wohnens wird.

Mit den beiden so unterschiedlichen Ausstellungshäusern kann sich Scharoun in der deutschen Architekturavantgarde einen Namen machen. Vor allem die Stuttgarter Ausstellung ist – national wie international – ausgesprochen öffentlichkeitswirksam. Die Fachzeitschriften berichten ausführlich über die Siedlung. Umfangreich wird auch über das Holzhaus informiert. In mehreren Publikationen, in denen Ende der zwanziger Jahre das moderne Bauen programmatisch vorgestellt wird, sind die Häuser Scharouns vertreten, so das Holzhaus z. B. in den Veröffentlichungen von Adolf Behne: »Neues Wohnen – Neues Bauen«, Konrad Wachsmann: »Holzhausbau«, Hans Eckstein: »Neue Wohnbauten« und das Weißenhof-Haus bei Sigfried Giedion: »Befreites Wohnen«, Henry-Russell Hitchcock: »Modern Architecture« und Gustav Adolf Platz: »Wohnräume der Gegenwart«. Beide Häuser stellen Grete und Walter Dexel in »Das Wohnhaus von heute« und Bruno Taut in »Die neue Baukunst« vor.[1]

Eine solche Publizität der modernen Bewegung kommt den traditionsverbundenen, konservativen Architekten angesichts eines seit Mitte der zwanziger Jahre spürbaren wirtschaftlichen Aufschwungs besonders ungelegen. Denn jetzt geht es auch darum, an dem zu erwartenden Auftragsvolumen beteiligt zu sein. So wird noch in der Folge des Konflikts um den Bau der Weißenhofsiedlung als Gegenorganisation zur norddeutsch geprägten Architektenvereinigung »Der Ring« eine mehr süddeutsch geprägte Formation »Der Block« gegründet. Paul Schultze-Naumburg und Paul Schmitthenner, die mit Paul Bonatz den Kern des Blocks bilden, reagieren auf den sichtbaren Durchbruch der Moderne auch auf dem Büchermarkt mit eigenen Publikationen.

Diese Publikationen setzen sich polemisch mit dem Neuen Bauen auseinander. Scharouns Weißenhof-Haus gerät dabei besonders in die Schußlinie. Es wird der undeutschen Gesinnung bezichtigt. In seinem 1929 veröffentlichten Buch mit dem bezeichnenden Titel »Das Gesicht des deutschen Hauses«, Kulturarbeiten Band IV, stellt Schultze-Naumburg die Häuser von Le Corbusier (»Fabrik«), Oud (»Aneinanderreihung von Bedürfnisanstalten«) und Scharoun (»unsachliche Seltsamkeit«)[2] als abschreckende Beispiele dar. Er sieht mit der modernen Architektur nicht nur das »Wesen des echten deutschen Hauses« unterdrückt, sondern auch das »eigentliche Wesen des Volkes«. Mit seinem 1927 erschienenen Buch »Kunst und Rasse« dokumentierte er seine rassistische Gesinnung und empfiehlt sich mit seiner Forderung nach einem mit Blut und Erde verbundenen deutschen Wohnhaus der aufkommenden nationalsozialistischen Ideologie.

1932 wird Scharouns Weißenhof-Haus abermals für den Versuch verwendet, die moderne Architektur zu diffamieren. Mit der gleichen Abbildung, die auch Schultze-Naumburg zur Demonstration des Undeutschen auswählte, wiederholt nun Paul Schmitthenner die Attacke in seinem Buch »Das deutsche Wohnhaus«.[3] Scharouns Haus, mit »Wohnmaschine« untertitelt und als Ausgeburt der Technik beschrieben – die nach Schmitthenners Meinung »im Krieg Unerhörtes leistete« – ist Goethes Gartenhaus gegenübergestellt. »Von Goethes Haus zur Wohnmaschine klafft ein Abgrund, der unüberbrückbar ist. Täuschen wir uns nicht. Es handelt sich nicht um einen vorübergehenden Zeitgeschmack oder eine Modefrage, es ist eine tiefgehende geistige Frage, die in ihrer Bedeutung über eine deutsche Angelegenheit hinaus eine Menschheitsfrage ist. Auf der einen Seite: Rechnender Verstand, Maschine, Masse, Kollektivismus; auf der anderen Seite: Gefühl, blutwarmes Leben, Mensch, Persönlichkeit ... Wir Deutschen sollten uns nicht des Letzten selbst berauben, des Glaubens an eine Sendung des deutschen Volkes und diese beginnt beim deutschen Menschen in seinem Kampfe um die deutsche Kultur.«

Wäre die historische Rolle dieser Block-Architekten in der vorfaschistischen Zeit nicht zu ernst und hätte die Popularität des Schmitthennerschen Lehrbuchs nicht den gleichen Nährboden wie die Popularität des deutschen Faschismus, so wäre der vorgeführte Bildvergleich nur lächerlich. Wer dieses Gartenhaus aus dem 17. Jahrhundert, das Goethe 1767 in halb zerfallenem Zustand geschenkt bekam, wiederherstellte und selbst als »niederes Haus mit hohem Dach« ironisierte, nicht als den Inbegriff des deutsch-nationalen Wohnhauses ansieht, ist alsbald als Kulturbolschewist abgestempelt. Die baukünstlerische Bedeutung des Gartenhauses wird hier wohl schlicht – mit einem verklärten Blick auf die Zeit »um 1800« – mit der künstlerischen Bedeutung seines Besitzers gleichgesetzt.

Es ist nicht bekannt, ob sich Scharoun zu diesen Affronts geäußert hat. Offensichtlich jedoch ist, daß seine Vorstellungen über das moderne Wohnhaus völlig unvereinbar mit den Lehrmeinungen der Protagonisten des »deutschen Wohnhauses« sind. Schmitthenner plädiert für ein Haus als Kubus mit Dach, das im Innern gleich große Räume aufweist, die eine Bezeichnung im Grundrißplan erübrigen. Weiter rät er davon ab, »allzuviel zu denken«. »Nicht notwendig ist es aber, daß diese Räume unter allen Umständen durch alle möglichen Spitzfindigkeiten nur noch zum Wohnen, zum Essen oder zum Schlafen benützt werden können«.[4] Gerade da aber setzt jener funktionalistische Ansatz an, den auch Scharoun vertritt: hauswirtschaftliche Abläufe und alltägliche Wohnvorgänge einer Familie werden in die Planung einbezogen, um für die Form der zwischenmenschlichen Ansprüche und Beziehungen eine Raumform zu entwickeln. In diesem Sinne haben Scharouns Häusern immer einige überraschende Spitzfindigkeiten zu bieten.

3

Ausgangspunkte seiner Grundrißarbeit sind Wohn-Orte und die Beziehungen zwischen den Orten und den Bewohnern. Aus dem Geflecht von Bezügen entwickelt er eine offene »Struktur des Lebensraums«. Diese Struktur setzt sich ab vom »Zimmer-Grundriß« oder »Schachtelsystem«, wie er jenes überkommene Prinzip später nennt, das zum normierten, anstatt zum bedürfnisgerechten Lebensraum führe, weil es dem »Gestaltzwang der Geometrie« unterliege. Scharouns historisches Selbstverständnis ist von der Betonung des Wandels, als ein menschlicher Erfahrung inhärentes dynamisches Prinzip, geprägt, und er versteht sich und seine Arbeit diesem Veränderungsprozeß verpflichtet. Er baut nicht, wie seine Gegenspieler, auf eine ordnungstiftende Kraft von außen, sondern setzt auf eine Erneuerung von innen, sowohl im gesellschaftlichen Bereich als auch im architektonischen. Aus seiner Beschäftigung mit den »Änderungen im Gemeinschaftsleben« und ihren Auswirkungen auf Familie und Haus wird sich eine Scharoun-spezifische Entwicklungsreihe ergeben, an der aber zugleich auch Abhängigkeiten prinzipieller Art deutlich werden. Das gilt sowohl für die Phase bis 1933 als auch in besonderem Maße für die Häuser in der Nazizeit.

Einfamilienhaus
Wettbewerbsentwurf, 1928

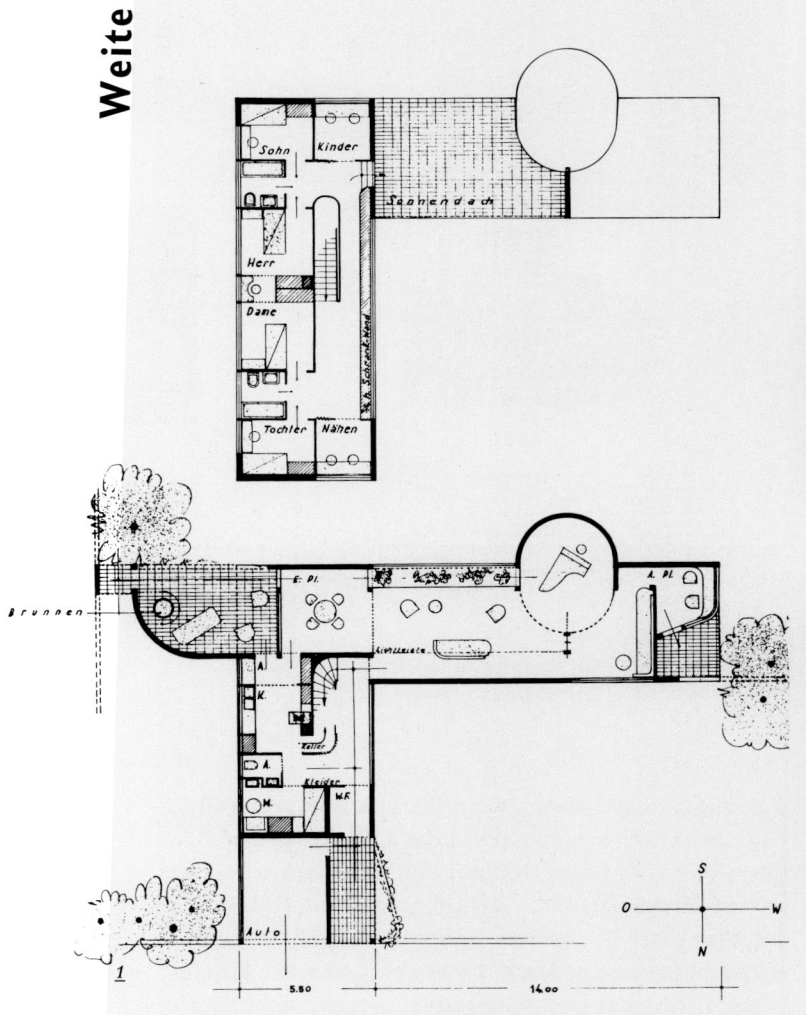

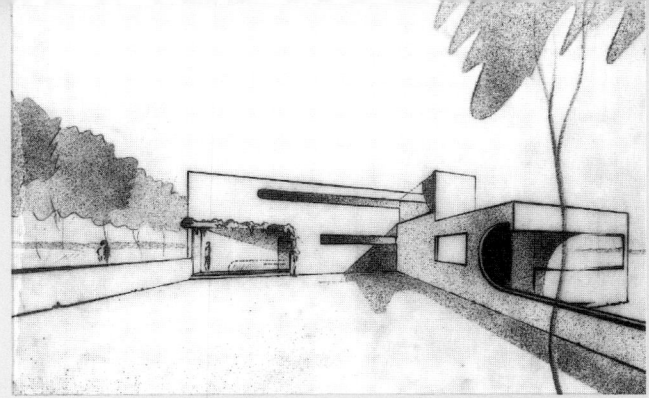

Weite

Scharoun gliedert in seinem Entwurf für ein Eigenhaus die Funktionsbereiche – Wirtschaften, Wohnen und Schlafen – in Form eines Winkels, wobei der eine Flügel zur Straße Distanz schafft und der andere sich mit dem Wohnteil nach Süden orientiert, in eine unbebaute Landschaft. Das in der perspektivischen Skizze hart zur freien Landschaft abgegrenzte ca. 200 m² große Haus mit Sonnenterrasse läßt Assoziationen an ein Schiff aufkommen, das gerade am Kai festgemacht hat, worauf auch Scharouns Kennwort »Weite« hinweisen könnte.

Im Eingangsbereich führt die Bewegung des Treppenabgangs von den Schlafzimmern im Obergeschoß in den langgestreckten Wohnteil, der durch den besonders geformten Raum für einen Flügel und spezielle Lichtführung gegliedert ist. Innerhalb des einfachen Rechtecks ergeben sich somit verschiedene Orte mit je eigener funktioneller Zuschreibung. Mit seiner geschlossenen Wand nach Süden bildet der Eßplatz einen mit der Terrasse zusammenwirkenden Raumteil. Zwischen dem quadratischen Eßplatz und dem bühnenähnlichen Musikbereich markiert die raumbestimmende Liege – ein Element, das im weiteren Verlauf der Entwicklung zum obligatorischen Signum Scharounscher Einfamilienhäuser wird – in Beziehung zu einem großen Blumenfenster die Mitte des Wohnbereichs. Mit einem Arbeitsplatz an der Schmalseite nach Westen sind die Bereiche komplett, aus denen Scharoun, wenn möglich, immer den gemeinschaftlichen Wohnbereich organisiert. Dies läßt sich vom Entwurf »Weite« über Haus Schminke, Baensch, Moll bis zum Haus Mohrmann beobachten.

Der Grundriß des Schlafbereichs ist in seiner Funktionsauffassung ausgesprochen modern, da er von der Festlegung ausgeht, daß die Schlafzimmer nur zum Schlafen bestimmt sind, deshalb möglichst klein sein sollen, um einen zusätzlichen gemeinschaftlichen Bereich zu gewinnen; einen Bereich, der unterteilbar ist zum Spielen und Arbeiten, mit direktem Austritt auf ein Sonnendach.

1 Grundrisse, 1:300
2 Blick von der Straßenseite
3 Blick von der Gartenseite
4 Blick vom Eßplatz in die Tiefe des Wohnbereichs

1928 schreibt die Redaktion von »Velhagen und Klasings Monatsheften« einen Wettbewerb aus, um die »besten Entwürfe zu einem praktischen, soliden, kitschfreien, billigen, den heutigen Erfordernissen der Gesundheitspflege entsprechenden Einfamilienhaus, einem Eigenhaus der jungen Welt, der neuen Zeit« ausfindig zu machen. Scharouns im Winkel angeordneter Haustyp »Weite« ist ungewöhnlich, da die Innenräume nach allen Seiten ausgerichtet sind, jedoch kaum auf den Bereich, der durch den Winkel gebildet wird. Prototypisch für Scharounsche Häuser mit Bedienung hingegen ist die An- und Zuordnung der Funktionsbereiche entwickelt. Der Wirtschaftsbereich mit Mädchenzimmer, Küche inklusive Kellerzugang, Anrichte und direkter Verbindung zum Eßplatz und Sitzplatz im Freien bildet den Ostflügel und ist in dieser funktionellen Abfolge nahezu stereotyp in allen Häusern wiederzufinden. Der Küchenbereich ist sozusagen optimiert und nicht mehr disponibel für die weitere Grundrißarbeit. Die Lage der Treppe ins Ober-

Ein zweigeschossiges Haus, das sich durch geschickte Verzahnung zu einer Reihe fügen läßt, gibt weiter Aufschluß über Scharouns Grundrißarbeit am Einfamilienhaus. Dieser zweiseitig orientierte Haustyp, geplant für eine Ausstellungssiedlung, Berlin 1931, ist geradezu funktionell programmatisch organisiert. Der Wirtschaftsteil mit Mädchenzimmer, Küche und Anrichte ist nicht nur mit dem Eßplatz verbunden, er hat auch direkten Zugang zu Keller und Garage. Der Schlafteil ist mit einem geschützten Dachgarten verbunden. Der zusammenhängende Wohnteil ist aufgrund der Art der Verkettung dreiseitig belichtet, und seine Funktionsbereiche Essen, Wohnen und Arbeiten sind vom zentralen Eingangsbereich separat zugänglich. Mit einer Wendeltreppe zum Dachgarten sind nicht nur Rundgänge *im* Haus eröffnet, sondern auch – über die ausschwingende Terrasse – durch den Garten. Dieser Entwurf erscheint verlockend in seiner Mannigfaltigkeit unterschiedlicher Durchquerungsmöglichkeiten. Hier kann jeder eigene Wege gehen, wobei der Charakter eines »Zimmer-Grundrisses« so gut wie aufgehoben ist.

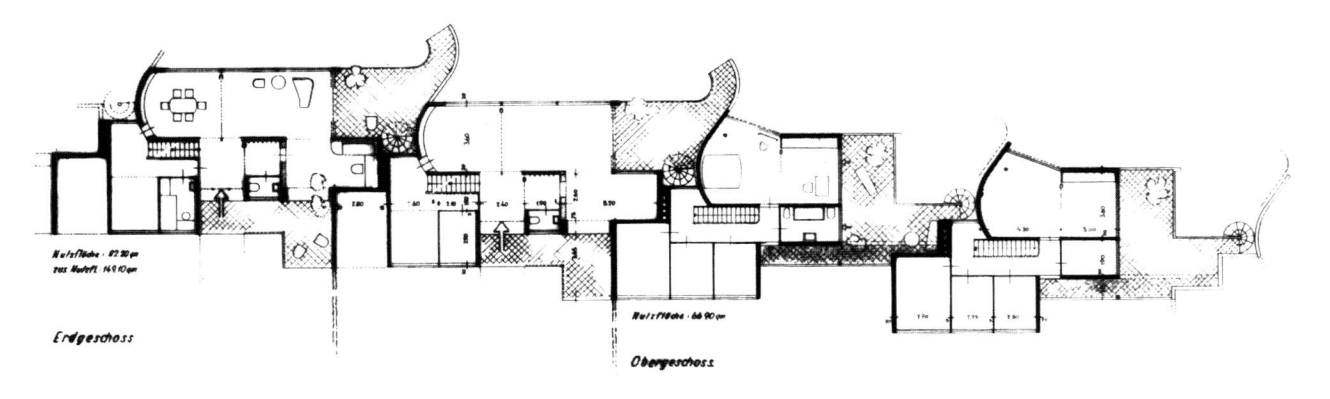

geschoß ist in diesem Entwurf Teil des Eingangsbereichs, von dem alle Funktionsbereiche erreicht werden. Diese funktional neutrale Lösung wird in den später realisierten Häusern raumwirksame Variationen erfahren.

Die äußere Erscheinung, z. B. die Lage und Größe der Fenster, ist durch die Nutzung im Innern bestimmt. Die zu Rechtecken organisierten Funktionsbereiche erscheinen – flachgedeckt – als Kuben, wobei mit Einschnitten, dem Anfügen von Baukörpern und ausgreifenden Brüstungsmauern versucht wird, den neutralen Ort in einen spezifischen – auf das Haus bezogenen – Ort umzuwandeln. Der Entwurf »Weite« ist – als allgemeine Vorstellung für modernes Wohnen – ohne Zweifel als Vorarbeit für die spezielle Situation des Hauses Schminke anzusehen.

Mit der krisenhaften Entwicklung Anfang der dreißiger Jahre wird das Einfamilienhaus immer mehr zu jener Bauaufgabe, bei der am ehesten noch Hoffnung auf Bauaufträge besteht, denn dafür gibt es weiterhin staatliche Förderung. Zwei Häuser kann Scharoun für private Bauherren 1932 realisieren, wobei er zur gleichen Zeit Untersuchungen und Projekte für den anonymen Bewohner erarbeitet. Neben der Arbeit an Kleinwohnungen und Wohnheimen, worauf schon hingewiesen wurde, zielt die Entwicklung von unterschiedlich großen, standardisierten Grundriß- und Bautypen darauf, Eigenhausinteressenten mit unterschiedlicher Zahlungsfähigkeit zu befriedigen. Für die Ausstellung »Sonne, Luft und Haus für alle« 1932 in Berlin wird im Jahr zuvor ein Wettbewerb ausgeschrieben. Hier ist

Entwurf zweigeschossiger Kettenhäuser, Berlin, 1931, 1:300

Einfamilienhäuser, Potsdam
Entwurf, 1932

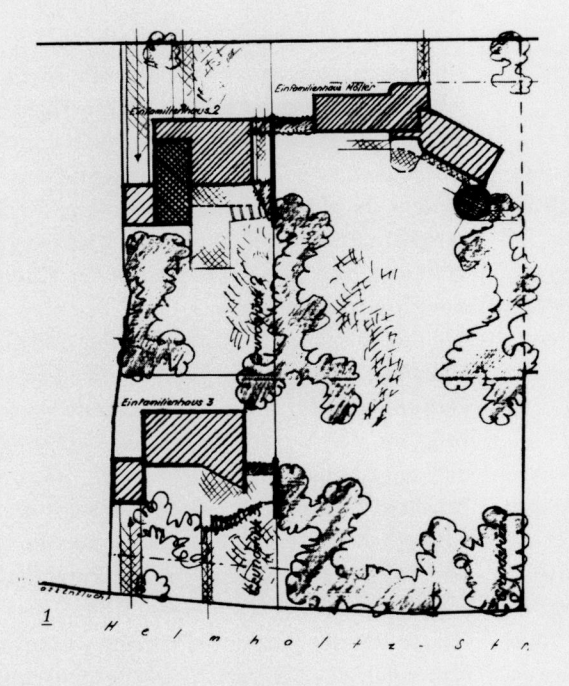

Bauvorhaben Möller

Für den Galeristen Ferdinand Möller entwirft Scharoun zwischen Manger- und Hehnholtz-Straße in Potsdam drei Einfamilienhäuser unterschiedlicher Größe. Anscheinend hat Möller das Grundstück für sein eigenes Haus vorgesehen und will die Bebaubarkeit für weitere prüfen lassen. Doch ohne konkrete Bauherrn sind die Häuser nicht zu finanzieren, auch das eigene wird nicht realisiert. Ferdinand Möller, der noch im Juni 1933 in seiner Galerie in Berlin eine Ausstellung moderner Kunst zeigt, die demonstrativ von den Nazis geschlossen wird, richtet sich mit Bauwünschen später und an anderem Ort wiederum an Scharoun (vergleiche Seite 160 f.).

Allen drei Hausentwürfen ist gemeinsam, daß die Vorstellungen zum Wohnraum den Entwurf maßgeblich bestimmen. Das trifft sowohl für die Organisation des jeweiligen Hauses als auch für die Orientierung zum Garten zu. Durch größere Raumhöhen, Verwinkelungen, Ausgreifen von Innenwänden ins Freie und leichte Überdachungen von Plätzen im Freien versucht Scharoun, in und mit den Wohnräumen vielfältige Bezüge zum Garten zu schaffen. Haus und Garten sollen gewissermaßen einander durchdringen.

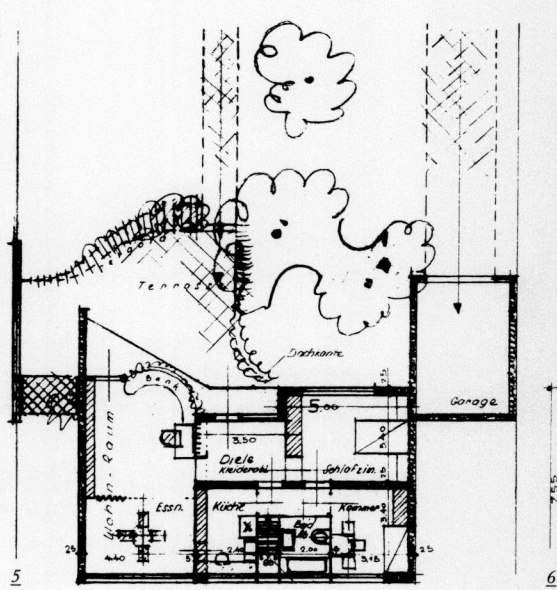

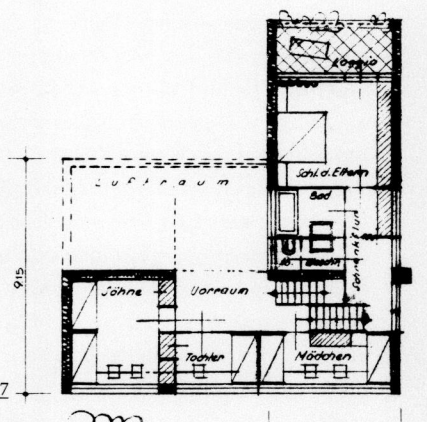

Der Wohnraum im Haus 1 (Möller) ist galerieartig
– ähnlich dem im Haus Weite – und wird durch je eine
Bilder-, Bücher- und Blumenwand gebildet. Eßplatz und
Liegeplatz im Freien vermitteln zwischen innen und
außen. Vom Wohnraum aus betrachtet erscheinen sie wie
lebendige Szenerien, die zu den Gemälden im Innenraum
kontrastieren. Im Haus 2 übernimmt eine angeböschte
Terrasse im Winkel zwischen Speise- und Wohnzimmer
eine vergleichbare Rolle des In-Beziehung-Setzens von
außen und innen. In den hohen Wohnraum, der zum
Garten vollständig verglast ist, sind Treppe und Vorraum
der Kinderzimmer räumlich einbezogen. Beim kleineren,
eingeschossigen Haus 3 überrascht die Lage auf dem
Grundstück. Der Zugang ins Haus führt durch den Garten
und über die Terrasse, zu der sich der Wohnraum ein-
ladend öffnet.

Die Baukörper der einzelnen Häuser sind entsprechend
den Funktionsbereichen gegliedert. Sie werden bei Haus 1
und 2 als glatt verputzte kubische Formen sichtbar.
Dahinter »verbergen« sich flach geneigte Dächer. Fensterbänder und großflächige Verglasungen der Wohnräume
sind charakteristisch für diese drei Variationen zum
modernen Wohnhaus.

<u>1</u> *Lageplan, 1:1000*
<u>2</u> *Haus 1, Blick vom Garten*
<u>3</u> *Haus 1, Blick vom Wohn-
raum in den Eßraum*
<u>4</u> *Haus 1, Blick vom Wohnbe-
reich zum Liegeplatz*
<u>5</u> *Haus 3, Blick vom Garten*
<u>6</u> *Haus 3, Grundriß, 1:300*
<u>7</u> *Haus 2, Blick vom Garten*
<u>8</u> *Haus 2, Grundrisse, 1:300*

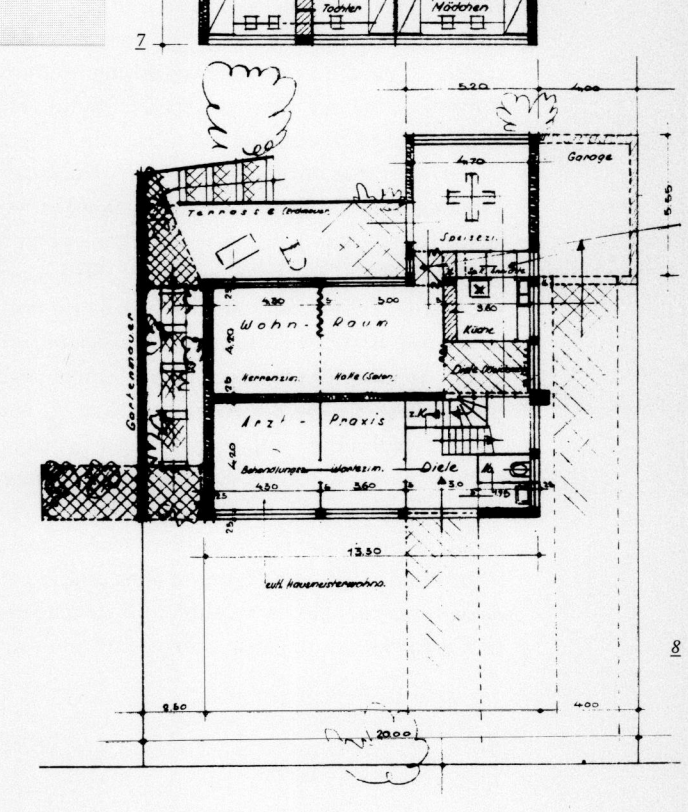

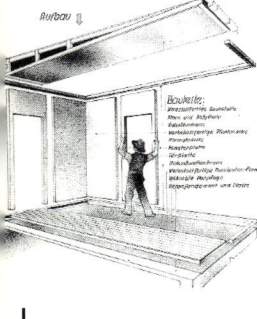

nicht mehr nach dem »Mittelstandshaus mit Bedienung« gefragt – der Wettbewerb soll vielmehr Lösungen eines wandelbaren wachsenden Hauses für Kleinverdiener und Arbeitslose aufzeigen. Stadtbaurat Martin Wagner, der diesen Wettbewerb veranlaßt, um vor allem die Berliner Bauwirtschaft wieder in Gang zu bringen, argumentiert zudem damit, daß Arbeitszeitverkürzung, in vielen Fällen Arbeitslosigkeit, »dauernd menschliche Arbeitskraft für nebenberufliche Arbeiten frei stellt«.[5] Wohnungsnot und die Versuche, diese durch genormte vorfabrizierte Häuser im Selbstbau zu lindern, charakterisieren eine Seite der ökonomischen Situation.

Auf der anderen Seite ist das individuelle Mittelstandshaus die bessere Voraussetzung, um Lebensentwurf und Grundrißentwurf für eine Familie zur Deckung zu bringen. Deshalb bemüht sich Scharoun intensiv um Bauaufträge aus dieser Klientel. Dort können die »Änderungen im Gemeinschaftsleben« innerhalb eines überschaubaren Kreises von Familie, Freunden und Gästen individuell geprägt und entwurfsbestimmende Bedeutung erlangen. Die mittelständische Ein-Generationen-Familie, die schon aus ökonomischen Gründen auf hochherrschaftliche Rituale mit Salon und Herrenzimmer verzichten muß, ist zur zeitgemäßen Familie stilisiert, auf die sich die Entwicklung moderner Wohnformen orientiert. Das moderne Einfamilienhaus wird dadurch zur Privatsache, zum Ort einer – je nach sozialem Status unterschiedlichen – Kultivierung der Privatsphäre. Grete und Walter Dexel resümieren zutreffend, wenn sie zum »Wohnhaus von heute« feststellen: »Grundriß gestalten heißt, das Programm des häuslichen Lebens aufzustellen! Wir sind Freiluftmenschen und brauchen Sonne und Helligkeit, wir sind durch den Kampf ums Brot über Gebühr angespannt, und unsere Nerven brauchen im Hause dringend Ruhe. Unsere Wohnung muß, so gut dies möglich ist, Sanatoriumswirkung haben. Auf Repräsentation verzichten wir, wir opfern also den Salon und das Herrenzimmer im üblichen Sinne. Einen großen Wohn- und Eßraum müssen wir aber behalten und alles, was zu ruhiger Arbeit, zu behaglichem Leben und zu schöner Geselligkeit erforderlich ist. Wir opfern gern die Korridore, deren Nutzen wir nicht einsehen, wir lassen uns gefallen, daß man unsere Schlafzimmer verkleinert, verlangen allerdings tadellos funktionierende Entlüftungsvorrichtungen und ausreichende Behälter für unsere Kleider und unsere Wäsche.«[6]

Der Funktionalismus, der mit seiner getrennten Betrachtung von Arbeiten, Wohnen und Erholen ein planerisches Leitbild für den Städtebau formuliert und damit die tradierte Form von Stadt in Frage stellt, liefert auch das Denkmodell für die moderne Wohnform, die ihrerseits die tradierte Form des Hauses auflöst. Hauswirtschaft, Wohnen und Schlafen werden nun zu Funktionsbereichen des Hauses. Die bedürfnis- oder funktional orientierte Entwurfsarbeit verursacht jedoch nicht nur im Innern der Häuser einen Wandel, der auf eine Ökonomisierung des Grundrisses einerseits und auf eine Entfaltungsmöglichkeit familiärer Privatheit andererseits abzielt, sondern verändert auch das Haus in seinem städtebaulichen Zusammenhang. Mit den radikalen Veränderungen im Siedlungsbau, die am deutlichsten im Zeilenbau mit seiner Abwendung von der Straße und seiner baulichen Orientierung nach den Himmelsrichtungen sichtbar wird, wendet sich das freistehende Haus in vergleichbarer Weise von der Straße ab. »Rückseite zur Straße und Wohnseite nach hinten dürfte eine der grundsätzlichsten Forderungen neuen, vernünftigen und gesunden Wohnens werden«[7]. So einfach und treffend formulieren die Dexels die für den Wohnungs- und Städtebau so einschneidende Umkehrung: Alles, was traditionell das »Hinten« des Hauses bedeutete, wie Wirtschafts- und Nebenräume, wird zum »Vorne« der Häuser, und die traditionelle Schauseite, die Balkone und repräsentativen Haupträume, die das »Gesicht des Hauses« ausmachten, werden nach hinten verlegt. Mit

Neubausiedlungen und Einfamilienhausgebieten hat dieses funktionalistische Dogma die Entwicklung unserer Städte entscheidend geprägt. Obgleich Scharoun in seinem Bauteil der Siemensstadt moderne Grundrisse mit einer Straßenrandbebauung zu verbinden verstand, so ist er doch bei seinen Einfamilienhäusern diesen neuen Bauprinzipien uneingeschränkt gefolgt.

Mit Haus Schminke in Löbau gelingt ihm 1933 ein außergewöhnliches Einfamilienhaus, bei dessen Beschreibung Julius Posener in einem Beitrag für »l'architecture d'aujourd'hui« 1935 vergeblich nach Kriterien sucht, um das Haus vergleichend mit bekannten traditionellen oder modernen Hausformen zu beurteilen. Jedoch außer »Konkurrenz« betrachtet, »erweist sich Scharouns Haus als eine der subtilsten Schöpfungen der Architektur unserer Epoche. Wenn man den Grundriß und die Fassaden im einzelnen studiert, so entdeckt man auf Schritt und Tritt neue Raumbeziehungen, Verschiebungen der Raumachse, sorgfältig erwogene Unterbrechungen, welche den Blick in eine andere Richtung lenken, Anklänge an bereits wahrgenommene Raumformen in einem anderen Teil der Wohngruppe und Änderungen im Maßstab«.[8] Mit Blick auf den Entwurf »Weite« von 1928 überrascht, wie eine dort mehr additiv entwickelte Grundrißdisposition nun in Wechselwirkung mit einer konkreten Situation nicht eingeengt, sondern in eine freie, beziehungsreiche Innen- und Außen-Raumdisposition umgewandelt wird.

Wie wird nun dieses faszinierend moderne Haus beurteilt, das bezogen wird, als der Faschismus schon offiziell die Herrschaft in Deutschland übernommen hat? In den verbreiteten Fachzeitschriften, die bis dahin über moderne Architektur berichteten, findet das Haus Schminke keine Erwähnung. Nur in der Zeitschrift »Innen-Dekoration« ist es ausführlich vorgestellt.[9] Drei Rezensenten kommen zu Wort. Adolf Behne zeigt sich beeindruckt von dem »Haus ohne Dogmatismus, ohne modischen Ehrgeiz und ohne Philostrosität«. Von Romantik könnte man in dem Sinne sprechen, daß hier »ein heiterer Geist der Eindeutigkeit alles Klassischen gern ausweicht, gerade in der Vieldeutigkeit, im Improvisatorischen, im Spielenden und Spiegelndem, im durchsichtigen Hintereinander, auch über Hauswandungen hinaus, sich leicht bewegt«. Ein gewisser M. B. findet das Haus luxuriös und kommt zu der Feststellung: »Es wäre falsch zu fordern, daß der neue deutsche Mensch nur das hundertprozent Zweckmäßige annehmen dürfe und daß er alles, was darüber hinausgeht, verwerfen müsse.« Mit der Frage »Neues deutsches Baugefühl?« leitet C. Elwenspoek die zehnseitige Vorstellung des Hauses Schminke ein. Nachdem er sich von einer »unfruchtbaren Sachlichkeit« moderner Architekten distanziert hat, fährt er fort: »Das ganze Haus ist eigentlich nur ein Raum, der Wohnraum der Familie! Diese Räume setzen sozusagen Kinder voraus: die Raumweite, die Sicherung der Geländer, die Gartenverbundenheit, das all gewinnt erst Sinn durch die Kinder.« – Die Schminkes hatten vier Kinder. – »Ein überaus deutscher Baugedanke herrscht also im inneren Baustil. – Und man versteht plötzlich, daß ein langjähriger kampffroher Pg. der Bauherr, ein kerndeutscher nordischer Architekt der Baumeister war. Indessen bleibt das Problem: Ein deutsches Haus in deutscher Landschaft? Ist dieses Haus von innen nach außen zwingend durchgestaltet – oder hätte die zweifellos hochwertige, mitunter hinreißende Lösung der Innengestaltung eine andere, eine ›deutschere‹ Gestaltung des Äußeren gestattet? – Vielleicht wäre ein Meinungsaustausch hier förderlich.«

Elwenspoek will keineswegs eine Diskussion um moderne Architektur entfachen, sondern mit seiner Bemerkung andeuten, daß für eine deutsche Gestaltung Zensur erforderlich gewesen wäre. Schon Anfang 1932 wird in der Berliner Tagespresse die Zuschrift eines Lesers veröffentlicht, der bei seinem Neujahrsspaziergang in Dahlem auf einen Neubau stößt und sich wohl angesichts des Hauses Schuldenfrey von Scharoun fragt: »Hat denn die Baupolizei gar keinen Einfluß, solche scheußlichen, aus dem Rahmen fallenden Bauprojekte zu unterbinden?«

Diese Leserzuschrift kennzeichnet nur unzureichend die weitverbreitete Gesinnung, die mit dem Ruf nach Ordnung, Verbot und Polizei den Weg zur »Machtergreifung« der Nazis ebnet. Anfang 1933 eskalieren die politischen Unruhen, und mit dem Reichstagsbrand Ende Februar wird sowohl die Stimmung gegen die Republik angeheizt als auch ein Anlaß inszeniert, um nach der Machtergreifung vom 30. Januar 1933 die Herrschaft der Nationalsozialisten systematisch auszubauen. Dem Ermächtigungsgesetz im März folgt im April das Gesetz zur Wiederherstellung des Berufsbeamtentums, wodurch die juristische Handhabe geschaffen ist, Hochschulen und Bauverwaltungen nicht nur von den rassisch Minderwertigen, sondern auch von denjenigen zu säubern, die Vertreter einer modernen Architekturentwicklung sind oder sie gefördert haben.

»Das wachsende Haus«,
1 Schaubild zur Montageanleitung
2 Eingangsfront

Haus Schminke

Einfamilienhaus, Löbau/Sachsen

1933

Die Lage des Hauses ist durch einen Nordhang mit besonders weitem Ausblick über einen alten englischen Garten in nordöstlicher Richtung sowie durch den Zugang von Süden bestimmt. Außen wie innen ist die Gestaltung von einem Bewegungs- und Erlebnisgedanken geprägt. Nach dem Betreten des Gebäudes wird man durch einen um 30 Grad geschwenkten Treppenlauf in einer zweigeschossigen Diele in den langgestreckten Hauptbaukörper geleitet. Der Durchgang durch das Wohngeschoß wie durch das Schlafgeschoß endet jeweils auf Plattformen, von denen aus der besondere Gartenausblick gegeben ist, der für den Winkel der Richtungsänderung des Treppenlaufes in der Diele ursächlich ist. Zusammen mit dem vorgelagerten Teich werden die Plattformen Teil des künstlich angelegten Gartens; das Haus tritt zurück.

Der Entwurf ist in intensiver Zusammenarbeit mit der für moderne Architektur aufgeschlossenen Bauherrschaft erarbeitet worden. Fabrikant Schminke übernimmt vor Ort die Bauleitung selbst. Die Funktionen der Villa in Eisenskelettkonstruktion mit Bimssteinausmauerung spiegeln in ihrer Organisation die Scharounschen Prinzi-

1

pien des modernen Wohnhauses. Der Wirtschaftsbereich in der schon bekannten Abfolge von Mädchenzimmer, Küche, Anrichte, Eßplatz schwenkt aus und macht dadurch Platz zum Betreten der beiden Decks. Auf dem oberen sind die Schlafkabinen untergebracht, mit einer individuellen Plazierung der Betten der Eltern, durch einen Vorhang voneinander abtrennbar. Das untere Deck ist den Gesellschaftsräumen vorbehalten. Teil der Diele ist nicht nur der offene Eßplatz, sondern auch der gegenüberliegende Spielbereich der Kinder, der auch als Arbeitsraum vorgesehen sein könnte.

Der Wohnraum wirkt auf den ersten Blick neutral und hell. Die Helligkeit bei Tage aber charakterisiert die Raumbereiche unterschiedlich, von mäßig hell beim Eingang bis zum lichtdurchfluteten Wintergarten. Das Mobiliar ist im Grundriß scheinbar additiv angeordnet, doch ist die Sitzecke z. B. nicht nur zum Kamin gerichtet, sondern auch auf ein großes Fenster, das den Rahmen zu einem großen Landschaftspanorama bildet, wobei die Blickrichtung der baulichen Richtungsänderung der Plattformen und Außentreppen entspricht. Ist der Wohnraum bei Tage mehr Teil der Umgebung, so wandelt er sich bei Nacht zur Bühne. Indirekte Beleuchtung und die Lichtdecke des Wintergartens schaffen den großen räumlichen Zusammenhang, in dem die inselartigen Beleuchtungen von Bücherschrank, Sofa, Kamin, Flügel und Blumenfenster die kleinräumliche Beziehung markieren.

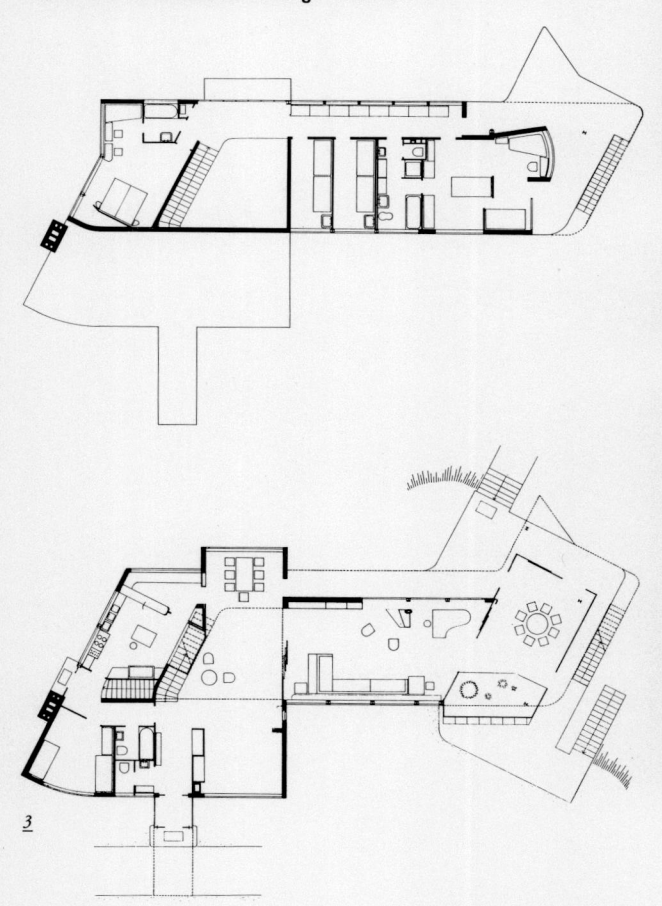

1 Blick in den Wintergarten
2 Die markante Gebäudeecke mit den Aussichtsplattformen zum Garten
3 Grundrisse, Obergeschoß und Erdgeschoß, 1:400
4 Der Wohnbereich in natürlicher und künstlicher Belichtung

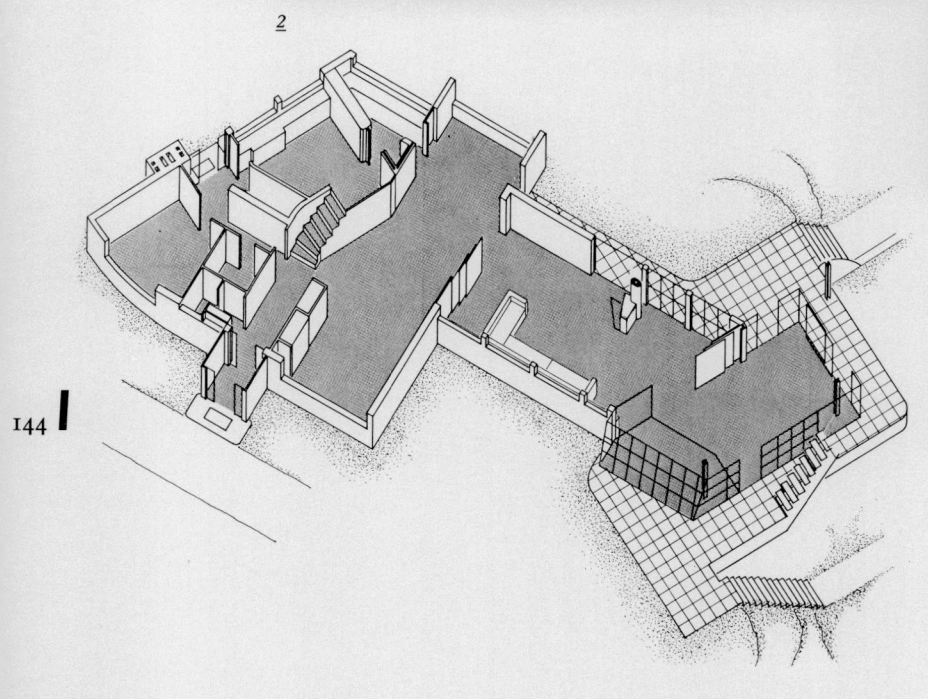

_1_ Süd- und Eingangsseite
_2_ Flur vor den Schlafräumen im Obergeschoß
_3_ Eingangshalle mit Eßplatz, Spielbereich der Kinder und Treppe zum Obergeschoß
_4_ Isometrie, 1:300

Einfamilienhaus, Bornim/Potsdam
1933

Haus Mattern

1

Im Jahre 1933 wird, wie das Haus Schminke, auch das Haus für den Garten- und Landschaftsarchitekten Hermann Mattern, der in Löbau den Garten gestaltet hat, fertiggestellt. Beide Häuser markieren den Anfang einer langandauernden intensiven Zusammenarbeit zwischen Scharoun und Mattern. Ist das Haus Schminke kontrapunktisch zur Topographie des Gartens gesetzt, so sind es gerade die fließenden Übergänge zwischen Haus und Garten, die das Haus Mattern auszeichnen. Besonders auffällig ist die geschoßhohe Wand, die unverputzt vom Garten herauswächst und in das Haus einschwingt.

Das kleine Haus bildet einen relativ geschlossenen Winkel zur Eingangs- und Straßenseite und öffnet sich differenziert zur Sonnen- und Gartenseite. Die Grundrißdisposition ist dem Haus 3 des Möllerschen Bauvorhabens von 1932 eng verwandt, wird aber jetzt, für die individuellen Wohnvorstellungen eines konkreten Bauherrn, speziell weiterentwickelt. Auch die wintergartenähnliche Verglasung des Wohnraums ist im Haus 2 jenes Bauvorhabens schon vorgezeichnet.

Das Ehepaar Mattern ist berufstätig, hat ein Kind und zu dessen Betreuung ein Kindermädchen im Haus. Die Schlafzimmer sind auf Kojengröße reduziert, wodurch ein differenzierter, funktionsabhängig gegliederter Raumzusammenhang im Wohnbereich möglich wird. Seine Teilbereiche – Essen, Arbeiten, Wohnen, Spielen – sind nicht nur innenräumlich konzipiert, sondern setzen sich in architektonisch formulierter Weise außen fort. So entsteht ein überdeckter Eßplatz im Freien, in dem die Hauswand zur Garage ausschwingt. Die Wohnzimmerwand definiert den Eßplatz und schwingt dann in leichtem Bogen zum Garten, unterstützt durch das Scharounsche Sofa, das auch hier mehr raumbestimmendes Element als Sitzgelegenheit ist. Wie der Arbeitsbereich, sind alle Funktionen sparsam und sorgfältig räumlich bestimmt. Diffizile Raumbeziehungen eröffnen überraschende Durchblicke und laden zu Rundgängen durch Haus und Garten ein.

Das Haus wird in mehreren Fachzeitschriften vorgestellt, die Kritiker verhehlen nicht ihre positive Überraschung, loben das Besondere und sind vorsichtig in ihrer Gesamteinschätzung. Adolf Behne weist auf die besondere Aufgabenstellung hin, wobei mit einiger Konsequenz und Ehrlichkeit »das Haus nicht gut zur glatten, formalen Deckung mit den typischen Häusern der Gegend kommen« kann. »Nicht ist etwa das Neue, das Kühne, das Wagende und Prüfende ein Vergehen an der Konstanz der Gesellschaft, sondern immer nur das Beziehungslose, Isolierte, ewig Fremde.«[10]

1 Blick vom Garten
2 Grundriß, 1:400

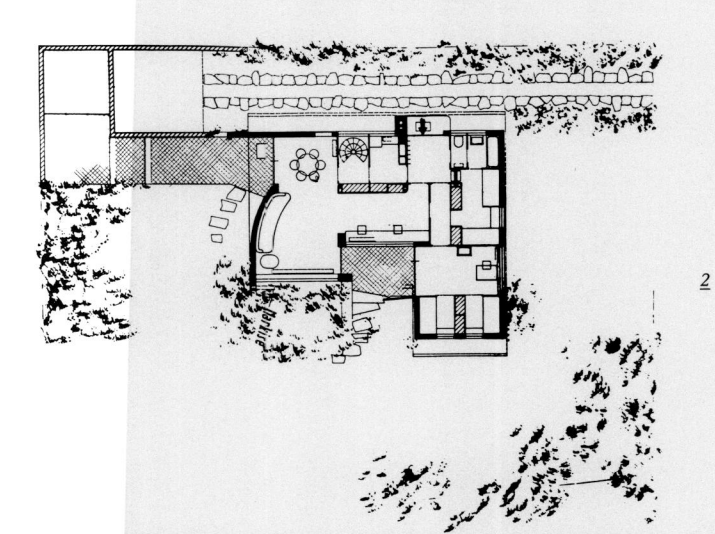

2

1 Blick vom Arbeitsplatz in den Wohnbereich
2 Blick vom Wohnbereich zum Eßplatz
3 Blick vom Kinderspielbereich über die gedeckte Terrasse zum Wohnbereich

Auch die Beiträge in Fachzeitschriften werden vorsichtiger in ihrer Unterstützung der modernen Architektur. So distanziert sich Alfons Leitl in seiner Besprechung des Hauses Mattern gewissermaßen von der modernen Richtung, indem er auf die Persönlichkeit und die bekannte Eigenart von Scharoun hinweist: »In dem Bestreben, den Bewohnern seiner Häuser stets besondere Erlebnisse zu geben, neuartige, bisher nicht versuchte Raumstimmungen zu schaffen, kommt der Architekt nicht selten an die Grenzen des Architektonischen.«[11] Er weist darauf hin, daß der Fortschritt der Architektur eigentlich nur im Typischen gefunden werden kann. »Scharouns Bauten liegen oft außerhalb der Kreise der typischen Gesetze. Vielleicht kann mancher seiner Gedanken einmal zur Bereicherung dieses Kreises dienen, vielleicht aber wird dieses künstlerische Streben beschränkt bleiben auf Menschen, die durch Bildung oder Naturgabe aufnahmefähig für solche nicht alltäglichen Raumbildungen sind.« An das Ende seiner Ausführungen stellt er eine Antwort der Bewohner: »Ganz neugierigen Fragern möchten wir sagen, daß wir schon zwei Winter im Haus mit dem vielen Glas verbrachten, und daß es wärmer ist als jede Wohnung, die wir bisher kannten. Die Stahlkonstruktionen der Fenster sind vollkommen winddicht, die großen Glasflächen fangen im Winter die tiefstehende Sonne, die Räume werden so gewärmt, daß sich Heizen an Sonnentagen fast erübrigt. Das Haus des Nordens!«

Angesichts der mit der Machtergreifung verbundenen Berufsverbote, wodurch viele moderne Architekten zur Emigration oder zumindest zu einer »inneren Emigration« gezwungen werden, letztlich auch in Konzentrationslagern verschwinden, ist es erschreckend, wie sich der von konservativen Kräften getragene Bund Deutscher Architekten (BDA) schon im April 1933 mit seinen »Leitgedanken zum nationalen Aufbauprogramm« der Naziherrschaft als verläßliche Stütze andient. Mit einer Grußadresse richtet sich der BDA im September 1933 feierlich an Hitler: »Wir verehren in Dir neben dem weitschauenden Politiker vor allem den künstlerischen Menschen, der dem neugeschaffenen Hause des deutschen Volkes eine würdige Erscheinung nach außen und ein gemütvolles reinliches Innere geben wird. So sehen wir in Dir bei der Aufrichtung unseres Berufsstandes den ersten deutschen Baumeister, dessen Führung wir vertrauen, weil sie dem Vaterland zu Ehre und Ruhm gereicht.«[12]

Dieser Haltung folgt die »Gleichschaltung« der BDA-Landesverbände, die dann in Form der »Reichskammer der bildenden Künste« – als Teil der unter der Leitung des Propagandaministers Joseph Goebbels zusammengefaßten »Reichskulturkammer« – die berufsständischen Interessen der Architekten allein vertritt.

Die Reichskulturkammer wird zum zentralen Kontroll- und Leitorgan aller Kulturschaffenden. Welche kulturelle Leitlinie sich aber zukünftig durchsetzen wird, scheint zu Beginn der NS-Zeit trotz des organisatorischen Rahmens noch offen, auch deshalb, weil man vom Reichsminister für Volksaufklärung und Propaganda weiß, daß er moderne Kunst schätzt, insbesondere die des deutschen Expressionismus. Während die Blut- und Boden-Propagandisten, wie Rosenberg und Schultze-Naumburg, mit rassistischen Attacken gegen den Kulturbolschewismus im allgemeinen hetzen, sehen konservative Architekten und Künstler aus München, wie Hönig und Bestelmeyer, ihre besondere Chance in Angriffen, die sich auf das »marxistische Berlin« richten.

Im Unterschied zur reaktionären Rolle des »Deutschen Künstlerbundes 1933« aus München, der späteren »Hauptstadt der deutschen Kunst«, veranstaltet der NS-Studentenbund Berlin im Juni 1933 eine vielbeachtete Kundgebung »Jugend kämpft für die deutsche Kunst«. Die jugendbewegten Redner wenden sich gegen eine Reglementierung der Kunst und setzen sich programmatisch u. a. für die Maler Barlach, Heckel, Nolde, Schmidt-Rottluff und die Architekten Mies van der Rohe und Tessenow ein. Der Maler Otto Andreas Schreiber erklärt: »Die nationalsozialistischen Studenten kämpfen gegen die Kunstreaktion, weil sie an die lebendige Entwicklungskraft der Kunst glauben und weil sie die Verleugnung der deutschen Kunstgeneration, die der heutigen vorausging und deren Kräfte in die Kunst der Zukunft einmünden, abwehren will.« Auf dieser Versammlung wird zudem eine Ausstellung moderner Kunst angekündigt, die im Juli in der Berliner Galerie Ferdinand Möller stattfinden soll. Diese Schau deutscher Expressionisten findet statt, wird aber, aufgrund ihres publizistischen Erfolgs und demonstrativen Charakters als Zeichen der kulturellen Wende, schon nach drei Tagen vom Reichsinnenminister geschlossen.[13]

Grußbotschaft des Bundes Deutscher Architekten an »Adolf Hitler unsern Führer«, veröffentlicht in der »Baugilde«, 1933, Nr. 17/18

In seiner ersten Kulturrede auf dem Nürnberger Parteitag am 1. September 1933 nimmt Hitler zu dem bis dahin noch öffentlich geführten Richtungskampf Stellung, indem er das »künstlerische Gestammel« der jüngsten Vergangenheit zum Zeichen des »Verfalls einer Nation« erklärt. »Die nationalsozialistische Bewegung und Staatsführung darf auch auf kulturellem Gebiet nicht dulden, daß solche Nichtskönner und Gaukler plötzlich ihre Fahne wechseln und so, als ob nichts geschehen wäre, in den neuen Staat einziehen, um dort auf dem Gebiete der Kunst und Kulturpolitik abermals das große Wort zu führen. Auf keinen Fall wollen wir den kulturellen Ausdruck unseres Reiches von diesen Elementen verfälschen lassen: denn das ist *unser* Staat und nicht der ihre.«[14] Diese Äußerung zielt aber mehr auf das »Kaltstellen« von Personen als auf die moderne Architektur, die sie vertreten. Hitler vermeidet es in seiner Rede, diese oder jene Richtung oder gar einen »neuen Stil« zum Programm zu erheben: »Nur aus Vergangenem und Gegenwärtigem zugleich baut sich die Zukunft auf.«

Obwohl im Zuge der Gleichschaltung nur Gegner der Moderne zu berufspolitischen Führern der einzelnen Organisationen ernannt werden – die Leitung des »Deutschen Werkbundes« und des »Bundes Deutscher Architekten« liegt Ende 1933 in den Händen des »Parteigenossen« Lörcher –, bleibt weiterhin die Frage offen, wie und mit wem in Zukunft gebaut werden soll. In der Weise, wie die kulturellen Bereiche zentralisiert und die entscheidenden Stellen mit Partei- oder Gesinnungsgenossen besetzt werden, ist der Streit um eine zukünftig vorherrschende Architekturrichtung politisch nebensächlich. So sieht auch Goebbels anläßlich der Einsetzung der Reichskulturkammer im November 1933 keinen Anlaß, für oder wider Stellung zu beziehen: »Die neugegründete Reichskulturkammer steht über den überlebten Begriffen von modern und reaktionär. Ihre Arbeit soll ebenso abhold sein dem modern scheinenden Großmannstum, hinter dem sich künstlerisches Nichtskönnen verbirgt, wie sie abhold ist dem reaktionären Rückschritt, der der Jugend und ihren gesunden Kräften den Weg verbauen will.«[15]

Noch hat also die oberste Befehlsstelle kein Machtwort gegen die moderne Architektur gesprochen, wobei Goebbels die Jugend im Auge hat, die weniger mit alten Werten als mit Aufbruchstimmung für die Bewegung zu mobilisieren ist. Auch Paul Bonatz fragt sich im Septemberheft der »Baugilde« 1933, in dem auch die »Grußadresse« des BDA abgedruckt ist: »Welchen Weg geht die deutsche Baukunst?« Vielleicht, um nicht zu früh auf das falsche Pferd zu setzen, plädiert er für den gemeinsamen Weg. »Es sind zwei Kräfte, die die Entwicklung bestimmen. Sie entsprechen den zwei verschiedenen Wurzeln, aus denen das deutsche Volk wächst. Auf der einen Seite stehen die erdgebundenen Kräfte der Tradition, der Bauer, das Land und das Handwerk, auf der anderen der Arbeiter, die Stadt und die Technik.« Etwas weiter ergänzt Bonatz: »Neben dem traditionsgebundenen Bauen läuft ein anderes nebenher, das manchmal fremdartig erscheint, manchmal abstrakt übertrieben ist, ein Bauen, das um seine Gestaltwerdung ringt, das, wenn es auch nur in wenigen Ergebnissen reif geworden ist, doch in seinem Wollen nicht ohne weiteres abgelehnt werden kann. Es ist das Bauen, das vom Geist der Technik her beeinflußt ist.«[16]

Mit dieser Einschätzung ist Bonatz sicher nicht allein, denn es ist für viele vorauszusehen, daß die zukünftigen großen Bauaufgaben, auf die alle Architekten hoffen, nicht ausnahmslos in handwerklich traditionsgebundenen Formen realisiert werden. Mit einer sichtbaren Kontinuität läßt sich die Moderne bei den unterschiedlichen Bauten für den Verkehr und für die Industrie durch die Zeit des Nationalsozialismus verfolgen. Zum Feld der Tradition gehören weiterhin die ländlichen Gebiete und der Kleinsiedlungsbau, wie schon in der Weimarer Republik. Das Thema Wohnungsbau ist in zunehmendem Maße ideologisch bestimmt. Der mobile Großstadtmensch und neue Lebensformen, Ausgangspunkt der Moderne, um das deutsche Wohnhaus zu sprengen, werden zu Gegenbildern. Die Seßhaftmachung der Familien »deutschen Bluts« mit möglichst vielen Kindern auf eigenem Boden ist bauernfängerisch zum obersten Ziel gesetzt. Es ist nicht überraschend, daß das Steildach vor diesem bodenständigen Hintergrund nicht extra verordnet werden muß, nachdem das flache Dach schon seit Jahren als fremdrassisch oder zumindest als undeutsch verschrien ist.

In einem Rückblick und Ausblick zur Jahreswende 1933/34 nimmt Alfons Leitl zur deutschen Baukunst Stellung,[17] wobei er sich einerseits mit den Konsequenzen des Nazistaates schon angefreundet hat, andererseits aber meint: »Die Baukunst des Dritten Reiches wird die großen in ihren Anfängen vorgezeichneten Linien weiterführen.« Er spricht von der zukünftigen Baukunst in Deutschland als einer Mischung aus Schmitthenner und Mies van der Rohe: »Eine Faustregel, die doch das Wesentliche andeutet.« Tatsächlich läßt sich aber die Miessche Linie nur für den Industriebau verfolgen. Für den Wohnungsbau, die Gemeinschaftshäuser der NSDAP und die monumentalen Staatsbauten sieht auch Leitl die »neue Linie«: »An die Stelle des ›modernen Menschen‹, einer unsichtbaren Größe, ist der eher faßbare Volksgenosse getreten. Das enthebt den Bauenden der irrtumsbelasteten Spekulation... Angesichts des würdevollen Entwurfes zum Haus der Deutschen Kunst wurde manche Säulenfeindschaft revidiert, angesichts der schönen Häuser Schmitthenners dem flachen Dache gründlich abgeschworen.« So freiwillig und aufgrund baukünstlerischer Einsicht, geradezu zwanglos, setzt sich der monumentale Stil und der Kaffeemühlenstil für das Eigenhaus mit Sicherheit nicht durch.

Die Tatsache, daß das Einfamilienhaus im Dritten Reich in den wohnungspolitischen Mittelpunkt gerückt ist, hat nicht nur propagandistische Gründe dieser Art: Jedem Bauer und Arbeiter sein Haus auf eigener Scholle. Die Wende vom großstädtisch Modernen zum antistädtisch Traditionellen erfolgt ab 1933 auch aus der Notlage der offiziellen Wohnungspolitik. Eben nicht nur »für eine Gesundung und Vermehrung unseres Volkes«, wie Edgar Wedepohl schreibt, »ist der Eigenheimbau die große Aufgabe der zukünftigen Wohnbautätigkeit«, sondern aus Geldmangel, denn er »wird ihr die stets lebendige Kapitalquelle eines ordentlichen und sparsamen Volkes zuführen, das kleine Sparkapital, das in eigenem Haus und Grundbesitz seine sicherste Anlage findet.«[18] Das Abrücken vom mehrgeschossigen Mietshaus zeigt sich deutlich am Anteil von Kleinhäusern mit 1–4 Wohnungen am gesamten Wohnungsneubau, der von 75% im Jahr 1930 stetig auf über 90% im Jahr 1934 steigt.

Staatliche und städtische Bauaufträge werden schon in der Zeit der Weimarer Republik drastisch reduziert, Ende 1931 wird in Folge der Brüningschen Notverordnung eine zweieinhalbjährige Hochbausperre erlassen. Da so gut wie keine Wettbewerbe mehr ausgeschrieben werden, versiegt für die freien Architekten diese Quelle, zu Bauaufträgen zu kommen. So nimmt es nicht wunder, daß sich an dem wohl ersten während der Naziherrschaft reichsweit ausgeschriebenen Wettbewerb für »Häuser der Arbeit«, Anfang 1934, fast 700 Architekten beteiligen. Als »Kultstätte deutschen Arbeitsgeistes« und als Ort machtvoller Demonstrationen der Partei soll dieser Wettbewerb Ideenentwürfe für die Städte des ganzen Reichs bringen. Viele moderne Architekten, wie Bartning, Elsässer, Graeff, Gropius und die Brüder Luckhardt, nehmen teil. Im Preisgericht sind u. a. Bonatz, Schulte-Frohlinde, Speer und Tessenow. Die Arbeiten zeigen noch keineswegs eine in einem parteipolitisch erzieherischen Sinne deutbare Einheitlichkeit. So bemerkt die »Deutsche Bauhütte« in Heft 17, 1934, zum Ergebnis des Wettbewerbs: »Die überraschende Vielheit belehrt aber auch über das beinahe grenzenlose Vertrauen auf die Möglichkeiten von Architekturtaten« und beweist das »noch nicht ausgetragene Ringen des deutschen Geistes«. Ob Scharoun an der gestalterischen Suche nach einer »eindringlichen Verkörperung einer neuen, keine Klassenunterschiede hemmenden Gemeinschaftsidee« teilnimmt, ist nicht bekannt. Teilnahmeberechtigt ist er allemal, da seit November 1933 festgelegt und im BDA-Organ »Baugilde« zu lesen ist: »Die Zugehörigkeit zum Bund Deutscher Architekten gewährleistet die mittelbare Mitgliedschaft zur Reichskammer der Bildenden Künste, mit dem sich hieraus ergebenden Recht auf weitere Ausübung des Berufes als Architekt oder besser gesagt als Baukünstler.«

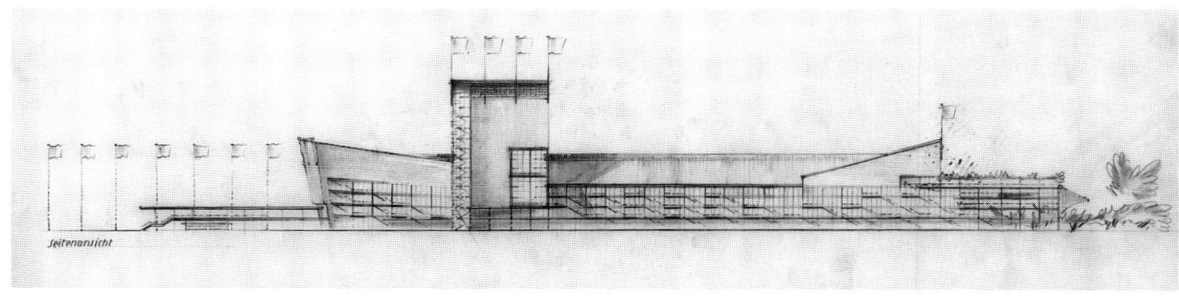

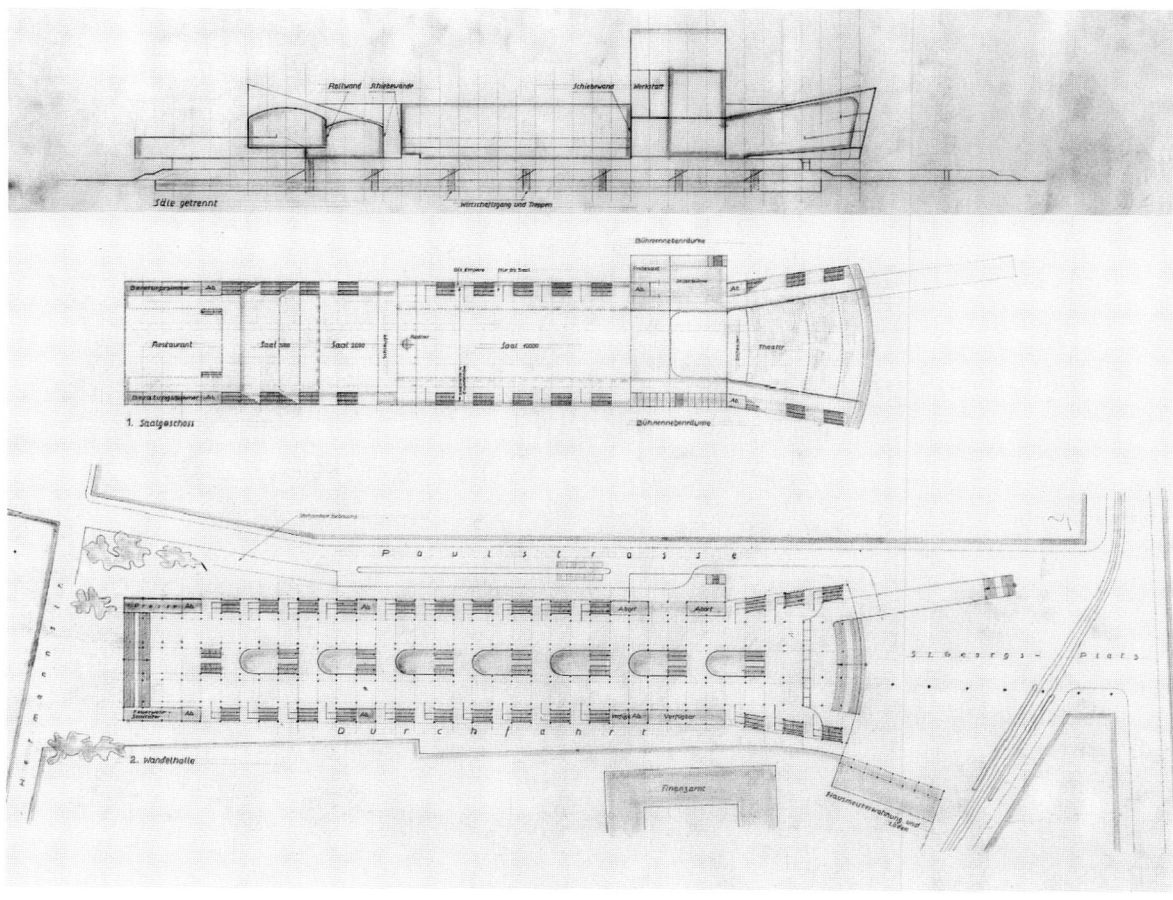

1 Stadthalle Rostock, Wettbewerbsentwurf, 1934, Seitenansicht, Schnitt, Grundriß I. Saalgeschoß und Wandelhalle (von oben), 1:3000
2 Stadthalle Rostock, Schaubild: Blick auf den Haupteingang

Mit seinem Wettbewerbsbeitrag für eine Versammlungsstätte in Rostock, Ende 1934, wird sichtbar, daß Scharoun weit davon entfernt ist, für einen Partei- und Volksgenossen-Kult gestalterisch auf expressionistische Formen zurückzugreifen, wie die Brüder Luckhardt mit ihrem Entwurf »Kristall auf der Kugel« für den Wettbewerb »Häuser der Arbeit«.[19] Im Gegenteil gibt Scharoun diesem Gebäude für Kolonnenaufmarsch und Großveranstaltungen für 20 000 Personen und mit unterschiedlich großen Versammlungsräumen – wie selten deutlich – die Form eines großen Passagierschiffes. Diese Form – 265 m lang und 45 m breit – kann den Erwartungen einer »Ein Volk – ein Führer«-Huldigungen nicht entsprechen. Unter 80 Einreichungen ist seine Arbeit vom Preisgericht, unter Vorsitz des amtierenden BDA-Präsidenten Lörcher im ersten Rundgang ausgeschieden. Zuwenig getroffen ist der »übergeordnete Gedanke der ganzen Aufgabe: nämlich die Zusammenfassung der zwanzigtausend zu einer Volksgemeinschaft und ein eindrucksvoller Aufmarsch der Fahnen.«[20] Die äußere Erscheinung des schiffsförmigen Baukörpers, den Scharoun als teilweise verkleidetes Betongerippe vorschlägt, wobei die geschwungene Wand des Theaters mit einer Reihe Gallionsfiguren geschmückt ist, findet ebenfalls keine Anerkennung.[21]

2

Im Architektengesetz von 1934 wird für die Mitglieder der »judenfreien« »Reichskammer der Bildenden Künste« vorausgesetzt, daß sie eigenschöpferische Gestaltungskraft besitzen. Weiter wird zur Frage der Baugestaltung vorweggenommen, was erst in § 1 einer Verordnung vom November 1936 seinen Niederschlag findet, nämlich, bauliche Anlagen so auszuführen, »daß sie Ausdruck anständiger Baugesinnung und werkgerechter Durchbildung sind und sich der Umgebung einwandfrei einfügen.« Für die Einhaltung der für die Baugestaltung maßgeblichen Richtlinien ist die Baupolizei zuständig, die sich beim Bau von Einfamilienhäusern, Kleinhaussiedlungen und mehrgeschossigen Mietwohnungen nach einer Übergangsphase sicher nicht mehr der Gefahr eines öffentlichen Dächerstreits aussetzt.

Diese zunehmende Reglementierung der äußeren Erscheinung läßt sich an Scharouns Einfamilienhäusern der dreißiger Jahre deutlich verfolgen; ebenso aber auch eine zunehmende räumliche Differenzierung im Innern und eine direkte Einbeziehung des Gartens in das Haus. Das Wohnhaus Baensch mit Blick über die Havel steht am Anfang dieser Reihe. Auf der Eingangsseite erscheint es schlicht mit flachgeneigtem Satteldach, doch schon das Abknicken einer halben Giebelseite am sichtbar gestellten Kamin weist darauf hin, daß es nicht auf Symmetrien aufbaut. Über eine kurze Treppe, die die Höhenlage noch betont, betritt man das Haus, dessen Grundriß im Hauptgeschoß sich fächerförmig, die Höhenlinien nachmodellierend, nach Süden abtreppt. Dadurch wird nach dem Betreten des Wohnbereichs der Blick frei über Garten und Havel. Mit der Fächerform wird erreicht, daß, entsprechend dem Tageslauf der Sonne, die funktionellen Grundrißelemente wechselnde Bedeutungen innerhalb eines differenzierten Raumgebildes bekommen. Es stellt sich der Eindruck einer Theatersituation ein, in der die Akteure, zusammen oder getrennt, auf der Hauptbühne oder den Nebenbühnen beim Essen, Musizieren oder Arbeiten agieren.

Ein Querschnitt durch die Mitte des Hauses zeigt eine simple Hausform mit einem Satteldach und läßt nichts erkennen von der innenräumlichen Offenheit, die durch eine einzelne Eisenstütze erreicht wird. Die Fassade der Eingangsseite deutet nicht auf die geradezu dekonstruktivistische Auflösung des Gebäudes zur Sonnenseite hin. Im Obergeschoß befinden sich drei Schlafzimmer und über dem Wohnraum eine große Terrasse, die mit einer leichten Außentreppe zu einem der vielen möglichen Rundgänge durch Garten und Haus einlädt. Die Vielfalt der inneren Räumlichkeit hat ein Pendant in der Verwendung der Materialien. Glas, Holz, Mauerziegel und Eisen werden experimentierfreudig verwendet, so etwa bei der freistehend gekreuzten Dachstütze, bei einem ausgeklügelten Mechanismus für den Sonnenschutz des Blumenfensters und bei den Fensterläden, die auf eisernen Schienen laufen, und von innen mit einer Kurbel geöffnet oder geschlossen werden können.

Den nach 1935 entstandenen Häusern Scharouns ist anzusehen, daß sie mit ihren Straßenansichten bemüht sind, sich im eng gefaßten Rahmen ortsüblicher Bauformen zu bewegen – dies liegt im Interesse der Bauherren, eine Baugenehmigung zu bekommen. Das Haus Hoffmeyer in Bremerhaven greift die benachbarte zweigeschossige Bauform mit einem quadratischen Kubus mit Steildach auf, ist aber durch einen weiteren Bauteil noch 12 m in die Tiefe des Grundstücks verlängert. An diesem Haus zeigt sich deutlich der Konflikt zwischen einer »eigenschöpferischen Gestaltungskraft«, die als Voraussetzung für den Architekturberuf im Dritten Reich gefordert wird, und der verordneten »anständigen Baugesinnung«, die jede individuelle Eigenheit mit der Begründung ablehnt, daß sich das Gebäude nicht »einwandfrei« in die Umgebung einfüge. Scharouns Baugesuche sind deshalb selten gänzlich frei von Einwänden. Dabei handelt es sich – soweit bekannt – jeweils nur um Unwesentliches. Bei der Rohbauabnahme des Hauses Hoffmeyer im September 1935 wird beispielsweise festgestellt, »daß der Giebel der Südseite ein anderes Gepräge erhält, wie auf der Zeichnung vorgesehen!« Die Rohbauabnahme wird von der Baupolizei bescheinigt mit dem Zusatz: »Sie werden jedoch aufgefordert, eine Zeichnung über die neue Südansicht für die Bauakten herzugeben, – Frist 14 Tage.«[22]

Wie steht es nun um die in Deutschland verbliebenen modernen Architekten? Wer Parteigenosse wird, ist zumindest unbehelligt, doch eröffnen sich dadurch keineswegs Arbeitsmöglichkeiten für moderne Architekten, wie das Beispiel der Brüder Luckhardt zeigt. Scharoun und andere, die sich nicht zur Parteidisziplin, aber auch nicht zur Emigration entschließen müssen oder können, bleibt nur die Hoffnung, daß der Kampf um die moderne Architektur in Deutschland auch nach der Gleichschaltung noch nicht entschieden ist, obgleich die Mitglieder des Rings teils Deutschland schon verlassen haben oder im Land mundtot gemacht und isoliert sind und jeder Kontakt untereinander persönlich riskant geworden ist. Nach der Bildung der »Reichskammer der bildenden Künste« fragt sich Richard Döcker im Dezember 1933 in einem Brief an Erich Mendelsohn in Amsterdam: »Ob nun die architekten geholt werden, die schrittmacher der deutschen baukunst waren und sind oder ob zunächst noch die reaktion oberwasser hat?« Die Frage drückt letzte Hoffnung aus, die ihm aber im Laufe eines Jahres in Deutschland genommen wird. Im Dezember 1934 schreibt Döcker an Mendelsohn in London: »ich bin bar jeder hoffnung – hier in s. [Stuttgart] ist es ganz schlimm, trotzdem schmitth. [Schmitthenner] schnell und sozusagen restlos seinen hochmut aufgeben u. in der versenkung verschwinden mußte ... man kann ruhig den beruf aufgeben – dann muß man nicht lügen, um wenigstens zu leben.«[23]

Auch Otto Haesler ist seit der »Machtergreifung« arbeitslos. In einem Briefwechsel mit Walter Gropius in London, der nach Abbildungen seiner Bauten fragt, beschreibt Haesler im November 1935 seine berufliche Situation kurz so: »Ich bin so gut wie draußen. Ich bestelle das Land und füttere meine Kücken, und, vom nächsten Jahr an, Schweine!«

Um Material für eine Veröffentlichung zu beschaffen, schreibt Gropius zur gleichen Zeit auch an Scharoun und bittet um Information und Abbildungen zur Siemensstadt, mit der Aufforderung: »geben sie ihrem herzen einen stoß, ich weiß ja, daß sie der pünktlichste Scharoun unter der sonne sind.« Scharoun antwortet ausführlich und endet: »Das war wohl alles zu diesem Thema, hoffentlich ist Ihnen damit gedient. Mir geht es ganz wie immer, man läuft sein Leben an den Hacken ab. Aber in Bremerhaven ist ein Häuschen für M. 30 000, – entstanden, und ein kleines für 15 000, – entsteht eben in (Berlin-)Falkensee.«[24]

Scharouns Schlußbemerkungen geben wenig Auskunft über die Einschätzung seiner eigenen beruflichen und persönlichen Situation in Berlin. Die lakonische Bemerkung »Mir geht es ganz wie immer« sagt nicht mehr, als daß er nach zweieinhalb Jahren Faschismus weiterhin als Architekt tätig ist und daß er mit dem Bau von Häuschen finanziell überleben kann. Er ist zu Beginn des Dritten Reichs mit ungefähr zehn Einfamilienhaus-Entwürfen beschäftigt, wovon bis 1935 sechs realisiert werden können. Offen bleibt, wie er mit der »Gleichschaltung« der Architekten, den neuen »Regeln der Baukunst« und damit mit dem Ende der modernen Architektur in Deutschland persönlich zurecht kommt und in welcher Weise er noch Kontakt mit Mitgliedern des gesprengten »Rings« hat. Es ist anzunehmen, daß die Verbindung und der Gedankenaustausch mit Hugo Häring, der seit 1935 eine private Kunstschule in Berlin aufbaut, während der Nazizeit intensiver wird und das Fundament für eine langjährige Freundschaft legt.

Nicht nur innerhalb Deutschlands sind die Kontakte zwischen den modernen Architekten erschwert, auch die internationalen Beziehungen werden aufgrund der politischen Veränderungen in Europa belastet und brüchig. Zu einem für Herbst 1936 anberaumten CIRPAC-Treffen wird Walter Gropius von Hélène de Mandrot nach La Sarraz eingeladen. Dafür will sie auch die abgebrochene Verbindung zu Le Corbusier wieder aufnehmen. Gropius nimmt die Einladung an und »empfahl ihr nachdrücklich, daß sie auch Hans Scharoun einladen solle, ›der für unsere Ideen in Deutschland streitet, ohne jeden Kompromiß‹ und ebenso Oskar Schlemmer, den er einen ›genialen Maler‹ nannte: ›Sie beide brauchen nach einer sehr harten Zeit wirklich eine Ermutigung‹.«[25] Es ist nicht auszuschließen, daß Scharoun aufgrund seiner Nähe zu Häring und dessen Disput mit Le Corbusier – auf der CIAM-Tagung in La Sarraz 1928[26] – nicht eingeladen wurde.

Einen weiteren Hinweis auf seine persönliche Situation gibt eine Äußerung Hans Luckhardts, der im Laufe seines Entnazifizierungsverfahrens berichtet, daß Scharoun, als »Kulturbolschewist« diffamiert, eine Hausdurchsuchung erdulden mußte. Luckhardt – für dessen Rehabilitierung sich Scharoun nach dem Krieg einsetzt – will damit die ausweglose Situation aufzeigen, denen die modernen Architekten gleich zu Beginn des Dritten Reichs ausgesetzt waren. Auch wenn ein weiterer Hinweis eher wie eine späte Rechtfertigung des frühen Eintritts Luckhardts in die NSDAP klingt, so ist damit ein Selbstverständnis angesprochen, das – ohne die deutsch-nationale Betonung – auch Scharouns Haltung mitbestimmt: »Ich bin hiergeblieben, genau wie

Scharoun und Taut auch hier ausgehalten haben. Es ist nicht dasselbe, ob ein Künstler ins Ausland geht. Ich bin leidenschaftlicher Deutscher, aber in erster Linie Europäer. Ein Künstler wird, wenn er in einem anderen Land das, was aus einer Gemeinschaft heraus entstanden ist, umsetzen muß, nicht dieselbe Befriedigung finden, wie er sie im eigenen Land gehabt hat.«[27]

Nicht nur die Einsetzung Scharouns als Stadtbaurat von Berlin durch die sowjetische Besatzungsmacht, direkt nach Ende des Krieges, sondern auch sein entschiedenes Protestieren gegen die personelle Konstanz in den Bauämtern und gegen die Tendenz, daß einflußreiche Architekten der Hitlerzeit bald schon wieder entsprechende Positionen im Nachkriegs-Deutschland übernehmen dürfen, charakterisieren sein Verhältnis zum Faschismus. Ein Grund, auf den kulturpolitischen Machtwechsel nicht mit Berufsverzicht zu reagieren, mag – neben den bestehenden Auftragsverhältnissen – auch darin liegen, daß Scharoun die Maximen der repräsentativen Moderne für sich nicht zu Dogmen erhoben hat, weil sich seiner Meinung nach die Architektur noch in einem Experimentierstadium befindet.

Der Wohnungsbau, mit dem er sich weiter beschäftigt, ist ein Bereich, der von oberster Stelle, von den Führern der Fachverbände, von den untergeordneten Dienststellen bis zur baupolizeilichen Aufsicht von Anfang an mit einer volksgebundenen erzieherischen Komponente verknüpft ist. Durch das Verbot individuellen Ausdrucks und den Zwang zur Anpassung an die Umgebung wird das Steildach obligatorisch. Weiter werden die in SPD-regierten Städten verwirklichten Siedlungen der zwanziger Jahre als artfremde Gegenbeispiele dargestellt. Auch wenn an einigen Orten eine Zeitlang flach geneigte Dächer genehmigt werden, wie auch die Häuser Scharouns, so ist diese sogenannte materielle Baufreiheit mit einer Verordnung über Baugestaltung vom November 1936 endgültig zu Ende.

Eine begrenzte Baufreiheit ist natürlich bei mehrgeschossigen Wohnbauten mit staatlicher Trägerschaft und Finanzierung nicht gegeben. Mietshausbauten, die Scharoun für Wohnungsbaugesellschaften in Berlin und Bremerhaven plant, sind architektonisch belanglos, nicht zuletzt deshalb, weil die Größe der Zimmer und die neuverordnete Volks-Wohnküche genau festgelegt sind und so für Grundrißüberlegungen so gut wie kein Spielraum bleibt. Für eine Erklärung, warum Scharoun eine solch obsolete Formensprache verwendet und sich nicht verweigert, mögen hauptsächlich ökonomische Gründe und sein ungebrochenes Interesse zu bauen stehen. Doch steht zweifellos fest, daß diese Mietshäuser weder seiner bis dahin formulierten Architekturauffassung entsprechen noch eine Weiterentwicklung seines Werkes bedeuten. Die experimentelle Grundrißarbeit für alle Formen des Wohnungsbaus kann darin keinen Niederschlag finden. Sie kann erst nach dem Krieg von Scharoun wieder aufgenommen werden.

Dagegen ist die Auseinandersetzung mit dem Einfamilienhaus während der Nazizeit unter den gleichen Rahmenbedingungen als besonders bedeutsam für Scharouns Architekturentwicklung einzuschätzen. Er bearbeitet in der Zeit bis 1942 mehr als 25 Einfamilienhausprojekte unterschiedlicher Größe und kann davon fast 20 realisieren. Die Bedingungen der Wohnungsbaufinanzierung haben dazu geführt, daß der Anteil öffentlich geförderten Wohnungsbaus, von vormals 50% in der Nazizeit auf 10% sinkt. Diese Wohnungspolitik hat die Reprivatisierung des Wohnungsbaus zur Folge, die vor allem den gutverdienenden Mittelstand und damit den Privatarchitekten zugute kommt. Neben diesem Grund für die überraschende Zahl von Aufträgen spielt aber auch die Persönlichkeit Scharouns, sein Umgang mit den Bauherrn und sein aufmerksames Eingehen auf ihre individuellen Wohngewohnheiten eine entscheidende Rolle. Ausschließlich Freunde und Bekannte sind die Auftraggeber wohl nicht. Wenn sie es alle geworden sind, gibt dies einen zusätzlichen Hinweis auf die Qualität der Einfamilienhäuser von Scharoun.

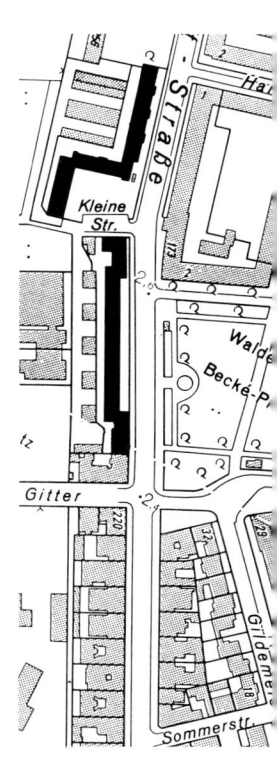

Zwei Mietshäuser in der Bürgermeister-Smidt-Straße in Bremerhaven, 1936 und 1940, Lageplan, 1:5000 und Blick vom Waldemar-Becké-Platz

Einfamilienhaus, Berlin-Spandau

1935

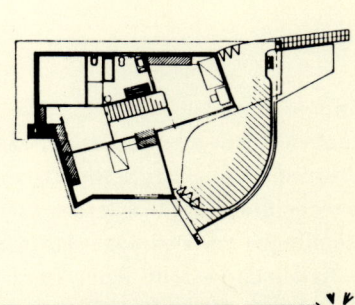

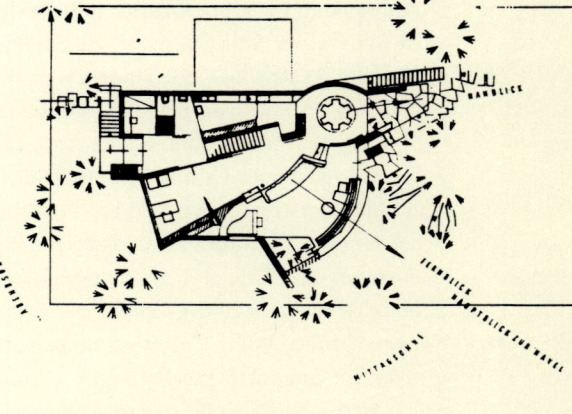

Haus Baensch

In einer Zeit leichter wirtschaftlicher Erholung wagen sich Scharoun und die Familie Baensch – der Bauherr ist Rechtsanwalt und Syndikus bei der AEG – an ein Projekt, das an die Grenzen der finanziellen Möglichkeiten des Bauherrn stößt, aber auch zu einer überraschenden architektonischen Lösung führt.

Das Baugrundstück liegt am Ende eines parzellierten Dünenrückens mit bester Aussicht über die Havel. Der Grenzabstand zum benachbarten Haus bestimmt die Bebaubarkeit des 21,50 m breiten Grundstücks nach Süden, das zur Havel steil abfällt und nach Nordosten an einen öffentlichen Bereich angrenzt. Nicht zuletzt in der Auseinandersetzung mit diesen besonderen Bedingungen findet Scharoun zu seiner eigenwilligen Grundrißdisposition.

In seiner funktionellen Organisation ist es dem Haus Schminke ähnlich, wird aber räumlich neu artikuliert. Auch hier ist nach dem Eingang links der Wirtschaftsteil (Mädchenkammer, Küche, Anrichte mit Verbindung zum Eßplatz) angeordnet. Der Zugang zum Wohnbereich führt über eine Diele, von der ebenfalls über eine offene Treppe das Schlafgeschoß erschlossen wird. Die sich diagonal ausdehnende Diele wird einerseits durch den Eßplatz und andererseits einen Arbeitsraum abgeschlossen. Mit dem offenen, drei Stufen tiefer liegenden Wohnraum aber, von einem großen Landschaftsprospekt begrenzt, entsteht eine neue Raumstruktur, die sich aus raumatmosphärisch unterschiedlichen Teilen zusammensetzt.

Die einzelnen Teile, die sich zum Ganzen fügen, sind speziell definiert und deshalb von begrenzter Flexibilität. Der oval geformte Eßraum mit einer konvexen, kreisrunden Deckenhöhlung dämpft laute Gesprächsrunden, denn als Raumbereich ist er nur optisch mit einem Vorhang zu trennen, der auch zwischen Treppe und Wohnbereich verläuft. Das Arbeitszimmer ist separat zugänglich, bei geöffneter Schiebewand aber Teil der überraschenden Ost-West-Diagonale des Hauses. Ein Rundfenster mit Milchglas betont die Musik- und Bücherecke. Das Scharounsche Sofa dagegen bestimmt den mehr kontemplativen Ort des Wohnens. Es ist immer raumprägend, und die Frage, ob konvex oder konkav, wird mit den Bauherren bis zuletzt diskutiert.

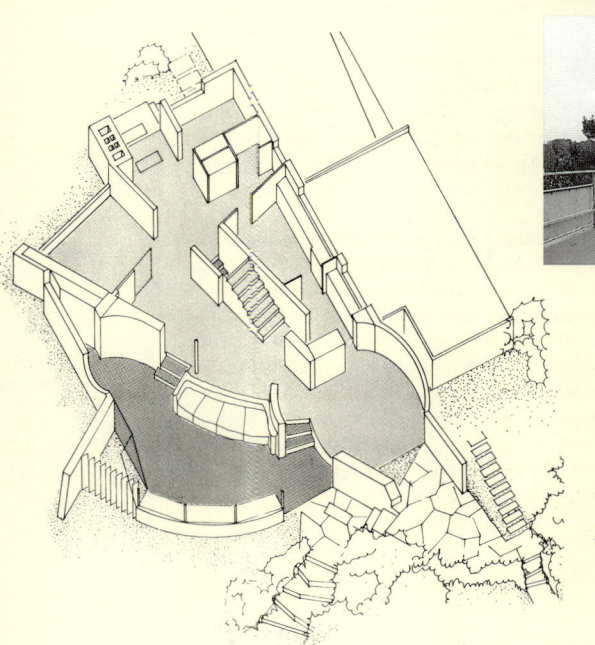

1 Grundrisse Obergeschoß, Erdgeschoß sowie Schnitt, 1:500
2 Blick in den Wohnbereich mit Gewächshaus und Musikecke
3 Die Straßenseite
4 Die Gartenseite
5 Wohnbereich mit Blick zum Eßplatz und Garten, im Vordergrund die Eisenstütze
6 Isometrie, 1:300
7 Die Terrasse im Obergeschoß
8 Treppe im Wohnbereich und Treppe zum Obergeschoß

Einfamilienhaus, Berlin-Grunewald
1036
Einfamilienhaus, Bremerhaven
1935

Haus Hoffmeyer

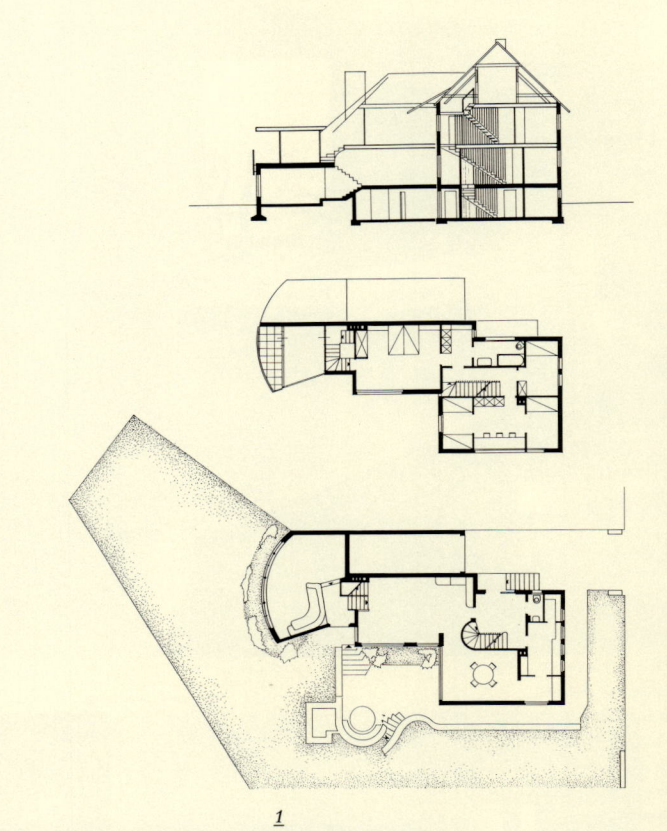

Für seinen Jugendfreund, Rechtsanwalt Hans Helmut Hoffmeyer, den Bruder seiner Frau, kann Scharoun 1935 ein Haus in Bremerhaven entwerfen. Das Grundstück an der Friesenstraße ist ca. 18 m breit, mit einem Garten nach Westen zum Innenbereich, der durch Nachbarbebauung gebildet wird. Durch die vorgegebenen Baugrenzen erscheint das Haus den anderen Häusern an der Straße zunächst ähnlich. Es entwickelt sich aber mit einem Flügelbau weitere 12 m in die Tiefe des Grundstücks. Dieser Bauteil ist um die Garage gewinkelt, wodurch Scharoun eine differenzierte Gliederung einer Wohnlandschaft mit vielfältigen Haus-Garten-Bezügen gelingt.

Über eine kurze seitliche Treppe wird das Gebäude betreten. Im Vorderhaus, mit einer mittig plazierten Treppe, liegt der Wirtschaftsbereich, der zur Straße orientiert ist, aber auch in Verbindung mit dem gartenorientierten Eßraum steht. Der Kinderbereich – typisch unterteilt in Schlaf-Arbeitsräume und Spielraum – und das Mädchenzimmer liegen im Obergeschoß. Die Rundung der gewendelten Treppe markiert den Übergang zwischen dem Eßraum und dem Hinterhaus mit seiner Wohnlandschaft. Letztere kann beim Betreten in ihrer ganzen Tiefe überblickt werden. Am Ende des Wohnzimmers, das nach Süden orientiert ist, führt eine halbe Treppe nach unten in den Garten und ins Gartenzimmer, das, breit gelagert und bepflanzt, Haus und Garten zusammenwachsen läßt. Eine halbe Treppe höher, öffnet sich über dem Gartenzimmer eine Veranda, die durch eine geschoßhohe Wand geschützt ist – wodurch auch der notwendige Grenzabstand zum Nachbarn eingehalten ist. Diese Treppe im Wohnbereich führt weiter ins Elternschlafzimmer, das so wahlweise über zwei Treppen erreicht werden kann.

Berücksichtigt man noch den Bastelraum im Untergeschoß, der zum tiefliegenden windgeschützten Wohnhof geöffnet ist, so hat Scharoun für das zur Straße 8 m breite, aber 20 m tiefe Einfamilienhaus über drei Geschosse und mit den zwei Treppen vielfältige und frei zu wählende Wegebeziehungen entworfen. Nicht an einem Haustyp formaler Art orientiert sich Scharoun, sondern an den besonderen Raumfolgen und -beziehungen für die gemeinschaftlichen Bereiche einer Familie. Jede Situation stellt andere Bedingungen, jede Familie hat andere Vorstellungen. In dieser Auseinandersetzung entstehen bei ihm überraschend spezielle räumliche Lösungen.

_1_

_2_

_3_

1 Schnitt, Grundrisse Obergeschoß und Erdgeschoß, 1:500
2 Gartenseite mit tieferliegendem Wohnhof
3 Straßenseite und Eingang
4 Veranda mit vorgelagertem Freisitz
5 Der Wohnbereich mit dem Übergang zum Eßraum
6 Der Gegenblick: Eßraum mit Übergang zum Wohnbereich
7 Isometrie, 1:300
8 Treppe zum Gartenzimmer und zur Veranda
9 Gegenblick von der Veranda in den Wohnbereich und zum Schlafzimmer der Eltern

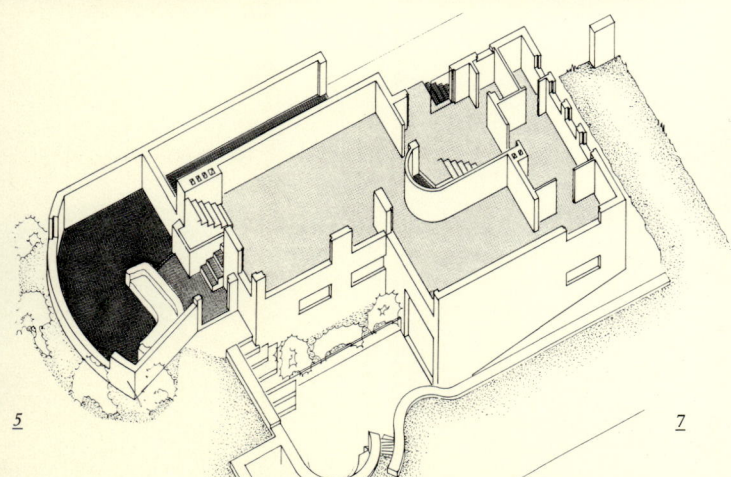

Einfamilienhaus am Zermützelsee bei Altruppin, Mark Brandenburg

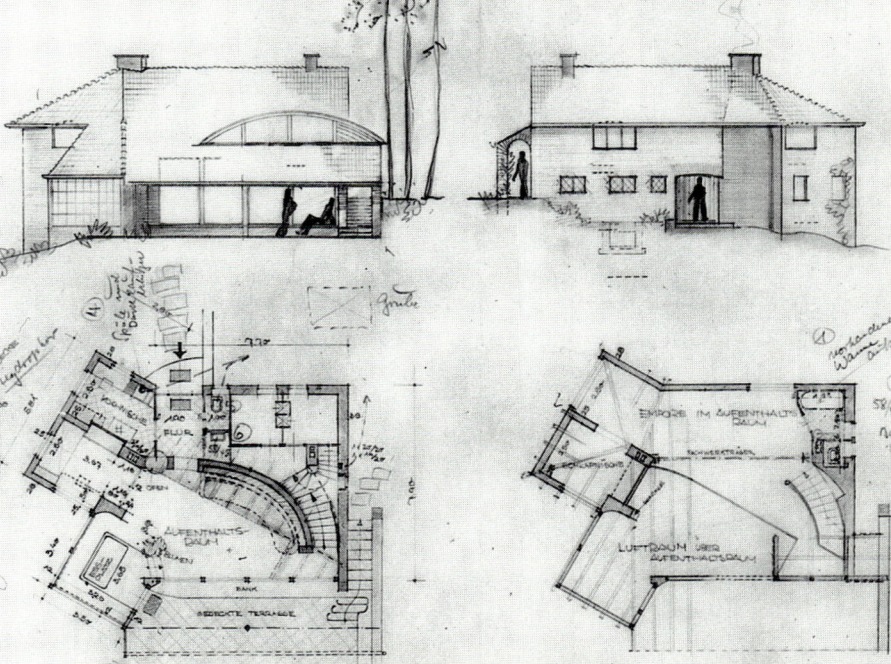

1937

Haus Möller

Anfang 1937 wird Scharoun wieder für den Galeristen Ferdinand Möller tätig (vergleiche Seite 138 f.). Dieser hat ein Grundstück in hervorragender Lage mit Blick auf den Zermützelsee erworben. Scharoun arbeitet das Haus bis zur Ausführungsplanung aus. Es kann aber wiederum nicht realisiert werden. Die Grundrißorganisation bezieht die außergewöhnlichen Aspekte der Lage extensiv ein. Das zweigeschossige Gebäude ist entlang der Hangkuppe so entwickelt, daß sich für den Wohnraum mit zwei vorgelagerten Terrassen zwei unterschiedliche Blickrichtungen über den Zermützelsee und den Teetzensee ergeben.

Die zentrale Lage der Treppe organisiert den Raumzusammenhang. Eingangsdiele, Terrasse und Studio werden durch Radialen des Wendelpunkts bestimmt. Ohne Nachbarbebauung eingeschränkt, bezieht Scharoun das Haus auf die gesamte landschaftliche Umgebung. Über dem Wirtschaftsflügel liegen im Obergeschoß vier Schlafzimmer und über dem Wohnraum ein großes Atelier. Die erlebnisreichen Raumfolgen im Inneren und die Beziehungen zur Landschaft wären auch durch die trutzburgartig gezeichnete äußere Erscheinung keineswegs aufgehoben worden.

Scharoun erläutert 1950 in einer Vorlesung diesen Entwurf, »der ›Orte so einräumte‹, daß sich der Raum aus der Struktur, aus den Bezügen der Orte untereinander und aus den Bezügen der Orte zur Umwelt ergab. Sodann wurden diese ›Orte‹ auf der Baustelle markiert, überprüft, sowohl was ihre Lage als auch was ihren Höhenbezug zueinander und zur Umwelt anging«, und weiter zum Schicksal des Bauantrags: »Es war aber eine Folge der Ablehnung des Neuen Bauens durch das Naziregime, daß dieser erste Entwurf nicht zur Durchführung kam. Nach längerer Zeit der Verhandlungen und Kämpfe wurde kurzerhand das umfangreiche, als Baugrundstück erworbene Gelände zum Naturschutzgebiet erklärt ... In weiteren Kompromißverhandlungen wurde dann der Umfang auf ein Sommerhaus reduziert und das Haus von der die Landschaft beherrschenden Kuppe herunter in die Waldzone verwiesen. So entstand das zur Ausführung gekommene Bauwerk.«[30]

Dem schließlich an die Waldzone gerückten Sommerhaus verbleibt ein ebenso hervorragender Blick auf den See. Der äußeren Erscheinung ist nicht anzusehen, welcher Ort des gemeinsamen Erholens sich im Inneren entfaltet. Der Funktion des Hauses entsprechend, gibt es drei kleine Schlafzimmer und ein Schlaf-Arbeitszimmer, das den Wohnraum diagonal vergrößert. In dieser Linie schwingt das Scharounsche Sofa, begleitet von einer Regalwand, zur Ecke des Raums, von wo die Treppe ins Ateliergeschoß führt.

Durch ein Abknicken an der Nordseite wird ein vertiefter Eßplatz geschaffen, der nach Süden orientiert ist und in Verbindung zur Terrasse liegt. Durch diese Maßnahme entsteht außerdem – durch die Dachneigung verstärkt – eine weiträumige Diagonalbeziehung zum Atelierbereich. Die obere Ebene hat einen eigenen Aussichtsort zum See an einer breiten Dachgaube, die auch als Oberlicht für den Sofabereich fungiert. Mit diesem kleinen Haus belegt Scharoun auch, daß nicht eine große Zahl von Funktionsbereichen, wie im Haus Moll, Voraussetzung ist, um Grundrißdispositionen zu finden, die zu wechselnden und überraschenden Raumperspektiven führen.

1 Isometrie des zuerst geplanten Hauses, 1:300
2 Ansichten und Grundrisse des gebauten Sommerhauses, 1:300
3 Blick von der Empore zum abgesenkten Eßbereich
4 Die Empore: Arbeitsbereich, Atelier, Schlafnische
5 Blick vom Eßplatz in den Wohnraum mit dem Sofa
6 Blick vom Eßplatz in den Wohnraum und zur überdachten Terrasse
7 Isometrie, 1:300

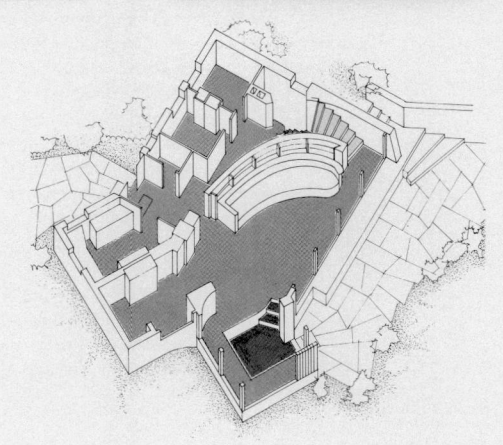

Einfamilienhaus, Berlin-Lichtenrade

1939

Haus Mohrmann

Seit Mitte der dreißiger Jahre verstärkt sich der Druck der nationalsozialistischen Baugesinnungsideologie, die sich u. a. in den Bezeichnungen »Heimstätte« und »Volkswohnungsbau« ausdrückt. Nach der Umstellung auf deutsche Werkstoffe werden bestimmte Baumaterialien zunehmend knapper. Sie werden genehmigungspflichtig. Wird zunächst nur die Stahlverwendung eingeschränkt, so sind ab Sommer 1938 schließlich alle Baumaterialien streng kontingentiert.

Kurz vor Kriegsbeginn kann Scharoun das Haus für einen Schwager in Lichtenrade bauen. Das Einfamilienhaus ist um eine Einliegerwohnung erweitert. Dadurch verbessern sich die Finanzierungsbedingungen mit Reichsdarlehen. Das Haus ist auf einem ca. 22 m breiten Grundstück in Winkelform angeordnet, wodurch sich Bereiche des Wohnens nach Süden öffnen können und zudem vorhandene Bäume erhalten werden.

Das Prinzip, für die vielen Funktionsbereiche des Wohnens eine raumwirksame Grundrißdisposition zu entwickeln, wendet Scharoun auch bei diesem relativ kleinen Haus an. Auch wenn aus Orten für bestimmte Tätigkeiten, die große Räume füllen könnten, kleine Ecken werden, bleibt die Qualität Scharounscher Häuser – das besondere Raumerlebnis – erhalten. Dadurch wird offensichtlich, daß bei ihm der Grundrißplan erst mit Hilfe einer übergeordneten Raumvorstellung zur Gesamtkonzeption führt.

Der Eingang ist von der Straße zurückgesetzt, um nach dem Betreten des Hauses in der Weiterführung sogleich einen zusammenwirkenden Eindruck von Wohnraum, Terrasse und Garten zu bekommen. Auch hier ist die Funktion der Haustreppe nicht nur auf die Verbindung der Geschosse beschränkt, sondern sie dient der Abstufung verschiedener Ebenen des Wohnbereichs. Dieser treppt sich von der höher liegenden Musikecke über einen Nähplatz mit Blumenfenster zum Studio ab und beschreibt mit dem markant gesetzten Eßplatz einen Kreis um das Scharounsche Sofa mit Gartenblick.

Eine Abtrennbarkeit von Räumen sieht Scharoun immer vor, auch wenn sie mit Vorhang oder Schiebewand weniger akustisch als optisch wirksam ist. Das Kinderspielzimmer ist so angeordnet, daß es sich auch der separat erschlossenen Einliegerwohnung zuschlagen läßt. Während der eindrucksvolle offene Wohnbereich des Hauses Baensch noch mit einer dünnen Eisenstütze erreicht wurde, führt der Eisenmangel im Haus Mohrmann zur Anwendung von Segmentbögen, um die Durchdringung der Räume, aber auch große Fenster zu realisieren. Weder von konstruktiven Gesichtspunkten der Dachkonstruktion noch von der Grundrißorganisation des Schlafgeschosses läßt sich Scharoun in der Raumfindung für das Erdgeschoß beeinträchtigen.

Angeblich wird die äußere Erscheinung den Vorstellungen der Baupolizei keineswegs gerecht, denn das Haus soll mit der Bemerkung genehmigt worden sein: »Ach, da steht schon so viel Mist – da kommt es auf etwas mehr nicht an«.[31]

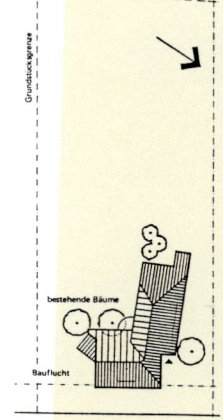

1

2

3

4

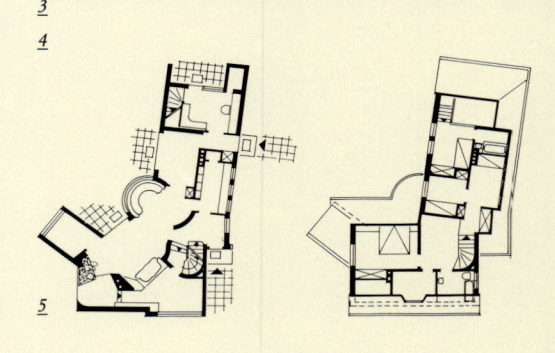

5

6

7

8

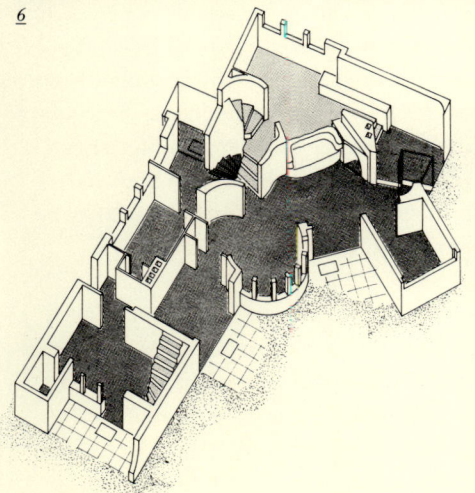

9

1 Die Eingangsseite
2 Lageplan, 1:1000
3 Blick vom Eßplatz zum Wohnraum
4 Gartenseite
5 Grundrisse, 1:500
6 Blick von der Musikecke über den zentralen Wohnbereich zum Arbeitszimmer und Garten
7 Isometrie, 1:300
8 Blumenfenster
9 Treppenaustritt im Obergeschoß

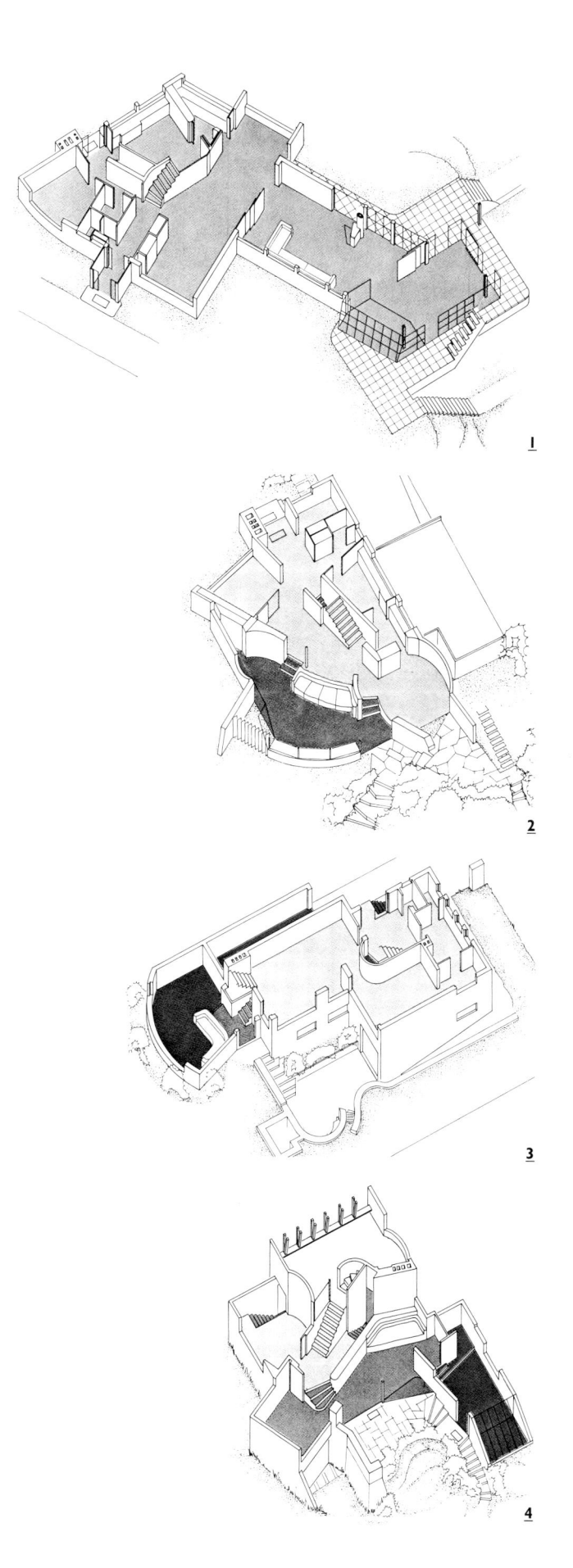

»Unter erschwerten Umständen« kann Scharoun in den dreißiger Jahren seine Architekturvorstellung mit der Realisierung von Einfamilienhäusern weiterentwickeln. Durch diese gestalterische Auseinandersetzung mit dem Mikrokosmos der Familie ergibt sich nicht nur eine Scharoun-spezifische Einfamilienhausreihe. Er erarbeitet sich mit seinen Experimenten auch eine konzeptionelle Grundlage. Diese kommt dann in den Architekturentwürfen der Nachriegszeit zum Tragen. Das Arbeiten an prinzipiellen Lösungen, wie dem »Transportablen Holzhaus« sind ebenso Faktoren dieser kontinuierlichen Entwicklung wie die speziellen Lösungen für individuelle Bauherren. Als Anfang dieser Reihe kann das »Transportable Holzhaus« gesehen werden, das mit seinen Funktionsbereichen, ihrer Ausbildung und Zuordnung, das Schema einer modernen Wohnform bildet. Das Haus Schminke, als herausragendes Beispiel der modernen Architektur anerkannt, gibt schon Hinweise auf die weitere Grundrißarbeit. Der Wohnraum ist – trotz seiner Form – nicht neutral und flexibel nutzbar. Vielmehr sind einzelne Funktionen des Wohnens, wie Eß-, Sitz-, Musikbereich, sowohl als Orte im Raum als auch in ihrer Blickbeziehung zum Garten festgelegt. Auf solche Orte bezogene natürliche und künstliche Belichtung verändert die neutrale Raumform in eine speziell erlebbare Raumfolge.

Scharoun erweist sich immer mehr als ein Funktionalist besonderer Art, der die Trennung der Bereiche einer Wohnung nicht als rigides Ordnungsprinzip, etwa in Form eines Zimmergrundrisses versteht. Insbesondere die gemeinschaftlichen Bereiche des Wohnens werden – innerhalb einer größeren, räumlich offenen Einheit – differenziert und spezialisiert. So entstehen spezifische Orte mit je eigener Bedeutung. Sie sind nicht austauschbar, schaffen Distanzen – lassen aber zugleich vielschichtige Beziehungsstrukturen entstehen. Durch die Trennung der Funktionen werden diese Beziehungen erst bedeutsam und für Scharoun gestaltbar. Die Balance zwischen Distanz und Beziehung – sowohl räumlich als auch zwischenmenschlich gemeint – wird mehr und mehr zu einem Leitthema Scharouns. Weil die Beziehungen zwischen verschiedenen Orten im Grundriß nicht immer visuell wahrnehmbar, sondern auch und vor allem für die handelnden, sich bewegenden Subjekte bedeutsam sind, wird Bewegung (das dynamische Prinzip) zu einem konstituiven Moment Scharounschen Entwerfens. Grundrißarbeit bedeutet so: Antizipation von Wohnvorgängen. Aus den Bewegungsvorstellungen entwickeln sich Raumvorstellungen. Kein Wunder also, daß Scharoun die Treppe möglichst in die Mitte des Hauses rückt. Um sie herum läßt sich das Wohnen als Raumerlebnis besonders gut in Szene setzen.

Charakteristisch für Scharouns Entwicklungsreihe ist, daß seine Häuser sich immer stärker mit der natürlichen Umgebung verbinden und Teil der Landschaft werden. Die Verzahnung von Naturraum und Architekturraum, die seine Häuser der dreißiger Jahre auszeichnet, ist zweifellos ein Ergebnis der kontinuierlichen Zusammenarbeit mit dem Gartenarchitekten Hermann Mattern. Die Art und Weise, in der die Besonderheiten von Lage und Topographie des Gartens zu entwurfsbestimmenden Faktoren für das Haus werden, ist eng verknüpft mit Scharouns ganzheitlicher Raumvorstellung. So werden nicht nur die Orte der »Außenwohnräume« in besonderer Beziehung zum Innenraum lokalisiert, vielmehr werden auch die Eigenheiten der Topographie in den verschiedenen Ebenen des Hauses – oft noch überhöht – aufgenommen, was z. B. im Haus Moll zu besonders vertikalisierenden Raumschichtungen führt. Situationsspezifische Bedingungen, wie Himmelsrichtung, Ausblick und Nachbarbebauung sind weitere Faktoren, die Scharoun in seinen Raumdispositionen wirkungsvoll berücksichtigt, etwa durch diagonal entwickelte Raumfolgen, aber auch durch die ritualisierte Stellung des Sofas.

Unter erschwerten Bedingungen hat Scharoun eine Idee des Wohnens entwickelt, die die Kriegszeit überdauert und in gestalterisch befreiter Form weiterentwickelt werden kann. Ein besonders signifikantes Beispiel dafür ist die Einfamilienhausgruppe, die er für das Berliner Hansaviertel 1956 entwirft. Die Hausgruppe ist eingeschossig, der Wirtschaftsbereich ist zum Eingang, der Wohnbereich und der Schlafbereich mit Spielzimmer der Kinder sind zum Garten orientiert. Die Bewegungsfunktion einer zentralen Treppe entfällt nicht ganz. Sie führt in diesem Falle durch einen kleinen Innenhof auf eine Dachterrasse über der Garage – in einer vorhergehenden Skizze hätte sie zu Atelierräumen geführt. Scharoun weist hier insbesondere auf die Grundrißdisposition hin, die das Zusammenleben aller Bewohner ohne auferlegten Zwang ermöglicht, aber auch auf die Bindung, die das Gelände vorgibt. Vom Teich im Englischen Garten ansteigend, setzen sich hochgelegene Wohnterrassen auch im Innern der Gebäude in unterschiedlichen Höhen fort. »Wird die Plastik der Landschaft gewissermaßen zum Haus verdichtet, so muß die Qualität des Lichtes, das uns Plastik erst optisch erlebbar macht, in den Entwurf mit einbezogen werden ... Erst dadurch wird Landschaft ständig bewohnbar.«[32]

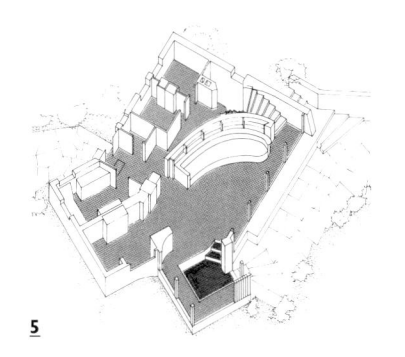

Isometrien, 1:400
1 Haus Schminke, 1933
2 Haus Baensch, 1935
3 Haus Hoffmeyer, 1935
4 Haus Moll, 1936
5 Haus Möller, 1937
6 Haus Mohrmann, 1939
7 Einfamilienhausentwurf Hansaviertel Berlin, 1956

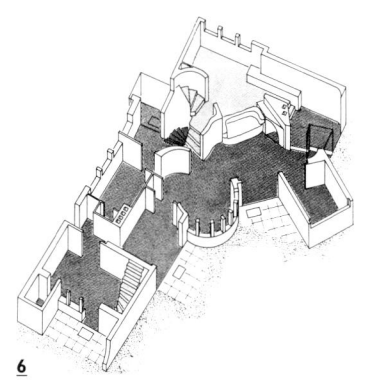

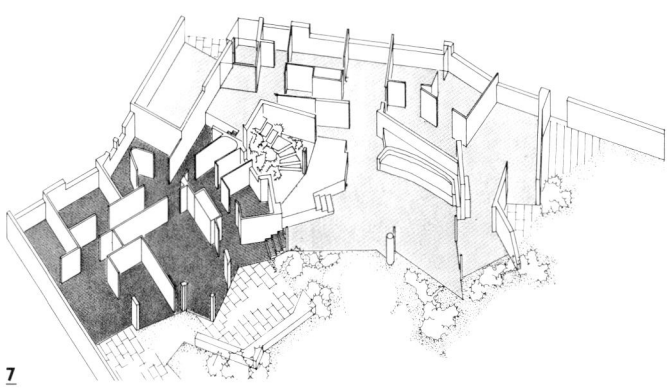

Mit dieser Auffassung kommt die Hoffnung auf eine erneuerte Weiterentwicklung der modernen Architektur in einer offenen Gesellschaft zum Ausdruck, deren Schicksal Ernst Bloch – angesichts der Naziherrschaft – in »Prinzip Hoffnung« so charakterisiert: »Der begonnene Grundzug der neuen Baukunst war Offenheit: sie brach die dunklen Steinhöhlen, sie öffnete Blickfelder durch leichte Glaswände, doch dieser Ausgleichswille mit der äußeren Welt war zweifelsohne verfrüht ... Denn nichts Gutes geschieht hier auf der Straße, an der Sonne; die offene Tür, die riesig geöffneten Fenster sind im Zeitalter der Faschisierung bedrohlich, das Haus mag wieder zur Festung werden, wo nicht zur Katakombe. Das breite Fenster voll lauter Außenwelt braucht ein Draußen voll anziehender Fremdlinge, nicht voll Nazis; die Glastüre bis zum Boden setzt wirklichen Sonnenschein voraus, der hereinblickt und eindringt, keine Gestapo.«[33]

Die neue Stadt und ihre Elemente

»Während des ganzen Krieges war ich ohne Unterbrechung in Berlin und arbeitete ab 1943, wie viele freischaffende Architekten, in der Fliegerschadenbeseitigung. Mein Arbeitsgebiet lag im Bezirk Steglitz, aber ich wohne in Siemensstadt, und es war nicht immer leicht, nach den Fliegerangriffen zu meiner Arbeitsstätte zu kommen. Mehrere Fahrräder haben daran glauben müssen. Während der Verteidigung saß ich in Siemensstadt, immer wieder bekam ich die Aufforderung, mich unverzüglich zum Volkssturm zu stellen, noch am 22. April, als sich die Russen Siemensstadt schon näherten, sollte ich mich melden. Ich entzog mich diesen dauernden Zugriffen, auch weigerte ich mich, in letzter Minute Siemensstadt zu verlassen, wozu die Bevölkerung aufgefordert wurde. Als ich mich diesem letzten wahnsinnigen Befehl widersetzte, entschlossen sich auch die übrigen im Keller Versammelten auszuhalten. Das war unser Glück. Am 23. April gegen Abend kamen die Russen. Gemeinsam machten wir uns daran, das Haus, das ziemlich gelitten hatte, wieder einigermaßen regendicht zu bekommen. Ich versuchte auch, nach Berlin hineinzukommen, doch war daran nicht zu denken. Erst am 8. Mai gelang es mir, nach Steglitz zu wandern und dort meine unterbrochene Arbeit wieder aufzunehmen. Einiges Material war noch gerettet und konnte an die Bevölkerung ausgegeben werde, auch die alten Mitarbeiter meldeten sich wieder. Die Arbeit begann. Dann aber wurde ich zu einer größeren Aufgabe gerufen, am 23. Mai 1945 übernahm ich die Leitung der Abteilung für Bau- und Wohnungswesen im Magistrat der Stadt Berlin.«[1]

Sozusagen über Nacht steht der von den Nazis Stillgestellte wieder im Rampenlicht des Bau- und Planungsgeschehens. Die Position des Stadtbaurates im ersten, von der sowjetischen Militärregierung eingesetzten Berliner Magistrat, die er jetzt bekleidet, ist Ehre und Verpflichtung, denn er tritt das Erbe Martin Wagners an, der von 1926–1933 auf diesem Stuhl saß und für das Neue Bauen und vor allem für den Wohnungs- und Siedlungsbau in Berlin einen engagierten und unvergleichlich wertvollen Beitrag leistete. Daß es Scharoun schließlich nicht gelingt, im Sinne Wagners zu wirken, ist nicht sein Verschulden. Als Ende 1946, nach freien Wahlen, ein neuer Magistrat gebildet wird, ist er seines Amtes enthoben, das Karl Bonatz übernimmt, ein konservativ eingestellter Baumeister, Bruder von Paul Bonatz. In seiner nur ca. anderthalb Jahre dauernden Amtszeit entsteht der berühmte Kollektivplan, der seinen Namen einem von Scharoun geleiteten Planungskollektiv verdankt. Die Aufgabe der Planergruppe besteht darin, für die zerstörte Stadt Möglichkeiten einer am Wissensstand modernen Städtebaus orientierten konsequenter Neuordnung zu erkunden und anschaulich werden zu lassen. Als Diskussionsgrundlage werden erste Überlegungen des Planungskollektivs im Spätsommer 1946 im Weißen Saal des Berliner Stadtschlosses der Öffentlichkeit präsentiert. Die Ausstellung trägt die Überschrift »Berlin plant – Erster Bericht«.

Scharouns architektonische und städtebauliche Arbeit nach dem Zweiten Weltkrieg ist deutlich von dem Anliegen bestimmt, eine nationale Traditionslinie der modernen Architektur wieder aufzunehmen. In den zwanziger Jahren zählte Deutschland zu einer der führenden Nationen in der Entwicklung der Baukunst. Ab 1933 wurde das Neue Bauen von den Nationalsozialisten als undeutsch oder kulturbolschewistisch unterbunden, obgleich der sachlich-technische Aspekt teils im Industriebau übernommen wird – getragen von unpolitischen Fachmännern. Nicht zuletzt die moderne-feindliche Position der Nationalsozialisten in Kunst und Architektur, die sich deutlich in der Ausstellung »Entartete Kunst« manifestierte, verführt 1945 zu der Hoffnung, mit dem Wandel von einer totalitären zu einer demokratischen Ordnung sei die moderne Auffassung von Architektur und Städtebau auf breiter Grundlage sanktioniert, und die architektonischen Insignien des Dritten Reiches – der sentimentale Heimatstil als ideale Ausdrucksform für das Wohnen und ein bombastischer Neoklassizismus für das repräsentative Bauen – seien ein für allemal diskreditiert. Die Hoffnung auf eine architektonische Neuordnung läßt sich auch aus der politischen Tradition der Modernebewegung in der Architektur und der damit einhergehenden Vorstellung von einer Wechselwirkung zwischen Bauen und Gesellschaft erklären. 1960 hat Adolf Arndt in einer berühmt gewordenen Rede mit dem bezeichnenden Titel »Die Demokratie als Bauherr« auf dieses politische Moment in der Tradition der modernen Architektur aufmerksam gemacht, wenn er sagt: »Am Beginn eines Wandels im Bauen steht ... die von van de Velde erhobene Forderung nach einer révolte moral, die den Baumeister vor die soziale Frage stellte und ihn aus einem Aufstand des Gewissens zum

1, 3 Visionäre Entwürfe aus den Kriegsjahren
2 Aquarell aus der expressionistischen Werkphase 1919/20

Kampf gegen das Lebensunwürdige der Proletarierunterkünfte aufrief, dann zum Ringen um die Arbeitsräume bis zur Erneuerung des Städtebaus. Im Kreise der Baumeister selber ist also eine Rückbesinnung auf das Politische ihres Wirkens zu beobachten, gestoßen vom Erschrecken über den Gesichtsverlust menschlichen Siedelns.«[2]

Eine politisch-moralisch geprägte Haltung spiegelt sich auch in der Begrifflichkeit wider, die für die Verfechter einer neuen Baukunst typisch ist. So spricht Scharoun statt von moderner Architektur bevorzugt vom Neuen Bauen – ein Begriff, der das Prozeßhafte, Dynamische, auch Experimentelle der Disziplin hervorhebt und gegen das Starre und Ewigkeitswerte Beanspruchende, das in dem traditionellen Architekturbegriff mitschwingt, aufbegehrt. Mit dem Begriff des Neuen Bauens, der direkt auf die Experimente der zwanziger Jahre zurückweist, verbindet Scharoun verwandte Bezeichnungen, wie neue Wohnung oder neue Stadt. Für ihn ist das Adjektiv neu nicht bloß formelhaftes Anhängsel, sondern es ist in unmittelbarem Zusammenhang mit einer gesellschaftlichen Veränderung gedacht: Das Neuen Bauen zielt auf die neue Gesellschaft und den neuen Menschen: »Wir brauchen Lebensraum für den neuen Menschen, die neue Gesellschaft: wir brauchen Wohnungen mit nach außen und innen wirkender neuer Ordnung, die Abbild, Gestaltbild unserer Lebensmöglichkeiten und unserer Lebensabsichten sind, sie mitformen helfen. Sie [die Wohnungen] stellen Forderungen an das Mitdenken der Mieter, aber das hoffen wir, sie werden ihn [den Mieter] in seinen Absichten auch unterstützen.«[3]

1 Skizze zum Theaterentwurf in Kassel, 1952
2 Scharoun um 1943
3, 4 Visionäre Entwürfe aus den Kriegsjahren

Als Scharoun in der Nazizeit die Möglichkeit versagt bleibt, sein politisch-moralisches Grundverständnis vom Bauen umzusetzen, kann er zunächst in den bescheidenen Experimenten des Einfamilienhausbaus einen Rest davon retten. Es geht ihm mit dieser Aufgabe um die räumlich umgesetzte Balance zwischen den Möglichkeiten des Rückzugs des einzelnen und der Zuwendung zur Gemeinschaft. Die Wohnung wird hier zur kleinsten urbanen Einheit, in der Distanz und Be-

ziehung in Gleichgewicht zu setzen sind. Die Wohnung als urbaner, die Familie als gesellschaftlicher Mikrokosmos, in dessen strukturalem Aufbau sich ein Modell abzeichnet, welches konträr zu den räumlichen Ordnungsvorstellungen der nationalsozialistischen Ideologie liegt. Doch auch die Arbeit im Rahmen solch bescheidener Experimente wird infolge Kriegswirtschaft und dann des Krieges unmöglich. Bevor er in der Fliegerschadenbeseitigung tätig wird, arbeitet Scharoun für die »Neue Heimat, Sachsen« in der Siedlungsplanung und erstellt für die Akademie für Wohnungswesen, Berlin, eine Forschungsarbeit über zentrale Waschküchen. Auf diese Weise beruflich eingeschränkt, versucht er, in Form visionärer Entwürfe, die er im Keller verstecken muß, seinen Träumen von einem Bauen für die Gemeinschaft Gestalt zu geben. Daß diese sich in ihrem Ausdrucksgehalt deutlich von der Emphase der Skizzen zum Volkshausgedanken um 1919 unterscheiden, beruht auf den fast gegensätzlichen Entstehungsbedingungen. Zwar entspringen beide Werkgruppen dem inneren Drang eines zur Untätigkeit verdammten schöpferischen Menschen; doch war 1919 die Empfindung eines gesellschaftlichen und ästhetischen Aufbruchs sozusagen kulturelles Allgemeingut, so sind die in erzwungener Zurückgezogenheit entstandenen Skizzen der Kriegsjahre wie ein gedankliches Hinarbeiten auf eine öffentliche Architektur (und für Scharoun sicher auch ein notwendiger Gegenpol zur Beschäftigung mit den Einfamilienhäusern).

Die visionären Zeichnungen und Aquarelle aus den Kriegsjahren lassen ein ganzes Bündel von Bezügen erkennen, die zu unterschiedlichen Interpretationen reizen. So sind diverse architekturgeschichtliche Einflüsse nachvollziehbar, die Scharoun in z.T. gewagten Kombinationen verarbeitet hat, etwa indem er die triumphbogenartigen Entwürfe russischer Konstruktivisten für die Sanierung Moskaus mit piranesischen Außentreppen versehen als Stadtbekrönung präsentiert. Beton-Schalen-Konstruktionen scheinen Scharoun in diesen Phantasien sehr angeregt zu haben. Sie formulieren gewandartige und schwingende Gebäudehüllen sowie Gruppen von »Dachwölkchen«. Die Darstellung ist in der Regel auf das Schaubild beschränkt, mitunter liegen mehrere Ansichten des gleichen Objektes auf einem Blatt. Gelegentlich tauchen aber auch Schnittskizzen auf und lassen Innenraumdimensionen und Lichtführung erahnen. Grundrisse fehlen völlig, was nicht verwundert, denn diese Blätter sind für keine konkrete Aufgabe konzipiert. Somit fehlen ihnen die Bedingungen von Funktion und lokaler Situation, auf die die Scharounsche Formentwicklungsmethode sonst aufbaut: die »Gestaltfindung«. Das muß beim Betrachten bedacht werden. Trotzdem haben diese Blätter eine wichtige Funktion für Scharoun, über die er sich, anläßlich der ersten großen Ausstellung seiner Arbeiten in der Akademie der Künste in Berlin 1967, äußert: »Vom Ausbruch des Krieges bis zur Kapitulation entstanden Tag für Tag Zeichnungen, Aquarelle, Entwürfe. Sie entstanden aus Selbsterhaltungstrieb und aus dem Zwange, sich mit der Frage nach der kommenden Gestalt auseinanderzusetzen.«[4]

»Was plante Scharoun damals für die Zukunft?«, fragt der Rezensent der »Neuen Zürcher Zeitung« in einer Besprechung der Berner Scharoun-Ausstellung von 1974. Er fährt fort: »Man sieht gigantische Versammlungshallen und -zelte mit monumentalen Freitreppen für Massenaufmärsche. Heute, aus dem zeitlichen Abstand von dreißig Jahren, notiert man eher Parallelen zu den Bauten für die Massenkultur des Dritten Reiches als Alternativen für die Zukunft.«[5]

Mutet diese Äußerung, mit ihrer impliziten Gleichsetzung von Monumentalität und Totalitarismus, auch ein wenig kurzschlüssig an, so mag sich in der Tat ein unbehagliches Gefühl einschleichen beim Betrachten der sich über Treppen ergießenden Menschenpartikel, die zwar nicht formiert, aber beziehungslos erscheinen. Und sind diese Darstellungen mit ihren vielen Treppen und ihren landschaftlich eingebundenen Großkörpern auch durchaus in gewissem Maß Antizipationen des Scharounschen Spätwerks, so hält sich das Gefühl in der Waage, ob es sich hier um positive Zukunftsvisionen oder um Psychogramme eines seiner Möglichkeiten Enteigneten und seiner Berufung Entbundenen handelt.

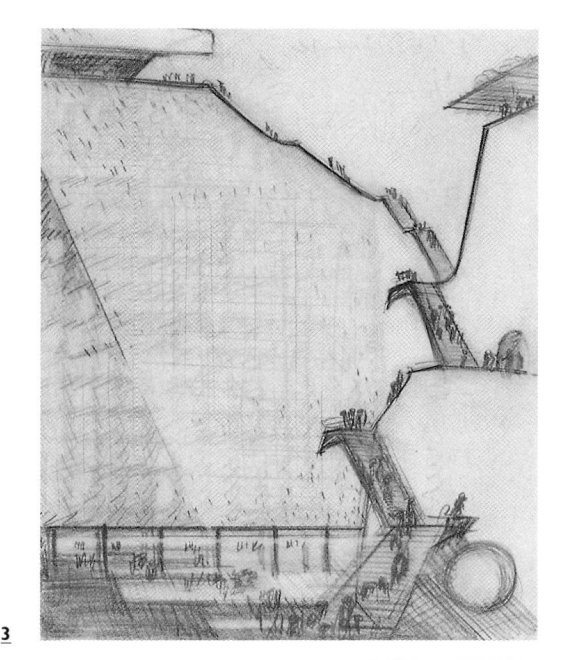

In den Kriegsjahren bedeuten die Treffen und informellen Gespräche im Kreis von Freunden und Gleichgesinnten eine bescheidene Möglichkeit der Kompensation. Aufgrund der allgemeinen Lage sind solche Treffen aber schwierig zu organisieren und deshalb selten. Oft werden sie eher Dialogcharakter gehabt haben. Aus Scharouns Äußerungen kurz nach dem Krieg kann auf einen intensiven Gedankenaustausch mit Hugo Häring in jenen Jahren der Unterdrückung geschlossen werden. Auch die Gespräche mit Chen Kuen Lee, ein in Deutschland ausgebildeter chinesischer Architekt, von 1939–1943 sein Mitarbeiter, haben ihm wichtige Anregungen geliefert. Scharouns im Januar 1945 geschriebener unveröffentlichter Aufsatz »Chinesischer Städtebau« belegt das. Da insgesamt die Kommunikation unter den Vertretern des Neuen Bauens schwierig ist, gehören konspirative Formen, von denen Hubert Hoffmann am Beispiel der sogenannten »Freitagsgruppe« berichtet, wohl eher zu den Ausnahmen: »Wir haben ... in der ›Freitagsgruppe‹ ..., zunächst unter Hilberseimer – später nach dessen Auswanderung bei mir – gemeinsam mit Ebert, Hassenpflug, Blank, Friedrich, Luckhardt, Scharoun beraten: was zu verhindern, zu sabotieren wäre – wer zu schützen wäre und welche städtebaulichen Maßnahmen nach dem Sturz der Faschisten zu ergreifen wären. Auf diese Weise hatte Scharoun um '45 sofort ein arbeitsfähiges Kollektiv.«[6]

»Ich habe alles mir Erreichbare, besonders aus dem Kreis um Gropius und Hilberseimer (vielleicht ist Ihnen Ebert noch bekannt?) in Amtsstellung gebracht«,[7] schreibt Scharoun im Januar 1946 seinem ehemaligen Ring-Kollegen Richard Döcker nach Stuttgart und bestätigt indirekt das von Hoffmann Gesagte.

Doch Scharoun kann nicht nur personell auf Kräfte zurückgreifen, deren Integrität er nicht anzweifelt. So hebt er die Leistung einiger junger Städtebauer hervor, die auch »unter den Bedingungen des Nationalsozialismus« im Sinne der neuen Gedanken produktiv waren. Er spielt dabei auf die städtebauliche Studie »Die aufgelockerte und gegliederte Stadt« von Hubert Hoffmann und Roland Rainer an, die unter der Leitung von Johannes Göderitz in den letzten Kriegsjahren an der Deutschen Akademie für Städtebau als Forschungsarbeit entstand. Kennzeichnend für diese junge Richtung im Städtebau, so Scharoun, sei das Merkmal, »daß die Mannigfaltigkeit der Probleme wesenhaft, beinahe aphorismenhaft, gesehen und gedeutet wird, aber keine Totalitätsansprüche im Sinne von ›Leitsätzen‹ gestellt werden«.[8] Die Arbeit von Hoffmann und Rainer ist für Scharoun von großem anregendem Wert. Das spiegelt sich z. B. in der Tatsache wider, daß er für eine 1949 geplante Neu-Veröffentlichung von »Die aufgelockerte und gegliederte Stadt« das Vorwort schreibt – die ersten gedruckten Exemplare waren, bevor sie in den Handel kamen, in den Wirren der letzten Kriegswochen verlorengegangen. In dem Vorwort heißt es u. a.: »Die vorliegende Arbeit ist so deutlich eine mit wissenschaftlichen Mitteln geführte Kampfschrift, daß sie fast ohne Änderungen in den Druck gegeben werden konnte. Der Wert dieser Arbeit liegt in der Tatsache, daß sie in überzeugender Weise den Beweis erbringt, daß gesunde und leistungsfähige Stadtorganismen in aufgelockerter Bauweise geschaffen werden können, bei einem Flächenbedarf, der nicht höher ist als der unserer bestehenden unwirtschaftlichen und unhygienischen Städte.«[9]

Welcher Art die von Scharoun angesprochenen Änderungen sind, ist anhand einer Gegenüberstellung der beiden Versionen (die zweite erscheint übrigens erst 1957) in dem hervorragenden materialreichen Buch »Das Berliner Mietshaus – 1945–1989« von Johann Friedrich Geist und Klaus Kürvers nachzuvollziehen. Nach Fortfall des Hauptargumentes Luftschutz für eine städtebauliche Auflockerung und einiger ideologiespezifischer Termini bleibt der Aussagekern in der Tat ziemlich konstant. Die genannte Arbeit von Geist/Kürvers stellt übrigens die beste Dokumentation von Scharouns städtebaulichen Bemühungen im Berlin der Nachkriegszeit, seinen Kampf um die Durchsetzung der Neuen Stadt und ihrer Elemente dar. Sie bildet für dieses Kapitel eine unentbehrliche Grundlage.

Die von dem Planungskollektiv um Scharoun entwickelte städtebauliche Neukonzeption des (oberirdisch zu 40 %) zerstörten Berlin, beruht aber nicht nur auf den von Hoffmann und Rainer formulierten Gedanken, sondern steht – wie die erwähnte Studie übrigens auch – in der Traditionen des modernen Städtebaus. Scharoun selbst erwähnt häufig die städtebauliche Auseinandersetzung der Zeit um die Jahrhundertwende, vor allem zwei, für den weiteren Entwicklungsverlauf entscheidende Ideen: die Gartenstadt und die Bandstadt. Beide Ideen seien zur bestimmenden Grundlage für den modernen Städtebau geworden. Auf beide Modelle bezieht Scharoun auch seine eigenen städtebaulichen Arbeiten: »Ich darf auf den Plan des Berliner Planungskollektivs als Beispiel einer Verbindung beider Bewegungen ... hinweisen.«[10] Aber auch die in der Charta von Athen formulierten städtebaulichen Leitlinien des CIAM sind in den Kollektivplan eingeflossen. Mit Wils Ebert sitzt ein Mann im Planungskollektiv, der 1933 als Vertreter von Walter Gropius an dem CIAM-Kongreß in Athen teilnahm, wo er eine für die Ausstellung »Die funktionale Stadt« bestimmte Arbeit vorstellte, die – in Gropius' Büro entwickelt – sich mit städtebaulichen Fragen Berlins auseinandersetzte.

Doch auch der Streit zwischen Tradition und Moderne zeigt nach 1945 Kontinuität. Eine Phalanx *gegen* das neue Bauen ist schnell formiert, und zwar in der westlichen wie der östlichen Machthemisphäre. Ist es im Westen die personelle Kontinuität in Bauämtern und Hochschulen, welche die in den dreißiger Jahren gefestigte Vormachtstellung konservativer und traditionalistischer Architekturauffassungen fortschreibt, so

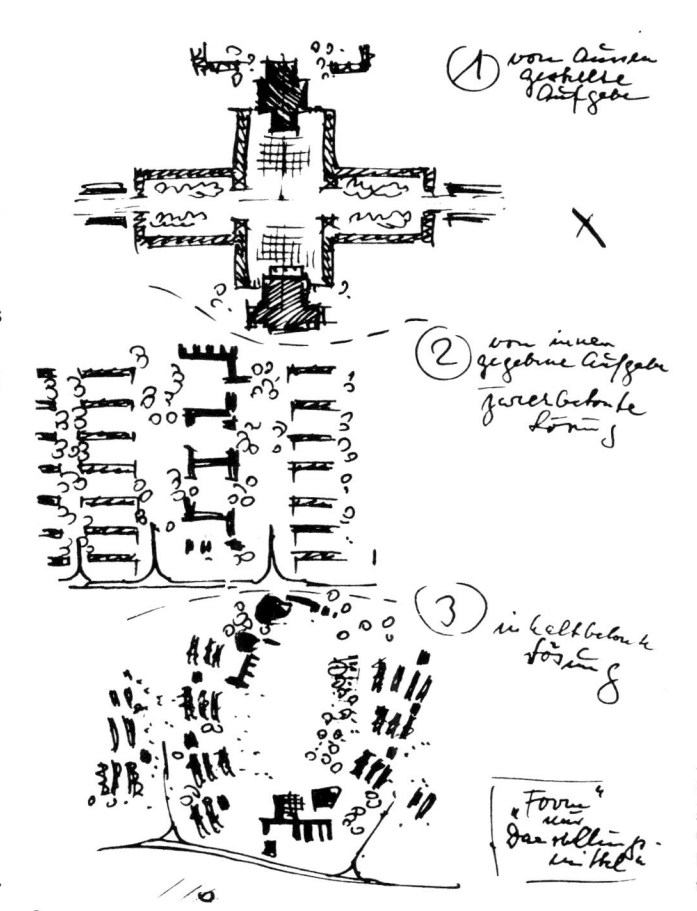

1, 2 Visionäre Entwürfe aus den Kriegsjahren
3 Skizzen Scharouns zu unterschiedlichen städtebaulichen Strukturauffassungen, um 1947

gibt es, bezogen auf den sowjetischen Einflußbereich, zunächst gewisse Hoffnungen der modernen Kräfte, die vielleicht durch die sozialistische Tradition des Neuen Bauens genährt sind. Doch dies erweist sich spätestens dann als Trugschluß, wenn man Walter Ulbrichts Beurteilung moderner Architektur vernimmt: »In der Weimarer Zeit wurden in vielen unseren Städten Gebäudekomplexe gebaut, die in ihrer architektonischen Gestaltung nicht den Wünschen der Bevölkerung entgegenkamen, die nicht der nationalen Eigenart entsprachen, sondern dem formalistischen Denken einer Anzahl Architekten, die die Primitivität gewisser Fabrikbauten auf die Wohnbauten übertrugen. Unter dem Hitlerfaschismus wurde dieser Kasernenstil noch weiter entwickelt. Einige Architekten, besonders aus der Bauabteilung des Magistrats von Berlin, wollten die Hauptstadt Deutschlands verniedlichen durch den Bau von niedrigen Häusern und wollten Gebiete der Innenstadt nach den Richtlinien für Stadtrandsiedlungen bauen. Der grundsätzliche Fehler dieser Architekten besteht darin, daß sie nicht an die Gliederung der Architektur Berlins anknüpfen, sondern in ihren kosmopolitischen Phantasien glauben, daß man in Berlin Häuser bauen solle, die ebensogut in die südafrikanische Landschaft passen.«[11]

Es ist interessant zu verfolgen, wie schillernd die politischen Konnotationen architektonischer Formen erscheinen. Man mag daraus sowohl die politische und gesellschaftliche Relevanz der Architekturformen ablesen als auch die Problematik einer konkreten Zuordnung dieser Formen zu politischen Ordnungen. Die unbekümmerte Gleichsetzung Ulbrichts: Neues Bauen = Kasernenstil = Hitlerfaschismus belegt zumindest, daß die gegenteilige Hypothese, die Neues Bauen mit einer demokratischen Gesellschaftsordnung in Verbindung bringt, nicht unbedingt auf einem breiten Konsens beruht. Das gilt gleichermaßen für den Einflußbereich der westlichen Besatzungsmächte. Richard Döcker beschreibt in einem Brief an den ehemaligen Berliner Stadtbaurat Martin Wagner, der inzwischen in den USA lebt, die Lage: »Glauben Sie ja etwa nicht, daß die Situation ... heute wesentlich anders ist als zu Hitlers Zeiten! – Die reaktionären Kräfte (wie sollte es auch anders sein) sind genauso vorhanden, sind in den Machtpositionen der Beamtung, der Regierung, und alles ist wie einst. Der kleine Unterschied, daß der eine oder andere von uns nur offiziell betitelt wurde (was schließlich eben nicht mehr gut anders ging), hat gar nichts zu bedeuten – reine Ausnahme!! – Ohne jede Bedeutung für Entscheidungen oder Entschlüsse.«[12] Wagner reagiert schroff auf solche Lamentos. »Wundern Sie sich nicht, wenn die Reaktion wieder hochkommt, und wenn ein neuer Typ von Generalen Ihnen sagen wird, was wirtschaftlich und politisch erforderlich ist, was Ihnen dann ästhetisch erlaubt sein wird. Das Prinzip der école des beaux arts – auch wenn es im Bauhaus-Gewand erscheinen sollte! – ist nicht genug, um unsere Zeit zu ›gestalten‹«.[13] Gleichwohl offenbaren Wagners Einschätzungen und Ratschläge auch eine Verkennung des tatsächlichen Ausmaßes einer personellen Melange aus Reaktionären, Konservativen, Karrieristen in der deutschen Nachkriegsarchitektur und Baupolitik, in der wiederum ein aus Amerika reimportierter und von seinen ursprünglichen sozial-politischen Intentionen gereinigter moderner Formalismus durchaus auch einen Platz findet.

Der beginnende Kalte Krieg zwischen zwei weltanschaulichen Systemen, dessen Front mitten durch Deutschland verläuft, trägt zur Verwirrung und zur Schwierigkeit der modernen Kräfte, sich zusammenzuschließen, ebenso bei, wie die nun stärker als noch in der zwanziger Jahren heraustretenden Richtungen, Dispute und Führerschaftsansprüche innerhalb der Moderne-Bewegung selbst. Sigfried Giedion, der CIAM-Sekretär, schreibt 1948 an Döcker, der sich um einen Anschluß der modernen Architekten in Deutschland an diese Organisation bemüht u. a.: »Jedenfalls werden Sie z. B. Le Corbusier nicht auf einer Zusammenkunft erwarten dürfen, an der Häring teilnimmt.«[14] Das kulturelle Klima in Deutschland unterscheidet sich nach dem Zweiten Weltkrieg erheblich von jenem, welches nach dem Ersten Weltkrieg vorherrschte. Der universelle Anspruch der ästhetischen Avantgarden auf eine verbindliche Lebensgestaltung findet nun nicht mehr den gleichen kulturellen Rückhalt, der noch für das allgemeine Aufbruchgefühl der zehner und zwanziger Jahre bezeichnend war. Kunstrichtungen wie das Informel offenbaren einen neuen Überhang des Subjektivismus gegenüber einer Suche nach dem kollektiven Subjekt. Soweit einige Facetten des kulturellen und politischen Hintergrundes der gern zitierten Stunde Null.

Scharouns Tätigkeit als Leiter der Abteilung für Bau- und Wohnungswesen im Berliner Magistrat ist von den spezifischen Schwierigkeiten der unmittelbaren Nachkriegszeit bestimmt, die vor allem in der großen materiellen Not liegen, aber auch in der Unsicherheit über den neuen Status, der der alten Reichshauptstadt von den Siegermächten zugesprochen werden soll. Seitens der Alliierten besteht ein generelles Planungsverbot größeren Stils, etwa im Sinne einer städtebaulichen Neukonzeption des zerstörten Berlin. So muß Scharoun in seinem am 7. 1. 1946 gehaltenen Tätigkeitsbericht über seine bisherige Arbeit konstatieren: »es [ist] sehr schwierig oder unmöglich, über die wahren Absichten in der Öffentlichkeit zu berichten«.[15] Die Problematik der Aufgabe liegt darin, die unmittelbare Not bezüglich Wohnen, Arbeit und Versorgung zu lindern, ohne darüber die prinzipiellen und langfristigen Lösungen aus dem Auge zu verlieren oder durch Tatsachenschaffung zu verbauen. Scharouns Ziel ist, das Neue Berlin nach den städtebaulichen und architektonischen Erkenntnissen der Modernebewegung auf den Trümmern der zerstörten Stadt zu errichten: »Die Aufgabengebiete umreißen: Die neue Wohnung und Die neue Stadt.«[16] Um diesem Ziel näher zu kommen, initiiert er ein Komitee, in das er geschickt Fachkräfte der Besatzungsmächte einbezieht, um – sozusagen von innen heraus – die starre Haltung der Alliierten gegen eine urbane Revitalisierung Berlins aufzuweichen und gleichzeitig mit dem Einbeziehen von Erfahrungen auswärtiger Stadtplaner nach der jahrelangen Isolation Anschluß an internationale Standards zu gewinnen. »Denn da die gleichen Probleme, die uns bedrängen, auch Städte wie London, Paris und Moskau angehen, muß die ablehnende Haltung der Alliierten gegenüber dem Wiederaufbau Berlins durch die interessierte Mitarbeit aus Fachkreisen der Besatzungsmächte paralysiert werden. Die

Neugierde ist geweckt, sie muß und kann dahin gelenkt werden, das Problem ›Die neue Stadt‹ am Exempel Berlin zu studieren.«[17] Auf diese Weise entsteht das Internationale Komitee für Bau- und Wohnungswesen (IKBW), das sich wöchentlich in Scharouns Amtszimmer trifft. Das sichtbare Ergebnis der insgesamt 34 Sitzungen des IKBW sind verschiedene Modelle für vorfabrizierte Häuser. Diese werden neben dem bereits erwähnten sogenannten Kollektivplan auf der Ausstellung »Berlin plant – Erster Bericht« präsentiert.

Die Position Scharouns ist in dem ersten, durch die sowjetische Besatzungsmacht eingesetzten Magistrat nicht sehr gesichert. Zur Durchsetzung seiner prinzipiellen planerischen Ziele gilt es deshalb, mit dem Planungskollektiv möglichst schnell eine präsentable Konzeption zu entwickeln: In der relativ offenen Situation bestehen nicht unberechtigte Hoffnungen auf die Durchsetzbarkeit prinzipiell neuer Gedanken, ohne daß diese von vornherein kompromißlerisch angelegt sein müssen. Peter Pfankuch beschreibt die Lage so: »Im Herbst 1946 sollte die erste Berliner Kommunalwahl stattfinden und somit der noch von der russischen Besatzungsmacht eingesetzte Magistrat von Groß-Berlin neu gewählt werden. Scharoun wollte, ehe durch diese Wahl eine mögliche Neubesetzung des Stadtbaurat-Postens eintreten konnte, die Planungsarbeit [Kollektivplan] veröffentlichen und sie zur Grundlage aller weiteren Planungs- und Baumaßnahmen machen.«[18] Nur der erste Teil gelingt. Vom 22. August bis zum 15. Oktober ist im notdürftig hergerichteten Weißen Saal des stark beschädigten Berliner Stadtschlosses eine Ausstellung zu sehen, die eine der wohl konsequentesten Ausformulierungen und Übertragungen einer modernen städtebaulichen Konzeption auf eine bestehende Stadt darstellt.

Kollektivplan Dem Berliner Planungskollektiv gehören neben Scharoun und Ebert noch Peter Friedrich, Ludmilla Herzenstein, Reinhold Lingner, Luise Seitz, Selman Selmanigic und Herbert Weinberger an. Das markanteste Merkmal des Kollektivplans ist ein, die ganze Stadtfläche mit einem ungefähr gleichmäßigen (aber nicht strikt orthogonalen) Raster überziehendes Netz autobahnähnlicher Straßen. Obwohl Scharoun bemüht ist zu versichern, daß die intendierte Neue Stadt nicht primär aus ihrer Verkehrsplanung entstehen kann, so kommt auch er kaum umhin, von diesem auffälligen Merkmal ausgehend, den Entwurf zu erläutern: »Ich darf mit der Betrachtung der Straßen beginnen, deswegen, weil zwar die räumliche und flächenmäßige Aufgliederung zuerst überlegt werden mußte, dann aber diese Flächen aufteilenden Straßen als System gefunden und festgelegt werden mußten und nunmehr nach einer ersten Fixierung des Straßensystems an die Ausfüllung der Räume gegangen wird.«[19] Die verkehrstechnische Seite soll also nicht isoliert betrachtet werden: Das markante Straßensystem ist nicht nur Instrument der Verkehrsverteilung und -kanalisierung, sondern auch das hauptsächliche Mittel zur städtebaulichen Gliederung. Dem liegt der Gedanke von Stadt als einer organischen Ganzheit zugrunde, die sich aus gleichwertigen Elementen zusammensetzt, welche sich jeweils wiederum aus kleineren gleichwertigen Elementen bilden usw. bis hin zur Wohnung, der kleinsten städtebaulichen Einheit.

Das Netz der Hauptverkehrsstraßen, für das im Kollektiv vor allem der Architekt und Mathematiker Peter Friedrich verantwortlich zeichnet, ist daraufhin angelegt, die Nachteile des bisherigen für Berlin bestimmenden Radial- und Ringstraßensystems zu überwinden. Scharoun: »Dem aufmerksamen Benutzer der Straßen fällt ... dreierlei auf:
1. Verläßt er das Netz der fraglos verkehrstüchtigen Autobahnen, so stellt er fest, daß diese am Rande der Städte versanden und ihre moderne Großzügigkeit sich im Raum der Städte in einem Netz provinzieller Straßenanlagen verliert.
2. Daß das bisher angewandte Radial- und Ringstraßensystem der Großstädte überholt ist, da zu diesem Straßensystem der Mittelpunkt – einst waren es Markt und Kirche – gehört und durch das spitze Zusammenlaufen – eben – überspitzt wird. Die weiträumigen und gleichgewichtigen Wirtschafts- und Wohnflächen der modernen Großstadt verlangen aber eine ausgeglichene Bedienung.

Scharoun als Stadtrat für Bau- und Wohnungswesen, Berlin, 1946

1

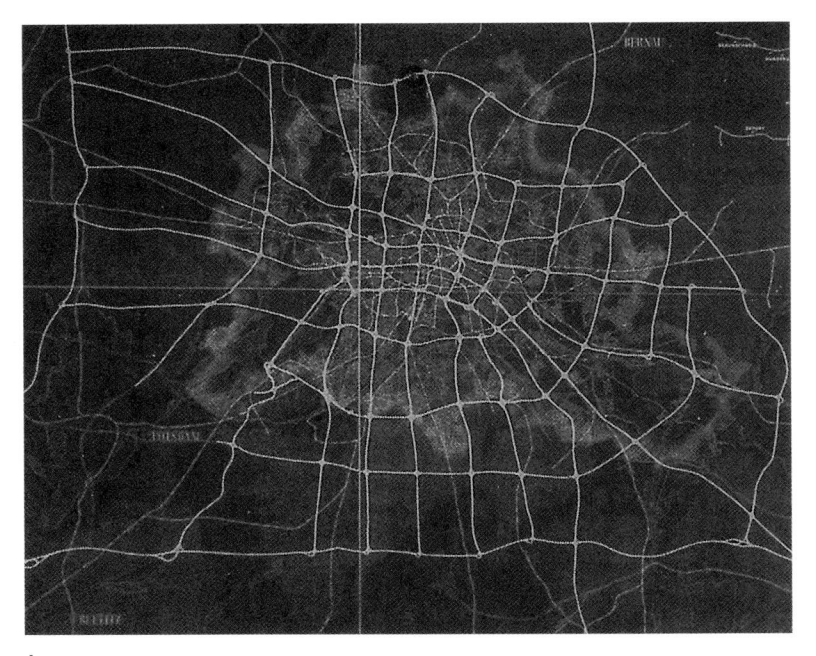

3. Daß in den Außenstädten sämtliche Straßen von gleicher Breite sind. Das ist ein Schematismus, der unlebendig ist und nichts mit den an die Straßen zu stellenden variablen Anforderungen zu tun hat.«[20]

Ziel des Kollektivplans ist, das engmaschige und undifferenzierte »Netz provinzieller Straßenanlagen« durch ein weitmaschiges Netz »verkehrstüchtiger Autobahnen« zu ersetzen, dem ein differenziertes, die unterschiedlichen Verkehre trennendes Subsystem hinzugefügt ist. Fahr- und Fußverkehr sind ihren Ansprüchen entsprechend behandelt, das gleiche gilt für wohnungsnahen- und Distanzverkehr. Letzerer ist mit seinen stadtautobahnähnlichen Trassen in einen Grünraum eingefügt. Es gibt keinen durch Gebäude gebildeten Korridor-Straßenraum. Das Netz der Hauptverkehrsstraßen geht von den Berlin umschließenden Fernautobahnen aus, die, wie Scharoun betont, gerade keinen Ring bilden, sondern ein Rechteck. In ihrer Führung sollen sich die einzelnen Hauptverkehrsstraßen an die topographischen Gegebenheiten anschmiegen.

Bezogen auf die städtebauliche Gliederung, vollbringt das Netz eine Entlastung der Innenstadt und eine stärkere Gleichgewichtigkeit der einzelnen Stadtteile. Scharoun: »Der gleiche Wohnreiz bedingt gleiche Wohndichte für alle Wohngebiete auf der Grundzahl von 200 bis 250 Menschen pro ha.«[21] Das von einem Geviert des Netzes eingeschlossene Gebiet weist eine durchschnittliche Gesamtfläche von 500 ha auf. Es bildet einen Stadtteil mit ca. 80 000 Einwohnern. Dieser ist wiederum in Grundeinheiten von ca. 5 000 Einwohnern aufgegliedert. Scharoun nennt eine solche Einheit später »Wohnzelle«, an anderer Stelle ist von »Nachbarschaft« die Rede. In Scharouns Stadtkonzeption besitzt dieses städtebauliche Element einen ganz besonderen Stellenwert. Eigene Wohn- und Lebenserfahrungen scheinen hier eine nicht unerhebliche Rolle zu spielen, denn er nennt häufig die Siedlung Siemensstadt, die er selbst geplant hat und in der er lebt, als Beispiel einer solchen Grundeinheit, die so bemessen sein sollte, »daß sie vom Kind erlebt und erfüllt werden kann«. Scharoun weiter: »Die Grundeinheiten sind so zu gestalten und in sich abzurunden, daß sie die Einheit des Lebens widerspiegeln, ›den Lebensbau‹. Sie haben neben den Geschoßwohnungen Einfamilienhäuser, auch für Gesundheitsgefährdete, Ledigenhäuser in Verbindung mit einem Gästehaus usw. zu enthalten. In sie hinein gehören der kulturelle und der soziale Mittelpunkt (bezogen jeweils auf eine oder mehrere Grundeinheiten), Sanitätshaus, Kindergarten, Kinderheim und Kino, Theater, Büchereien, Forschungsstätten usw. – Acht Grundeinheiten wären mit einem Sofort-Krankenhaus und einer Poliklinik, 16 Grundeinheiten mit einem Stadtbad zu versehen...

Das Schulwesen bindet sich gleichfalls in die Grundeinheit mit der Grundschule, in die Mehrzahl der Einheiten mit den Höheren Schulen ein. Alle diese Anlagen nutzen die innerhalb der Wohnräume gelegenen Grünflächen... So baut sich die neue Stadt organisch als Leistungsform aus den Notwendigkeiten auf.«[22]

Während das Gesicht der Wohngebiete stark von den Ideen der Gartenstadtbewegung beeinflußt ist, so zeigt sich in der funktionalen Zuordnung der Arbeits- und Wohnstätten der Einfluß des Bandstadtgedankens. Scharoun: »Der Stadtkern, zu dem die Bevölkerung aus uraltem Trieb hindrängte, engte die Wirtschaft ein, die sich räumlich nicht organisch entwickeln konnte... Statt dessen schlagen wir die Reihung parallel geschalteter Wirtschafts- und Wohneinheiten vor, die die organische Entwicklung aus einem Kern heraus gestattet. So eine entwicklungsfreundliche Formfindung der entwicklungsfeindlichen Vergangenheit entgegensetzend.«[23] An dem Gegenüber von Wohnen und Arbeiten hebt Scharoun besonders die weitestgehende Vermeidung des Berufsverkehrs hervor.

2

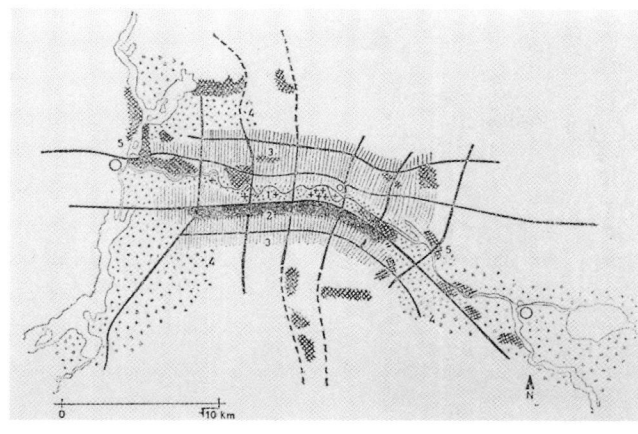

Die Hauptstadtfunktion Berlins wird von ihm freilich nicht außer acht gelassen. Ihre kulturellen, repräsentativen usw. Aufgaben hat vor allem die City zu übernehmen: »Die City hat die Aufgaben der Produktion und der Vermittlung, die Aufgaben des bestens organisierten Arbeitsplatzes und des möglichst reizvollen Schaufensters zu erfüllen. Des ›Schaufensters‹ in breitestem Sinne. Ausstellungsraum, Vorführhäuser, offenen und intimen Charakters, Uraufführungstheater, Treffpunkt und Konferenzsaal usw. Daraus resultiert eine reiche Skala der Bauwerke vom Typenbau bis zum raffinierten Sondergebäude. Und in der Rhythmik der Formgebungen, in den Maßverschiedenheiten der Baumassen, durchsetzt mit Erholungs- und repräsentativen Grünflächen, liegt der Reiz, den die neue City vermitteln wird.«[24]

Was Scharoun zur Gestalt der Innenstadt 1946 mit Worten andeutet, hat er rund zehn Jahre später zusammen mit Wils Ebert in einem Beitrag zum Wettbewerb »Hauptstadt Berlin« entwurflich spezifiziert. Der 1955 im Bonner Bundestag beschlossene Wettbewerb, der 1957 ausgeschrieben wird, soll u. a. den bundesdeutschen Alleinvertretungsanspruch manifestieren. Das Team Ebert/Scharoun gewinnt in dem internationalen Feld von 151 teilnehmenden Architekten und -gruppen einen zweiten Preis. Innerhalb des schon 1946 festgelegten Gevierts von Autobahnen ist in diesem Entwurf die Innenstadt landschaftsartig gegliedert. Einzelne historische Bauten und Ensembles sind erhalten, sonst aber stellt der Entwurf eine umfassende Neuorganisation der Mietskasernenstadt dar. In dem offenen Stadtlandschaftsraum sind locker gruppierte punktartige Gebäude ebenso zu finden wie straffer gegliederte Zeilengruppen und schließlich das, was Scharoun »Bauobjekte komplexer Natur« nennt. Scharoun und Ebert sind sich über die Kompromißlosigkeit dieser Idee im klaren: »Die künstlerische Aufgabe ist neu, die künstlerische Intuition wird einem solchen neuen Unternehmen Wesen und Wirkung des Organhaften geben – ohne jede Bindung an offensichtliche Stilmerkmale.«[25]

An der behutsamen landschaftlichen und topographischen Einbettung der Neuen Stadt ist Scharoun und dem Kollektiv 1946 besonders gelegen. Die stadtbildhafte Wirksamkeit der Hervorhebung des Urstromtales mit Barnim, Teltow, Spree und Havel wird von vielen Kritikern des Kollektivplans stark in Zweifel gezogen. Wichtig erscheint aber vor allem, Scharouns prinzipielles Bild von einer »Stadt-Landschaft« hervorzuheben. »Städte sind Gärten«,[26] bemerkt er und nennt als treffendstes Beispiel einer Stadtlandschaft Prag. Wie ist der bildhafte Vergleich gemeint? Scharoun geht von der Analogie der Strukturprinzipien aus: Die Anlage einer Stadt und die Anlage eines Gartens gleichen sich. Bei beiden geht es zunächst um die Grunddisposition, um das Zueinander der Elemente und um den Bezug zum Ort, zur vorgefundenen Topographie. Daraus resultiert nicht nur die Brauchbarkeit des Funktionsgebildes Stadt, sondern ebenso ihre räumlich-sinnliche Erlebnisqualität, auf die ja die gestaltete Gartenanlage von vornherein zielt. Diese Grunddisposition bildet eine tragende Struktur, die, so glaubt Scharoun, aus dem am Ort vorherrschenden Lebensgefühl resultiert, aus Klima und Seelenklima. Am Beispiel Prags zeigt er auf, daß die einzelnen Architekturstile, die im Laufe der Jahre sich in der Stadt niederschlagen, in diese tragende Struktur integriert werden. Solch eine tragende Struktur ist die Voraussetzung für das, was Scharoun eine lebendige Ordnung nennt: »Die Stadtlandschaft ist für den Städtebauer ein Gestaltungsprinzip, um der Großsiedlungen Herr zu werden. Durch sie ist es möglich, Unüberschaubares, Maßstabsloses in übersehbare und maßvolle Teile aufzugliedern und diese Teile zueinander zu ordnen, wie Wald, Wiese, Berg und See in einer schönen Landschaft zusammenwirken. So also, daß das Maß dem Sinn und dem Wert der Teile entspricht und so, daß aus Natur und Gebäuden, aus Niedrigem und Hohem, Engem und Weitem eine lebendige Ordnung wird.«[27]

Wer von der Stadt des 19. Jahrhunderts ausgeht, bekommt mit dem Kollektivplan deren komplette Antithese geliefert. Wie schon in der historischen Phase der modernen Avantgarde, ist die aus Profitstreben und Schematismus geronnene Mietskasernenstadt mit ihrer hygienischen Gefahr und ihrem sozialen Elend das immer noch lebendige Gegenbild modernen Bauens. Die Chance, dieses Gegenbild, das einem sozialen Gegen-

1 Das Netz der Hauptverkehrsstraßen über Berlin
2 Die Bandstadt entfaltet sich entlang dem Spreetal

1 »Hauptstadt Berlin«, Wettbewerb mit Wils Ebert, 1957, 2. Preis, isometrische Darstellung
2 Prag – Waldsteingarten und Burg, aus einem Fotoband von Karel Plicka, auf den sich Scharouns Betrachtung »Städte sind Gärten« bezieht

entwurf gleichkommt, umzusetzen, scheint, von den physischen Voraussetzungen her, nach dem Zweiten Weltkrieg so günstig wie nie zuvor: »Was blieb, nachdem Bombenangriffe und Endkampf eine mechanische Auflockerung vollzogen, das Stadtbild aufgerissen?« fragt sich Scharoun und liefert auch gleich die Antwort: »Das, was blieb, gibt uns die Möglichkeit eine Stadtlandschaft daraus zu gestalten«.[28] Scharouns Auffassung ist aber keineswegs von einer großstadtfeindlichen Ideologie getragen: »Das grundsätzliche Problem, das die Gemüter der Städtebauer seit langem bewegt, ist niedergelegt in Forderungen wie: Beschränkung der Großstadt, Atomisierung der Großstadt, ihre Auflösung in leistungsfähige Mittel- und Kleinstädte im Ausmaß zwischen 25 000 und 100 000 Einwohnern. Forderungen, die ihren Grund darin haben, daß das Großstadtproblem nicht lösbar sei oder daß die Großstadt ein überholtes Gebilde sei, keine Kräfte hervorbringe, sondern nur Kräfte verschleiße. Aber die Großstadt ist nicht überholt, sie ist einer wahren Lösung noch gar nicht zugeführt.«[29]

Die Bau- und Bodenpolitik – als Schlüsselfrage der Stadtplanung – wird von Scharoun bewußt in eine solche Diskussion einbezogen: »Die Bau- und Bodengesetzgebung ist zur Erreichung dieser [mit dem Kollektivplan ins Auge gefaßten] Ziele einzubinden.« Er macht in erster Linie den Verlust eines kollektiv verbindlichen geistigen Prinzips dafür verantwortlich, daß der Baugesetzgebung – wie der Gesetzgebung insgesamt – nur noch eine reine Verhütungsfunktion zukomme und sie nicht mehr von dem Leitgedanken einer grundsätzlichen Orientierung im Bauordnungswesen getragen ist. Gerade aber ein solch grundsätzlicher Ansatz wird vom Planungskollektiv angestrebt: Es gelte, die wirtschaftliche Basis einer Stadt mit der Gestaltung der Lebensbedingungen in Einklang zu bringen. Scharoun spricht vom Gleichgewicht zwischen Wirtschaftsbau und Lebensbau, einen Gedanken, den er von Martin Wagner übernimmt. Beide Bereiche sollen vom gleichen Geist getragen werden und »durch ihn über Begriff und Idee in das Reale gehoben, zur Stadt geformt« werden. Die Problematik der bisherigen Großstadtentwicklung sieht Scharoun so: »Wir verstrickten uns in immer höhere Bodenpreise und statt jeder natürlichen Ordnung wurde die Regelung durch die Wohlfahrtspolizei immer mehr zur Notwendigkeit.« Dem gegenüber empfiehlt er eine Besinnung auf die ursprünglichen gesellschaftlichen Funktionen der von der menschlichen Gemeinschaft

2

geschaffenen Institutionen: »Es war immer so, daß Einrichtungen, Institutionen, einst vom Menschen erdacht, gleichsam wie eine übergeordnete, unentrinnbare Macht auf den Menschen herabsanken, – als etwas Unabänderliches betrachtet werden ... Richtig ist und notwendig, dieser Frage vom Grund her eine andere Ausgangsstellung zu geben. Die Lebens- und Schicksalsgemeinschaft fordert auch hier Umwertung der Werte aus der Erkenntnis, daß sogenannte ›gewordenen Rechte‹, die zu Unrecht wurden, nicht verewigt werden dürfen. Ausgangspunkt muß die Schaffung sozialer Zustände werden, die die Lebensfähigkeit und Lebenskraft der Menschen erhalten gegen Einzelgruppen, Interessentengruppen. Mit kleinen Verbesserungen ist nicht durchzukommen.«[30]

Hermann Henselmann erinnert sich an Scharouns Periode als Stadtbaurat: »Scharoun bekam ... sofort Unterstützung von einer ganzen Menge uns bekannter Freunde – Martin Wagner schrieb aus den USA –, und es knüpften sich viele Hoffnungen daran ... Und während Scharoun den Stadtbauratposten hatte, fertigte er schon mal den Gesamtplan für Berlin an, der wurde ausgestellt und frei diskutiert, abgelehnt oder befürwortet, je nachdem ... Doch mitten in der Phase produktiver Diskussion erschienen eines Tages zwei amerikanische Offiziere bei Scharoun und erklärten: ›Dieses Berlin wird es niemals geben.‹ Da war Scharoun ziemlich entsetzt ... und die Amerikaner erklärten: ›Dieser Plan setzt sich über allen erklärten Grundbesitz hinweg, und das werden wir niemals zulassen. Ein Antasten des Privatbesitzes wird es in den westlichen Besatzungszonen nicht geben.‹«[31]

Grundlagenforschung Eine häufig zu vernehmende Kritik am Kollektivplan besagt, dieser sei nicht konkret, nicht handgreiflich genug. Doch ein schneller Pragmatismus, nach dem hier angesichts der handfesten Probleme in der stark zerstörten Stadt gerufen wird, ist genau das, was Scharoun vermeiden will, weil auf diese Weise allzu rasch nicht mehr ohne weiteres revidierbare bauliche Tatsachen geschaffen würden, die die Möglichkeit eines prinzipiellen städtebaulichen Neuansatzes von vornherein vereiteln könnten. So kann es nicht verwundern, daß die Idee der Neuen Stadt weniger (im Sinne von Festsetzungen) konkretisiert ist, als von vielen gewünscht. Scharoun versteht die Vorschläge, die das Planungskollektiv entwickelt hat, als Anregungen, als Diskussionsgrundlage sozusagen. Er legt Wert darauf zu betonen, daß der »Allgemeinheit«, dem Subjekt der Planung, die Möglichkeit gegeben werden muß, sich mit dem Was? und Warum? der hier vorgeschlagenen Neuordnung in gebotener Gründlichkeit auseinanderzusetzen: »... die als städtebauliche Elemente bezeichneten Grundlagen sind keine abgeschlossenen, rein begrifflichen Konstruktionen. Sie bilden – in ihrem Zusammenhang – Heimstatt für die Gemeinschaft und Wohnung für den einzelnen. Und die Gemeinschaft wird, lebt und vergeht wie das Einzelwesen. So müssen die Elemente den ... Möglichkeiten und den Forderungen des einzelnen wie der Gemeinschaft genügen, ihnen angemessen sein.«[32]

Ganz in diesem Sinn ist auch die Ausschreibung eines Wettbewerbs im Rahmen der Ausstellung »Berlin plant« zu verstehen, der sich an die ganze Berliner Bevölkerung richtet. Sie wird aufgerufen, an der Lösung der anstehenden Fragen zum Leben in der Stadt mitzuarbeiten. Die Ergebnisse sollen in einer Ausstellung »Berlin plant – Zweiter Bericht« präsentiert werden: »Wir möchten von Ihnen zu den vorstehenden und ähnlichen Anregungen [des Kollektivplans] Vorschläge, die aus dem Erleben stammen. Geben Sie uns daher Anregungen, die aus Ihrer Erfahrung mit den Sie umgebenden Dingen kommen. Es ist gleich, ob die Anregungen durch Wort oder Bild gegeben werden, da es bei der Darstellung nicht auf die Form, sondern auf den Inhalt ankommt.«[33]

Der Kollektivplan ist ein Gemeinschaftsprodukt, und trotzdem scheint der spezifisch Scharounsche Anteil – ganz gleich, inwieweit er im Kollektiv Konsens ist – deutlich erkennbar. Er liegt in einem Essentialismus, in dem Insistieren auf eine Wertediskussion und vor allem in dem Zusammendenken einer gewünschten architektonischen Form mit einer gesellschaftlichen Form, welche bei ihm mit naturrechtlichen, demokratischen, sozialistischen Vorstellungen verknüpft ist. Hier liegt das prinzipiell utopische Moment der Architekturkonzeption Scharouns. Im Kollektivplan findet Scharoun zum ersten Mal – in den zwanziger Jahren war die Scharounsche Konzeption noch im Werden begriffen, in der Nazi-Zeit war eine offene und öffentliche Auseinandersetzung um Architektur, Stadt und Gesellschaft verboten – die Gelegenheit einer umfassenden Darlegung dieser Konzeption am Beispiel eines konkreten Gegenstandes. Die im Zusammenhang mit dem Kollektivplan formulierten prinzipiellen Gedanken sind für sein weiteres Werk – von kleinen Modifikationen abgesehen – verbindlich geblieben. Das zeigt sich nicht nur darin, daß sich Scharoun auch noch mehr als zwanzig Jahre später – etwa in dem 1967 in Bremen gehaltenen Vortrag »Bauen und Leben« – zu den grundsätzlichen Ideen dieser Arbeit bekennt. Vielmehr lassen sich sämtliche architektonischen und städtebaulichen Entwürfe, die dieser Arbeit folgen, unter dem Stichwort »Elemente der Neuen Stadt« fassen.

Konzentriert man sich auf das utopische Moment der Konzeption Scharouns, so mag man sich vielleicht an Adornos Referat »Funktionalismus heute« erinnern, das von einer grundsätzlich aporetischen Situation gegenwärtigen Bauens und Planens ausgeht. Dort heißt es etwa kategorisch: »In dem falschen Gesamtzustand schlichtet nichts den Widerspruch. Die frei jenseits der Zweckzusammenhänge des Bestehenden ersonnene Utopie wäre kraftlos, weil sie ihre Elemente und ihre Struktur doch dem Bestehenden entnehmen muß; unverbindliches Ornament. Was dagegen, wie unterm Bilderverbot, das utopische Moment mit dem Bann belegt, gerät in den Bann des Bestehenden unmittelbar.«[34] Scharoun riskiert mit einer erstaunlichen Konsequenz die utopische Formulierung – gegen die zweifellos gegebene Möglichkeit, einen bequemeren Weg einzuschlagen – und gerät so, Adorno paraphrasierend, mittelbar »in den Bann des Bestehenden«, d. h. in schwer zu überwindende Widersprüche. Man darf davon ausgehen, daß sich Scharoun der von Adorno pointierten Problematik mindestens in Ansätzen bewußt ist, daß der Architekt, dessen Produktion zweifellos immer das Zusammenleben der Menschen beeinflußt, nur mit einer hypothetischen gesellschaftlichen Legitimation operieren kann: »Die neue Stadt muß von der Kultur ihrer Bewohner geprägt werden, immer aufs neue, sonst wird sie die Prägeform für die Bewohner und wirkt sich gegen sie aus.«[35] Doch was nun, wenn die Kultur der Bewohner – wieder Adorno anführend – nach »dem Glück im Winkel« verlangt? Scharoun bleibt letztlich nichts anderes, als die Hoffnung zu formulieren, daß das Neue Bauen, die Neue Stadt den Menschen »in *seinen* Absichten auch unterstützt.«

Die Neue Stadt kann also nicht per Dekret geschaffen werden. Sie kann nicht das Schöpfungsprodukt eines einzelnen – sei es auch eines noch so begabten Künstlers – sein. Sie bedarf eines kollektiven Subjektes, das aktiv in ihre Gestaltung einbezogen ist. Und sie bedarf einer ständigen Grundlagenforschung, welche eine Analyse der städtebaulichen Elemente, wie Verkehr, Arbeiten, Wohnen, betreibt. Dabei stehen nicht so sehr die rein technisch-funktionalen Komponenten dieser Elemente im Vordergrund, sondern der Charakter ihres strukturellen Eingebundenseins im Stadtganzen. »Die als städtebauliche Elemente bezeichneten Grundlagen sind«, sagt Scharoun, »keine abgeschlossenen Konstruktionen.« Sie sind also formbar, möchte man ergänzen, und sie sind bewertbar. Da es um ein komplexes Ganzes und differenzierte Beziehungen geht, sind der Objektivierbarkeit zwangsläufig Grenzen gesetzt. Grundlagenforschung beinhaltet deshalb vor allem auch eine Auseinandersetzung um Wertfragen, d. h. um Fragen nach dem Wie? der Lebensform und dem Preis, den die Sozietät dafür zu zahlen bereit ist. Grundlagenforschung ist untrennbar mit einer Wertediskussion verknüpft.

Scharouns Idee einer Neuen Stadt ist von dem ernsthaften Anspruch bestimmt, an den falschen Grundlagen des bestehenden Schlechten zu rütteln und auf der Erkenntnis des wahrhaft Grundlegenden (Essentiellen, Wesenhaften) das Neue zu errichten. Das utopische Moment einer so verstandenen Grundlagenforschung beschreibt Ferdinand Seibt: »Ein jeder Utopist glaubte ... an durchschaubare gesellschaftliche Strukturen und eben deswegen auch an die mögliche Manipulierbarkeit der Gesellschaft, zum guten Zweck natürlich. Das ist in jedem Fall auch das gedankliche Grundanliegen eines wie immer gearteten rationalen Optimismus gewesen.«[36]

Es fällt auf, daß Scharoun in den Jahren nach dem Krieg ständig bemüht ist, Institutionen zu initiieren, um – sozusagen im gesellschaftlichen Auftrag – über eine notwendige Auseinandersetzung mit den Grundlagen zu prinzipiellen Lösungen gelangen zu können. Im Oktober 1946 entwickelt er zusammen mit Alfred Striemer und Martin Mächler einen Vorschlag zum Aufbau eines Instituts für Städtebau an der Technischen Universität. Hier geht es ihm darum, zwischen Forschung und Lehre, zwischen Theorie und Praxis Brücken zu schlagen, denn »... an der Grundlage der Lehre vom Städtebau ist vieles zu ändern..., wenn sie sich ... im Sinne des Handelns, auf das wir und auf das vor allem die Jugend brennend angewiesen sind, auswirken soll.«[37] Das geplante Institut an der TU ist noch stark mit der Lehre verknüpft und sicherlich primär von der Absicht geleitet, den Berufsnachwuchs auf die Aufgaben des modernen Städtebaus vorzubereiten, der in den Hochschulen im allgemeinen noch keine gefestigte Basis besitzt: »Heute wird der Nachwuchs unmittelbar vor schwerwiegende und grundlegende Aufgaben gestellt. Aufgaben der Neukonstruktion von Siedlungen jeder Größenordnung, die in einem biologischen Sinne zu funktionieren haben, und in denen nicht nur technische Forderungen zu erfüllen sind. Denn die zu schaffenden Gebilde sollen so sein, daß sie in der Lage sind – um ein Wort Mies van der Rohes zu gebrauchen –, von sich aus die Gesamtentwicklung einen Strich nach oben zu fördern«.[38]

Der Lehrplan, der, so Scharoun, »organisch mit den Aufgaben und dem gesetzten Ziel sowie mit den Forschungsergebnissen wachsen« soll, bewegt sich ganz in der im Kollektivplan vorgezeichneten Struktur. Er »hat seine Grundlage im Bevölkerungswesen, in der Volkswirtschaft, in der Kultur; er bedient sich der Arbeitsgrundlage der Strukturforschung; er behandelt die Elemente Wirtschaft, Verkehr, Wohnen, Versorgung, Kultur und Erholung unter Berücksichtigung der wichtigen Probleme der Bodenpolitik, der Wohnungspolitik, der Freiflächen-Politik/Grünplanung, des Baurechts; er ist aufzuzeigen nach dem Bestand, den Entwicklungstendenzen, den Forderungen und Wünschen«.[39] Auch die vorgesehenen Lehrer rekrutieren z.T. aus dem Planungskollektiv. Scharoun selbst sieht seine Beteiligung als Lehrender vor allem auf den Gebieten: »Strukturforschung (Kulturwandel); Städtebau und Landesplanung auf der Grundlage der Elemente; Historische Betrachtung einschl. der aktuellen Entwicklung auf der Grundlage, daß Erfahrung als Anregung und nicht als verwendbares Material dient; Raumfragen (Zentralisation – Dezentralisation)« – womit einiges über seine spezifischen Interessen ausgesagt ist.

Institutionen, wie Scharoun sie anstrebt, weisen innere wie äußere Charakteristika auf, die mit ihrer Zielsetzung in Zusammenhang stehen. Im Inneren plädiert er u.a. für eine Arbeitsatmosphäre, die durch Offenheit und Interdisziplinarität bestimmt ist. Scharoun wählt das Bild einer Werkstatt: »Um Werkbank, um Werktisch als Mittelpunkt aller geistigen und formschöpferischen Kräfte, aller Fakultäten, der freien Künste, der Kräfte der ›Außenwelt‹ usw. können die Gespräche geknüpft werden.«[40]

Äußerlich setzt er auf die Ausstrahlungskraft der Institution. Scharoun geht von dem Gedanken aus, daß die Stadt das Resultat aus dem polaren Spannungsverhältnis von Idee und Wirklichkeit ist. Und es gehört zu seiner Konzeption, die hochgesetzten ideellen Ziele mit Hilfe konkreter »Wirkpunkte« zu erreichen. Solche Wirkpunkte sind z.B. Institutionen, aber auch Kulturbauten, Einrichtungen, die durch ihre physische wie geistige Präsenz auf ihren Umraum ausstrahlen, sozusagen zwischen Idee und Wirklichkeit Verknüpfungen, neue Synthesen herstellen: ein Stück konkrete Utopie in Scharouns Vorstellung. Die Forschungsstätte, wird dabei von ihm als ein besonders wichtiges, auch städtebaulich wirksames Element hervorgehoben: »Gerade die Forschungsstätte, die dem Spiel- und Basteltrieb Richtung und Auswirkung gibt, erscheint mit Rücksicht auf den notwendigen Einsatz aller geistigen Bemühungen um den Wiederaufbau Deutschlands von erheblicher Bedeutung.«[41]

Am deutlichsten treten Scharouns Bemühungen um Grundlagenforschung im Zusammenhang mit dem Institut für Bauwesen (IfB) hervor. Das IfB, das im Einflußbereich der sowjetischen Besatzungsmacht entsteht, wird am 19.10.1947 gegründet und von Scharoun bis Ende 1950 geleitet. Bereits 1947 liegt ein Organisations- und Arbeitsplan vor. Die eigentliche Arbeit kommt aber nur schleppend in Gang, weil das Institut zunächst noch über keinen konkreten Standort verfügt. Erst ab 1949 kann von geregelter Arbeit die Rede sein. Projektiert sind elf Abteilungen (Siedlungswesen, Wohnungswesen, Arbeitsstätten, Verkehr, Versorgung, Baustoffe/Baukonstruktion, Landschaft, Baudenkmalpflege, Gestaltung, Erziehung und Normung/Typisierung). Scharoun selbst übernimmt die Abteilung Gestaltung. In der Beschreibung des Aufgabengebiets dieser Abteilung heißt es knapp: »Erforschung der Ordnungsprinzipien und Bedingungen, unter denen Baukunst entsteht.« Das Domizil des Instituts liegt von 1949 an in einem zu einer ehemaligen Kaserne gehörenden Gebäude in der Hannoverschen Straße in

Das Atelier der Abteilung Gestaltung am Institut für Bauwesen in der Hannoverschen Straße 30, Berlin, 1949

Ost-Berlin. Die Abteilung Gestaltung erhält ein Atelier in dem neu aufgestockten Dachgeschoß. Der Bau und Ausbau dieses Ateliers ist Scharouns erste realisierte Bauaufgabe nach dem Krieg. Unter den vorgeschlagenen Abteilungsleitern findet man neben den bekannten Namen aus dem Planungskollektiv wie Ebert, Friedrich und Lingner u. a. Martin Mächler, Max Taut, Hermann Henselmann, Wilhelm Wagenfeld und Hugo Häring. Besonders geschmerzt haben mag es Scharoun, daß der von ihm hoch verehrte Häring, der die Abteilung Erziehung leiten soll, eine Absage erteilt. Diesem erscheint das Programm – trotz beachtlicher Ansätze – nicht radikal genug: »Es kommt nicht auf kleine Unterschiede an, sondern auf das, was andere nicht machen, weil sie es nicht sehen.«[42]

In dem Antwortbrief an Häring versucht Scharoun, trotz eingestandener Probleme, seine Konzeption zu verteidigen. Das Schreiben belegt Scharouns Entschiedenheit, die hohen idealistischen Ziele auch praktisch durchzusetzen. Diese Ziele bedürfen der wissenschaftlichen und geistigen Grundlegung. Es geht um eine Begründung des Neuen Bauens und der Neuen Stadt. Das genau soll eine Institution wie das IfB – wenigstens in Ansätzen – leisten. Die Haltung Scharouns beruht auf der Überzeugung, daß zielgerichtetes Handeln: Wirken – sofern es sinnvoll angesetzt und koordiniert ist – zum Stimulus für eine neue Wirklichkeit werden kann. Im engeren Rahmen des Institutsalltags geht es zunächst um das Zusammenwirken von Persönlichkeiten, damit Konsens entstehen kann, ohne den schöpferischen Eigensinn des einzelnen abzutöten. Ferner darum, daß aus wissenschaftlicher Erkenntnis einerseits, anschaulichem Denken und schöpferisch-intuitivem Handeln andererseits eine wirksame Einheit entsteht. Auf diese Weise, glaubt Scharoun, kann eine lebendige Institution wachsen und ein »Wirkpunkt« werden, der auf die ganze Gesellschaft ausstrahlt. Um die – möglicherweise – verengte Sicht der einzelnen Fachabteilungen aufzubrechen, führt er eine weitere Abteilung ein, die interdisziplinäre Kommunikation schaffen soll. Scharoun faßt seine programmatischen Absichten wie folgt zusammen: Es solle möglich sein, »in aller Stille zu einem Programm zu kommen, das in einer solchen Form koordiniert und auf wahre Grundlagen zurückführt, daß das lebendige Zusammenspiel und das Wirken anschaulicher Basis mir nicht zerschlagen wird.

Es kommt mir im Augenblick darauf an, zu wirklichen tragfähigen und für mehrere Abteilungen verbindlichen schnittpunktartigen Gemeinschaftsfragen vorzustoßen und von einigen wichtigen Kernpunkten her die Gesamtarbeit im Zusammenhang anzufassen, ohne in eine ausufernde und tote Registrierarbeit zu verfallen. ... Ich glaube, daß dies, ohne daß diktatorisch von außen eingegriffen wird, langsam das Wachsen schöpferischer Arbeit fördern wird.«[43]

Ein Kernpunkt ist für Scharoun zweifellos die Wohnungsfrage. Dabei geht es ihm – wie kaum betont zu werden braucht – nicht nur um biologische und funktionale Fragen des Wohnens, sondern »... im Sinne einer ›Psychologie des Wohnens... [um] Ursache und Wirkung der Wandlung der Wohnung«. Er beabsichtigt, die »Tendenzen, die da sind, und die Tendenzen, die wir der weiteren Entwicklung geben müssen, zu ermitteln mit sämtlichen Auswirkungen in die Gesetzgebung und in das Finanzgebaren hinein«.[44]

Schließlich gibt Scharoun noch einen Hinweis auf die spezifische Schwierigkeit des Instituts, die dadurch entstehe, daß es, in Anbetracht der allgemeinen Notlage, konkrete Anforderungen zu erfüllen habe, die schneller Lösungen bedürften, ohne daß dafür ausreichende Grundlagen erarbeitet seien.

Die hervorgehobene Beschäftigung mit der Wohnungsfrage weist auf Scharouns größtes Projekt im Rahmen des IfB: Die Entwicklung der Konzeption und der Gestalt einer »Wohnzelle« für den zerstörten Berliner Bezirk Friedrichshain. Dieses Projekt stellt den Versuch einer Konkretisierung jener städtebaulichen Grundeinheit dar, die im Kollektivplan bereits vorformuliert ist; ebenfalls ist es eine Konkretisierung der theoretischen Arbeit des IfB. Scharoun stellt anläßlich der Arbeit für Friedrichshain den städtebaulichen Stellenwert der Wohnzelle in einem umfangreichen Exposé dar.[45] In diesem Papier kommt sein Grundanspruch, Bauen habe etwas – z. B. ein gesellschaftliches Ideal – »anschaulich« zu machen, unmittelbar zum Tragen: Das Spezifische einer Zelle – ihre Lage zur Gesamtstadt, historische und topographische Besonderheiten, die Art ihrer öffentlichen Einrichtungen usw. – soll durch ihre Form zum Ausdruck gelangen. Die Form drückt das Wesen aus, könnte man sagen. Vielfältiges und Gegensätzlichkeiten, die aus der Differenziertheit der einzelnen Teilaufgaben resultieren, sollen nicht unter eine große Gestaltidee nivelliert werden; vielmehr befördert die Darstellung der »Eigenlebendigkeit« das spezifische Moment einer jeden Zelle, das sie individuell und von den anderen Zellen unterscheidbar macht. Das Zueinander der Elemente einer Zelle erfolgt nach einem Ordnungsprinzip, das Scharoun »wirksames Strukturgefüge« nennt, und das aus dem Inhalt der gestellten Aufgabe resultiert. Der Inhalt erzeugt also die Form, die ihn ausdrückt und die Struktur, die ihn sinnvoll ordnet. Es ist die Aufgabe der »schöpferischen Persönlichkeit«, Form und Struktur, kurz, das Gestaltbild, d. h. »die anschaulich gemachte Idee« zu entwickeln. »Der Inhalt indes, der der Formung bedarf, beruht auf den Forderungen der Gegenwart, auf den Forderungen der neuen Gesellschaft.«

Scharoun glaubt hier eine Tendenz auszumachen, nach der sich das Zusammentreffen der Kräfte als ein Organhaftes darstellt. Jede Zelle ist deshalb als ein geschlossenes Ganzes (mit eigener geistiger Existenz) zu verstehen. Im Inneren beruht es auf dem spezifischen Zusammenspiel einzelner Wirkpunkte. Nach außen zeigt dieses geschlossene Ganze eine geschlossene silhouettenhafte Form. Die Zellen haben die Aufgabe, »Mittler zwischen dem Chaos der Weltstadt und der Verlorenheit des einzelnen Menschen« zu sein. Wie Kleinstädte in der Landschaft liegen sie in einem Grüngürtel, durch den das Netz der Schnellstraßen verläuft. Die einzelnen Zellen sind über Verknüpfungspunkte (Kultur- und/oder Kaufzentren) miteinander verbunden.

Das Gestaltbild, d. h. die von der schöpferischen Persönlichkeit geleistete Veranschaulichung der Idee, gewährleistet, daß kein Schematismus eintritt, glaubt Scharoun. Hier klingt eine leise Kritik an den modernen Wohnbauten vom Ende der zwanziger Jahre durch. Scharoun weist auf die Umstände hin, die die Architekten damals gezwungen hätten, vor allem rational zu argumentieren und auf »Forderungen nach Licht, Luft, Sonne, nach dem Anspruch des Mieters auf die grundsätzlich gleiche Güte der Wohnung, nach betriebstechnisch organisierten Grundrissen usw.« einzugehen. Heute müsse man über solche technisch-organisatorischen Forderungen hinausgehen und sich »dem Menschen und seinen Forderungen bewußter zuwenden«. Die Wohnzelle habe in diesem Sinn auch »Menschenbildung« zu leisten, womit Scharoun »organhaftes Entwickeln jedes einzelnen Menschen in selbständigem und geführtem Zusammenhang« meint. So sei es z. B. eine Frage der räumlichen Disposition, ob ein Kind eine Umwelt vorfinde, die es schrittweise entdecken und in die es so hineinwachsen kann. Aber nicht nur den Familien, sondern auch dem Typus Großstadtmensch müßten in der Wohnzelle adäquate Wohnformen angeboten werden. Scharoun denkt hier an hotelartige Servicehäuser, wie er sie selbst vor 1933 entwickelt hat. Hierfür sei die Form des Hochhauses bestens geeignet, u. a. weil es besonders gut die Silhouette einer Wohnzelle bestimmen könne.

Ausgangspunkt und Grundlage der Gestaltung der Wohnzellen sind die Wohnungen. Die Wohnung muß für den Aufbau der Stadt eine besondere Aufgabe übernehmen. Neben ihren biologischen und organisatorischen Funktionen »muß in der Wohnung Platz sein nicht nur für die Familie schlechthin, sondern auch für die besonderen Forderungen, die jedes Mitglied der Familie an das Leben zu stellen hat«. Die neue Wohnung muß für das neue Leben »der neue, befreiende Hintergrund sein«. Wenn den Wohnungen eine emanzipatorische Funktion zukommt, dann dürfen sie auch nicht jene »Grundriß-Schnitte« liefern, die sich vor allem für eine bürokratisch reibungslose Registrierung eignen. Die Wohnungen erhalten die Aufgabe, dem neuen Menschen zu entsprechen, ihn in seinen Absichten zu befördern.

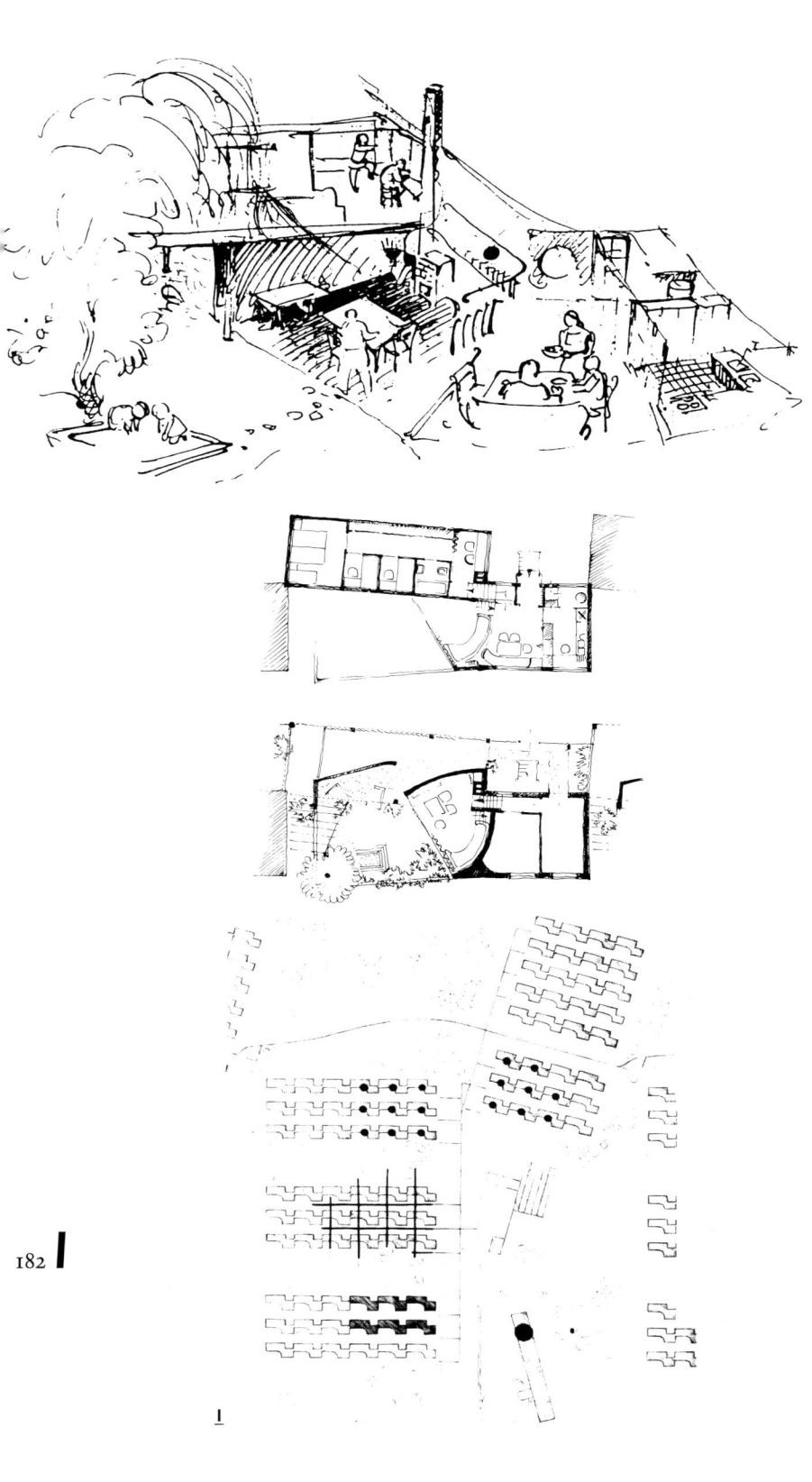

Scharoun erkennt zwar an, daß seine Radikalvorschläge heute noch »scheinbar unüberwindbare Forderungen an das Mitdenken und an die mitwirkende Bereitschaft der Wohnungsträger« stellen. Doch lehnt er es ab, immer den Forderungen nach »schrittweiser Entwicklung« nachzukommen, denn diese zwinge ohnehin »das Leben hinreichend auf«. So betont er das utopische Potential von Architekturentwürfen: »Neue Gedanken werden zur Durchsetzung immer eines gewissen Ungestüms, der Eruption bedürfen – wie Revolutionen.« Im Sinne solcher Kompromißlosigkeit ist auch die Scharounsche Ansicht zu verstehen, daß die mit der Wohnzelle präsentierte Konzeption im Großen wie im Detail zusammenpassen muß, soll sie ihren Gehalt bewahren. Die Absicht, »in einer neuen Wohnstruktur der neuen Gesellschaft den Ausdruck zu geben«, sei nur zu verwirklichen, »wenn Wohnung und Zelle miteinander abgestimmt sind«. Die »Relation Wohnung – Mensch – Zelle – Gemeinschaft« sei als Zusammenhang, der nicht auf Teilrelationen zu reduzieren ist, die Basis, die zu den neuen Ergebnissen und schließlich zu der neuen Stadt führe. Später wird Scharoun die ganzheitliche Struktur, den Zusammenhang zwar in gleicher Weise betonen, aber auch den Teillösungen – sofern sie auf ein Ganzes bezogen sind und sich in ihnen das Ganze darstellt – eine Berechtigung zugestehen, um überhaupt eine Praktikabilität erlangen zu können.

Am 7.11.1949 kann Scharoun den Plan zur Wohnzelle Friedrichshain der Bauherrin, der volkseigenen Grundstücksverwaltung »Heimstätte Berlin«, vorlegen, das Modell im Maßstab 1:1000 wird im Dezember nachgeliefert (vergleiche Seite 188f.). Am 8.1.1950 wird von der »Heimstätte« eine modifizierte Variante des Scharounschen Entwurfs vorgestellt, die zur Ausführung gelangen soll. Die lockere Anordnung der Gebäude Scharouns, durch die ihm differenzierte Räume gelingen, ist in diesem Plan so gut wie aufgehoben. Die Zeilen stehen nun in Reih und Glied. Die teppichartig angeordneten Einfamilienhausgruppen sind durch Reihenhauszeilen ersetzt. Auch der zentrale Platz wirkt gestrafft

1 Entwicklung eines zu einer teppichartigen Siedlungsstruktur fügbaren Einfamilienhauses mit dem »Raum der Mitte«; Schaubild, Grundrisse, 1:400, und Anordnung innerhalb einer Wohnzelle
2 Plötzensee – Charlottenburg-Nord – Siemensstadt – Haselhorst als bandstadtartiger Siedlungszusammenhang

2

und ist axialsymmetrisch zu den öffentlichen Gebäuden orientiert. Nach dieser Vorlage werden im Lauf des Jahres 1950 mehrere Laubengang- und Spännerzeilen nach planerischer Bearbeitung durch das »Kollektiv Ludmilla Herzenstein«, der ehemaligen Mitarbeiterin im Planungskollektiv, errichtet. Obwohl diese Gebäude der modernen Bauweise verpflichtet sind, ist kaum mehr eine Spur von der räumlichen Differenziertheit und der Typenvielfalt der unter Scharoun am IfB entwickelten Planung erhalten. Weder die Neue Wohnung noch die Wohnzelle als Element der Neuen Stadt sind hier realisiert worden. Noch während die Bauten des Kollektivs Herzenstein entstehen, entzündet sich an ihnen – als Negativbeispiel – in der 1949 gegründeten Deutschen Demokratischen Republik eine ästhetische Debatte mit eindeutig antimodernen Zügen, aus der auch das weiter oben angeführte Ulbricht-Zitat stammt. Mit der berühmten Moskau-Reise einer Architekten-Delegation wird die Wende vollzogen. Aus der Wohnzelle Friedrichshain wird die repräsentative Stalinallee.

Mit diesem Kurswechsel sind auch die Tage Scharouns als Leiter des IfB gezählt. Das IfB soll in einer neu zu gründenden Akademie für Bauwesen aufgehen. Dies ist nach dem Scheitern des Kollektivplans eine weitere schwere Niederlage Scharouns in seinen Bestrebungen, wirkungsvolle Institutionen und Planungen durchzusetzen, die die Idee einer Neuen Stadt und – damit verknüpft – einer veränderten Lebenspraxis befördern sollen. »Unserer mehr beispielhaften und entwickelnden Tendenz steht eine mehr anweisende, also administrativ wirksame Tendenz gegenüber«,[46] schreibt Scharoun an Karl Liebknecht, Sekretär des IfB und sein (ideologischer) Gegenspieler. Es ist nur verständlich, daß er darauf verzichtet, im neu eingemeindeten Institut Alibifigur zu sein, nachdem sein grundlegender Ansatz nicht im mindesten auf Akzeptanz stieß.

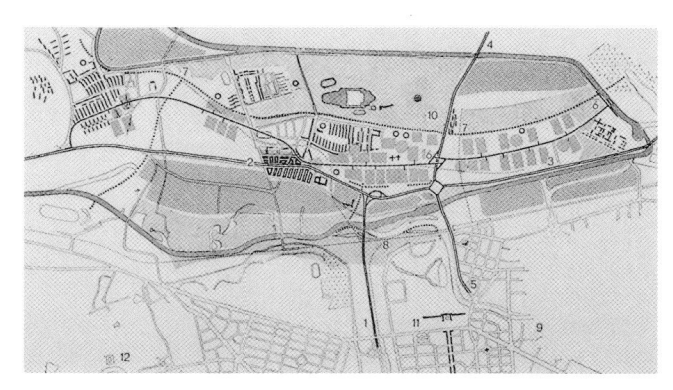

Scharouns Versuch, mittels einer Grundlagenforschung und einer Grundlagendiskussion zu neuen gesellschaftlichen Werten zu gelangen, die über eine Bewußtseinswandlung sukzessive eine Wandlung der städtischen Strukturen bewirken, verweist auf Erfahrungen aus einer Zeit, in der mit Gründungen von Verbünden und Institutionen wie »Werkbund«, »Arbeitsrat für Kunst«, »Ring«, »Bauhaus«, CIAM etc. zahlreiche Beispiele ebensolcher Wirkpunkte entstanden. Daß sich nach dem Zweiten Weltkrieg die Situation gewandelt hat und die ästhetischen Avantgarden nicht mehr die gleiche gesellschaftliche Durchschlagskraft wie in den zwanziger Jahren besitzen, ist aus Scharouns Perspektive des Zeitgenossen nur schwer zu erkennen. Mit seiner ästhetischen Position, die stark von einer Aufbruchsemphase der zehner/zwanziger Jahre getragen ist, von dem Empfinden, an einer epochalen Schwelle zu stehen, wird Scharoun in gewisser Weise zu einem Relikt. Sein Idealismus und Rigorismus mag auf seine Zeitgenossen mehr und mehr befremdlich gewirkt haben, in einer Zeit, die von Ärmelhochkrempeln, Optimismus, Konsumismus und Politikverdrossenheit bestimmt ist. Er droht in die Rolle des Sonderlings zu gelangen, der nicht recht ernst genommen wird. Nur wenige erkennen und anerkennen ihn als »Mensch und Künstler in der Zeit der Streber und Manager«[47], wie sein Freund, der Hamburger Oberbaudirektor Werner Hebebrand einmal formuliert. Am 1.4.1947 erhält Scharoun die Berufung zum Ordinarius für Städtebau an der Berliner TU. Doch für das bereits 1946 projektierte Institut für Städtebau (IfS) an dieser Universität fehlen zunächst die Mittel. Es wird erst am 24.2.1955 offiziell eingerichtet.

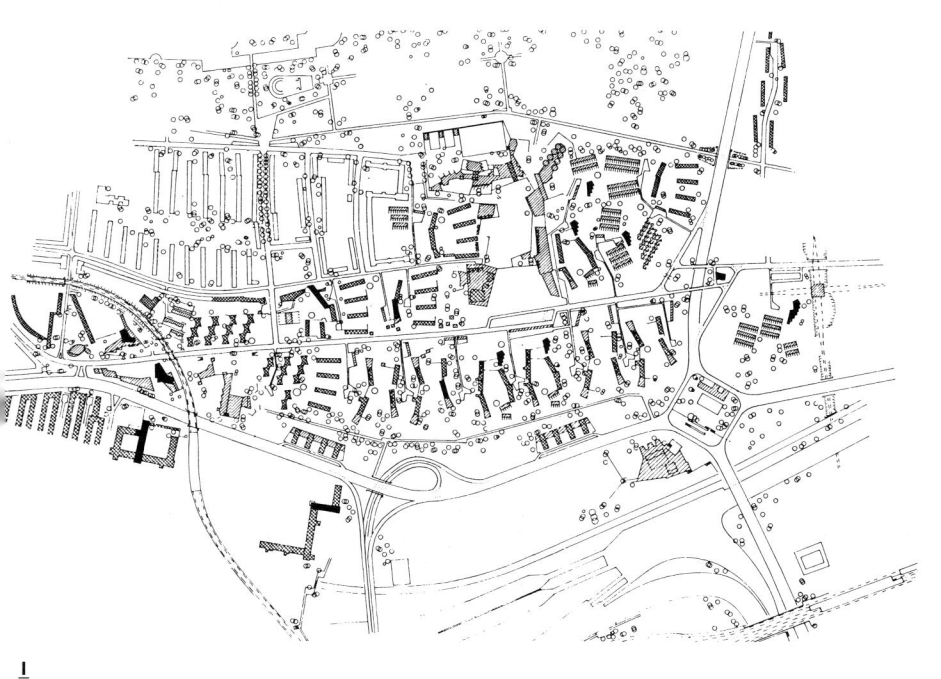

Die Elemente der Stadt Die Bemühungen Scharouns um Grundlagenforschung sind hier als sein Versuch dargestellt worden, dem sozial-utopischen Impuls eine erkenntnismäßige und institutionelle Basis zu geben, um so die Diskrepanz zwischen Anspruch und Wirklichkeit sowie zwischen idealem und empirischem Subjekt zu verringern. Um dabei auch zu glaubhaften Handlungsmaximen für das Bauen zu gelangen, ohne die hohen ideellen Ziele aufzugeben, geht Scharoun von einer ganzheitlichen Betrachtungsweise aus. Seit seinen ersten Bemühungen um die leistungsgerechte Form in den frühen zwanziger Jahren, stellt die organhafte Natur für ihn einen wichtigen Bezugspunkt dar. Die organhafte Natur zeichnet sich für ihn durch ihren ganzheitlichen Aufbau aus, der in der Organform anschaulich hervortritt. Eine an solcher Ganzheitlichkeit orientierte Einstellung erscheint ihm als Alternative zur vorherrschenden, von Abstraktion und Spezialisierung geprägten Wirklichkeitserfahrung. Scharoun glaubt, daß auch der Stadt ursprünglich ein organhaft-ganzheitlicher Aufbau wesenseigen war. Dieses Merkmal gelte es mit der Neuen Stadt zurückzugewinnen: »Der bisher in unserem Raum ... geleistete Beitrag spricht im Rahmen des ›Neuen Bauens‹ die Organform an, welche die Frage nach dem Leistungsprinzip beantwortet. Dies Anliegen ist um so dringlicher, als die Zivilisation – abstrakt und sektoral – zur Verselbständigung drängt. Die Organform als wesentliche Darstellung des Urbanen weist uns auf die ordnende, gebundene Gemeinschaft, auf ›das tätige Leben, das Mitwirken des einzelnen an der Besserung des Ganzen‹ hin«.[48]

Das Organhafte zeichnet sich durch die spezifische Beziehung zwischen den Teilen und dem Ganzen aus. Alle beteiligten Elemente unterliegen, so Scharoun, analogen Aufbauprinzipien und sind in einen ganzheitlichen Rahmen eingebunden, »so, daß alle Teilinhalte einer Stadt oder einer Gesellschaft, Teilinhalte ideeller Natur oder – als städtebauliche Elemente – materieller Natur auf ein Ganzes bezogen sind.«[49] Die Vorstellung von einem organhaften Strukturprinzip impliziert für Scharoun aber auch, daß in den Elementen selbst immer das Ganze zum Ausdruck gelangt, daß sie »aus dem Ganzheitlichen ihre Wesenheit beziehen«[50] »damit im kleinen immer das Ganze, das Idee und Wirklichkeit umfängt, strukturell gestaltet wird.«[51]

Das bedeutet für die Stadt-Idee: In jeder Einzelheit des »Kunstwerkes ›Die neue Stadt‹« muß die übergeordnete Idee anschaulich werden. Mit Blick auf eine sinnvolle und praktikable Umsetzung des großen Anspruchs auf das Ganze erscheint es ihm deshalb möglich, »in begrenzten Teilgebieten – Teilaufgaben – beispielhaft abzuhandeln«.[52] »In Zeiten des Machtpolitischen«, sagt Scharoun mit Blick auf die gegenwärtige Situation, »ist scheinbar nur ein geringer Bestand der in der Gesellschaft Handelnden noch in der Lage, Grundlagen für eine gesunde Orientierung zu schaffen, und wenn auch auf beschränktem Gebiet.«[53]

Scharouns Entwürfe der frühen fünfziger Jahre – häufig Wettbewerbsarbeiten – basieren auf einer Analyse des städtebaulichen Kontextes und auf einer Wesensanalyse des behandelten architektonischen Sujets. Scharoun spricht hier von »Strukturanalysen«. Man kann von diesen Arbeiten sagen, daß erstens der – letztlich gescheiterte – Anspruch, den er an das Institut für Bauwesen gestellt hatte, nämlich Grundlagenforschung zu betreiben, hier in bescheidenerem Maß ausprobiert wird, und daß zweitens die behandelten Bauaufgaben immer wie Teilaufgaben einer zu schaffenden Ganzheit Neue Stadt beispielhaft abgehandelt werden.

Noch als Leiter des Institut für Bauwesen erhält Scharoun die Einladung zum Wettbewerb des neuen Leipziger Opernhauses. Dieses stellt eine der ersten bedeutsamen Architekturaufgaben in der DDR dar. Dementsprechend groß ist das öffentliche Interesse an den Ergebnissen der acht geladenen Teilnehmer. Ca. 20 000 Menschen besuchen die Ausstellung vom 8. bis 20. 6. 1950 im Leipziger Neuen Rathaus. Auf Unverständnis stößt bei vielen, daß gerade ein Opernhaus in der sozialistischen Republik einen solchen Stellenwert erhält. »Warum baut man nicht zuerst Wohnungen und dann ein Theater?«, lautet die am häufigsten gestellte Frage. Aufmerksamkeit erregt vor allem Scharouns Entwurf, der nicht in die Preisränge kommt. In einem Bericht heißt es: »Besonders lebhafte Diskussionen am Modell von Professor Scharoun. Starkes Für und Wider. Besonders interessiert daran ist die Jugend. Sie bejaht die Arbeit des Herrn Professors Scharoun in auffallender Weise. Bock, Leipzig führt am 12. 6. 1950. Bei Führung durch Koje 4 (Scharoun) gibt der Führende seiner eigenen Meinung dahingehend Ausdruck, daß er den Verfasser dieses Entwurfes als den Architekten bezeichnet, der die Kollegen am meisten beschäftigt und zum Nachdenken und Mitdenken veranlaßt. Er sei unter den Architekten der Sucher und Finder und bringe immer wieder Probleme, mit denen sich die Kollegen befassen müssen.«[54]

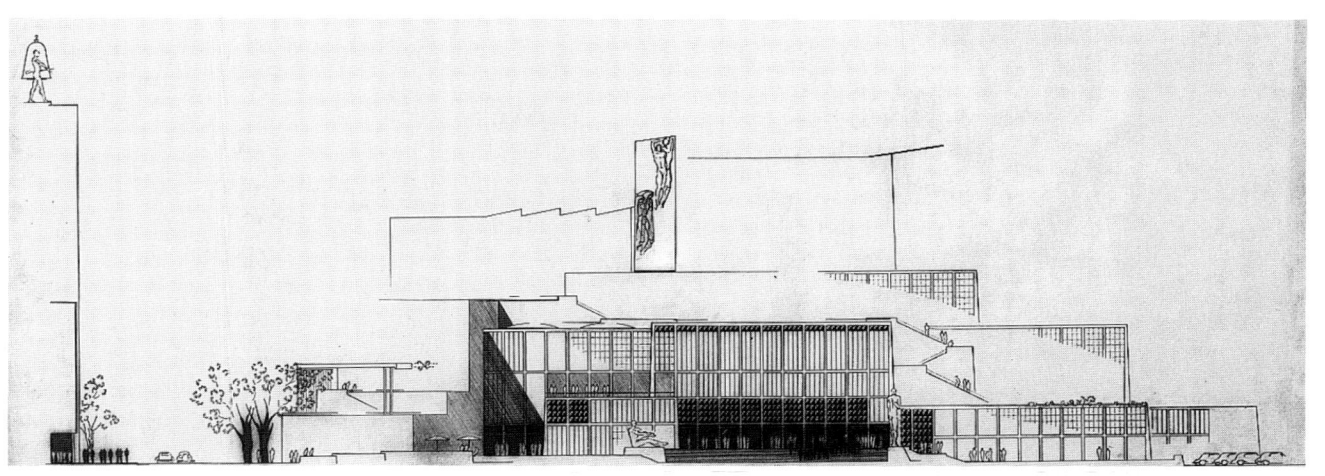

Am Institut für Bauwesen hat Scharoun in der Zeit bis 1950 eine umfangreiche Grundrißarbeit geleistet, bezüglich Erschließungssystem, maximale Lichtorientierung, Zimmerdisposition innerhalb der Wohnung, Kombination verschiedener Typen usw. Sein Ziel ist die Neue Wohnung. Diese Auseinandersetzung steht in seiner biographischen Tradition und verweist auf seine Grundrißarbeit zum Geschoßwohnungsbau um 1930. Zu Beginn der fünfziger Jahre steht ihm für den Wohnungsbau ein Fundus von beachtlicher Vielfältigkeit zur Verfügung, den er stets modifizierend weiterentwickelt. Nachdem die Zusammenarbeit mit einer gemeinnützigen Wohnungsbaugesellschaft in Ost-Berlin gescheitert ist, versucht er, diese Kenntnisse in Projekten mit privaten und öffentlichen Bauträgern in West-Berlin umzusetzen. Er erinnert sich dabei der positiven Erfahrungen mit seinen beiden Appartement-

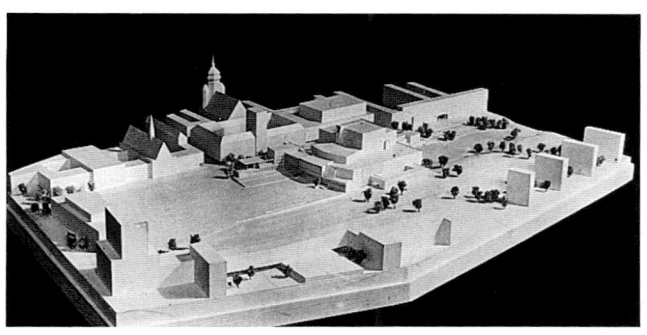

1 Der Idealplan der Siedlung Charlottenburg-Nord mit Wohngehöften und öffentlichen Bauten (Schulen, Kindergärten, Läden, Kino), 1955
2 Opernhaus Leipzig, Wettbewerb, 1950, Innenraumskizze, Ansicht und stadträumliches Modell
3 »Tor Siemensstadt«, Wohn- und Geschäftsbauten als Zentrum der Siemensstadt, 1950

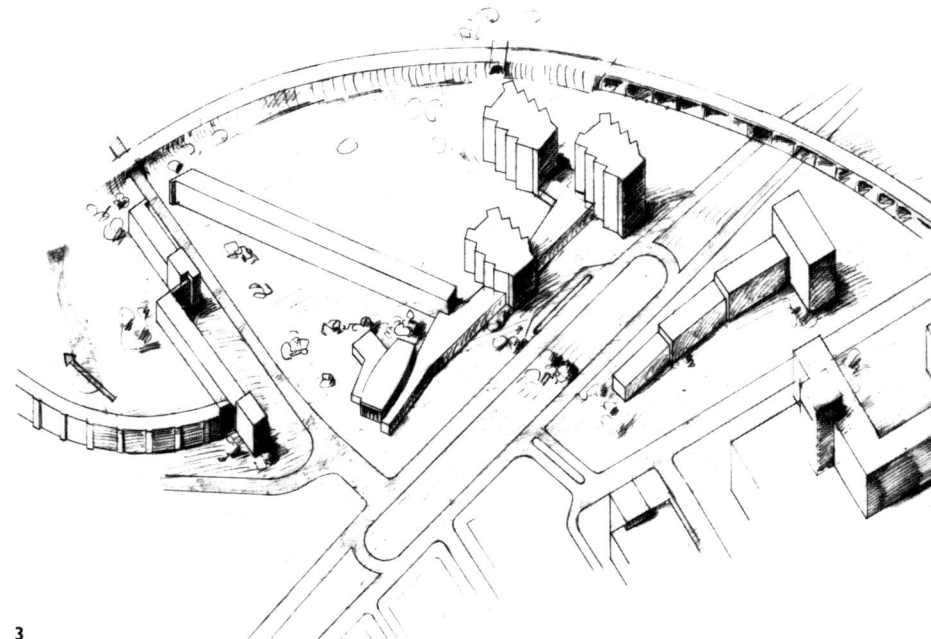

häusern für die Firma Jacobowitz. Es entstehen Entwürfe für den Wohnblock »Tor Siemensstadt«, für ein Hochhaus am Lietzensee und für ein Gebäude am Kurfürstendamm, dem Haus Olivia, das Büro-, Geschäfts- und »service-flat«-Haus in einem ist.

An der städtebaulichen Gestaltung des Eingangs zur Siemensstadt, die er ca. zwanzig Jahre zuvor geplant hat und in der er noch immer selbst wohnt, ist Scharoun aus verständlichen Gründen sehr interessiert. Die Siemensstadt und ihr östlich gelegenes Erweiterungsgebiet besitzen zudem für seine städtebauliche Konzeption exemplarischen Charakter, einerseits als Wohnzelle, andererseits als Präzisierung der Bandstadt-Idee (vergleiche Abbildungen Seiten 183 und 184). 1955 kann Scharoun in Zusammenarbeit mit dem neugegründeten Institut für Städtebau an der TU (IfS) in der östlich angrenzenden Siedlung Charlottenburg-Nord, von der später bedauerlicherweise nur eine Rumpfform verwirklicht wird, noch einmal sein Ideal einer Wohnzelle entwickeln und darstellen (Seite 209 ff.).

Das Hochhaus am Lietzensee und das Olivia-Haus am Kurfürstendamm demonstrieren Scharouns nach wie vor bestehende Vorliebe für das, was Adolf Behne schon 1922 beim Entwurf für das Hochhaus Friedrichstraße unterstrich: das Haus als »großstädtische Sensation«. In einer Besprechung des von dem Geschäftsmann Heinrich Mendelsohn ausgeschriebenen Hochhauswettbewerbs am Lietzensee heißt es in der »Bauwelt«: »Jene klugen Männer aber, von denen wir hören, daß sie überhaupt gegen dieses Projekt seien, seien gefragt, ob sie im großen Berlin einen Platz nennen können, der gleichermaßen nach einem Hochhaus förmlich schreit, einem hohen Bau, der in glücklichster Weise Härte der Straße und Lindheit des Parks bindet. Wenn wir dabei den drei preisgekrönten Arbeiten noch die Scharouns und seiner Getreuen [Sergius Ruegenberg und Chen Kuen Lee] anfügen, so geschieht dies aus dem Wunsche heraus, ehe gebaut wird, noch einmal gründlichst nachzudenken und möglichst pedantisch, will sagen, im fleißigstem Umherschweifen rings um dieses fesselnde Dreieck. Die Verfasser denken sich den von Süden kommenden Grünzug durch den nördlichen Teil der Wundtstraße an dem barocken Baumbestand der Schloßstraße angeschlossen und so zum Wohle des noch nicht ausgestorbenen Fuß-Gängers den Schloßpark mit dem Grunewald verbunden. Dann wird dieser auslangende Bau eine wahrhafte ›Landmark‹... sein. Sucht man man ›für Reklameflächen gute Möglichkeiten‹, so wird man sich auch hier manches leisten können.«[55]

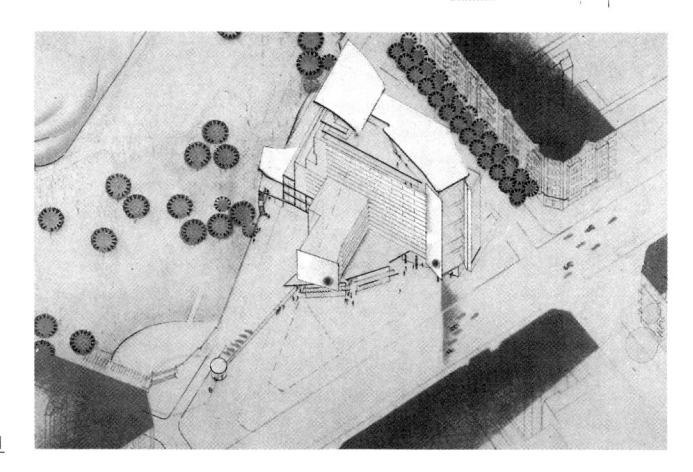

Nach Abbruch der Arbeit im IfB widmet sich Scharoun verstärkt Architekturwettbewerben. In dieser Hinsicht gleicht diese Phase den zwanziger Jahren, nur ist Scharoun nun ungleich erfolgreicher. Er gewinnt etliche Preise, so für die Stuttgarter Liederhalle (1. Preis), 1949, für die Amerika-Gedenkbibliothek in Berlin-Kreuzberg (2. Preisgruppe), 1951, für das Kasseler Staatstheater (1. Preis), 1952, für ein Altersheim im Berliner Bezirk Tiergarten (1. Preis), 1952, und für den Wiederaufbau der kriegszerstörten Insel Helgoland (Ankauf), 1952. Liest man die Preisgerichtsprotokolle, wird man feststellen, daß Scharoun die Preise und Belobigungen meist wegen seiner prinzipiellen und kompromißlosen Lösungsvorschläge zugesprochen bekommt. Doch gerade diese Momente erweisen sich meist auch als Hinderungsgrund für die Realisierung. Das gilt etwa für die drei mit dem ersten Preis ausgezeichneten Arbeiten.

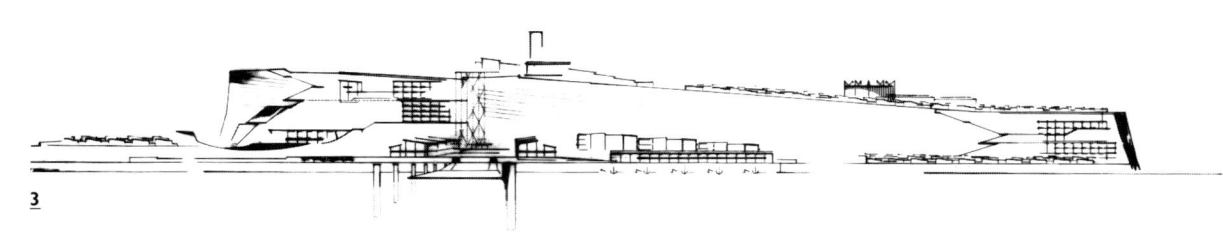

Beim Stuttgarter Wettbewerb hat Scharoun die Arbeiten seiner Mitkonkurrenten aufmerksam studiert und sich Notizen gemacht. Als sich abzeichnet, daß sein Entwurf wohl nicht zur Ausführung gelangen wird, versucht er, offensichtliche Mißverständnisse gegenüber seiner Arbeit auszuräumen und schreibt nach Stuttgart[56]: »Ich darf daher nochmals betonen, daß ich – gerade auch nachdem ich die Arbeiten meiner Kollegen kennenlernte, zu meinem Vorschlag stehen muß.« Geplant ist eine abschnittsweise Erstellung des Komplexes. Auf die Kritik, sein erster Abschnitt erscheine in seiner Gestalt willkürlich, reagiert er mit einem Plädoyer für die Schönheit der Unvollendeten: »Ich glaube, daß die Gebäudekombination, die ich als ersten Bauabschnitt vorschlage, als funktionelle Baugruppe mit Teilen verschiedener Höhe und verschiedener Intensität auch formalen Rang haben wird. Darüber hinaus könnte die Forderung, die sich im ›Unvollendeten‹ ausspricht, statt in einem abschreckenden, in einem erregenden, anregenden Sinne lebendig sein und die Forderung auf Vollendung der gesamten Anlage wachhalten. Ich bin der Meinung, daß ein solches – gegliedertes – Provisorium auch auf die Dauer gesehen angenehmer ist, als die beinahe barackenhafte Lösung in geschlossener Form, die erst zu lebendiger und angenehmer Wirkung durch Kontrastierung zu weiteren größeren und kleineren Formen gelangt.« Schließlich bekommt Scharoun Skrupel, ob er nicht doch ungerecht gegenüber den Kollegen ist: »Hoffentlich klingt das, was ich in der Anlage zu den Entwürfen sage, nicht zu ungerecht. Aber es steht ja auch der Wunsch dahinter, einmal wieder bauen zu können.«

Ein Satz der deutlich sein damaliges Hauptproblem beschreibt. Aber es werden noch einige Jahre vergehen, bis sich sein Wunsch erfüllt. Interessanterweise entsteht das erste größere Projekt, das er nach dem Krieg verwirklichen kann – die Hochhausgruppe »Romeo und Julia« – gerade in Stuttgart (Seite 206 ff.) – eine Parallele zu den zwanziger Jahren, als ihm mit dem Weißenhof-Haus ebenfalls in dieser Stadt ein erster bedeutender Bau nach langer Durststrecke gelang.

Das Altersheimprojekt im Berliner Bezirk Tiergarten ist bereits weiter fortgeschritten. Scharoun hat den Architektenvertrag in der Tasche, die Ausschreibungen sind gelaufen, die Planungen liegen im Maßstab 1:50 vor. Und obwohl das Preisgericht hervorgehoben hat: »Zusammenfassend ist zu sagen, daß die Vorzüge der vorliegenden Arbeit im Vergleich zu den Nachteilen in wirtschaftlicher Hinsicht so stark im Vordergrund stehen, daß das Preisgericht sich berechtigt glaubt, diese Arbeit an die Spitze zu stellen«, sind es gerade wirtschaftliche Gründe, die das Projekt dann scheitern lassen. Mit kleinlichen Kostenargumenten wird versucht, in Scharouns Entwurf einzugreifen, z. B. sollen geplante Glaswände durch Massivwände ersetzt werden. Schließlich wird ihm die Vertragskündigung angedroht. Gegen eine solche absehbare »Schädigung meines Ansehens« setzt sich Scharoun mit den Worten zur Wehr: »Es ist keine Frage, daß mit einer Planung in unserem Sinne Ansprüche in ideeller Hinsicht verbunden sind, zu denen mit diesen Gedanken nicht-Vertraute schwer Zugang finden. Sie werden verstehen, daß ich unter diesen Gegebenheiten (Prüfung aller Ausschreibungs-Unterlagen) nicht bereit bin, den Vertrag, der nur aus ›wichtigen Gründen‹ gekündigt werden kann, aufzugeben. Dafür habe ich mich auch viel zu stark in die ideelle und planerische Arbeit eingelassen.«[57]

Über die Begleitumstände des Scheiterns von Scharouns Entwurf zum Kasseler Staatstheater – resultierend aus einem ebenfalls 1952 gewonnen Wettbewerb – wird noch zu reden sein.

1 Geschäftshaus am Lietzensee, Wettbewerb, 1952, Isometrie und Grundriß
2 Haus Olivia, »der zwölfstöckige Torpfeiler am Kurfürstendamm«, 1951
3 Wettbewerb Helgoland, 1952, Silhouette der Insel

Nachbarschaft, Berlin-Friedrichshain,
Entwurf, 1949

Wohnzelle

1

2

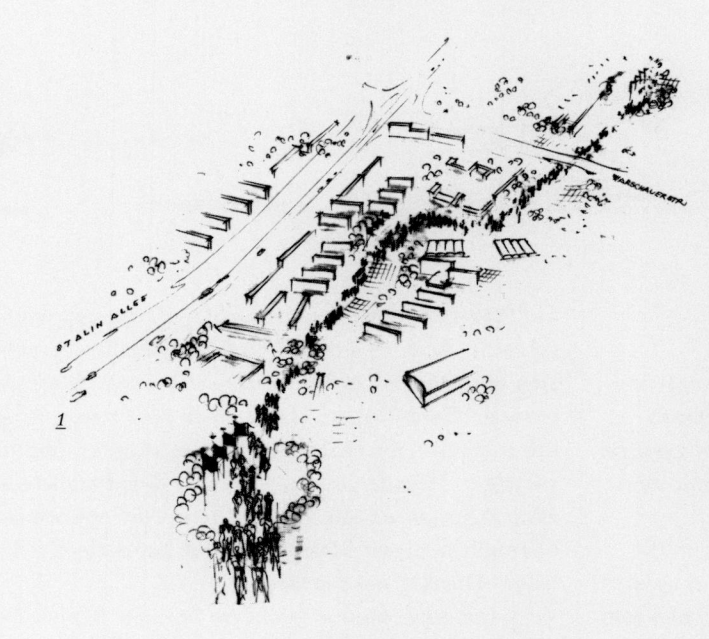

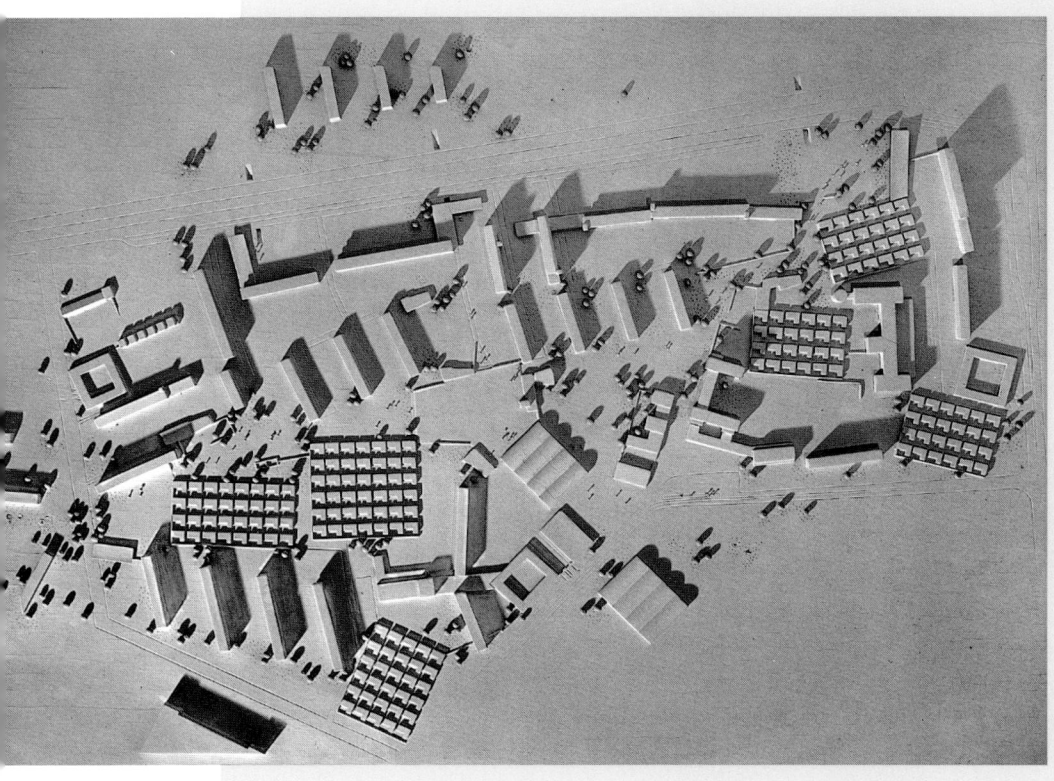

Die Wohnzelle Friedrichshain, von Scharoun am Institut für Bauwesen (IfB) entwickelt, stellt den Versuch dar, eine städtebauliche Grundeinheit (Wohnzelle) für die Neue Stadt, wie sie im Rahmen des Kollektivplans von 1946 für Berlin formuliert ist, zu konkretisieren. Scharoun: »Die Notwendigkeit der Umgestaltung früher dichtest besiedelter Gebiete Berlins ... besteht. Daß auch die Möglichkeit der Umorientierung besteht, beweist ein Vorschlag des Planungskollektivs für den Bezirk Friedrichshain. Er verwirklicht den Wunsch sowohl des Planungskollektivs als auch des Baudirektors Heinrich Stark, die erste in Berlin bestehende geschlossene Wohnungseinheit in einer früher typischen Mietskasernengegend zu errichten. ... Für die Siedlungseinheit werden im Mittel etwa 30 ha für etwa 5000 Menschen gebraucht. Die Funktionen Wohnen und Arbeiten werden getrennt.«[58]

Bezogen auf das im Kollektivplan dargestellte Netz von autobahnähnlichen Hauptverkehrsstraßen, liegt die projektierte Wohnzelle im Winkel zweier solcher Straßen, und zwar der Frankfurter Allee und der Warschauer Straße. Nach Süden und Westen wird die Zelle von niederrangigen Straßen begrenzt. Im landschaftsartigen Raum der Wohnzelle gibt es keine Fahrstraßen, das alte Straßenraster ist komplett aufgelöst. Garagenhöfe für die PKW der Bewohner liegen an den die Zelle umfassenden Straßen.

Ein Plan von November 1949 zeigt neun unterschiedliche Wohnhaustypen, dem Spektrum der unterschiedlichen Wohnbedürfnisse entsprechend, vom Einfamilienhaus (Typ »Schuh«) über das Zweifamilienhaus weiter zu reihenhausartigen Zweispännern und kleinen Appartements an Laubengängen bis hin zu an Le Corbusiers Unité erinnernde innengangerschlossene Mehretagenwohnungen.

Das Zentrum der Wohnzelle wird durch zwei locker eingefügte Plätze – einer als Wochenmarkt, der andere als Treffpunkt und Versammlungsort – markiert. Hier liegen die wichtigen öffentlichen Gebäude. Zwei Altbauten des stark kriegszerstörten Gebietes sollen erhalten bleiben und als »Handwerkerhof« und Schule Funktionen in der Wohnzelle übernehmen.

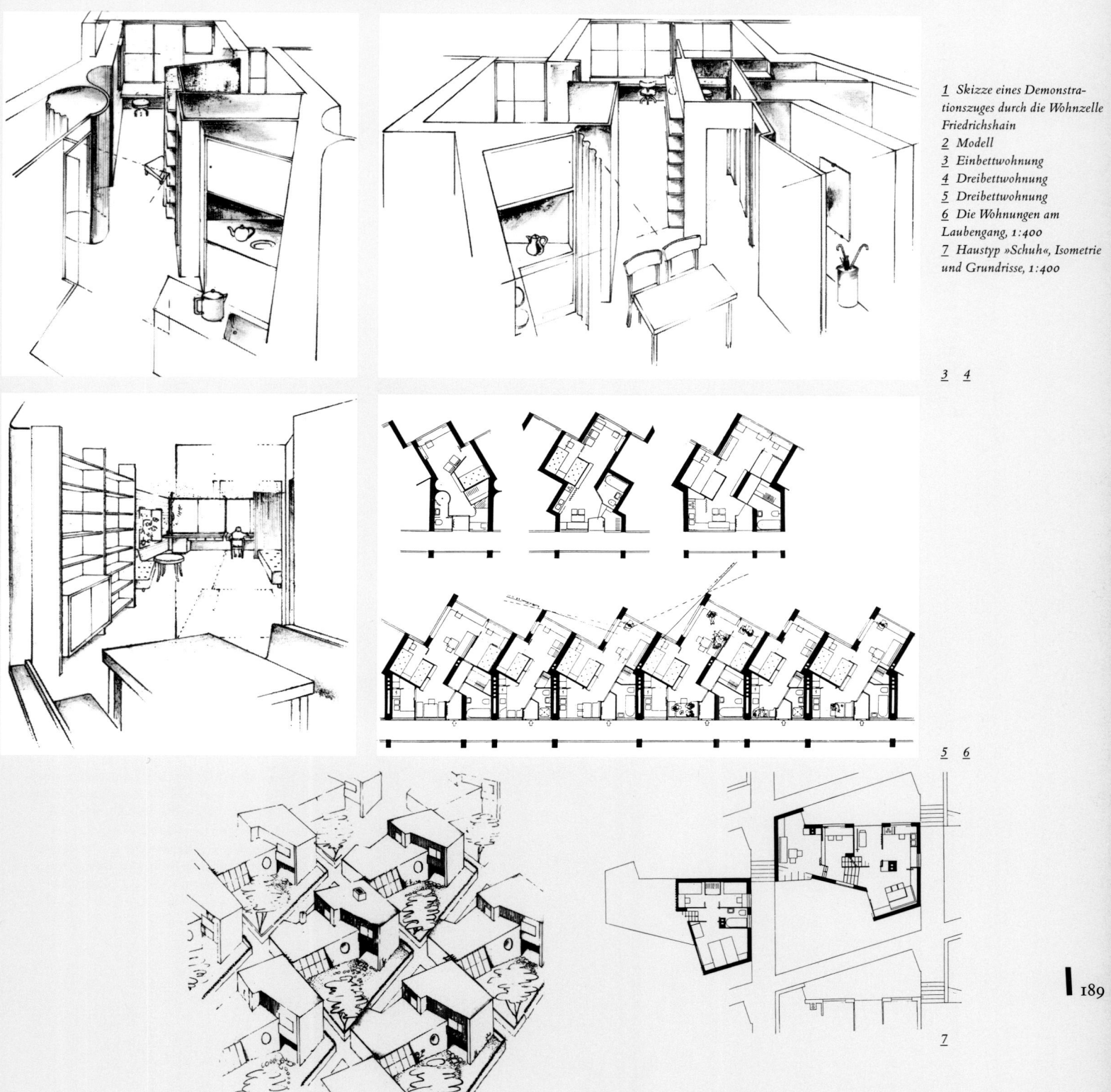

1 Skizze eines Demonstrationszuges durch die Wohnzelle Friedrichshain
2 Modell
3 Einbettwohnung
4 Dreibettwohnung
5 Dreibettwohnung
6 Die Wohnungen am Laubengang, 1:400
7 Haustyp »Schuh«, Isometrie und Grundrisse, 1:400

Liederhalle, Stuttgart
Wettbewerbsentwurf, 1. Preis, 1949

Forderung des Unvollendeten

1

2

3

Scharouns erste Wettbewerbsbeteiligung nach dem Zweiten Weltkrieg bringt ihm gleich einen großen Erfolg. Es handelt sich um einen geladenen Wettbewerb, den der Stuttgarter Liederkranz e. V. von 1824 auslobt.

Das zum Bau der Liederhalle im stark zerstörten Stuttgart vorgesehene Gelände, welches noch zum Anbau von Gemüse dient, liegt an der Ecke Schloß- und Seidenstraße. Die Räume – ein Festsaal (6000 Personen), Konzertsaal (900 Personen), Probesaal und drei kleine Säle – organisiert Scharoun so zu einer Baugruppe, daß sie einen Raum der Mitte umschreiben – außen als Konzertgarten, innen als Foyer- und Ausstellungsbereich. Die Randbebauung zur ansteigenden Schloßstraße ist mit Tagesnutzungen städtisch aktiviert. Von Westen kommend, am Restaurant vorbei, ist mit einem baulichen Rücksprung ein Eingang betont; eine Außentreppe führt weiter an einer überdachten Ladenstraße entlang, die an einem weiteren Eingang an der Straßenecke endet.

Scharoun schafft ein Raumgefüge, das landschaftlich gedacht ist. Zum einen bezieht sich der Entwurf auf den städtischen Kontext, der von einer eindrucksvollen topographischen Lage bestimmt ist. Zum anderen ist der Bau selbst im Sinne des Scharounschen Landschafts-Raum-Ideals gestaltet. So treppt sich die Foyer-Landschaft vom Tagescafé im zweiten Geschoß an der Schloßstraße – der Topographie folgend – nach Süden hin ab und schafft Ausblicke zum gegenüberliegenden Kriegsberg. Ein weiteres Gestaltungsprinzip liegt in dem geschickten Ausspielen von Gegensätzen, nicht nur räumlich – zwischen Weitläufigkeit und Kleinteiligkeit –, sondern

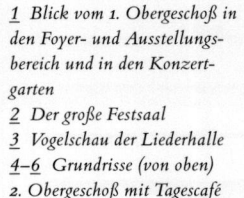

1 Blick vom 1. Obergeschoß in den Foyer- und Ausstellungsbereich und in den Konzertgarten
2 Der große Festsaal
3 Vogelschau der Liederhalle
4–6 Grundrisse (von oben) 2. Obergeschoß mit Tagescafé und Empore des Festsaals; 1. Obergeschoß mit Restaurant, kleinen Sälen, überdeckter Ladenstraße und Hauptzugang zum Festsaal; Erdgeschoß mit Konzertgarten, Foyer und Garderoben, Haupteingang

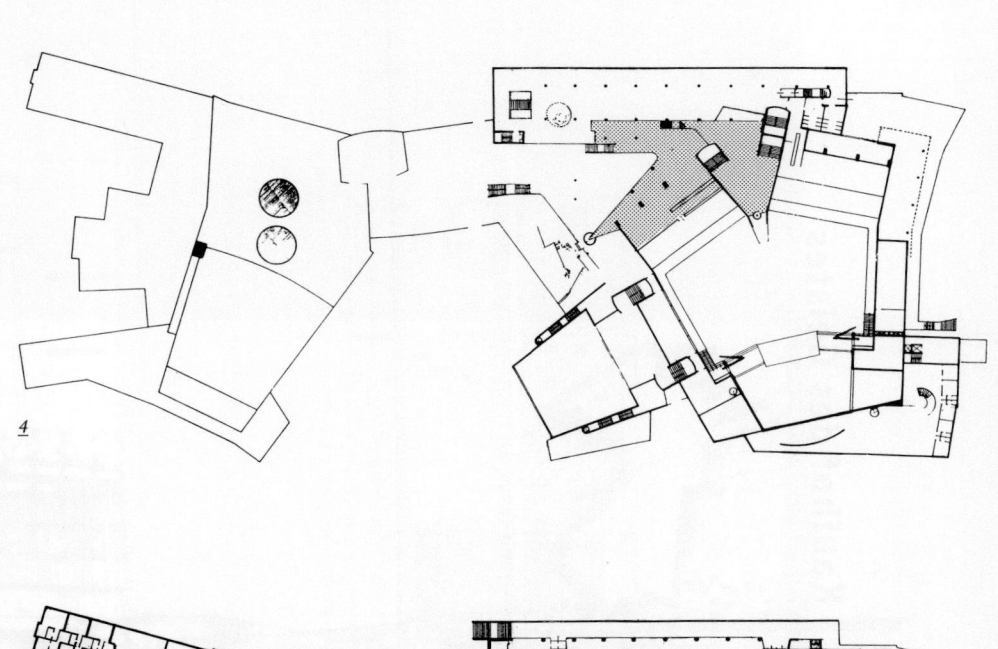

auch zeitlich, indem Scharoun Tageslicht und Tagesbetrieb in das Gebäude läßt und so gegen die festliche Abendatmosphäre stellt: »Mir scheint deswegen, um nie den Eindruck ›toten Raumes‹ aufkommen zu lassen, es auch wichtig zu sein, daß die Großräume immer hell und licht sind, nicht nur auf abendliche Aktivitäten wartend. Diesem Umstand dienen die Lamellendecken und die darüber befindlichen, mit Blenden versehenen Dachgauben«, die Scharoun auch »Augen« der sich zum Tal neigenden Dächer nennt. »Für die Einbindung in den landschaftlichen Raum spielt auch die auf dem Bühnenhause vorgesehene ›Tonleiter‹ (als Terrassenrestaurant) eine wichtige Rolle.«[59]

In Anspielung auf die Entwürfe der Mitbewerber schreibt Scharoun an den Liederkranz: »Entlehnte Gestaltbilder – der Struktur oder der Form nach – sind in diese Aufgabe, die sich das Bürgertum aus seinem Erleben, aus seinem Gestaltwillen heraus schaffen will – also nicht aufgrund eines Beschlusses von oben her – nicht verwendbar. Nur eine Konstruktion, die den Gedanken und den Willen der Bauenden und Nutzenden entstammt und entspricht, kann im aktivierenden Sinne die Aufgabe des Vereins unterstützen.«[60]

Seinen architektonischen Vorstellungen, denen der Verein anscheinend nicht folgen will, versucht Scharoun zuletzt doch mit Hilfe von oben Nachdruck zu verleihen, indem er den Stuttgarter Baudirektor vorsichtig bittet, sich seiner Arbeit in seinem Namen anzunehmen – er bietet den Bau eines Modells an, »das nicht nur das Äußere, sondern auch das Innere zur Darstellung bringen muß«. Das Bemühen bleibt vergeblich – die Liederhalle wird schließlich von Adolf Abel und Rolf Gutbrod gebaut.

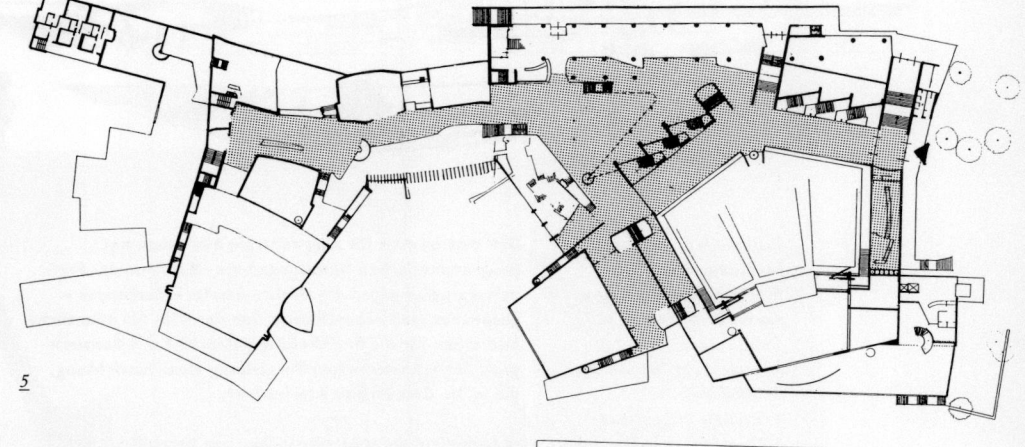

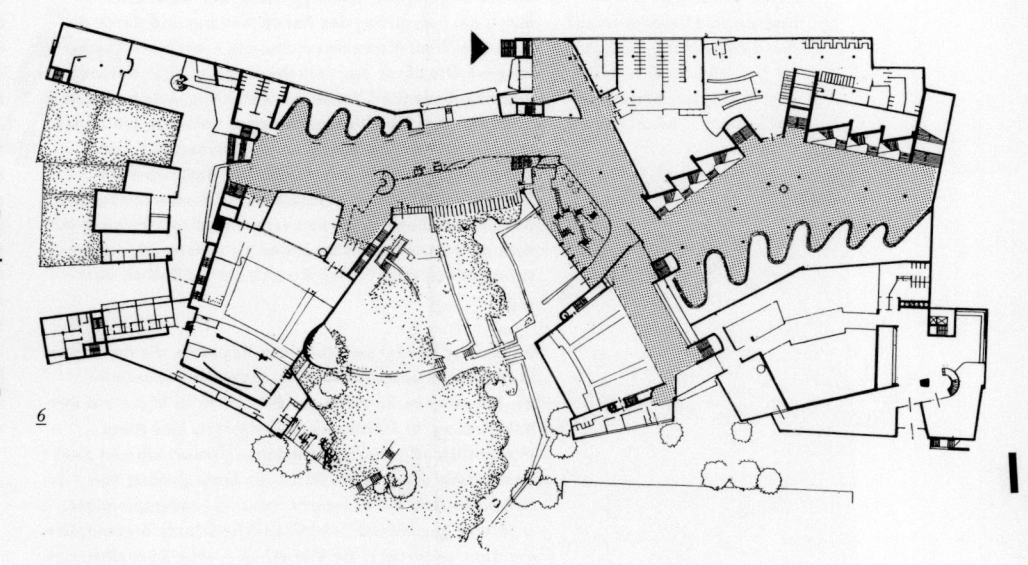

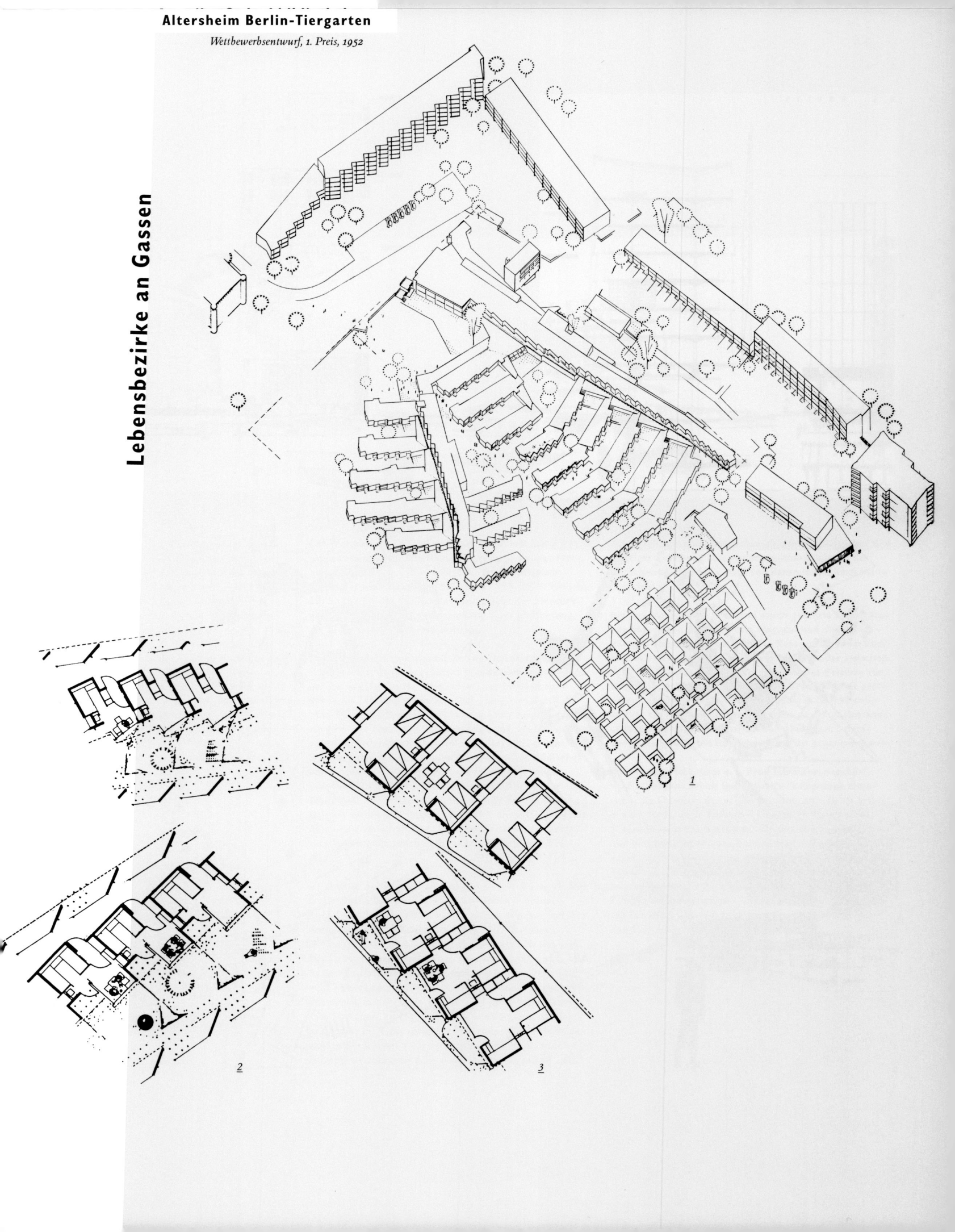

Altersheim Berlin-Tiergarten
Wettbewerbsentwurf, 1. Preis, 1952

Lebensbezirke an Gassen

Das Altersheim Tiergarten ist (ähnlich der Darmstädter Schule, Seite 200 ff.) nach der Vorstellung einer funktionell gegliederten Stadt konzipiert. Scharoun sieht die Gesamtanlage als »Individualität, deren Wohnungen die Individuen sind, welche nicht nur funktionshaft die ›Insassen‹ unterbringen, sondern strukturhaft ihnen individuelle Wirkpunkte vermitteln. Die Wohnungen sind daher nicht an Korridoren aufgereihte Unterkünfte, sondern Lebensbezirke an ›Gassen‹ und geöffnet zu den Außenräumen vor und hinter den Wohnungen. Die ›Gassen‹ münden in die ›Straße‹, die ›Straße‹ vereinigt die Räume, die der Entwicklung der Gemeinschaft und der Beziehung nach außen hauptsächlich dienen.«[62]

Die Aufenthaltsbereiche sind, aufgelockert entlang der Straße angeordnet, als »öffentliche Lokalitäten« verstanden. Mit einem Vorschlag zur Umbauung des Gevierts an der Invalidenstraße, erweitert Scharoun das Altersheim zu einer Nachbarschaft. Er greift dabei auf die am IfB entwickelte Vielfalt von Wohnungstypen zurück. Um echte Nachbarschaft zu erreichen, bedarf es, so Scharoun, neben der richtigen städtebaulichen Einbindung, vor allem einer veränderten sozialen Einstellung.

Zwei Drittel der Wohnungen liegen ebenerdig. Die Verbindungen zwischen den Wohneinheiten und den Gemeinschaftsbereichen sind in Haupt- und Nebenwege differenziert. Die gegliederte Gartenräume sollen der Pflege durch die Anwohner anheimgestellt werden. Dies zielt, ebenso wie die gewünschte Vielfalt nachbarschaftlicher Beziehungen, darauf, die alten Menschen vor Isolation und vor der Degradierung zu Objekten der Betreuung zu bewahren.

Scharouns Entwurf wird vom Preisgericht, dem u. a. Wassili Luckhardt angehört, mit Abstand an die erste Stelle gesetzt – im Vergleich zu den anderen Arbeiten, »bei denen die Zwangslage, die wirtschaftlichen Forderungen zu beachten, eine Vernachlässigung der richtungsweisenden Grundidee zeigt«. Das Preisrichterurteil endet mit den Sätzen: »Laien- wie Fachpreisrichter sind sich darüber einig, daß man durch Herausstellung dieser Arbeit kulturelle Werte schaffen hilft, die nicht nur für den Bezirk, sondern für ganz Berlin von außerordentlicher Bedeutung seien und darüber hinaus auch politisch gesehen, nicht ohne Einwirkung bleiben werden.«[63]

Zeitungsmeldung 26. II. 1953 (Telegraf): »Das Projekt wird nach dem Entwurf von Regierungsbaumeister Meurin ausgeführt. Der von Prof. Scharoun eingereichte Entwurf stellte sich zu teuer heraus.«

1 Isometrie der Gesamtanlage, die mit einer Randbebauung zu einer Nachbarschaft ergänzt ist
2 Erdgeschoßwohnungen an Gassen
3 Obergeschoßwohnungen an Laubengängen
4 Blick durch die Gartenbereiche zum Hauptbau
5 Blick vom Saaleingang in die innenliegende »Straße«, rechts der Speisesaal

Bebauung der Insel Helgoland

Wettbewerbsentwurf, Ankauf, 1952

Ein Stück Element wie Fels

_1_

Auf der Insel Helgoland sind durch den Krieg nicht nur Häuser und Straßen zerstört – die gesamte Insellandschaft, ihre Silhouette ist verändert. Mit Tausenden von Tonnen Sprengstoff wollten die Nazis die Insel im Meer verschwinden lassen. Nach den Luftangriffen ist Helgoland noch bis 1951 Übungsziel für die englische Luftwaffe. Fast ein Drittel der roten Klippe ist verschwunden, ein besonders betroffener, südlicher Teil der Insel wird dann zum sogenannten Mittelland eingeebnet.

Anlaß des Wettbewerbs ist, die Insel wieder bewohnbar zu machen, wobei die Bewohner der neu zu gründenden Stadt von ca. 6500 Einwohnern ausschließlich vom Tourismus leben. Es ist anzunehmen, daß Scharoun diese Aufgabe besonders angesprochen hat, galt es doch, eine prägnante Landschaftsgestalt mit Strukturen einer menschlichen Ansiedlung in Beziehung zu setzen.

Scharoun verstärkt mit seinem Vorschlag die Dreiteilung der Insel in Unterland mit Empfang und Fahrstuhl, Mittelland für touristische Erholung, auch wissenschaftliche Institute, und Oberland, hauptsächlich für Wohnhäuser. Für diese Wohnsiedlung schlägt er eine wabenartige Struktur von Hofhäusern vor, die teils oder ganz als Gästehäuser vermietet werden können.

Für die zerstörte Felswand konzipiert Scharoun eine große technische Form, das »Regal«. Es soll unterschiedliche Einrichtungen, »besonders solche unmaßstäblicher Art« aufnehmen. »Es ist ... ein Stück Element wie Fels oder füllendes Leben. Es soll zu den vorhandenen Felswänden einen polaren Bezug haben. Es soll aber auch flexibel in der wirtschaftlichen Nutzung sein. Wir meinten, es wäre schon wichtig, Baumassen, die den eigentümlichen Maßstab der Insel stören, im ›Regal‹ verschwinden zu lassen.«[64]

_2_

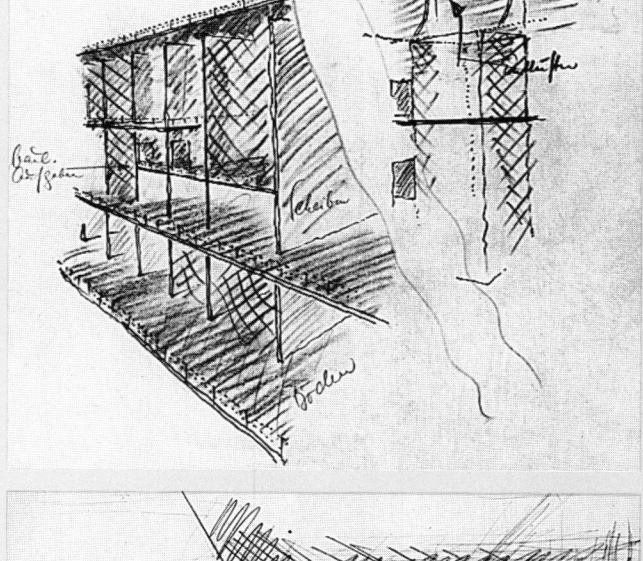

1 Skizze zur Gesamtplanung
2 Das »Regal«, Ansicht und Schnitt, 1:500, sowie Skizzen
3 Inselsilhouette
4 Wohnbebauung für das Oberland, Grundrisse, 1:500

3

Carl Ernst Köhne kommentiert die Wettbewerbsergebnisse: »Der Bogen der Konzeptionen reicht von kleinstädtischer Idylle voller Reminiszenzen an Alt-Helgoland über raumfremde Allerweltsvorstadtreihenhäuserblocks bis zu aparten Schaubildern mondäner Seebadarchitektur in Niemeyers Copacabana-Stil.
Der eigentliche Auftrag war indes die Umgestaltung einer von Menschenhand mißhandelten Landschaft, eine einmalige Chance, zumal, wenn man sich vergegenwärtigt, daß es sich ... um einen optisch höchst exponierten Platz [handelt], bei dem die künftige Silhouette ebenso wichtig ist wie der Generalbebauungsplan.
Diesem inneren Anliegen des Wettbewerbs kam bemerkenswerterweise ein von den am Gewesenen festhaltenden Ureinwohnern besonders scharf abgelehnter, vom Preisgericht jedoch in die Spitzengruppe berufener Außenseiter im Großen Handicap der Ideen am nächsten: Prof. Hans Scharoun (Berlin) und seine Mitarbeiter [Kay Holander, Sergius Ruegenberg, Alfred Schinz].

Sein spezifischer Diskussionsbeitrag war zunächst ein neuhelgoländer Normalwohnhaus und die Anregung, a conto dessen, daß ja die Saison nur zehn Wochen zu dauern pflegt, die zum Kurbetrieb gehörenden Neubauten und Einrichtungen ganz anders zu behandeln als die Wohnstätten der Insulaner. Aus beidem entwickelte Scharoun dann jedoch eine von fast keinem Wettbewerbsteilnehmer so konsequent gesuchte Synthese zeitgemäßer Konstruktion und Formgebung, insularer Erfahrungen und taktvoller Einbettung der vielartigen Elemente in die strengen Kulissen des Inselfelsens. Dabei leitet er aus der unbestreitbaren Assoziation von dessen Silhouette mit einem dahinstürmenden Schiffskörper die gewünschte Gestalt-Einheit von Rumpf und Aufbauten ab.«[65]

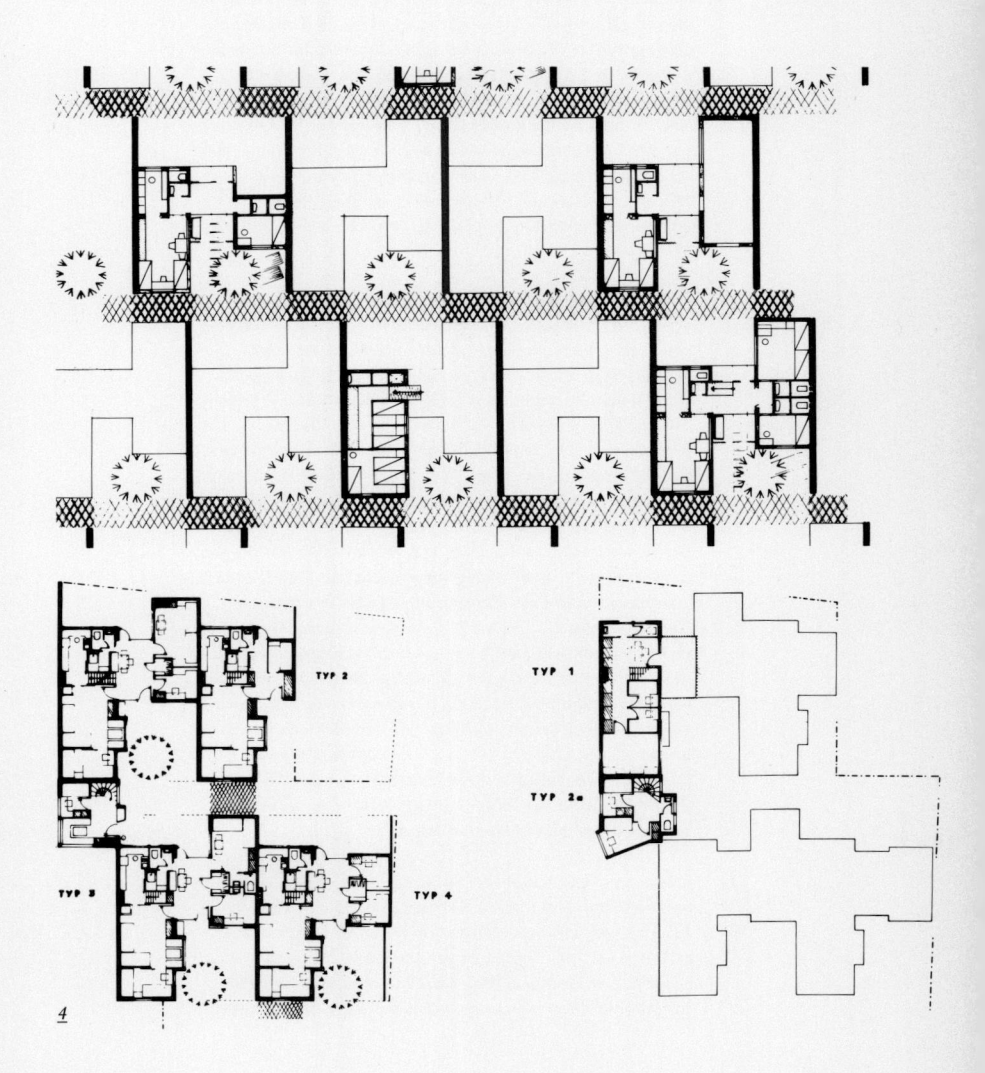

4

Bürgerweide Bremen
Städtebaulicher Wettbewerb, 1. Preis, 1955

Hängende Dächer

Das Gelände um den Bahnhof seiner Geburtsstadt Bremen beschäftigt Scharoun in diesem Wettbewerb nicht zum ersten Mal. Schon seit seinem aufsehenerregenden funktionalistischen Post-Entwurf von 1921, spätestens aber seit seinem Stadthallen-Entwurf von 1928 (vergleiche Seite 82 f.) kennt er die städtebauliche Problematik dieses Areals: die Zäsur des Bahndamms, der im Bahnhofsbereich naturgemäß eine beträchtliche Tiefe aufweist und eine Querverbindung für den Fahrverkehr auf einige nadelöhrartige Tunnels konzentriert, die zudem für den Fußverkehr alles andere als verlockende Wege darstellen. Dieser Damm trennt zwei wichtige städtische Bereiche voneinander: die südlich gelegene City von dem jenseits des Bahndamms gelegenen attraktiven Bürgerpark und der Bügerweide, einem Ausstellungsgelände.

Diese städtischen Bereiche zu verbinden, war schon Ziel des Stadthallen-Wettbewerbs von 1928, der seinerzeit aus wirtschaftlichen Gründen aber zu keiner baulichen Realisierung führte. Nach dem Krieg ist die Situation unverändert, bis im Zuge des Wirtschaftswunders der Stadthallenbau doch noch realisierbar wird. Der 1955er Ideenwettbewerb ist als Vorbereitung eines Bauwettbewerbs, der 1957 ausgeschrieben wird und an dem Scharoun auch teilnimmt, anzusehen. Man erwartet zunächst eine Klärung städtebaulicher und verkehrlicher Fragen – jedoch sind auch schon Ideenskizzen für eine Stadthalle gefragt.

Scharouns preisgekrönter Beitrag setzt sich in umfassender Weise nicht nur mit dem unmittelbaren Wettbewerbsgebiet auseinander, sondern bemüht sich um größere städtebauliche Zusammenhänge. Er gelangt zu einer neuen Verkehrskonzeption.[66] Wie schon 1928 löst er die den Park begrenzende Hollerallee auf. Eine neue Trasse schneidet das Bürgerweide-Gelände diagonal und schafft eindeutig definierte Bereiche: westlich der Trasse einen Festplatz, östlich davon den Bereich der Stadthalle, die in eine Bürgerpark-Erweiterung eingebettet ist. Die Parkerweiterung in Richtung Innenstadt soll im Sinne der Scharounschen Stadtlandschaftskonzeption eine fließende landschaftsräumliche Verbindung zu den Wallanlagen herstellen, die die Zäsur des Bahndamms zwar letztlich nicht überwinden, aber zumindest psychologisch vermindern kann. Das wichtigere räumliche Bindeglied zwischen Innenstadt und Stadthalle stellt aber der von Scharoun konzipierte »Brückenweg« dar, der westlich des Bahnhofsgebäudes die Gleise quert und auf erhöhtem Niveau – über dem Fahrverkehr – die Stadthalle erreicht. Scharoun denkt daran, diesen Weg auch ggf. über den verkehrsreichen Bahnhofsvorplatz zu leiten.

Scharouns Stadthallen-Entwurf zeigt mit seinem erhöhten Saalniveau und der unter die Tribünenschrägen geschobenen Foyer-Landschaft eine überraschende Ähnlichkeit mit dem ein Jahr später entstandenen berühmten Entwurf zur Berliner Philharmonie. Eine Vorwegnahme des Philharmonie-Gedankens mag auch Scharouns Aussage zur

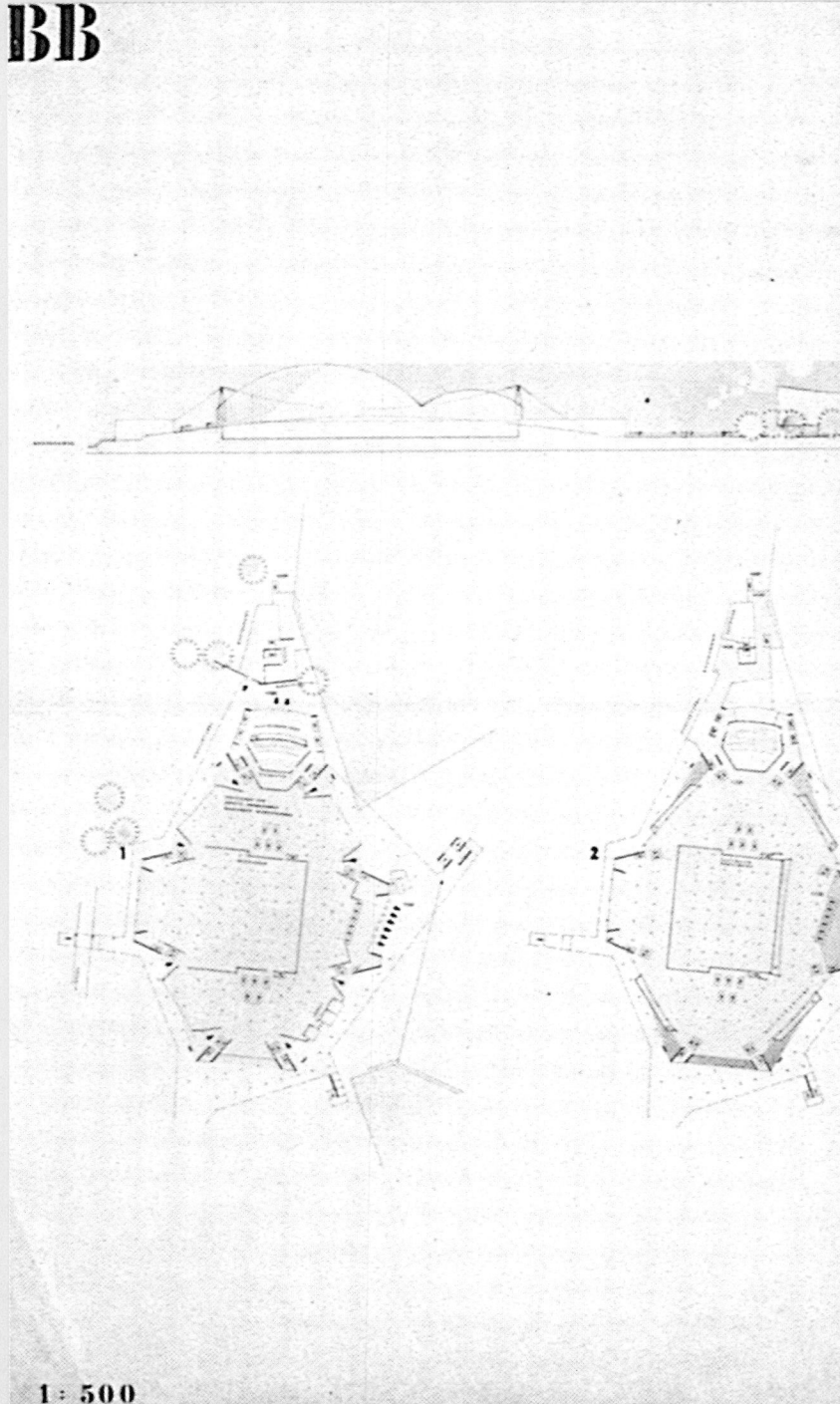

1

1 Wettbewerbszeichnung, städtebauliche Gesamtansicht vom Bahnhof (links) bis zum Parkhotel, Grundrisse und Schnitte zur Stadthalle
2 Vom »Weser-Kurier« vereinfachter Lageplan

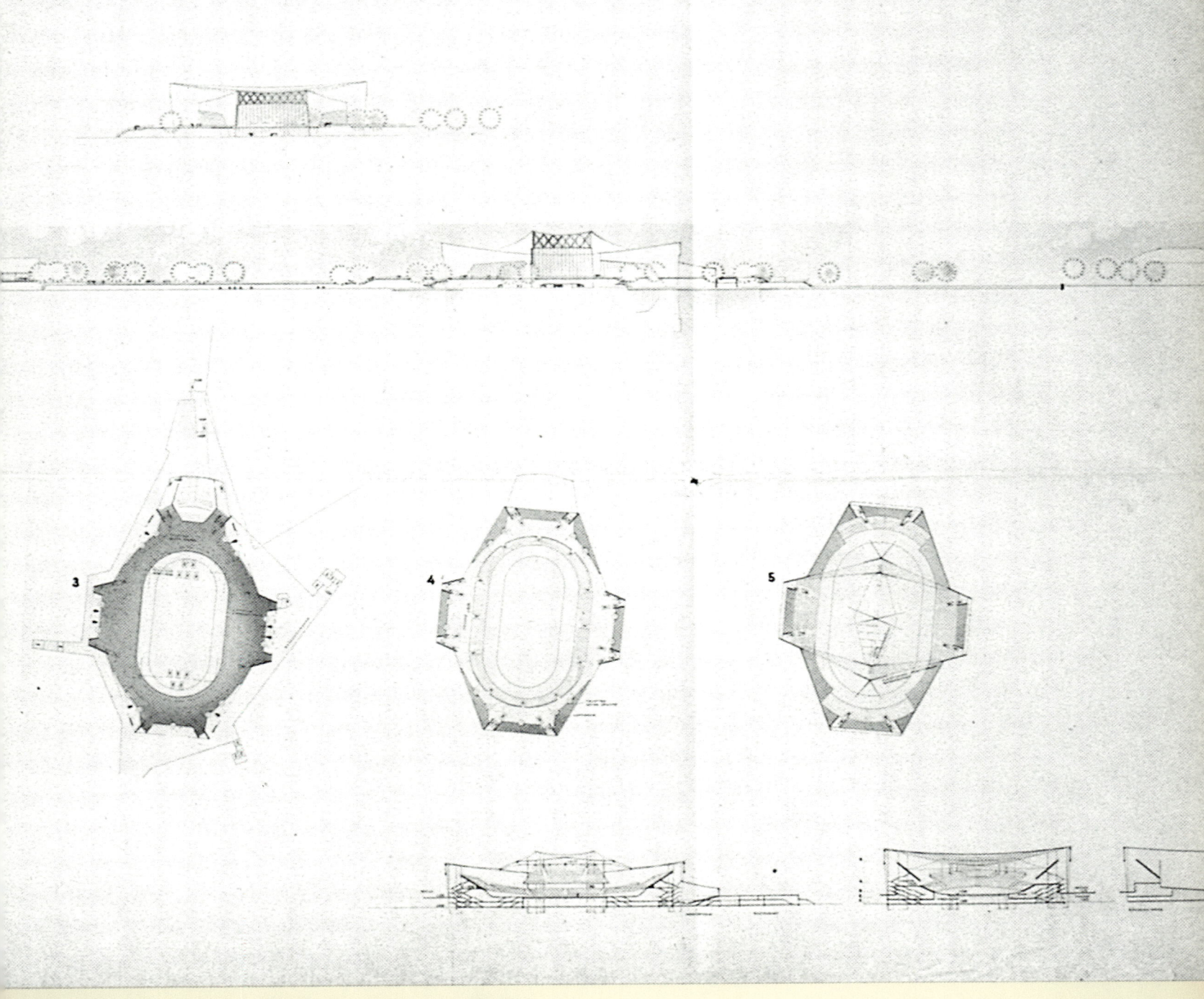

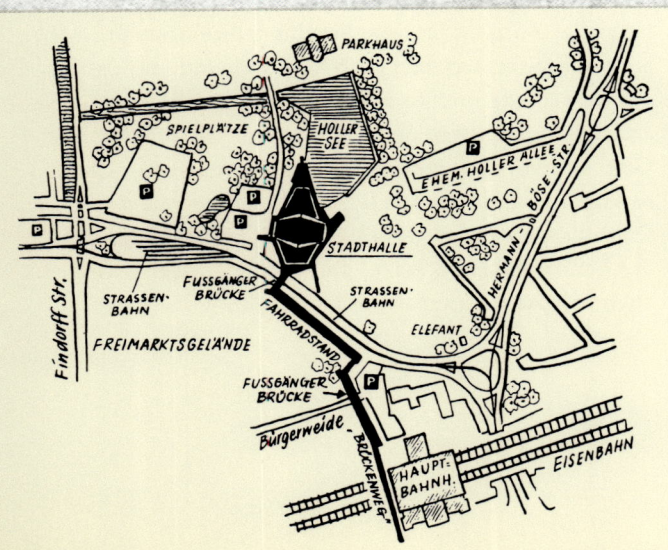

Bedachung der Stadthalle darstellen: »Der Hallenvorschlag bedient sich der hängenden Dächer, die dem Bauwerk etwas Improvisatorisches zu geben vermögen als Mittel zum Zierlichen.« Gebaut wird die Stadthalle von Roland Rainer, dem Träger des 2. Preises dieses Wettbewerbes, der zwei Jahre später, zusammen mit den Bremer Architekten Max Säume und Günther Hafemann, den Bauwettbewerb gewinnt.

Am Entwurf für die Volksschule in Darmstadt wird Scharouns Behandlung von Architekturaufgaben als Teilaufgaben einer zu schaffenden (städtebaulichen wie gesellschaftlichen) Ganzheit besonders deutlich. Entsprechend dieser Denkweise, bedeutet ihm nicht nur Erziehung Teil der Menschwerdung, sondern auch Schule Element der Stadt. Somit läuft der hier präsentierte Entwurf mit seiner Konzeption der Neuen Stadt konform. Das zeigt sich nicht nur darin, daß die Scharounsche Schule strukturell selbst einer Stadt ähnelt. Sie ist vielmehr auch ein wichtiger Bestandteil innerhalb seiner Stadtkonzeption. Den »Offenen Bezirk« der Schule versteht er beispielsweise als einen Bereich, der sich zur Stadt hin öffnet und der die Stadt in die Schule einläßt. »Das gesellschaftliche Leben wirkt unmittelbar durch die Mittlerschaft [des Offenen Bezirkes] auf die Schulen ein.«[67]

Der Entwurf für eine Volksschule entsteht anläßlich der Reihe der »Darmstädter Gespräche«. 1951 heißt das Leitthema »Mensch und Raum« – Bezugspunkt ist der fünfzigste Jahrestag der ersten Ausstellung der Künstlerkolonie Darmstadt auf der Mathildenhöhe. Damit das Gespräch, genauer gesagt: die dreitägige Tagung, nicht zu abgehoben abstrakt wird, ist extra für diese Veranstaltung eine Anzahl Meisterbauten von aufgeforderten Architekten (Bartning, P. Bonatz, Dudok, Grund, Neufert, Scharoun, Schuster, Schwarz, Schweizer, Schwippert, M. Taut) entworfen worden, die im Rahmen der Veranstaltung diskutiert werden sollen. Es handelt sich überwiegend um Bauten für die Gemeinschaft, die auf die Situation und den Bedarf Darmstadts zugeschnitten sind. Eine Realisierung wird seitens der Stadt in Aussicht gestellt.

Nach den vergeblichen institutionellen Bemühungen um eine Grundlagendiskussion in Berlin ist Scharoun mit einem hohen Anspruch und wahrscheinlich großen Erwartungen an die Aufgabe herangegangen. Das spiegelt sich in dem enormen Aufwand seiner Entwurfsherleitung und -entwicklung wider. Scharoun holt zur Erklärung seines Darmstädter Schulentwurfs weit aus. Er beginnt mit grundlegenden Reflexionen über Raum und Zeit. Dabei beruft er sich auf die Kantsche Definition, Raum sei eine Bewußtseinsform, Zeit eine Anschauungsform. Bei dem Schulentwurf geht es ihm darum, diese Auffassung von Raum und Zeit »strukturell und baulich wirksam anschaulich zu machen«. Raum steht hier für die zeitgemäße Raumgestalt (das, was – rückblickend – in den Hochphasen der Stile zum Ausdruck gelangte und was Scharoun für die Gegenwart mit dem Begriff der Stadtlandschaft zu treffen sucht); Zeit meint die Entwicklungszeit des Heranreifenden, des Schülers; die Rede ist vom Schulleben.

Scharoun bezieht sich an dieser Stelle konkret auf den Begriff der Ganzheitlichkeit, den er unterschiedlich anwendet. Zum einen sieht er das Schulleben als Teil der Lebensganzheit, und somit sei diese in jenem enthalten, da sich die Identität des Ganzen im Teil ausdrücke. Thomas Mann wird zitiert: »Das Schulleben ist das Leben selbst«. Zum anderen ist mit Ganzheit gemeint: »Kraft und Materie, Sein und Existenz, die baulich und strukturell durch Gliedern und polare Bezugsetzung dargestellt und wirksam werden«. Dies ist die Ganzheit eines komplexen organhaften Gebildes, das sich, so Scharoun, nicht durch ein mechanisches Aneinanderreihen einmal ermittelter Funktionseinheiten konstruieren läßt. Scharoun definiert die Aufgabe der Schule im gesellschaftlichen Ganzen dahingehend, daß »die Bildung Alle zu empfindenden – wissenden – wollenden Menschen führen soll«. Die Ganzheit der Schule, sozusagen als Modell der Gesellschaft, diene dazu, »das Zusammenwirken in Freundschaft auf dem Aspekt der Selbsttätigkeit und mit dem Ziel der Sozietät« zu fördern. Hier wird ein weiteres Mal deutlich, daß Scharoun mit seinen Bauten stets ein gesellschaftliches Ideal verfolgt. Im Vorfeld der Arbeit hat er sich mit den »Grundsätzen zur Demokratisierung des Erziehungswesens in Deutschland – Anweisung Nr. 54 des Kontrollrates der Alliierten Kontrollbehörde – Juni 1947« auseinandergesetzt, wo es u. a. heißt, die »Auffassung von der Natur und Funktion der Erziehung im Leben des Kindes [bedingt], daß Erziehung nicht nur Entwicklung intellektueller Fähigkeiten, Errichtung bestimmter Kenntnisse und Erwerbung wichtiger Fertigkeiten [ist], sondern Vorgang, der das Wachstum und die Entwicklung aller Anlagen umfaßt. Ergebnis: Intelligentes, wohlausgewogenes, wohlabgerundetes Individuum« und: »Unterschiede sind Tatsachen, sie werden als Werte angesehen, weil man der Meinung ist, daß ein gewisser Grad von Verschiedenheit ein wünschenswertes Charakteristikum eines Ganzen ist, und daß die Kraft der Demokratie auf der Verschiedenheit beruht, statt auf der Einförmigkeit.« Sätze, die so oder ähnlich formuliert auch von Scharoun stammen könnten.

Volksschule Darmstadt, 1951, Modell

Anhand der Darmstädter Schule wird nicht zuletzt der zunehmende Einfluß der Theorie Hugo Härings auf Scharoun deutlich. Es mag überraschen, daß der Entwurf der Darmstädter Volksschule insgesamt eine fast diagrammartige Umsetzung der drei Häringschen »Gestaltreiche«, jeweils übertragen auf die drei entwicklungsstufenspezifisch gestalteten Klasseneinheiten (»Schulschaften«) darstellt. Wenn Scharoun schreibt: »Das Wesen der Räume entspricht dem geistigen Wachstum des Kindes: durch den Nest- und Höhlen-Charakter in der Gruppe A (den 6 bis 9jährigen), durch das Exakte in der Gruppe B (den 9 bis 12jährigen), durch die spannungsreiche Entfaltung des Raumes zur Zweiheit in der Gruppe C (den 12 bis 14jährigen Kindern)«, so entsprechen diese drei Gruppencharakterisierungen genau den drei Gestaltreichen, dem vorgeometrischen, dem geometrischen und dem, im Zeichen des Geistigen und der entfalteten Individualität stehenden, organischen Gestaltreich.

Häring selbst mag die wachsende Affinität zwischen seiner und der Scharounschen Architekturkonzeption ähnlich gesehen haben, wie folgendes Zitat belegt: »Was wir genau meinen, wenn wir von Organik reden, zeigt der Entwurf von Hans Scharoun für eine Volksschule in Darmstadt ... Der erste Akt der Planung galt hier einer eingehenden Erforschung der Wesenheit dieses Hauses, der Erforschung dessen, was in diesem Bau vor sich gehen soll, wie er der Erziehung zu dienen hat. Er galt nicht nur der üblichen Erforschung der äußeren technischen Raumansprüche, sondern den zu setzenden Zielen der erzieherischen Arbeit. In der Erforschung der Wesenheit wuchs die Gestalt der Bauanlage heran.«[68]

Einen der Höhepunkte der Darmstädter Veranstaltung stellt ein kurzer Disput dar, der zwischen Paul Bonatz und Scharoun ausgetragen wird.[69] Es ist am zweiten Tag der Veranstaltung, an einem Sonntag. Am Vormittag hat Martin Heidegger seinen berühmten Vortrag mit der Überschrift »Bauen, Wohnen, Denken« gehalten. In dem anschließenden Gespräch meldet sich schon bald Bonatz zu Wort. »Es geht um zweierlei«, beginnt er, »um das Begriffliche und um das Schöpferi-

Volksschule Darmstadt
Entwurf, 1951

Mensch und Raum

Der Entwurf für die Darmstädter Volksschule gibt Scharoun die Möglichkeit, seine Vorstellung von dem Wirkungsgefüge der Elemente einer Stadt anschaulich zu machen. Dazu stellt er sowohl gesellschaftliche und pädagogische als auch städtebauliche und architektonische Aspekte in ihrem Zusammenhang dar. Das für die Volksschule vorgesehene Grundstück liegt an der Landgraf-Georgs-Straße. In einer Vorstudie untersucht Scharoun die stadtbezogenen strukturellen Voraussetzungen, Beziehungen zu nahegelegenen Räumen der Kultur und des Gewerbes und zu einem kleinen Marktplatz – auch zu einer bestehenden Berufsschule, deren Gebäude er dann in seinen Entwurf integriert.

Scharoun versteht Berufsschule und Volksschule in ganzheitlichem Sinne als Schulschaften, »um das entwickelnde Prinzip deutlich zu machen, wie wir ja auch von ›Nachbarschaften‹ sprechen«. Während Schultypen nach pädagogischen Prinzipien vertikal gebildet werden, bilden die einzelnen Schulschaften der Gesamtheit der Schulen einer Stadt horizontal, sozial-räumlich bedeutsame Pole der Stadtstruktur. Für die stadtstrukturellen Beziehungen der Schulschaften werden die »offenen Bezirke als Mittlerräume bestimmend« – die Scharoun lieber Mittlerschaften nennen möchte. »Das gesellschaftliche Leben wirkt unmittelbar durch die ›Mittlerschaften‹ auf die Schulen ein« – sie sind »von besonderer Bedeutung für die Einwirkung des Zeitgeistes auf die Schule«.

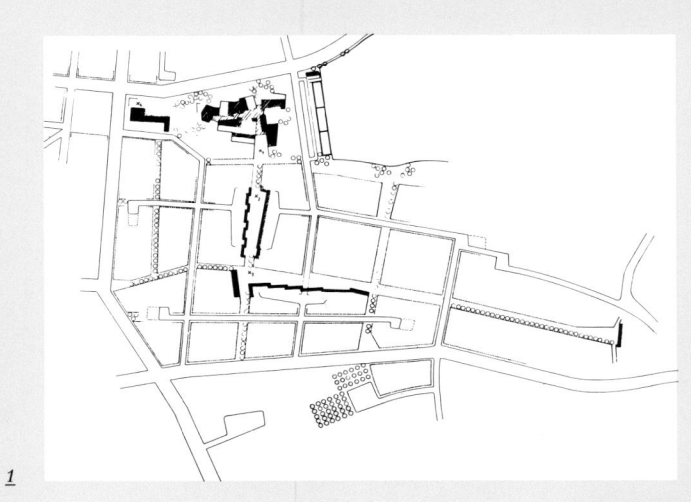

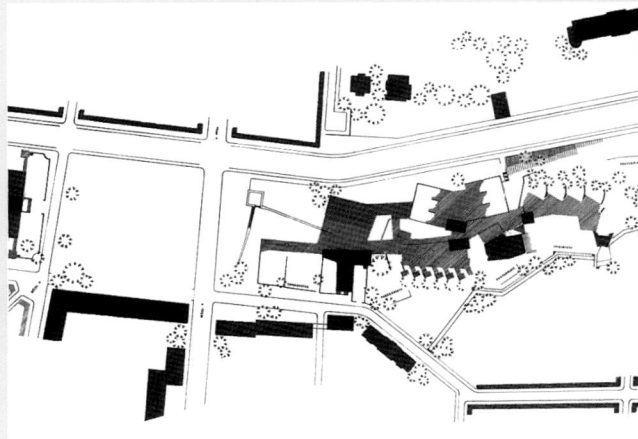

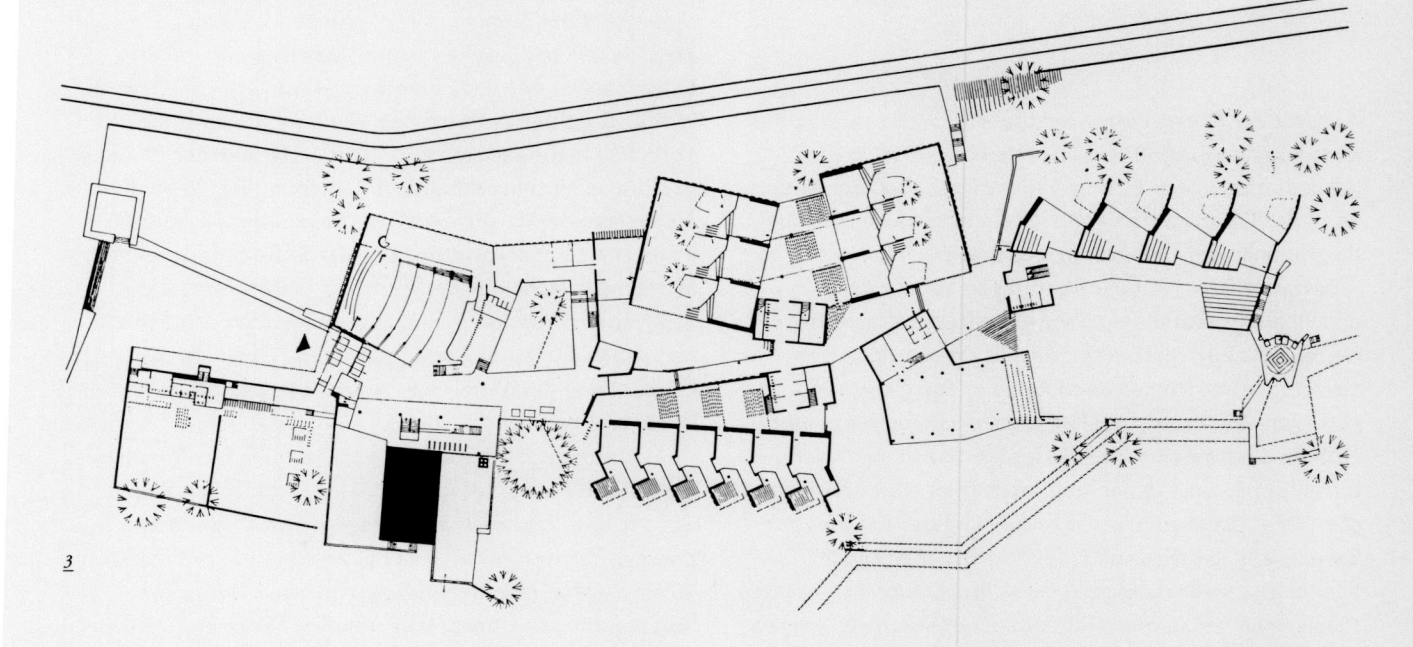

1

2

3

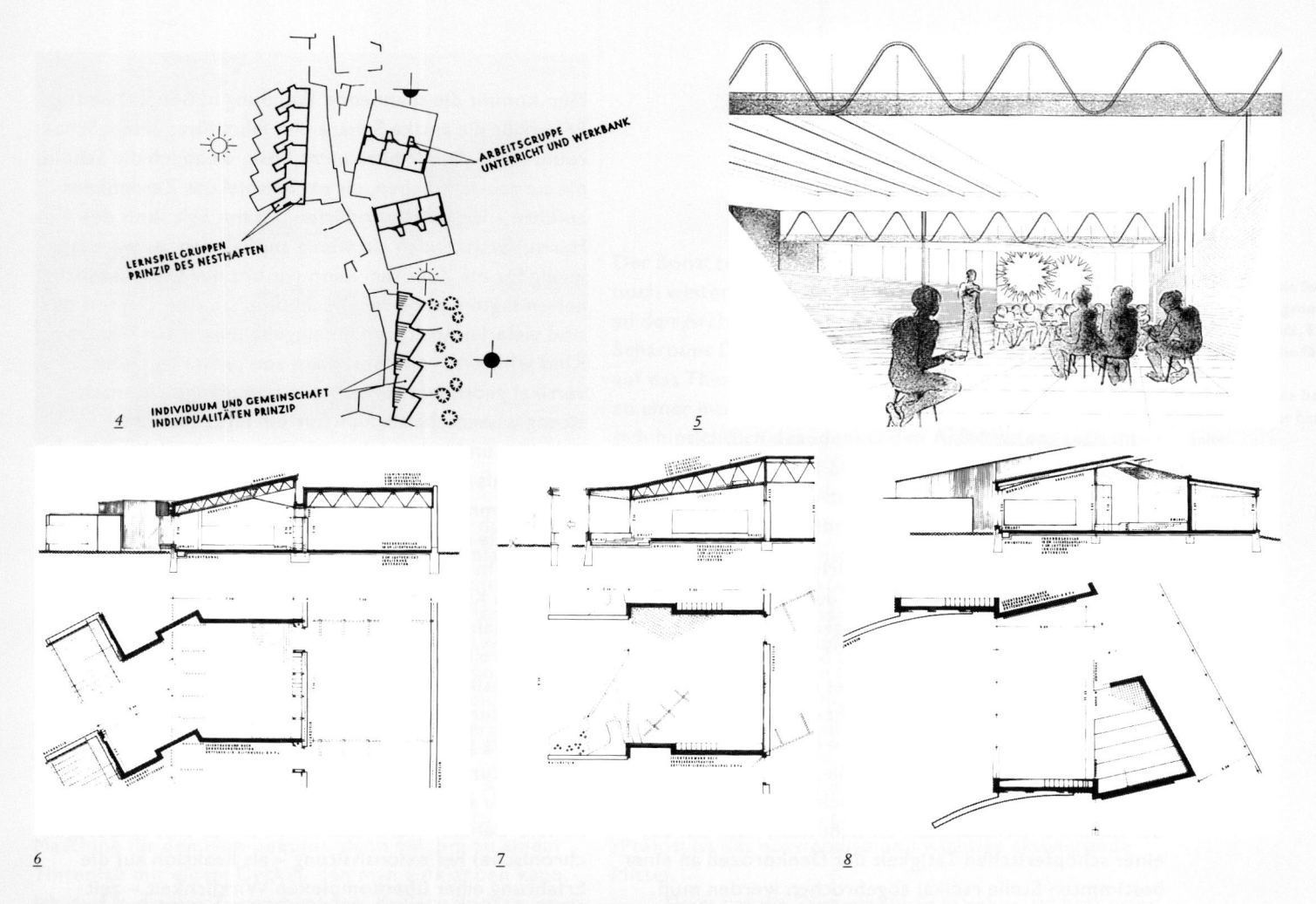

Den Eingang zur Schule bildet demgemäß die »Große Halle« und das »Haus der Lehrer«, das »nicht seiner administrativen, sondern seiner kulturellen Aufgabe wegen – aus der Gebäudegruppe herausgehoben wird«. Dieses Haus ist den Bereichen der Schüler polar gegenübergestellt und Teil des straßenähnlichen offenen Bezirks, an dem übergeordnete Räume für Kunstunterricht, Biologie, Religion und weiter die Turnhalle angegliedert sind. Die Schulstraße endet kontrapunktisch zur Großen Halle mit dem »kosmischen Raum«. »Durch ihn soll die anschauliche Vorstellung von der beziehungsreichen Einbindung des Menschen in das All gefördert werden.«

Im Verlauf dieser Straße wandelt sich der Offene Bezirk mit seinem im Eingangsbereich öffentlichen Charakter zu einem innerschulischen, offenen Weg der Begegnung, der die drei »Geheimen Bezirke« der drei Altersstufen verbindet. Der Zugang zu den Geheimen Bezirken ist jeweils mit einem Torbau markiert, mit sanitären Einrichtungen im Obergeschoß. Daher schafft Scharoun für jeden Bezirk einen repräsentativen, hallenartigen Raum vor den Klassenzimmern, der mit seiner Belichtung von oben und seiner Verbindung nach außen als Pausenbereich und für Gruppenarbeit flexibel nutzbar ist. Die Geheimen Bezirke sind nach entwicklungspsychologischen Erkenntnissen räumlich unterschiedlich ausgebildet.

Die »Sphäre des Elementaren« der Klassen 1–3 (A) ist nach Süden ausgerichtet – das höhlenartige, aber auch Sonne und Licht sind für Scharoun wichtige Aspekte für »kindliches Tun, als Platz auch, durch den Mängel des Elternhauses ausgeglichen werden können«. Die »Sphäre des Erfahrens und Bildens« der Klassen 4–6 (B) ist Ost-West gerichtet – Vergleichen, Messen, auch »Disziplin ist für diese Phase der Entwicklung kennzeichnend«. »Der Raum ist eindeutig orientiert und in einen sicheren Zusammenhang mit Außenwelt und Gruppenwelt gebracht«. Am Ende der Schulstraße ist die »Sphäre des Geistigen« der Klassen 7–8 (C) angeordnet. »Die Nordlage unterstreicht das Nach-innen-Gerichtete, die Konzentration auf die Persönlichkeit. Der angeschaute Außenraum liegt im Sonnenlicht und empfängt von ihm das ›Plastische als Darstellung der Geschlossenheit‹. Die Tendenz ist Forschen, Studieren, Sich-Darstellen und Sich-Vermitteln.«[70]

1 Übersichtsskizze, 1:15 000
2 Lageplan, 1:5000
3 Grundriß, 1:1500
4 Die Lage der drei Altersgruppenbereiche zueinander und zu den Himmelsrichtungen
5 Geheimer Bezirk der Altersgruppe B
6–8 Ausführungszeichnung zu den Klassenbereichen der Altersgruppen A, B und C, 1:400

Wohnhochhausgruppe, Stuttgart-Zuffenhausen
1954–1959

Romeo und Julia

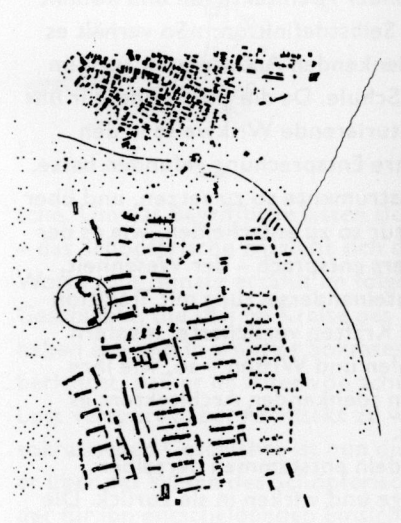

1

2

3

Ende 1953 bekommt Scharoun – kurz nachdem ihm der Bauauftrag für das Altersheim Tiergarten (vergleiche Seite 187) entzogen worden war – von der »Universum Treubau« in Stuttgart den Auftrag, Wohnungen für »höhere Ansprüche zu bauen«. Hochhäuser sind erwünscht, da für die übliche Nachkriegssiedlung Zuffenhausen-Rot noch die »beherrschenden Türme fehlen«. Die Hanglage am Beginn der Siedlung war dafür prädestiniert – in direkter Blickbeziehung zum alten Ortskern mit Kirche.

Für Scharoun ist dies die erste Möglichkeit, seine auch nach Schließung des IfB weitergeführte Arbeit am Wohnungsbau auf dem Gebiet der Bundesrepublik anzuwenden. So beinhalten seine ersten Vorschläge eine stärkere Mischung der Haustypen – bis zum Einfamilienhaus. Dieses Ziel der Mischung der Bevölkerung erweist sich im Verlauf der Projektentwicklung als immer weniger haltbar, vor allem, nachdem öffentliche Mittel für Mietwohnungen nicht bewilligt werden. Insbesondere am ringförmigen Hochhaus wird – in Zusammenhang mit der Einwerbung öffentlicher Mittel – bemängelt, daß dieses allenfalls »für eine derzeitige Geschmacksrichtung interessant erscheinen mag«.[73]

Der Stuttgarter Architekt Wilhelm Frank, mit dem Scharoun zusammenarbeitet, gibt den Anstoß, das Projekt in Form von Eigentumswohnungen zu realisieren. Diese Finanzierung, entsprechend dem Wohnungseigentumsgesetz von 1951, stößt bei der »Universum Treubau« auf Interesse, obgleich Wohnungsbaugesellschaften in der Regel an individueller Eigentumsbildung weniger interessiert sind als daran, den Bestand ihrer Mietwohnungen zu vergrößern.

Die im Vorentwurf räumlich differenzierten Grundrisse müssen deshalb vereinfacht werden. Die speziellen zweigeschossigen Wohnungen sind kaum verkäuflich. Einige werden im Hochhaus Romeo (6spänner) verwirklicht, in dem 1- bis 4-Raum-Wohnungen (38 m^2 – 96 m^2) an einem kurzen Innengang angeordnet sind – eine spezielle Weiterentwicklung der Entwürfe für das »Tor Siemensstadt« aus dem Jahr 1951.

Dem 19geschossigen Romeo mit 104 Wohnungen ist die Julia mit 82 Wohnungen, im Dreiviertelkreis, von elf auf vier Geschosse zur Nachbarbebauung abstaffelnd, vorgelagert. Die radialen Sektoren für die Wohnungen strecken sich hier zur Sonne und enden spitz mit ihren Balkonen. Durch die Auffächerung des Grundrisses lassen sich mehr Räume gut belichten – eine spitzfindige Lösung, die die Verwendung des Laubengangs auch für größere Wohnungen geeignet macht.

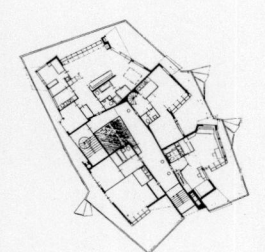

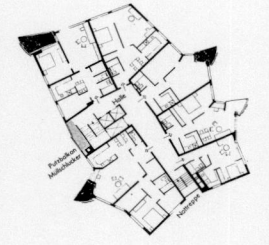

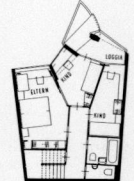

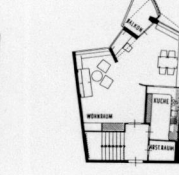

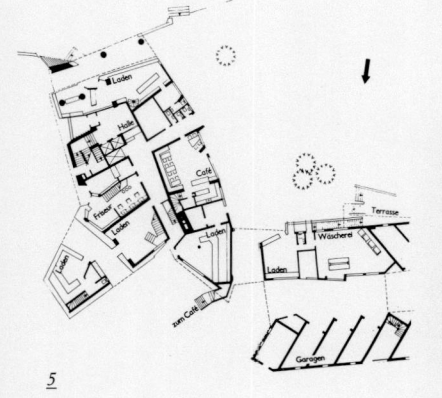

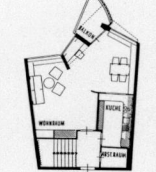

Ateliers liegen wie Einfamilienhäuser auf den obersten Geschoßebenen und erinnern in ihrer Gestalt an das Obergeschoß des Hauses Baensch von 1935. Dachterrassen, Besonnungs- und Aussichtsrichtungen prägen diese Aufbauten. Auch das Spiel mit Materialien und eigenwilligen Details erinnert an Scharouns experimentelle Bauten der dreißiger Jahre. So ist der Wind- und Blickschutz der Balkone aus Wellskobalit natur, der mit glattem Alublech überleitet zu den vorgehängten Brüstungen aus Waffelaluminium.

Mit Läden im Erdgeschoß von Romeo, einem Restaurant über dem Garagenhof, der Nähe zu Haltestellen und zu einer Schule wird diese Baugruppe zu einem zentralen Ort – funktional und gestalterisch, sowohl für die gesamte Siedlung als auch für die Eigentümergemeinschaft.

1, 2 Die Lage der Hochhäuser am Rand der Neubausiedlung, Lageplan und Luftfoto
3 Scharoun auf dem Dach von Romeo
4 Romeo: Atelierwohnung auf dem Dach
5 Romeo: Grundrisse Dachgeschoß, 1:1000, Normalgeschoß, 1:1000, mit Doppelgeschoßwohnung, 1:500, sowie Erdgeschoß, 1:1000
6 Blick aus der Haldenrainstraße

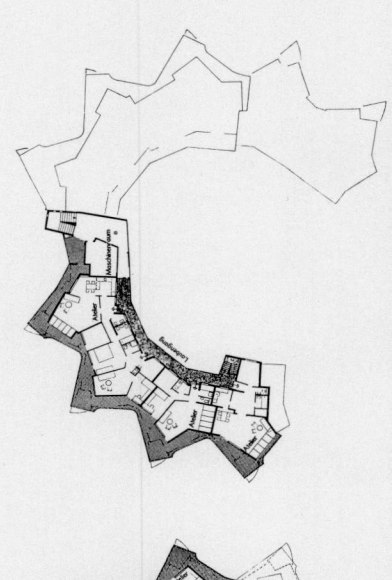

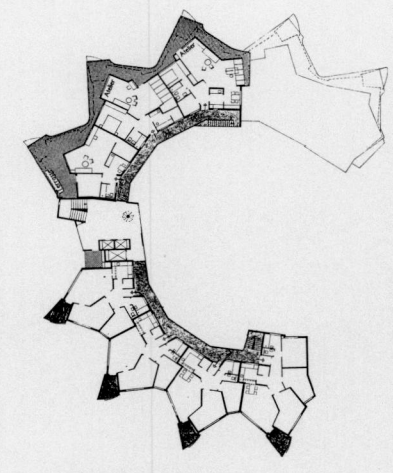

1 Julia mit dem zentralen Aufzugsturm
2 Der Beginn der Höhenstaffelung mit vier Geschossen
3 Laubengänge an der Hofseite
4 Grundrisse 12. Obergeschoß, 8. Obergeschoß sowie 1.–3. Obergeschoß, 1:1000

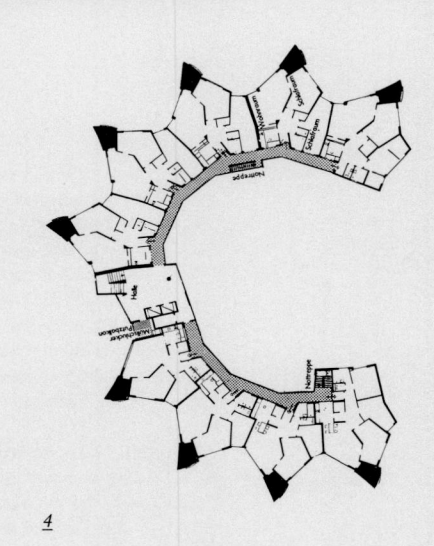

Siedlung Charlottenburg-Nord, Berlin-Charlottenburg

1955–1960

Wohngehöfte

Unter der Leitung des Generalinspektors Speer ist im Rahmen des Generalbebauungsplans für Berlin, 1939, auch ein baulicher Entwurf für Charlottenburg-Nord gefertigt worden. In dem Vorschlag werden nicht nur Scharouns Eingangsbauten zur Siemensstadt aus dem Jahre 1930 abgeriegelt, auch eine Verlängerung des Nonnendamms als Prachtachse ist vorgesehen. 1952 ist dieses Gebiet für die Internationale Bauausstellung vorgesehen, 1954 werden von der Gemeinnützigen Siedlungs- und Wohnungsbaugesellschaft Berlin mbH (GSW) – der Besitzerin – Vorentwürfe gemacht.[74]

Scharoun, der mit einem Projekt am Goebelplatz für die GSW beschäftigt ist, sieht die Chance, die für die »Wohnzelle Friedrichshain« am IfB entwickelten Vorstellungen nun in Berlin-West zu realisieren. Für die Grundlagenarbeit bietet er das 1955 neugegründete Institut für Städtebau (IfS) an der TU Berlin an, um Theorie und Praxis zu verbinden, und erarbeitet zusammen mit der GSW einen Bebauungsvorschlag. Da sowohl die landschaftlichen Grünzüge des Gebietes als auch die Flächennutzungen Arbeiten und Wohnen parallel zum Spreetal verlaufen, sieht Scharoun den Bandstadt-Charakter räumlich vorbestimmt und darin zweifellos eine Teilverwirklichung – entsprechend der Idee des Kollektivplans. Im einzelnen wird erläutert: »Das Stadtband ist durch Gruppierungen aufgegliedert, welche den wirtschaftlichen und kulturellen Zwecken auf regionaler und lokaler Stufe dienen. Hierin liegt ein Mittel zur Durchführung des Stadtbandes und zum Erzielen von Spannungen, die das Erleben fördern«.

Wie so oft, verhindert auch hier die Verkehrsplanung eine ganzheitliche Lösung. Am Verlauf des geplanten Heilmannrings wird festgehalten, die große Lösung wird abgelehnt und das Gebiet geteilt. Enttäuscht stellt Scharoun in einem Brief an Bartning fest, daß die Bürokratie sich Diskussionen entzieht und zudem die »Herrschaft des Technischen (in diesem konkreten Fall des Tiefbaus) über das Kulturelle« akzeptiert.

Vorarbeiten für den ersten Entwurf 1955 sind die Untersuchungen am IfS, die z. B. alle Haushaltsgrößen Berlins ermitteln. Darauf aufbauend werden Wohngehöfte entworfen, in denen fast alle entsprechenden Wohnungsgrößen enthalten sind. Sechs dieser raumbildenden Anordnungen hätten bandartig zu den gegenüberliegenden Infrastruktureinrichtungen mit kleineren Hausgruppen dieser Wohnzelle ihre Gestalt gegeben.

Die Wohngehöfte, die aus geknickten Zeilen konvexe und konkave Räume formen, sind ursprünglich noch mit Einfamilienhäusern ergänzt, wodurch der wechselnde Rhythmus von Grünraum und Erschließungsraum deutlicher erfahrbar ist. Da die von Scharoun gewünschte Mischung vom Einfamilienhaus bis zum Hotel unrealisiert bleibt, ist dies für ihn »nicht nur ein Verlust der anschaulichen Gestalt«, sondern auch der Verlust »einer lebendig ineinander wirkenden und einheitlichen Struktur«.

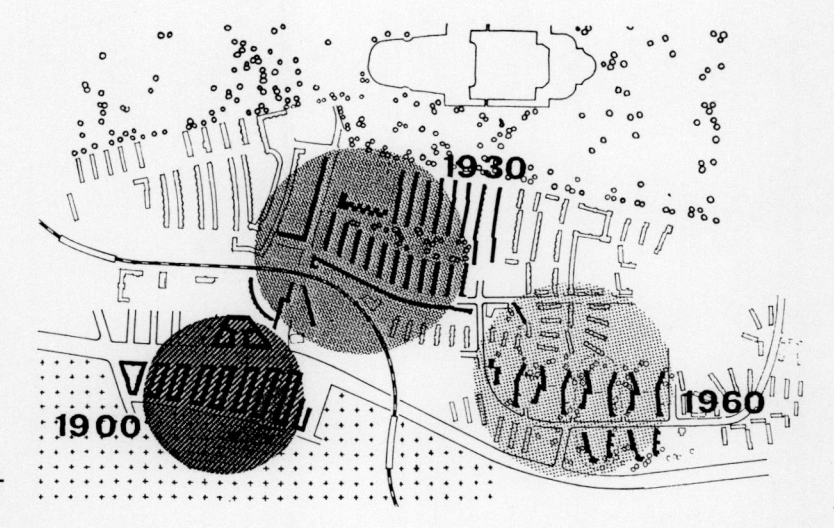

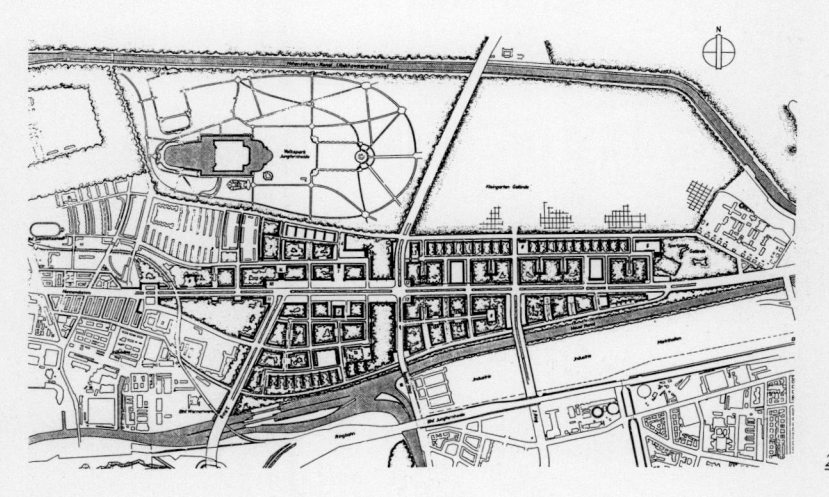

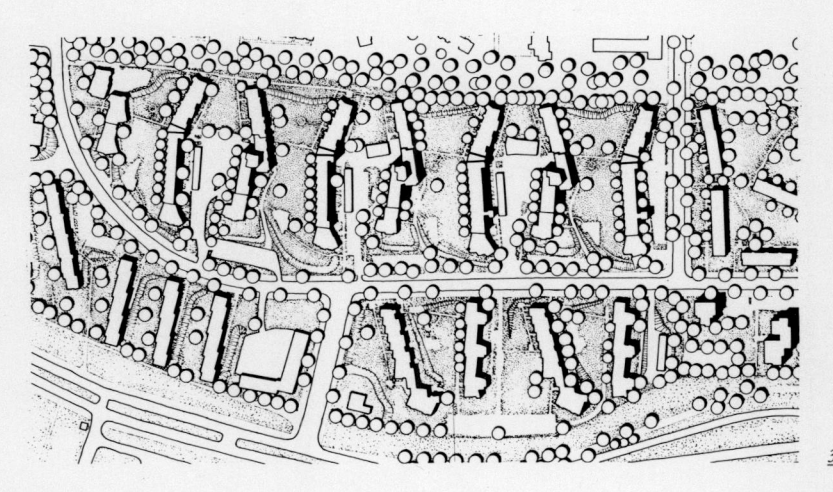

1 Die drei Entwicklungsphasen des Siedlungsbereichs
2 Entwurf für Charlottenburg-Nord, 1939, Teil des Generalbebauungsplans
3 Der von Scharoun realisierte Siedlungsteil, 1:6000

Der kleine Teil, der am Heilmannring gebaut wird, ist reiner Wohnungsbau und wenig großstädtisch. Das Prinzip der Wohngehöfte ist erhalten, die geknickten Zeilen sind Laubenganghäuser mit Aufzug und enden mit unterschiedlichen Spännertypen. Unter den zur Mitte hochgestaffelten Zeilen führt ein Fußweg an Waschhäusern entlang durch die Wohngehöfte. Mit Sonderlösungen am südlichen Ende der Zeilen und mit Atelierwohnungen wird erreicht, das Spektrum an Wohnungsgrundrissen zu erweitern. Scharoun zieht selbst von der Siemensstadt in eine dieser Atelierwohnungen um. Dort wohnt und arbeitet er bis zu seinem Tod.

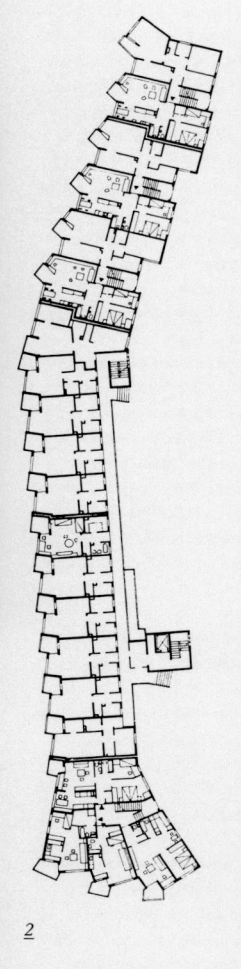

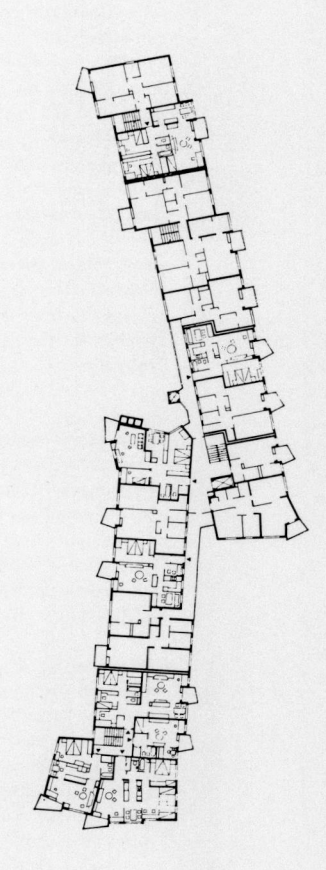

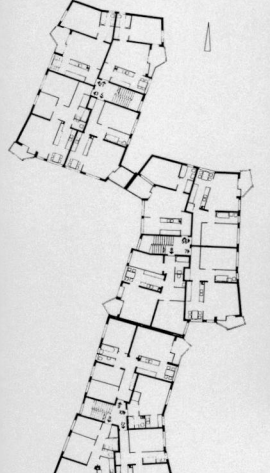

1 Südkopf (Vierspänner) der nördlich des Heilmannrings gelegenen Wohngehöfte
2 Grundriß eines »Gehöfts«, 1:1000
3 Westlicher Eingangsbau zur Siedlung, quer zur Blickrichtung verläuft ein Fußweg, der alle Wohngehöfte miteinander verbindet, Grundriß, 1:1000
4 Blick aus einem konkaven Hof auf den achtgeschossigen Mittelteil der Zeile mit durchstoßendem Laubengang
5, 6 Ehemalige Wohnung und Atelier Scharouns
7 Treppenhaus

Mädchengymnasium, Lünen
1956–1962

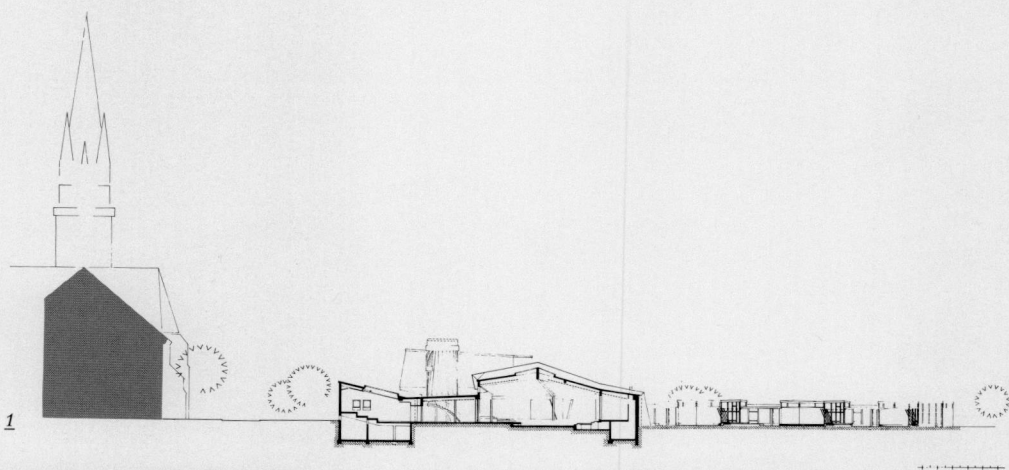

Geschwister-Scholl-Schule

Die Schule ist am Rande eines Grünzuges um die Altstadt – gegenüber der Herz-Jesu-Kirche – situiert und begleitet mit ihren naturwissenschaftlichen Bereichen die Holtgrevenstraße, die im Norden des Schulgrundstücks verläuft. Wo der Rhythmus der sich plastisch nach außen, zur Straße, abbildenen Hörsäle endet, ist durch die Lage der Aula der Haupteingang markiert. Hier verbindet sich die öffentliche Straße mit einer internen Schulstraße (Pausenhalle).

Mit der ca. 100 m langen und relativ schmalen Pausenhalle gelingt Scharoun ein komplexer und atmosphärisch reichhaltiger Kommunikationsraum, wobei die beabsichtigte Raumwirkung Vorrang vor tektonischen, konstruktiven, baukörperlichen und, wenn nötig, auch vor funktionalen Gesichtspunkten hat.[75] Ganz im Sinne der Scharounschen Intention einer ganzheitlichen Verflechtung der Stadtelemente, weist die Pausenhalle den Charakter eines öffentlichen Straßenraums auf. Die Aula ist so gestaltet, daß sie einerseits zentriert wirkt und somit einen herausgehobenen Ort, eine Art Festplatz für die Schulgemeinschaft darstellt, der sich wiederum aber auch schwellenlos und fließend mit der Pausenhalle zu einem großen öffentlichen Bereich vereinigen läßt.

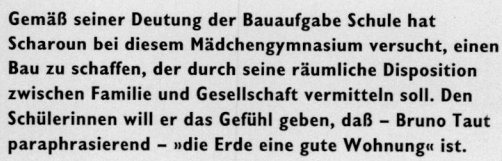

Gemäß seiner Deutung der Bauaufgabe Schule hat Scharoun bei diesem Mädchengymnasium versucht, einen Bau zu schaffen, der durch seine räumliche Disposition zwischen Familie und Gesellschaft vermitteln soll. Den Schülerinnen will er das Gefühl geben, daß – Bruno Taut paraphrasierend – »die Erde eine gute Wohnung« ist.

Ähnlich wie schon beim Darmstädter Schulentwurf hat er den drei Altersgruppen jeweils spezifische Raumgestalten zugedacht, die aber alle den Charakter einer Wohnung aufweisen sollen. Alle Klassen haben einen gestreckten Sechseckgrundriß mit einem nischenartigen Appendix (Gruppenraum), eigenem Vorbereich (Garderobe) und einem der Klasse unmittelbar zugeordneten Freiraum-Unterrichts-Bereich.

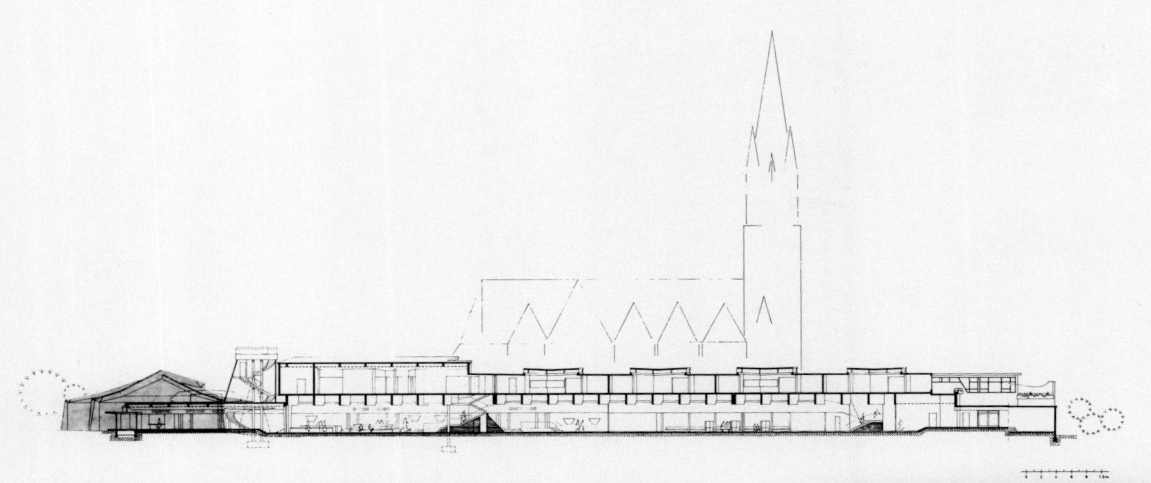

Den jüngsten Schülerinnen entspricht, so Scharoun, eine extrovertierte Orientierung ihrer »Klassenwohnungen«, denn sie sind noch überwiegend durch naive Distanzlosigkeit gegenüber ihrer Umwelt geprägt. Dagegen ist die Raumanordnung für die mittlere Altersgruppe durch Abschirmung gekennzeichnet, gemäß dem eher introvertierten Verhalten, das für ihre Entwicklungsphase kennzeichnend ist. Den ältesten Schülerinnen hat Scharoun eine herausgehobene Lage im Gebäude zugesprochen. Ihre Räume liegen im Obergeschoß, wo sich auch zwei geräumige Ateliers (mit Laufsteg) für den Werk- und Zeichenunterricht befinden. Den Klassen der Oberstufe sind vorgelagerte Terrassen als Freibereiche zugeordnet. Die ältesten Schülerinnen haben einen eigenen öffentlichen Pausen-Bereich und benutzen den Eingang, durch den auch die Lehrer die Schule betreten.

Durch einen nachträglichen Einbau im Bereich der Pausenhalle ist die ursprüngliche Raumwirkung beeinträchtigt worden. Aber alles in allem hat der Bau auch nach dreißig Jahren seine besondere Atmosphäre gewahrt und auch die Umnutzung in einen anderen Schultyp ganz gut vertragen.

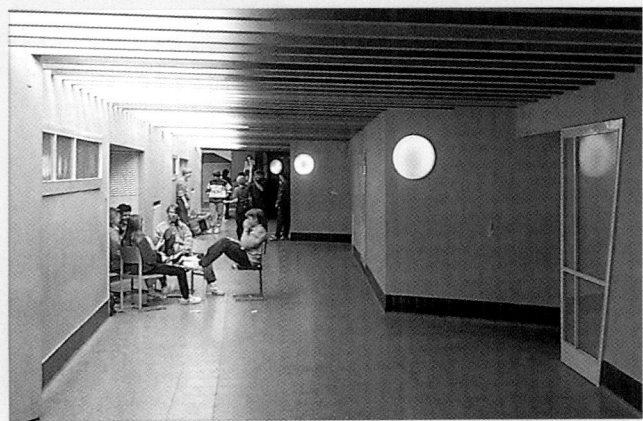

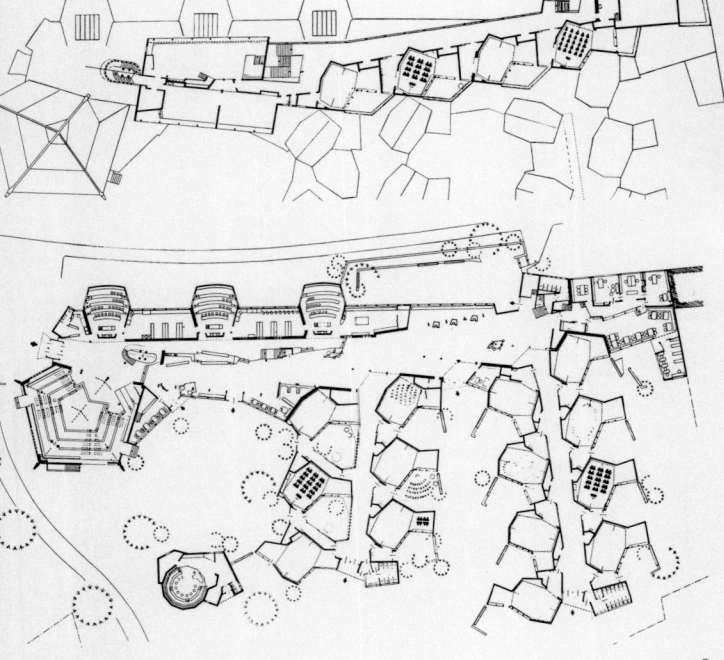

1 Schnitt quer zur Pausenhalle, 1:1000
2 Luftfoto; die erst später fertiggestellte Aula ist hier als Modellfoto einkopiert
3 Blick von der Holtgrevenstraße auf Hörsäle und Atelier
4 Der Haupteingang
5 Längsschnitt durch die Pausenhalle, 1:1000
6 Blick in den Flur des östlichen Klassentraktes
7 Blick durch die Pausenhalle zum Eingang
8 Grundrisse Obergeschoß und Erdgeschoß, 1:1500

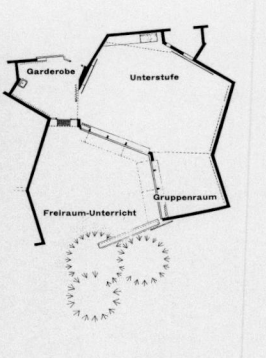

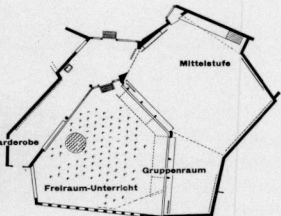

1 Lehrereingang mit der Treppe zum Obergeschoß
2 Blick in einen Klassenvorbereich der Oberstufe
3 Die drei Schulwohnungstypen für die Unterstufe, Mittelstufe und Oberstufe (v. o.)
4 Unterricht in der Oberstufenklasse
5 Blick vom Schulhof auf den zweigeschossigen Bauteil mit der Terrasse einer Oberstufenklasse

Das Raumerlebnis Nachdem mit Grundlagenforschung und -diskussion sowie mit einem ganzheitlichen Erfahren und Empfinden als Ideal menschlicher Lebensweise zwei leitbildartige Aspekte der Scharounschen Architekturkonzeption – bezogen auf die bei Adorno pointiert vorgetragene Problematik einer Diskrepanz zwischen Idee und Wirklichkeit in der Architektur – betont sind, soll nun mit dem Raumerlebnis ein weiterer hinzugefügt werden. Das Raumerlebnis, als eine Wirkungsabsicht, die nach einer Synthese von architektonischer Aussage und konkretem Lebensvollzug sucht, gilt als Kennzeichen der Architektur Scharouns. Der soziale und individuelle Aspekt des Raumerlebens spielt bei ihm schon seit den zwanziger Jahren eine wichtige Rolle. Er erkennt, daß sich in der Art der Raumrezeption, die Bewegung mit einbezieht, das Spezifische der Architektur, in Relation zu den anderen Künsten betrachtet, abzeichnet. Auf dieses Moment ist hier bereits in diversen Zusammenhängen hingewiesen worden. Die Passage aus der Breslauer Antrittsvorlesung von 1925, die als Schlüssel gelten kann, sei noch einmal wiederholt: »Alle Gemeinschaftsgedanken gipfeln oder besser gesagt, werden anschaulich durch Formung des Erlebnisses zwischen Einzelwesen und Raum um uns. Die bildende Kunst, Malerei, Plastik, ist durch das Material einseitig an das Statische, an die Wiedergabe eines Zustandes gebunden, während die Architektur gleich der absoluten Musik das Dynamische herauszustellen in der Lage ist. ... [Im] Körper des Menschen drückt sich am ehesten die Verbindung von Raum und fließender Handlung vereint aus, der Raum verbindet sich im Menschen mit dem Zeitablauf.«[76]

Erinnert sei in diesem Zusammenhang aber auch an die Raumexperimente in den Einfamilienhäusern der dreißiger Jahre, den »Wohnhausbauten grundsätzlicher Bedeutung«, wie Scharoun sie umschreibt. Bereits in der Galerie Rosen aus dem Jahr 1948, wird dieses experimentelle Arbeiten wieder aufgenommen, nun an einem Gebäude anderer Nutzung.

In welcher Beziehung steht aber das Raumerlebnis zum utopischen Ziel, der Neuen Stadt? Scharouns Vorstellung von der Neuen Stadt intendiert eine Gemeinschaft, die auf der Grundlage eines freien Zusammenschlusses selbständiger Individuen beruht. Voraussetzung für diese Gemeinschaft ist der, wie Scharoun sagt, »selbsttätige Mensch«. Betrachtet man die Raumgebilde Scharouns – vor allem die nach dem Zweiten Weltkrieg entstandenen –, so lassen sich in ihnen so etwas wie Erfahrungsmodelle erkennen, die das eigenschöpferische Potential im Menschen ansprechen. Das läßt sich auch den entsprechenden Erläuterungen Scharouns entnehmen. Er ist davon überzeugt, daß Raum den Menschen prägt und beeinflußt *und* daß der Mensch auch den Raum bestimmt, beeinflußt, prägt: »Der Mensch (ist) dem jeweiligem ›Raum‹ und der sich wandelnden Zeit verbunden und verpflichtet, indem er sie schafft und zugleich von ihnen bestimmt wird, so ist der Raum, in dem wir leben – seinem Sinn und Wesen nach – nicht statischer, sondern dynamischer Natur.«[77]

Aufgrund der hier angenommenen Reziprozität versteht es sich von selbst, daß Scharouns Raumschöpfungen bildende Absichten zugrunde liegen. Er spricht sich jedoch gegen alle suggestiven Ausdrucksgehalte des Raums aus, die aus manipulativem Interesse eingesetzt sind, um Menschen zu beeindrucken oder einzuschüchtern. Sein Ziel ist, den Menschen zur »Selbsttätigkeit«

Galerie Rosen, 1948, (Modell-Rekonstruktion)

anzuregen. Die Vielschichtigkeit der Scharounschen Raumstrukturen schafft die besten Voraussetzungen für eine Rezeptionsform, die die sinnliche Aneignung zu einem stark eigenschöpferischen Akt macht. Intendiert ist ein Raumkunstwerk, das erst durch den eigeninitiativen Menschen, der die ihm angebotenen Möglichkeiten erkennt und nutzt, vollständig wird. Der Mensch soll Subjekt *des* Raumes, nicht bloßes Objekt *im* Raum sein. Der Raum soll so beschaffen sein, daß er seinem Benutzer Entscheidungsfreiheiten gewährt, etwa die, sich den anderen zuzuwenden oder zu ihnen eine notwendige Distanz wahren zu können.

Ausstellungspavillon, Berlin
Entwurf, 1948

Galerie Rosen

1

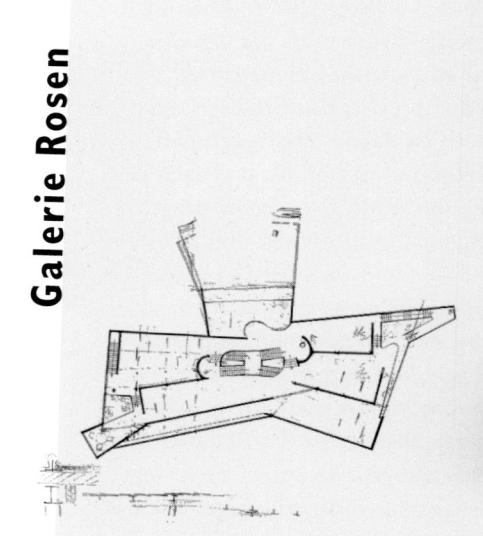

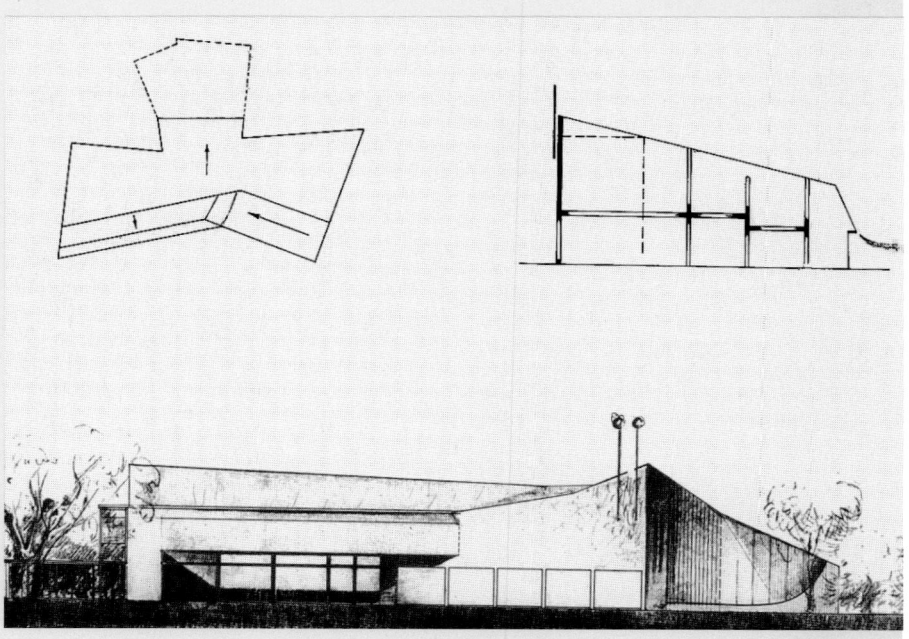

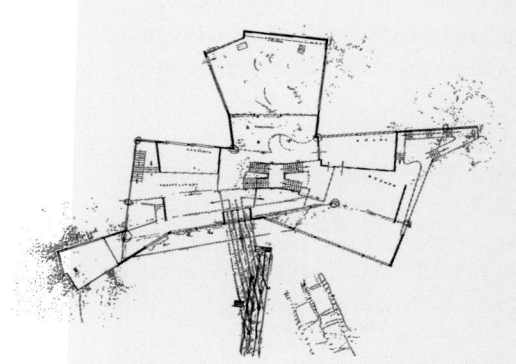

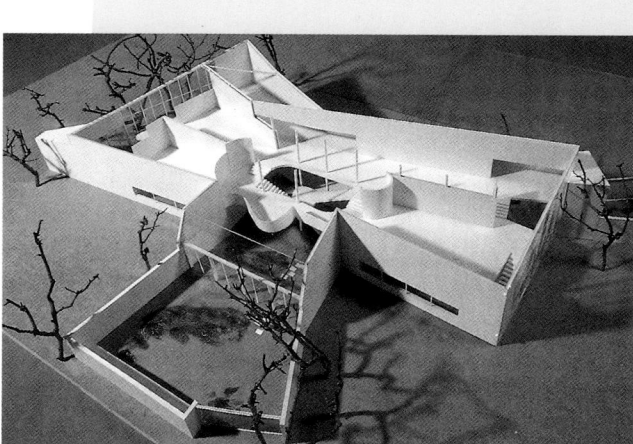

Für den Berliner Galeristen und Buchhändler Gerd Rosen entwirft Scharoun 1948 einen Ausstellungspavillon und fertigt dazu ein Modell an. Das Gebäude ist für kein spezielles Grundstück konzipiert, simuliert aber gewissermaßen den gewünschten Außenraum für eine Galerie dieser Größe – als eine Synthese aus der abstrakten Aufgabe (Ausstellungsgedanke) und Grundstück/Umgebung/Einbindung in natürliche Gegebenheiten.

Scharoun bemüht sich, das Gebäude als Pavillon im April 1948 auf der Messe in Hannover zu präsentieren. In einem Schreiben von E. J. Otto vom 12.3.1948 heißt es: »Herr A. Zell, Direktor der Exportmesse, sieht die Möglichkeit für die Materialbeschaffung zum Bau des Pavillons als fast unmöglich in der noch vorhandenen kurzen Zeit an. Nach seinen Angaben ist eine Berliner Firma ... in der Lage, kurzfristig zu dunkelgrauen Preisen solche Bauten noch in Hannover zu errichten. Herr Zell selbst würde es aus seinem vorhandenen Interesse für moderne Kunst sehr gerne sehen, wenn der Plan realisierbar würde.«[78] Schließlich scheitert auch der letzte Rettungsversuch, das Bauwerk wegen des Eisenmangels in einer Leichtmetall-Konstruktion zu errichten.

Die Galerie Rosen kann als der erste Versuch Scharouns betrachtet werden, die in den Experimenten mit Einfamilienhäusern in den dreißiger Jahren entwickelte komplexe Raumsprache auf ein Gebäude anderer Nutzungsart zu übertragen. Das zeigt sich u. a. in der spezifischen Inszenierung der Treppen. Eine zentrale Gruppe von Treppenläufen ist zugleich primärer optischer Bezugs- und räumlicher Mittelpunkt. Das Modell offenbart interessante Wegeführungen, Raumdurchdringungen, spannende Durchblicke, jene mit wachsender Sicherheit eingesetzten Möglichkeiten der Raumgestaltung, die auf eine aktive (Scharoun sagt: selbsttätige) Rezeption zielt. Das Moment der Bewegung, der sich mit jedem Schritt verändernde Raumausschnitt, ist mit weiteren Treppen in den Flügeln der Galerie zu frei wählbaren Rundgängen und Ausblicken vorgedacht.

2

1 Schnitt, Ansicht, 1:500, Grundrisse Obergeschoß und Erdgeschoß, 1:1000
2 Modell-Rekonstruktion

Als architektonische Beispiele für den Scharounschen Aspekt des Raumerlebnisses sind vor allem die beiden großen Theaterprojekte der frühen fünfziger Jahre zu nennen. Auf den Zusammenhang zwischen Theater und Raum bei Scharoun ist bereits hingewiesen worden. Sowohl in seinen »Gedanken zum Theater« von 1920 als auch in der Breslauer Antrittsvorlesung von 1925 wird der experimentelle Charakter von Theater, Bühne und Inszenierung zur Hilfe genommen, um neue Ideen bezüglich der architektonischen Raumsprache zu transportieren.

Beim Kasseler Theaterentwurf findet man die Scharoun-typische Raumstruktur vor allem im Vorbereich und Foyer. Scharoun dazu: »Die Führung des Theaterbesuchers ... beruht nicht nur auf der Funktion, sondern dient dem Erleben. Alle Bewegungs- und Gesellschaftsräume sind optisch miteinander verbunden, aber in sich gehalten. ... Das Begehen der Baulichkeiten scheint mir ... ein wichtiges Mittel ihrer Einbeziehung in die Welt der Gemeinschaft – neben dem Optischen und über das Optische hinaus.«[79]

Im Theatersaal kann freilich die Anregung zur Selbsttätigkeit nicht über räumliche Bewegungsangebote erfolgen. Hier geht es Scharoun um die Veranschaulichung eines subtilen Gleichgewichts zwischen Distanzierung und Beteiligung. Es versucht, mit baulich-räumlichen Mitteln eine Atmosphäre zu erzeugen, die kritische Distanz bei konzentrierter Rezeption ermöglicht. Es soll ein Spannungsverhältnis zwischen Bühne und Auditorium geschaffen werden, das den Zuschauer nicht – etwa durch erhabenen Architekturgestus – vom eigentlich wichtigen, dem Stück, ablenkt, ihn aber auch nicht in die Scheinwelt der Bühne suggestiv hineinzuziehen versucht. Ausgangspunkt einer solchen bewußten Setzung von Raumwirkungen, sind Scharouns Reflexionen über das Wesen des Theaters. Ihn beschäftigt vor allem das Moment der Konfrontation von Schein und Sein. Dieses versucht er baulich-architektonisch umzusetzen: »Das große Haus ist als Raumtheater gedacht, aber so, daß die differenzierten Aktionsbedingungen für den Schauspieler und den Zuschauer in ihren Bedingtheiten als Sein und als Schein auseinandergehalten und mittels der Formgebung einander konfrontiert werden. Die Verwertung einer solchen Gegenüberstellung gibt wohl auch das Mittel zur Schaffung einer notwendigen Intimität. Sie sollte den höfischen Repräsentationsgedanken ablösen. Um die Gegenüberstellung von Sein und Schein noch besser ins Bewußtsein zu heben, werden die Zuschauer nicht von den Seiten, sondern von der Rückseite in den Raum geführt. Dem Gedanken der ›Intimität‹ dient ferner die Absicht, den Zuschauer am schauspielerischen und dichterischen Geschehen stärker zu beteiligen, soweit dies durch Maßnahmen baulicher und raumbildender Art möglich ist. Der jeweiligen Bedeutung des unterschiedlichen dichterischen und darstellerischen Produktes entspricht der in zahlreichen Variationen – in quantitativer Hinsicht – wandelbare Raum. Er will durch die jeweils geänderte Atmosphäre und durch jeweils angemessene Maßstäbe die andere Situation andeuten und so durch das Erlebnis zum Mitdenken anregen.«

Aber ebenso wichtig wie die theaterspezifische inhaltliche Setzung von Raumwirkungen, ist Scharoun die Plazierung des Wirkpunktes Theater im Stadtraum. Da das Kasseler Theater an einem geschichtsträchtigen Ort in städtebaulich exponierter Lage gebaut werden soll, ist für Scharoun die städtebauliche Grundkonzeption von besonderem Stellenwert. An ihr kann er seine Auffassung von der Neuen Stadt, d. h. seine Konzeption der Stadtlandschaft demonstrieren. Die Lage am Friedrichsplatz ist dafür besonders geeignet, sind doch an ihm im Laufe seiner Geschichte die unterschiedlichsten Raumauffassungen zum Tragen gekommen. Scharoun versucht aufzuzeigen, daß der Friedrichsplatz aufgrund

1 Staatstheater Kassel, Blick von der Bühne in den Zuschauerraum
2 Galerie Rosen, Eingangsseite (Modell-Rekonstruktion)

1 Staatstheater Kassel, 1952, stadträumliche Lage, Blick über die Treppenstraße und den Friedrichsplatz zur Karlsaue
2 Staatstheater Kassel, Arbeitsmodell
3 Ausführungsmodell

seiner Größe und Lage nicht Platz im üblichen Sinn, als architektonisch gefaßter Raum, sein kann. Das Mißverständnis des 19. Jahrhunderts lag darin, ihn als solchen zu behandeln. Ursprünglich war der Friedrichsplatz, so Scharoun, »distanzierende, freie Fläche zwischen zwei übersichtlich bemessenen Stadtzellen«, der mittelalterlichen Altstadt und der barocken Neustadt. Diese ursprüngliche Funktion als »Lücke«, Zwischenraum zwischen zwei optisch selbständigen Stadteinheiten, erfuhr einen Bedeutungswandel, als der Ort fürstlichem Ausdrucksbedürfnis Form geben mußte: »Hierbei wurde – als Platzbegrenzung – der mittelalterlichen Stadt eine Kulisse vorgesetzt. Es wird aber kein geschlossener Platz geschaffen, das fürstliche Anliegen gilt vielmehr der Darstellung des Machtanspruches des Fürsten gegenüber der nunmehr verwalteten Bürgerschaft. Und dies wird durch die ›Verbauung‹ der mittelalterlichen, bürgerlichen Stadt gestaltbildhaft ausgedrückt.« Hiermit, glaubt Scharoun, begann die »Tragödie des Platzes«, die im 19. Jahrhundert ihren Höhepunkt fand.

Ziel des Exkurses in die Geschichte des Ortes ist nicht die Rekonstruktion eines vermeintlich originären Zustandes. Die Geschichte bietet Scharoun vielmehr Anschauungsstoff. Scharoun meint, zum Verstehen der Stadt sei ein »Wissen um die Bedeutung der Ausdrucksformen« notwendig. Seine Auffassung von Stadt als einem »lebendigen Organismus« geht von dem Zusammenspiel verschiedener »Wirkpunkte« aus. Aus diesem Zusammenspiel ergibt sich die Struktur der Stadt, die in einer gestalthaften Ausdrucksform anschaulich wird, in der sich wiederum das jeweils vorherrschende geistige Prinzip einer Epoche manifestiert. Mit der Aufzählung der unterschiedlichen Ausdrucksformen, die der Friedrichsplatz im Laufe seiner Geschichte durchlebt hat, verbindet Scharoun eine Wertung. Daß dabei die landschaftsbezogene Form gegenüber dem Architekturplatz bevorzugt wird, kann bei dem Verfechter des Stadtlandschaftsgedankens kaum überraschen. So plaziert er schließlich den Wirkpunkt Theater in eine städtebauliche Situation, in der die Elemente der historischen Stadt wieder in ihrer gestalthaften Ausprägung nachvollzogen werden können, indem die »Lücke« zwischen Altstadt und Neustadt als ein in die Stadt einfließender Landschaftsraum deutlich wird. Ein sich öffnender Landschaftsraum, in den das Theater, das strukturell an die Altstadt angebunden ist, hinausweist.

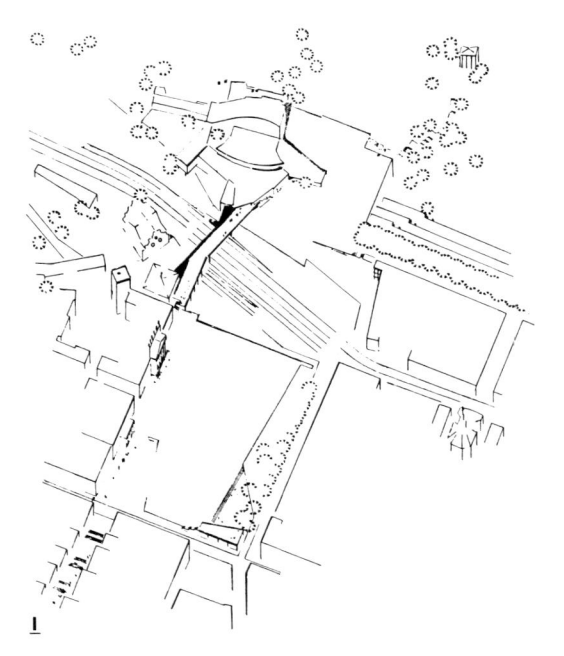

Mit Scharouns Kasseler Projekt verbindet sich einer der größten Architekturskandale der fünfziger Jahre. Scharoun bekommt für den, in Zusammenarbeit mit seinem Freund, dem Gartenarchitekten Hermann Mattern entwickelten Entwurf den ersten Preis zugesprochen und soll dieses Projekt auch ausführen. Als die Arbeiten bereits bis zu den Fundamentierungen fortgeschritten sind, wird ihm aus fadenscheinigen Gründen der Auftrag entzogen. Daß dafür ideologische Gründe verantwortlich sind, ist stark zu vermuten. Der als anarchisch kategorisierte Entwurf gilt den Baubeamten als unbaubar.

Interessant ist, daß Paul Bonatz, Scharouns Gegenspieler ein Jahr zuvor auf der Darmstädter Tagung, in Kassel Juror, durch dieses Projekt eine Art Bekehrung erfährt. Helwig Nestler, der in Berlin studierte und mit Scharoun bekannt ist – seinerzeit beim Kasseler Stadtplanungsamt –, berichtet diesem über Interna, z. B. über ein denkwürdiges Architektentreffen: »Der Abend war zu Ehren von Prof. Bonatz von seinen Schülern arrangiert worden. Professor Bonatz benutzte die Gelegenheit, um einen rein persönlichen Rechenschaftsbericht über den Wettbewerb zu geben. ... Bonatz sagte: ›Der Auslober bat einmal Eiermann als echten abstrakten und dann mich als Vertreter der Konservativen zu diesem

Preisgericht, damit beide Seiten mit gleichgewichtiger Stimme sich um *ihre* Entwürfe streiten sollten. Von den 113 eingereichten Arbeiten behielten rund 90 den alten Platz des Theaters bei, während die restlichen – zugleich die ›extremen und modernen‹ – einen neuen Bauplatz gewählt hatten. Die alten Lösungen konnten nicht besonders überzeugen, und höchstens eine darstellerisch oder sonst besonders interessante Lösung konnte das Glück haben, aus der großen Masse herausgefischt und dann besonders beachtet zu werden. Im Verlaufe des Preisgerichts kristallisierte sich dann der Entwurf Mattern-Scharoun immer mehr als der heraus, der unsere Idee und Vorstellung von Lage und Form des neuen Theaters am nächsten kam. Die alte barocke Konzeption ist in der heutigen Zeit nicht mehr zu vertreten, und an der Auseinandersetzung mit diesem Problem sind sehr viele sonst vielleicht auch gute Arbeiten gescheitert.‹ ...

Prof. Bonatz erläutert dann anhand eines Stadtplanes Ihren Entwurf und dessen besondere städtebauliche Vorzüge, die Verkleinerung des Friedrich-Ebert-Platzes und die Aufhebung seines unangenehmen Diagonalgefälles durch eine Stützmauer, vor allem aber die Umlegung der Frankfurter Straße, wodurch in dieser Arbeit als einziger eine überzeugende Lösung für die städtebauliche Einbindung des Volkskundemuseums, des Friederizianeums und dann der katholischen Kirche (Prof. Bonatz freute sich besonders, daß Sie sogar an diese Möglichkeit, ein Vergangenes zu neuem Leben zu erwecken, gedacht hatten) usw. gezeigt wurde. Ich kann mir die Aufzählung all der Punkte ersparen.

Die Arbeiten wurden einmal vom städtebaulichen, dann vom architektonischen und zuletzt von theatertechnischem Standpunkt aus beurteilt. Das Städtebauliche gewann sofort alle Stimmen für sich, die Architektur überzeugte im Zusammenhang mit dem ersten, und als dann noch die Theatertechniker die Arbeit in jeder Beziehung anerkannten, ›war die Begeisterung eine allgemeine‹. Professor Bonatz sagt, daß er in seinem Leben noch nie in einem Preisgericht eine so allseitige Anerkennung einer Arbeit, wie in diesem Falle, erlebt hätte, obwohl er selbst als ›Konservativer‹ eigentlich anderen Arbeiten eher hätte zustimmen sollen. Aber wenn die Gegenseite recht hat, dann wäre es töricht, nur aus persönlicher Tradition oder weil man von seiner bekannten Linie nicht abweichen möchte, gegen seine innere Stimme für eine konservative Lösung sein Herzblut zu vergießen.

2

3

Im Verlaufe des Abends ereignete sich noch ein netter – für Prof. B. wohl bezeichnender Zwischenfall – den ich Ihnen gern erzählen möchte. Ein Bonatz-Schüler (und wahrscheinlich Scharoun-Gegner) stand auf und sagte: ›Ich hatte als einer der wenigen von den hier Anwesenden die Gelegenheit, mir eine halbe Stunde lang den Entwurf von Scharoun anzusehen, und ich muß sagen, daß es mir in dieser Zeit nicht gelungen ist, da ganz durchzusteigen.‹ Darauf Bonatz: ›Das hat gar nichts zu sagen. Das Preisgericht hat anderthalb Tage dazu gebraucht.‹ Nun wieder der Bonatz-Schüler: ›Aber Herr Professor, wir haben doch bei Ihnen gelernt, daß die Güte eines Entwurfs in seiner Klarheit und leichten Anschaulichkeit besteht.‹ Nach einem kleinen Augenblick der Besinnung kam die Antwort: ›Sie haben eben veraltete Lehrer gehabt.‹ Herzliches Gelächter von allen Seiten.

Auch der Stadtbaurat von Kassel, Herr Dr. Bangert, war von Ihrem Entwurf sehr angetan und sagte, daß er sich über sich selbst wundere und seine Begeisterung, nur wüßte er nicht, wie lange sie anhalten würde.«[80]

Staatstheater Kassel
Wettbewerbsentwurf, 1. Preis, 1952

Sein und Schein

1

2

3

4

Wie für Scharouns Gestaltfindungsverfahren typisch, verbindet er auch beim Kasseler Entwurf zwei Untersuchungsansätze. Zum einen betrachtet er den Ort (Region, Stadt, Lage in der Stadt) nach seinen Charakteristika, historischen Vorprägungen und »zeitnahen Forderungen«. Zum anderen beschäftigt er sich mit der Bauaufgabe als solcher, d. h. mit ihrer gesellschaftlichen Bedeutung im Wandel der Zeiten und ihrer – aufgrund »zeitnaher Forderungen« – zeitgemäßen Gestalt.

Scharoun weist darauf hin, daß der Friedrichsplatz, die »Lücke« zwischen Altstadt und Neustadt, ursprünglich »als Bestandteil der Landschaft« verstanden wurde, was sich aus dem »elementaren Wesen« dieses Raumes, seiner Größe und Topographie deutlich ablesen lasse. Die Beziehung zwischen Stadt und Landschaft zeige sich hier als dynamisches Prinzip, das sich in einer Folge von Platzräumen bis weit in die Stadt hinein fortsetze. Scharoun schlägt vor, diese ursprüngliche Struktur, heutigen Anforderungen angepaßt, wieder herzustellen: »... es (geht) nicht um die Konservierung eines im ganzen zum Platz umgefälschten Areals, sondern um dreierlei: um die Wiederaufnahme des Bezuges zur Landschaft, zur mittelalterlichen Stadtzelle und zur barocken Oberneustadt.«[81]

Die vom Bahnhof (Oberneustadt) kommende Treppenstraße führt in einen Stadtraum, der in drei Bereichen unterschiedlich charakterisiert ist: der maßvoll repräsentative Platz vor dem Fredericianum, die als Autobahnhof und Vorfahrt platzartig erweiterte Durchgangsstraße und die großen Terrassen zum Auepark – über den Resten des alten Theaters gelegen. Die Zurücknahmen des Theaterkomplexes aus der Zentralachse des Platzes bringt die Polarität zwischen Stadt und der tiefliegenden Talaue mit Orangerie zur Geltung.

Dieser topographischen Gegebenheit folgt auch die innenräumliche Entwicklung. Eine Fußgängerbrücke führt in das offene Foyer mit vorgelagerter Terrasse. Über spielerische Treppenführung wird das Theaterpublikum in den Saal (1100 Personen) geleitet, wobei Rang und Parkett das Hanggelände nachzeichnen. Auf den Ruinen des alten Theaters schlägt Scharoun mit einem Sofortprogramm den Bau eines kleinen Saales (760 Personen) – auch für Theaterexperimente – vor. Seine Hinterbühne ist zugleich Seitenbühne des großen Hauses. Das Bühnenhaus – in den fünfziger Jahren zum Kennzeichen eines Theaters geworden – läßt Scharoun unauffällig entlang der Hangkante ausschwingen. Eine ausgeklügelte Bühnentechnik (Willem Huller) ist für das Spiel vor gewölbtem Flachhorizont vorgesehen, so die Möglichkeit des wandernden Lichts, auch des direkten Sonnenlichts.

Mit dem Baustopp dieser Theaterlandschaft, die ein bedeutendes Element der Stadt-Landschaft für Kassel geworden wäre, und der kurzfristigen Bauauftragserteilung an Paul Bode, bleibt Scharoun nur der Trost, daß sich sein Theater in die Reihe der schönsten ungebauten Entwürfe einfügt.

1 Skizze zur stadträumlichen
Auseinandersetzung
2 Blick von der Karlsaue auf
das Theater
3 Wettbewerbsmodell
4 Modell zur Ausführungsplanung
5 Ansicht vom Friedrichsplatz
6 Schnitt durch das Theater,
1:1000
7 Grundrisse, 1:2000 (von
links), Obergeschoß mit Zugang
über die Brücke; Foyergeschoß
mit Zufahrt und Terrasse;
Parkettgeschoß mit Bühnen-
ebene und Zugang zum Hang-
theater

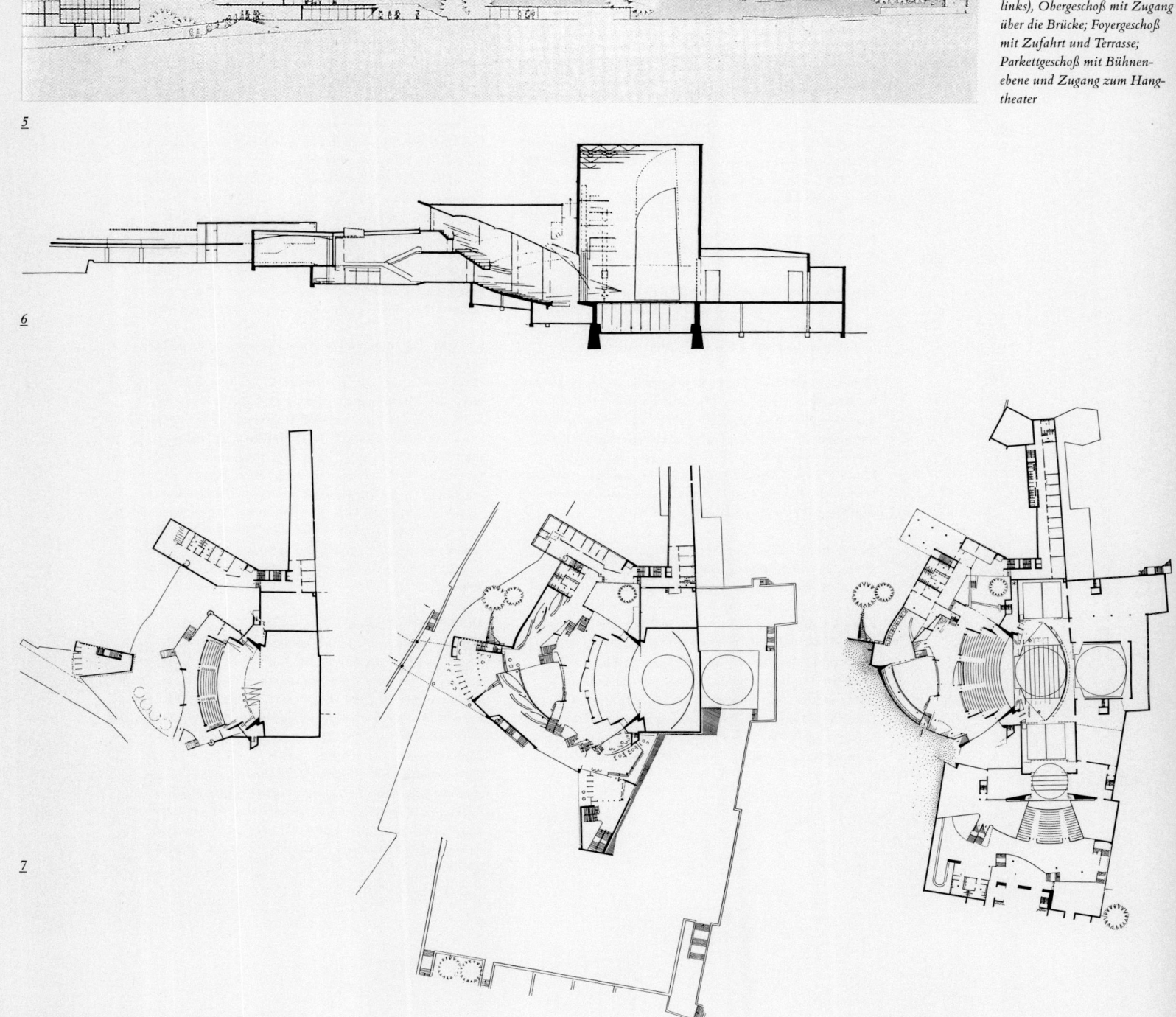

Nationaltheater Mannheim
Wettbewerbsentwurf, 3. Preis, 1953

Aperspektivisches Theater

1

2

3

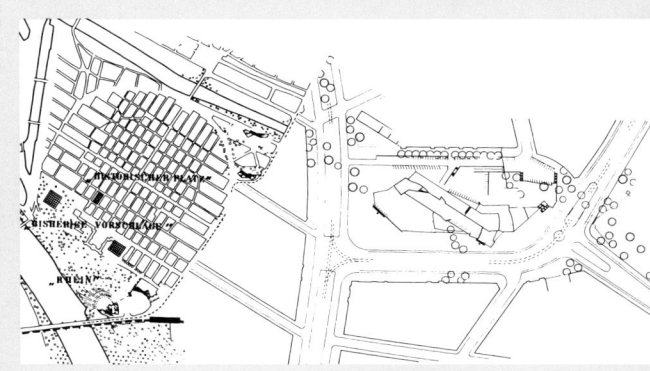

Auf der Woge des Wirtschaftswunders wird der Theaterbau Anfang der fünfziger Jahre zur prestigeträchtigen Pflichtaufgabe fast jeder größeren Stadt in der Bundesrepublik – später abgelöst vom Bau neuer Rathäuser. Überzogene bühnentechnische Anforderungen bestimmen meist den Bautypus, nach dem gesucht wird. Zwei hervorragende Entwürfe für den Mannheimer Wettbewerb machen die extreme Spannweite möglicher Lösungen deutlich: Mies van der Rohes ortsunabhängiger Glaskubus, der ein offenes »antikes« Theater umhüllt, und Scharouns Entwurf, der sowohl durch die Situation des Ortes als auch durch die Interpretation von Aufgabe und Möglichkeit des Theaters bestimmt wird.

In seinem städtebaulichen Bezug greift Scharoun auf die historische Entwicklung Mannheims zurück, einer barocken Residenzstadt, die zuerst schachbrettartig, dann aber in Nord-Süd-Richtung auf ein riesenhaftes Schloß ausgerichtet ist. Die alte Stadt liegt zwischen Rhein und Neckar-Mündung und kann sich nur nach Osten erweitern, wodurch mit dem Wachstum der Stadt die Ost-West-Ausrichtung dominierend wird.

Das Planungsgebiet Goetheplatz liegt an der Linie der ehemaligen Befestigung, südlich von einer Straße begrenzt, die weiter über den Neckar führt. »Hier wird nach allen Seiten Anschluß gesucht und so ergibt sich in diesem Gebiet eine einmalige – zufällige Strukturtendenz.«[82] Da die Straßenführung nicht mehr zu ändern ist, weist Scharoun darauf hin, daß allenthalben durch notwendiges Zusammenlegen von Grundstücken das »Ordnungsprinzip allmählich vom Straßensystem auf die bauliche Struktur überwechselt«. Der langgestreckte Über-Bau des Theaters soll aus der richtungslosen Lücke eine städtebauliche Ost-West-Verbindung herstellen.

Der langgestreckte Gebäudetrakt wird bekrönt von einem Terrassencafé auf dem Bühnenturm und den Proberäumen. Er bildet das Rückgrat, unter den sich einerseits von Süden das »Große Haus« unterschiebt und von dem sich das »Kleine Haus« mit Foyer nach Westen abterrassiert. Linear zwischen den Bühnen beider Säle sind sowohl Werkstätten als auch die Räume der Künstler optimal angeordnet. Entsprechend der Einheit des Theaterbetriebs, verbindet Scharoun auch die Publikumsbereiche beider Häuser – für große Feste – mit einem zum Eingang des »Kleinen Hauses« abfallenden Übergang.

Scharoun argumentiert u. a. mit Skizzen dafür, daß das »Kleine Haus« nicht nur klein sein soll, sondern dem »Experiment und der gemeinsamen Erarbeitung« dienen soll – als Forum und arenaartig zur »Aktivierung des Zuschauers und Zuhörers«. Nach Scharouns Überzeugung kann der Große Saal mit 1200 Plätzen nicht mehr intim sein, trotzdem versucht er »überschaubare und noch erlebbare ›Nachbarschaften‹ zu bilden«. Dies verwirklicht er, indem kleine Garderobenbereiche über eine kurze Treppe den kleinen Platzgruppen direkt zugeordnet sind. »Die Zuschauer werden in einen völlig in sich geschlossenen und abschließenden Raum hinaufgehoben.« Der Zugang zu den drei Rängen erfolgt nach dem gleichen Prinzip.

Aus dieser Mehrgeschossigkeit und Differenziertheit der Zugänge eröffnet sich auch im Mannheimer Theater eine begehbare Erschließungslandschaft im Foyer. Diese wird aber erst erlebbar, nachdem man das Theater unter einer geschlossenen Wand betreten hat und aus dem Kassenbereich über eine Treppe an der westlichen Ecke in das Foyer geführt wird und dann bergauf-bergab zu den Publikums-Nachbarschaften findet. Zuschauer- und Bühnenraum sind ein Raum-Zusammenhang, ohne axialgeometrische Beziehung. »Das ›Spannungsfeld geheimer Kräfte‹ für Darstellen und Erleben unserer Zeit und unseres Raumes sollte aperspektivischen Charakters sein«, lautet Scharouns Forderung für ein zeitgemäßes Theater.

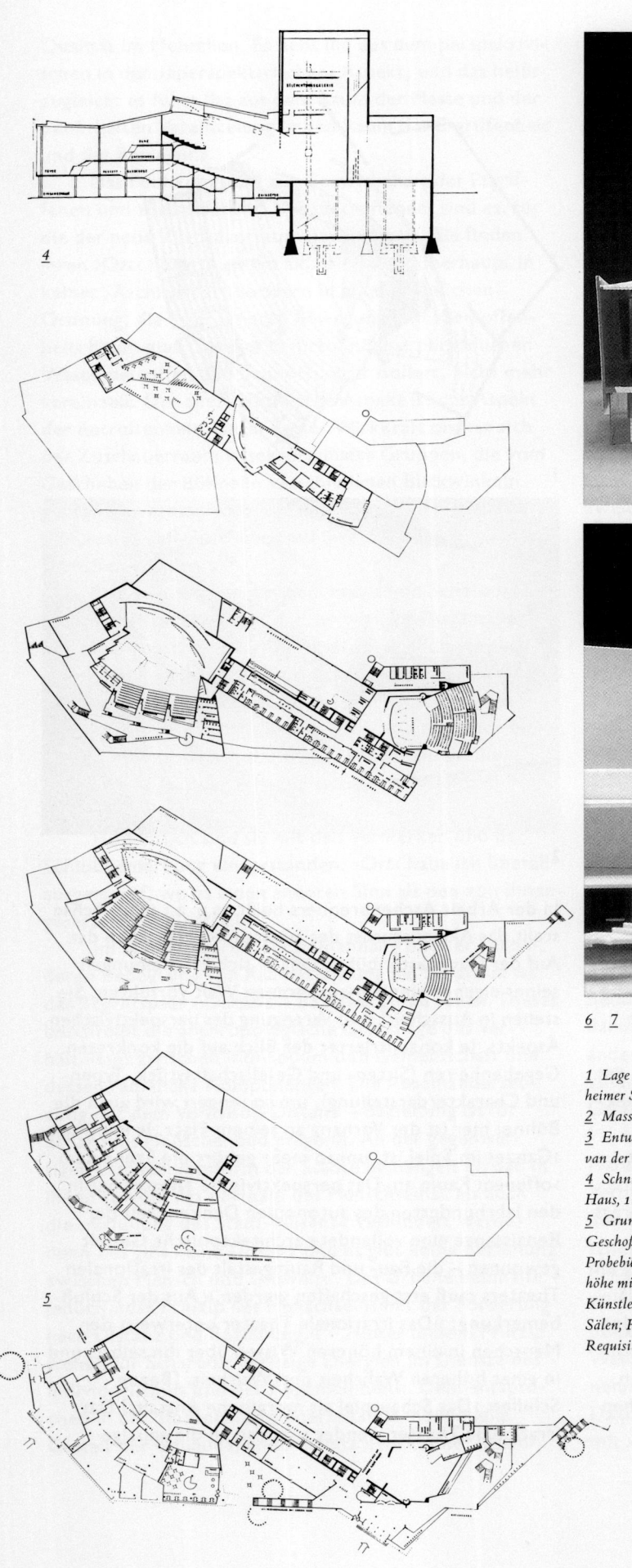

1 Lage des Theaters im Mannheimer Stadtgrundriß
2 Massenmodell
3 Entwurf von Ludwig Mies van der Rohe
4 Schnitt durch das Große Haus, 1:2000
5 Grundrisse, 1:4000, oberstes Geschoß mit Dachcafé und Probebühnen; Geschoß Ranghöhe mit Werkstätten und Künstlerräumen zwischen den Sälen; Höhe Foyergalerie, Requisiten- und Künstlerräume; Foyergeschoß mit Garderoben unter den Parkettplätzen, Brücke zum kleinen Saal; Platzebene mit den Haupteingängen, Läden und Restaurant
6, 7 Blick in den Foyerbereich (Modell-Rekonstruktion)
8 Kleines Haus, Grundriß und Schnitt, 1:1000

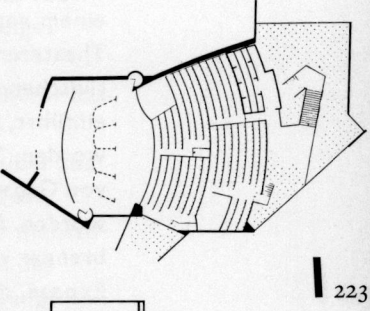

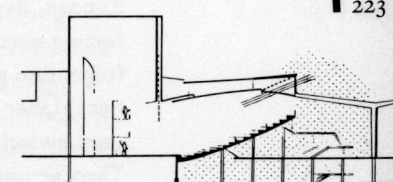

einem Menschen gelingen, sich eine »in diesem Augenblick bestehende, aber nicht sinnenmäßig erfahrbare Wirklichkeit vor die Seele zu halten«. D. h. er vermag sich vorzustellen, was ein anderer Mensch gerade jetzt »will, fühlt, empfindet, denkt, und zwar nicht als abgelösten Inhalt, sondern eben in seiner Wirklichkeit«. Die Individuation vollzieht sich nach Buber nicht aus dem Verständnis des Menschen zu sich selbst, sondern aus der Gegenseitigkeit jener Vergegenwärtigung zwischen den Menschen.

Nicht allein das Gleichgewicht der Möglichkeiten, das im doppelten Prinzip von Distanz und Beziehung angelegt ist, soll in Scharouns Architekturräumen erlebbar werden. Es geht ihm darüber hinaus auch um ein Erfahrungsmoment, das vielleicht dem der Buberschen »Vergegenwärtigung« entspricht. Scharoun nennt es die (neue) Unmittelbarkeit des Raumerlebens: »... da, wo wir von Grund auf Neues schaffen können, ... verlangen wir die volle Gegenwart. Da wollen wir nicht nur mit dem Auge bestaunen, abtasten, sondern mit dem Körper Besitz ergreifen. Die Plastik zeigt ähnliche Tendenzen. Auch sie gibt sich heute wieder – in einer neuen Unmittelbarkeit – den Blicken und der Hand zurück.

Die neuen Bauwerke aber können wir begehen, in der Bewegung erobern – es ist auch der Schritt vom Photo zum Film, der darin zum Ausdruck kommt. Aber nicht in dem rationalen Sinne sollen sie begehbar sein, so daß sie Straßen verbreitern und mit Hilfe von Terrassen höhere Ausnutzung durch Vervielfachung der Schaufensterflächen geben – selbstverständlich ist auch das möglich und oft und gern vorgeschlagen –, sie sollen vom Irrationalen her neue Möglichkeiten des Ertastens und Erlebens geben, sie eben unmittelbar in unsere Handlungen einbeziehen.«[90]

Die Sätze stammen aus einem Vortrag Scharouns vor dem Bauwirtschaftsausschuß des Berliner Magistrats am 4. 4. 1946 und mögen dort wohl etwas befremdlich geklungen haben. Doch hat sich Scharoun damals wie später gerade nicht bloß von Rationalitäten (ver-)leiten lassen und fest an die Vermittelbarkeit auch nicht leicht eingängiger Ideen geglaubt. Diese Einstellung schließt Abstraktion *und* Emotion, Ratio *und* Irratio in gleicher Weise ein. Scharoun möchte mit den von ihm geschaffenen Raumstrukturen über eine Stärkung sinnlicher Empfänglichkeit – im Erleben und Ertasten – die freie Initiativkraft menschlicher Selbsttätigkeit anregen. Mit diesem Anliegen ist ein gesellschaftliches Ideal verbunden, in welchem die Gemeinschaft der autonomen Individuen sich den ihr entsprechenden Raum schafft.

Diese Überzeugung von der Selbsttätigkeit der Individuen weist zurück auf die Wurzeln des beruflichen Werdegangs Scharouns, und zwar auf die geistige und ästhetische Aufbruchstimmung der Jahre um den Ersten Weltkrieg, die übrigens auch einen Denker wie Martin Buber, der eng mit Gustav Landauer befreundet war, geprägt hat. Erinnert sei hier an Scharouns Gedanken zum Volkshaus. Im Zusammenhang mit der Bedeutung des Raumerlebnisses bei Scharoun mag eine Passage aus Wilhelm Worringers damals vielgelesenem Buch »Formprobleme der Gotik« aufschlußreich sein. Dort heißt es: »Das seelische Erlebnis ist gleich dem räumlichen etwas vom allem Geistigen und Abstrakten Geschiedenes, etwas, das unmittelbar von unseren Sinnen gespeist wird. ... Das sinnliche Empfinden (ist) untrennbar mit an den Individualisierungsprozeß der Menschheit gebunden und (kann) nur von Einzelpersönlichkeiten getragen werden. Der aus der Masse losgelöste Mensch empfindet mit Notwendigkeit sinnlich und natürlich, weil seine Loslösung von der Masse eben sagt, daß ... ein gewisses Einheitsgefühl von Mensch und Außenwelt eingetreten ist. Wohl kann auch die Masse sinnlich empfinden, aber nur die aus Einzelpersönlichkeiten zusammengesetzte Masse, nicht aber die individuell noch undifferenzierte Masse.«[91]

Scharoun stellt sich die Frage, wie Gebäude oder Städte beschaffen sein müssen, damit sie der menschlichen Individuation und persönlicher Differenzierung förderlich sind. So liegt ihm vor allem daran, Stadtstrukturen und Architekturräume zu schaffen, die dem Menschen differenziertes Verhalten ermöglichen und die Freiheit der Entscheidung lassen. Das sind freilich keine neutralen Leerräume: »Es handelt sich hintergründig um die Entwicklungen des politischen Menschen im Zusammenhang mit der politischen Gestalt der Bauwerke und der Strukturen. Ein Weg dazu schien mir das Schichtweise der Flächen statt des Nebeneinanders – so daß die verschiedenen Ebenen einander überschneiden oder, ihrer Bedeutung entsprechend, sich punktweise isolieren.«[92]

Scharouns Utopie, sein Anspruch an den neuen Menschen, an die neue Gesellschaft und an das Neue Bauen stellt sich für ihn nicht als unverbindlicher Traum dar, sondern ist ein ganz konkretes Ziel, das sowohl auf Praktikabilität als auf architektur-konzeptionelle Untermauerung hin ständig überprüft wird. Es ist nicht zuletzt Scharouns unerschütterliche Überzeugung von der utopischen Kraft des Bauens, die ihn heutigen Erfahrungen gewissermaßen entrückt.

Rathaus Marl

Wettbewerbsentwurf, 2. Preis, 1958

Stadtkrone

Die junge aufstrebende Industriestadt Marl (Bergbau, Chemische Industrie), am nördlichen Rand des Ruhrgebietes gelegen, ist aus mehreren selbständigen Gemeinden zusammengewachsen und hat 1958 ca. 85 000 Einwohner. Der Rat der Stadt, der als kulturell aufgeschlossen gilt, schreibt einen beschränkten Wettbewerb aus, in dem »internationale Klasse« vertreten ist und der als »einer der interessantesten deutschen Wettbewerbe der letzten Jahre« (W. Hebebrand) bewertet wird. Das Rathaus soll »beherrschende Dominante« sein, »der Stadt ihr Gesicht geben und in der Gesamtgestaltung als Stadt-Zentrum einer Großstadt Ausdruck unserer Zeit sein«, wie es in der Ausschreibung heißt.[93]

Zu den aufgeforderten Teilnehmern gehören u. a. Arne Jacobsen, Alvar Aalto, Sep Ruf, Hans Schwippert, Ferdinand Kramer, Rudolf Schwarz und Bernhard Pfau. Auch Otto Engelberger aus Weimar ist eingeladen. Den ersten Preis erhalten Johannes van den Broek und Jacob B. Bakema aus Rotterdam. Werner Hebebrand, der zur Jury gehört, kommentiert: »Bereits in der ersten Runde wurde ganz klar, daß zwei Entwürfe – nämlich der spätere 1. und 2. Preis – sowohl die Idee eines heutigen Rathauses als auch die Sichtbarmachung dieser Idee in der Stadt-Landschaft Marl in besonders glücklicher Form getroffen hatten. Beide Entwürfe basieren auf der Grundkonzeption, jene Räume, die der ureigentlichen Selbstverwaltung dienen, nämlich den Saal des Rates und den der Bürgerschaft (die aber nur ein Bruchteil des Bauvolumens ausmachen), dadurch indirekt hervorzuheben, daß man sie mit den höheren Baukörpern der einzelnen Fachdezernate umschloß. Beide Verfasser gingen dabei von dem Gedanken aus, daß, wichtiger als der Verkehr der Dezernate untereinander, der Verkehr des Publikums zu den einzelnen Dezernaten sei, d. h. also, daß man sie sofort finden solle.

Der 2. Preis (Scharoun) hat einen großzügigen Hallenraum, an dessen Seite die ihrem Volumen nach kleinen Sitzungssäle liegen, dazu benutzt, um in der flachen Landschaft eine Art von baulichem Hügel zu schaffen, also wirklich eine ›Stadtkrone‹ zu entwerfen, um die herum sich die übrigen ›Dienste‹ gruppieren ...«[94]

1

2

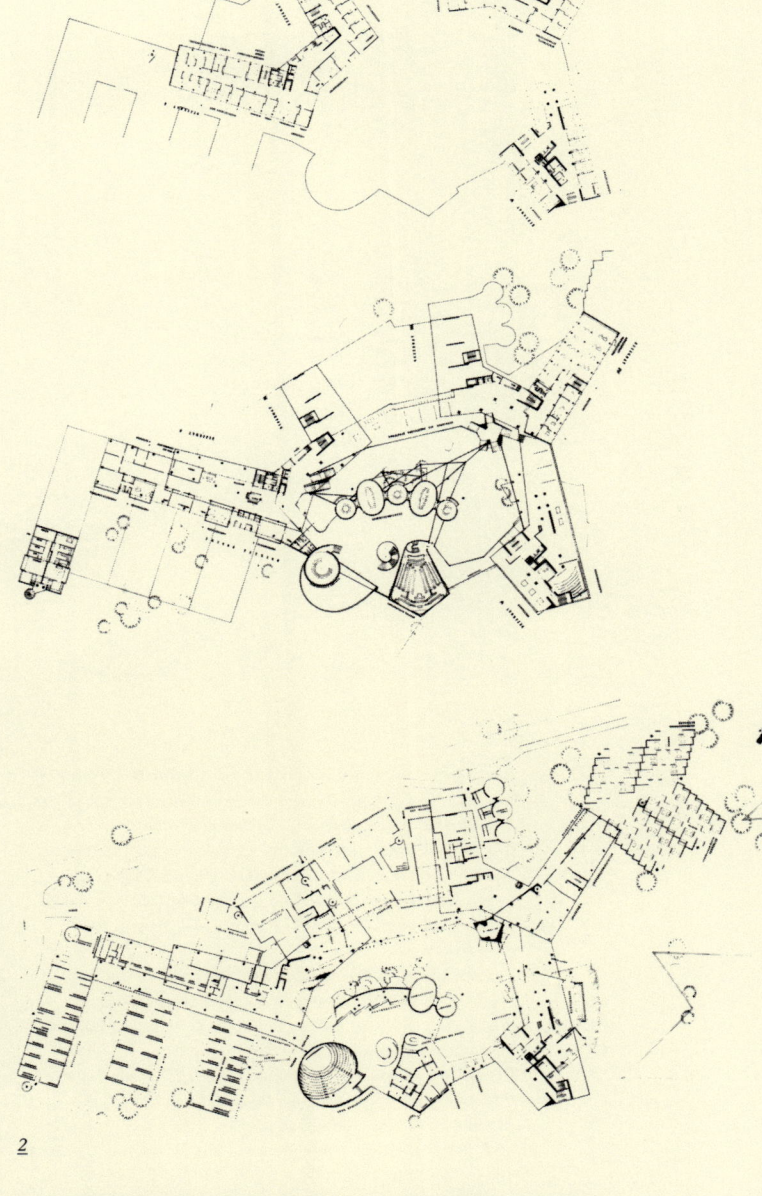

Der großzügige Hallenraum ist der hier als »klimatisierter Freiraum« bezeichnete »Raum der Mitte«. Einen ähnlichen Gedanken, öffentlichen städtischen Raum in ein Gebäude zu ziehen, um auf diese Weise z. B. auch Schwellenangst abzubauen, hatte Scharoun schon 1925 beim Bochumer Rathauswettbewerb verfolgt. Erdgeschossig grenzen an den überdachten Stadtplatz Bereiche mit starker Publikumsfrequentierung (Ratsstuben, Standesamt, Sozialamt, Personalamt, Meldeamt sowie diverse Säle) an. Darüber liegen in zwei doppelflügligen, mittelgangerschlossenen Trakten die Büros des Verwaltungsapparates.

Eine Sonderstellung nimmt in Scharouns Entwurf das Baudezernat ein. Wegen seines hohen Flächenbedarfs hat er ihm einen eigenen Turm zugeordnet, der die gesamte Anlage dominiert. Der Turm soll symbolisieren, daß ein »Volk, das nicht baut, stirbt«. Letzterer Punkt wird vom Preisgericht kritisiert: »Die Betonung der Gebäudegruppe durch den die Bauverwaltung enthaltenden dominierenden Teil der Anlage erscheint nur vom Raumprogramm her, nicht aber geistig genügend motiviert«[95]

1 Modell
2 Grundrisse 2. Obergeschoß mit den Dezernaten; 1. Obergeschoß mit Sitzungssälen; Erdgeschoß mit zentraler Halle, Restaurant und Saal, 1:3000

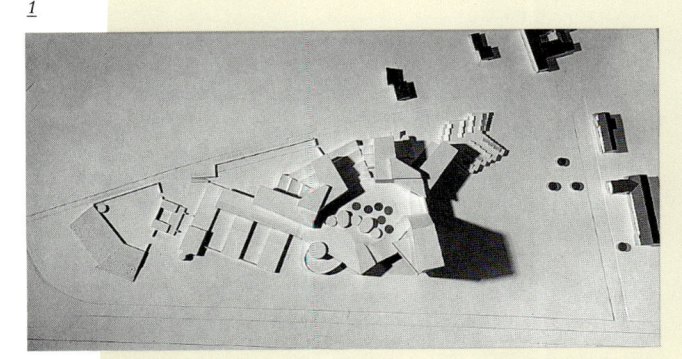

Haupt- und Grundschule, Marl
1961–1966

Unter einem Dach

_1_

_2_

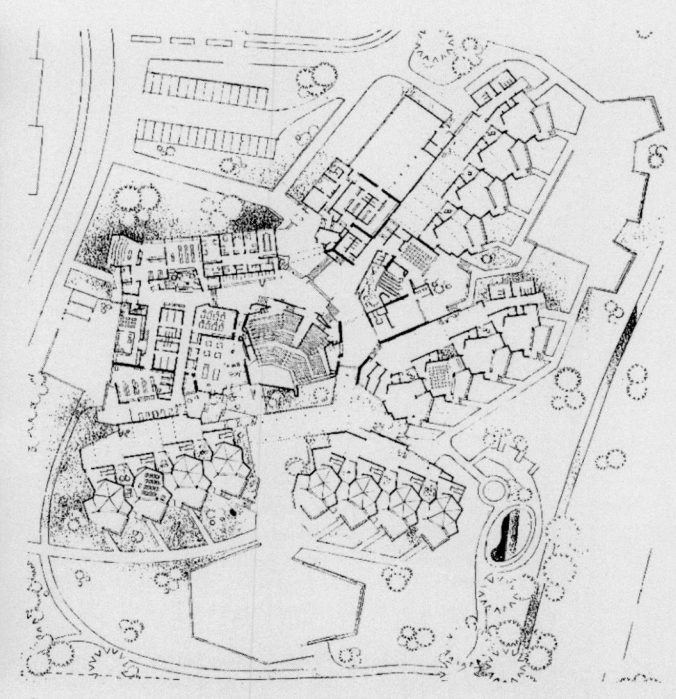

Auszug aus der Rede Scharouns zur Grundsteinlegung[96]:
»... das umfassende Wesen der menschlichen Natur [ist] zum Ausgang zu nehmen – die Gemütsbildung ebenso wie die Geistesbildung. In der Geistesbildung sind Bewußtwerden, Selbsterkenntnis und Charakterbildung enthalten, in der Gemütsbildung die Entwicklung einer frei-schöpferischen Tätigkeit und die Willenskraft, dies zu wollen.
Keine andere als die Grund- und Volksschulen geben in solchem Ausmaße der Arbeit am Menschen Raum. In ihnen vollzieht sich das entscheidende biologische und geistige Wachstum unserer Kinder.
Gemäß den Entwicklungsstufen entwickelt sich das Kind zunächst aus Spieltrieb, aus dem Unbewußten. Der ›Haufen‹, das noch unbewußte Wir, wird auf der Grundlage des Instinktes aufgegliedert. Das ist das Lebensalter vom 6. bis zum 10. Jahr.
Hernach geht es dann um den Erwerb von Erfahrungen und Erkenntnissen – Einzelnes wird begriffen, Disziplin erfahren. Der Bezug, der nunmehr entwickelt wird, vollzieht sich zwischen Individuum und Gegenstand. Begriff, Mensch und Werk begegnen sich. Dies geschieht in der Zeit vom 10. bis zum 14. Lebensjahr.
Weiterhin vollzieht sich die Entwicklung des Individuellen, des Ich-haften – das loyale Zusammenwirken in der Gemeinschaft beginnt, geübt zu werden.
Wenn das umfassend Menschliche – vom Verstand her, von der Handfertigkeit und vom Musischen her – gleichwertig zur Auswirkung und für alle Beteiligten zur Darstellung kommen soll, dann muß auch die Schule ein Ganzes, Volles und Rundes sein, ein für sich bestehendes totales System. Der Mensch ist nicht abstrakt, und so ist es auch nicht die Menschenbildung und schließlich nicht der Ort – die Behausung. Alles sollte geborgen, geordnet und gleichgewichtig unter einem Dach leben – Verstand und Gemüt, Wissen und Handfertigkeit – die voll bewegte Tätigkeit des Geistes überhaupt. Denn bildend – Geist und Herz zugleich bildend – ist nur, was im Zusammenhang, im Totalen erlebt wird.

Diese Hinweise mögen genügen, um anzudeuten, daß der besonderen Aufgabe der Schule eine besondere Form des Schulbaus entsprechen sollte – eine Schulkaserne ist da nicht am Platz und meines Erachtens genügt auch nicht ein nur auf das Funktionelle beschränktes Bauobjekt. Unsere zweizügige Volksschule ist in folgende Raumkomplexe aufgegliedert: Unterstufe, Mittelstufe und Oberstufe der Klassen, Verwaltung, Naturwissenschaft, Hauswirtschaft, Werkraum und Turnhalle.
Die Unter- und Mittelstufe umfassen jeweils vier Schulwohnungen und eine Gruppenhalle, die Oberstufe je eine Schulwohnung und den gemeinsamen Raum für Diskussion und Vorträge. Meines Erachtens sollten die Klassen innerhalb der Stufe nicht gewechselt werden. Dann nur wird die Schulwohnung Charakter annehmen und wahren können – die Schüler gestalten ›ihre‹ Schulwohnung nach jeweils eigenem Vermögen aus.

Wenn die Gruppenhalle auch als Pausenraum benutzbar ist, so dient sie doch in erster Linie der Darstellung der Gruppengemeinschaft gemäß deren stufenmäßiger Entwicklung. Die Gruppenhallen sind mit großen Wandtafeln, mit Sandkästen für plastisches Gestalten, mit Vitrinen, Wechselrahmen usw. ausgestattet.
Weitere gemeinsame Pausenhallen befinden sich im Kern der Anlage. Hier können gleichzeitig kleinere Ausstellungen durchgeführt werden, hier ist Raum für die Bücherei, für den Milchausschank, für Blumen, Aquarien und Heimatkunde, welche durch Sammlungen und Bilddarstellungen illustriert werden kann. Bewegungsraum in genügender Größe ist auch aus klimatischen Gründen in der Stadt Marl wohl angebracht.

1 Überdachter Pausenbereich und Zugang zur Gruppenhalle der Unterstufe
2 Grundriß, 1:2000
3 Scharoun in den frühen sechziger Jahren
4 Die zentrale Halle
5 Schulwohnung der Unterstufe

Der Kern der gesamten Anlage, der durch die Pausenhalle umfaßt wird, ist der ›Raum der Mitte‹ – zunächst offenes Forum, später gedeckte Aula.
Die Gruppen- und Pausenhallen sind naturwüchsiger Bauart und gegen den Einfluß der klimatischen Umwelt nicht völlig abgesperrt – sie gewinnen dadurch Abstand von Art und Wesen der Schulwohnung.
Der naturwissenschaftliche Komplex unterscheidet – trotz des gebotenen bescheidenen räumlichen Umfanges – zwischen Labor und Vorlesungsraum.
Dasselbe gilt für den hauswirtschaftlichen Komplex, welcher die notwendigen Räume und Einrichtungen enthält für Wäschebehandlung und Wohnungspflege, Säuglings- und Krankenfürsorge, welche das Kochen einschließt, nebst einem kleinen Speiseraum und einem gemeinsamen Unterrichtsraum. Der Unterrichtsraum stellt auch die erforderliche Reserveklasse dar.
In diesem Trakt befindet sich auch die Hausmeisterwohnung und die erforderlichen Räume für Übernahme und Aufbereitung der Licht- und Wärmeversorgung. Ferner die Werkhalle für den Handfertigkeitsunterricht für Knaben und Mädchen. Diese sind so angeordnet und ausgebildet, daß hier später einmal auch die Dekorationen für Aufführungen hergestellt und abgestellt werden können. Im Kern dieses Komplexes befinden sich neben den sanitären Anlagen besondere Kleiderablagen – für den Fall, daß die Einrichtung für außenstehende Institute in Anspruch genommen werden soll.
Auf dem Dach befindet sich eine Plattform für Himmelsbeobachtungen.
Die Komplexe der Verwaltung und der Turnhalle werden von ihrer Funktion bestimmt.

Der gesamte Komplex ist durch Gartenhöfe verschiedenen Maßstabs durchsetzt. Diese Gartenhöfe sind den einzelnen Komplexen auch hinsichtlich ihrer Nutzungsart zugedacht ... Den Schulwohnungen sind Terrassen für den Freiunterricht so zugeordnet, daß sie sich möglichst nicht stören. Die Grünanlagen sind funktionsgemäß mit ihren Schulhöfen den einzelnen Schulstufen zugeordnet und durch Promenadenwege miteinander verbunden. Westlich des hauswirtschaftlichen Komplexes befinden sich der Schul- und Küchengarten. ...

Hinter all dem Funktionellen aber steht das strukturell Verwobene – vom Individuellen bis zum Universalen – vom spielerischen Beginnen bis zur logischen, ethischen und leiblichen Gymnastik unter einem Dach.
Der umfassenden Bestimmung der Schule – als Abbild des umfassenden Lebens – baulich Ausdruck zu geben, sehe ich als meine Aufgabe bei dem Projekt in Marl an.«

1 Aula
2 Klassenraum der Mittelstufe

Idee und Wirklichkeit Der Anspruch Scharouns auf ein neues Bauen und eine neue Stadt – stets verbunden mit der Vorstellung von einem neuen Menschen und einer neuen Gesellschaft – wurde ausgebreitet, um nach den konzeptionellen Konsequenzen dieser Grundintention zu fragen. Dabei wurden drei Stränge verfolgt.

Mit dem Begriff Grundlagenforschung wurden jene Bemühungen Scharouns zusammengefaßt, die dahin zielen, den neuen Ideen, die zunächst eher intuitiv erfaßt sind, eine erkenntnisgeleitete, eine ästhetische und eine institutionelle Basis zu geben. Grundlagenforschung ist bei ihm zweifellos nicht nur im wissenschaftlich-technischen Sinne gemeint, sondern beruht maßgeblich auf einer permanenten Auseinandersetzung um Ideen und Werte. Scharoun ist sich dabei bewußt, daß Bauen neue Wirklichkeiten schafft. Wirkpunkte sind für ihn physische wie geistige Manifestationen eines Übergangs von Ideen in Wirklichkeit.

Diese Erkenntnis veranlaßt ihn, nach den Zusammenhängen und Wechselwirkungen zwischen den Formen und Räumen, die die gebaute Umwelt ausmachen, und den soziokulturellen Ordnungsmustern zu fragen. Dabei geht er von der Annahme aus, daß ein übergeordneter Sinnzusammenhang existiert, auch wenn ein solcher der zeitgenössischen Welterfahrung zu widersprechen scheint. Eine Orientierung an den Prinzipien der organhaften Natur ist für Scharouns ganzheitliche Betrachtungsweise leitend. Die Vorstellung einer sinnfälligen ganzheitlichen Struktur ist wiederum für die Begründung seines Bauens elementar. Sie bewahrt ihn davor, von den eigenen ideell hochstehenden Ansprüchen paralysiert zu werden und in Anbetracht der eher deprimierenden Wirklichkeit in Resignation oder Zynismus zu fallen. Da Scharoun seine Bauten als Teile eines – wenn auch erst imaginierten – Ganzen versteht, in denen dieses Ganze latent vorhanden ist und erfahrbar werden kann, gelingt es ihm, mit der Spannung zwischen Ideal und Wirklichkeit konstruktiv umzugehen.

In der »Formung des Erlebnisses zwischen Einzelwesen und Raum um uns«, wie Scharoun schon 1925 formuliert, wird der Anspruch konkret, den er an die Architektur als individuelle räumliche Erfahrungswelt hat. Das Raumerlebnis meint den Prozeß der Aneignung des gebauten Raums, der von instrumentellen wie von kognitiven oder emotionalen Momenten bestimmt sein kann. Wie kaum ein anderer Architekt der Moderne ist Scharoun in diesem Sinn vor allem Raumbildner. Seine Raumkonzeption erweist sich dabei als eine weit gefaßte. Sie zieht nicht nur Architektur und den sie umgebenden städtebaulichen Raum mit ein, sondern auch die Bewegungen der Menschen im Raumkontinuum. Sie verknüpft unmittelbare leiblich-sinnliche Erfahrungsmomente mit den räumlichen Ordnungsmustern (Strukturen), die Kulturen und Gesellschaften kennzeichnen.

Ausgangspunkt der hier vorliegenden Betrachtung zum Gesamtwerk Hans Scharouns war ein Spektrum von Äußerungen zu seinem Hauptwerk. In diesen Stimmen zur Philharmonie, aber auch in drei erörterten Texten der Architekturdebatte um 1960 von Giedion, Arndt und Adorno waren die Spuren angelegt, die im folgenden immer wieder aufgenommen werden konnten. So ergaben sich folgende Schwerpunkte: Die Betrachtung von Traditionslinien innerhalb der noch kurzen Geschichte der modernen Kunst und Architektur; der Topos einer neuen Raumkonzeption als Kennzeichen der Ästhetik des zwanzigsten Jahrhunderts; die Frage nach der politischen Dimension von Architektur; die Vorstellung von einer wechselseitigen Beeinflussung zwischen gesellschaftlichen und städtebaulich-architektonischen Strukturen; das utopische Moment in der Architektur, verbunden mit der Frage nach dem gesellschaftlichen Gesamtsubjekt; und die Notwendigkeit der Reflexion in der ästhetischen Produktion als Bestandteil des Entwurfsvorgangs.

Eine solche erweiterte Betrachtung weicht davon ab, Hans Scharouns Werk vor allem über den Begriff des »Organischen Bauens« zu definieren. Zweifellos hat das Stichwort organisch bei ihm einen nicht unerheblichen Stellenwert. Diesen Aspekt jedoch zum Leitgedanken zu erheben, erweist sich beim Versuch einer Einschätzung seines Werks und seiner Intentionen als nicht ausreichend. Ein solcher Ansatz würde den Einfluß Hugo Härings auf das Werk von Scharoun überbewerten und zahlreiche andere Einflußgrößen, sowie ihre spezifische Verarbeitung durch Scharoun vernachlässigen. Sein Versuch, von Buber, Gebser oder Häring geprägte Begriffe für die eigene Arbeit zu erschließen, wirft ein Licht auf seine theoretische Arbeit. Scharoun verfügt über keine Architekturtheorie im Sinne eines stringent begründeten Systems – er läßt sich aber von solchen inspirieren, d. h. er übernimmt aus anderen Systemen und Weltbildern Teile und verarbeitet sie auf seine Weise neu. Neben Buber, Häring und Gebser werden von ihm u. a. auch Heidegger, Benn und Adorno als Anreger erwähnt. Deshalb erscheint die alleinige Rückführung seiner Architekturkonzeption auf die Gedanken Härings – ein durchaus übliches Muster in der Scharoun-Interpretation – zu eng. Zu dem – gewissermaßen intuitionalistischen – Umgang mit Theorie bekennt sich Scharoun ausdrücklich, wenn er sagt: »Wir Architekten

»Gruß an Scharoun«, Ernst Wilhelm Nay, 1955, Öl, 125 x 200
»Wie Sie wissen, baut der Architekt Prof. Scharoun, Berlin, das neue Theater in Kassel, zu dem ja bereits der Grundstein gelegt ist. Bei der Frage der Ausmalung einzelner Teile der Innenräume trat der Gedanke auf, mich mit einem Teil zu beauftragen. Ich habe mit Herrn Prof. Scharoun in Berlin gesprochen, und wir stellten beide fest, daß wir eine seltene Gelegenheit haben würden, indem ein geistiges Zusammenklingen von Architekt und Maler, von Bauwerk und Malerei sich einstellen könnte. Sie wissen, daß Scharoun unter starker Beachtung des Funktionellen baut, dieses Funktionelle in den Gestaltungsvorgang des Dynamischen überleitet und das Dynamische durch rhythmische Gegenkräfte zu neuer Baugestaltung führt. Sie wissen auch, daß meine Kunst von ähnlichen Vorstellungen getragen ist. Beides – weiß Gott – zeitgenössisch.«
(Ernst Wilhelm Nay in einem Brief an Ernst Holzinger, Köln, 13.12.1954)

sind mehr von der Anschauung als von Begriffen umgetrieben. Wir können das für die Entwicklung Wesenhafte in konkreten Verwicklungen erspüren und zum Wirken bringen.«[97] Im Sinne Scharouns verkörpert der gebaute Raum nicht bloß die banal utilitäre Anordnung der Dinge, vielmehr ist er stets auch die Veranschaulichung oder Abbildung eines grundlegenden Prinzips. Scharoun exemplifiziert diese Auffassung gern an Beispielen aus der Geschichte des Bauens, an denen sich auch deutlich seine Sympathien und Antipathien gegenüber Stilepochen abzeichnen. Seinen Gotizismus, d. h. seinen antiklassischen Impetus, hat er sich seit der vom »Geist des Expressionismus« geprägten Frühphase erhalten.

Im kulturgeschichtlichen Prozeß, in der Folge von Epochen, sieht Scharoun einen »Strukturwandel«, der nach seiner Auffassung gesetzmäßig verläuft. Jede spezifische strukturale Ausprägung, z. B. eine Siedlungsform, setzt – so glaubt er – ein übergeordnetes »Strukturprinzip« voraus, das sich nach seiner kulturprägenden Herausbildung wiederum strukturell wandelt und so einen Entwicklungsprozeß kennzeichnet. Mit Hilfe eines solchen Modells versucht Scharoun, Gesetzmäßigkeiten abzuleiten, nach denen er das eigene Tun in einem großen raumzeitlichen Rahmen situieren kann. Mit dem Strukturprinzip ist das Spezifische einer epochalen Einheit gemeint, z. B. der Charakter der jeweiligen sozialen, politischen, religiösen Ordnungssysteme und die Weise, wie diese Sphären der Wirklichkeit erfahren werden. Alle betrachteten Sphären innerhalb eines Kulturkreises unterliegen, so Scharoun, analogen Aufbauprinzipien und sind in einen ganzheitlichen Rahmen eingebunden, d. h. »alle Teilinhalte einer Stadt oder einer Gesellschaft«,[98] sind auf ein Ganzes bezogen, und in jedem Teil ist keimhaft »das Ganze, das Idee und Wirklichkeit umfängt«,[99] verborgen.

Dieses – Idee und Wirklichkeit umfangende – Ganze trifft das, was Scharoun »Lebenswirklichkeit« nennt. Stellt das Strukturprinzip das aus einer gewissen historischen Distanz resümierte Spezifikum einer Raum-Zeit-Einheit dar, so meint Lebenswirklichkeit die im unmittelbaren Vollzug erfahrenen Möglichkeiten *und* Beschränkungen des individuellen und sozialen Lebens. Lebenswirklichkeit umschreibt zum einen die Auswirkungen der vorherrschenden Bedingungen auf die einzelnen Subjekte, zum anderen aber auch ihren Möglichkeitsrahmen. Es erscheint sinnvoll, den Wirklichkeitsbegriff Scharouns in einem engen (wörtlichen) Zusammenhang mit Wirkung, Wirken zu stellen. Scharoun selbst spricht – wie schon erwähnt – von Wirkpunkten. Jean Gebser spricht in einem ähnlichen Zusammenhang davon, daß es um die »Darstellung der latent in uns und in unserer Gegenwart vorhandenen Möglichkeiten [gehe], die im Begriff sind, akut, also wirkend und damit Wirklichkeit zu werden«.[100] Bedenkt man weiter Scharouns Vorstellung von einer Wechselwirkung innerhalb des Subjekt-Objekt-Bezugs, so wird deutlich, daß Lebenswirklichkeit nicht nur auf die »unbarmherzige Tatsächlichkeit« der puren faktischen Gegebenheiten beschränkt bleibt, sondern auch die im Gegebenen enthaltenen Möglichkeiten einbezieht, die in der Gestalt von Ideen, Utopien, Träumen über dieses hinausweisen.

Jene mit dem Stichwort Strukturwandel angedeutete Annahme, daß die geographischen Räume durch inhärente Wesenheiten geprägt seien und die einzelnen Epochen auf zeitbedingten Forderungen beruhen, weist auf ein teleologisch ausgerichtetes Geschichtsmodell. In diesem Punkt beruft sich Scharoun wiederholt auf die Architekturtheorie Hugo Härings, der die Frage des gegenwärtigen Bauens eingebunden in den Entwicklungsprozeß (Genese) der Menschheit und der gesamten geschöpflichen Welt sieht. Das Häringsche Geschichtsmodell – das hier nicht weiter ausgeführt werden soll – nimmt sich weniger exponiert aus, wenn man es zu diversen anderen zeitgenössischen Erklärungsmodellen in Relation setzt. Ein Rückgriff auf die Geschichte – zur Einordnung der in einem epochalen Umbruch gewähnten Gegenwart – ist ein durchaus gängiges Muster für die Herleitung der kulturellen Moderne in der ersten Hälfte dieses Jahrhunderts. Zu nennen sind beispielsweise – neben der Häringschen – auch Theorien von Wilhelm Worringer, Sigfried Giedion, Ernst Bloch, Jean Gebser und Alexander Dorner. Sie alle basieren auf Stilepochenvergleichen, aus denen sie geschichtliche Entwicklungsprinzipien und -tendenzen ableiten – auch wenn sie im einzelnen zu unterschiedlichen Definitionen und Wertungen gelangen. Und alle zielen primär auf eine (Er-)Klärung von Gegenwartsproblemen. In Korrespondenz zu den bahnbrechenden neuen Erkenntnissen der modernen Wissenschaft (etwa der Relativitätstheorie) und den erweiterten Möglichkeiten der modernen Kunst (hier kommt dem Kubismus eine Schlüsselfunktion zu) gelangen einige dieser Theoretiker zur Proklamierung eines neuen Raum-Zeit-Bewußtseins, das – etwa durch die Einbeziehung der Bewegungserfahrung – sich im Wesentlichen als ein unstatisches, somit dynamisches darstellt. Von diesen Strömungen ist Scharoun entscheidend beeinflußt. Bleibt die Frage, inwieweit Scharoun Härings teleologischer Vorstellung folgt? In der Einleitung seines Aufsatzes »Struktur in Raum und Zeit« äußert er sich hierzu eher vorsichtig: »Sowohl das Subtile der Beziehung als auch der dauernde Wandel machen eine Aussage zur gegenwärtigen Situation schwierig, wenn nicht vorausgesetzt wird, daß der Menschheit eine kontinuierliche Aufgabe auferlegt ist, die gewissermaßen in Pensen abgehandelt wird.«[101] In der Tat ist bei Scharoun mit der Übernahme des Modells eines genetischen Prozesses der Geschichte ein Widerspruch vorprogrammiert, der sich darin äußert, daß er den Mensch einerseits als vorbestimmtes Organ innerhalb eines ihm auferlegten Pensums versteht, ihm andererseits aber schöpferischen Eigensinn zugesteht, indem er den Menschen in einem Wechselwirkungsverhältnis zu Raum und Zeit begreift. Die Problematik scheint Scharoun bewußt zu sein, denn das Verhältnis von Konstanz und Veränderung, von Wesen und Wandlung im geschichtlichen Prozeß zu definieren, wird von ihm auch auf andere Weise angegangen. Man könnte hier von einem dialektischen Vorgehen sprechen. Es beruht auf der Einsicht, daß der Mensch von höchst gegensätzlichen Gefühlen und Antrieben geleitet ist, wozu auch sein ambipolares Bedürfnis gehört, einerseits Identität zu suchen und Kontinuität zu wahren, andererseits aber, als weltoffenes Wesen, das der Mensch auch ist, die Möglichkeit zur Veränderung wahrzunehmen. »Der Geist stößt ins Unbestimmte vor, in eine neue Wirklichkeit. Die Seele sucht die Geborgenheit – auf dem Grunde unserer Wesenheit.«[102]

Scharoun stellt seine anthropologischen Reflexionen in einen unmittelbaren Zusammenhang mit städtebaulichen Problemen. Dadurch sind seine gedanklichen wie baulichen Lösungsversuche von dem Bewußtsein der prinzipiellen Uneindeutigkeit und Vielschichtigkeit der Ansprüche an Stadt und Wohnung, selbst schon beim einzelnen gekennzeichnet. Das Erscheinungsbild der heutigen Stadt offenbare, daß vor »den vielfältigen und vielschichtigen Bedürfnissen des Menschen und den Ansprüchen der sozialen Umwelt ... entweder resigniert« oder zusammenhanglos, »von irgendeiner Sache her«,[103] die Lösung gesucht werde. Es gelte aber »einen neuen Subjekt-Objekt-Bezug zu finden, auf eine neue Art die heteronomen und autonomen Voraussetzungen zu klären oder miteinander in Beziehung zu bringen.«[104] In bezug auf das gegenwärtige Bauen geht es ihm primär um eine Klärung der Sinngrundlagen, die in Einklang mit der aktuellen Lebenswirklichkeit zu stehen haben und die jedem Zweck übergeordnet sind. Ein Modell, das Geschichte als genetischen Prozeß auslegt, bedeutet für Scharoun die Grundsicherung der Voraussetzungen, von denen aus der Sinn des Bauens in der überkomplexen gegenwärtigen Situation überhaupt erst greifbar werden kann. Es ist darüber hinaus konkrete Inspirationsquelle seines Entwerfens. Auch wenn er dabei ein solches Modell mitunter zu metaphorisch verwendet, Wortsinn mit Bausinn gleichsetzt, wie Gustav Adolf Platz schon 1927 kritisierte (vergleiche Seite 98), so ist doch Scharoun einer der ganz wenigen Architekten dieses Jahrhunderts, der die elementare Sinnfrage der Architektentätigkeit, die Frage nach den adäquaten Beziehungen zwischen Individuum und Gemeinschaft, gebauter und natürlicher Umwelt unablässig aufwirft und ins Zentrum seiner Architekturkonzeption stellt.

Die großen Stilepochen der Baukunst zeigen ihm Beispiele für eine sinnentsprechende Formensprache. Er glaubt, aus einer strukturellen Betrachtung der Geschichte gewisse Tendenzen ablesen zu können, die ihm für die Fragen der Gegenwart aufschlußreich erscheinen. Der Sinn selbst, die tragende Idee, die adäquate Struktur sind für das Heute damit noch nicht geklärt. Sie bleiben bis auf Weiteres offen, die Wesenheiten zögern noch, Gestalt anzunehmen, wie Häring es einmal formulierte.[105] So ist in den Scharounschen Bauten und Entwürfen das Versuchsweise und dialektisch Offene enthalten. Er selbst nennt es einmal »die Forderung, die sich im Unvollendeten ausspricht«.

Wohnhochhaus, Stuttgart-Fasanenhof
1961–1963

Salute

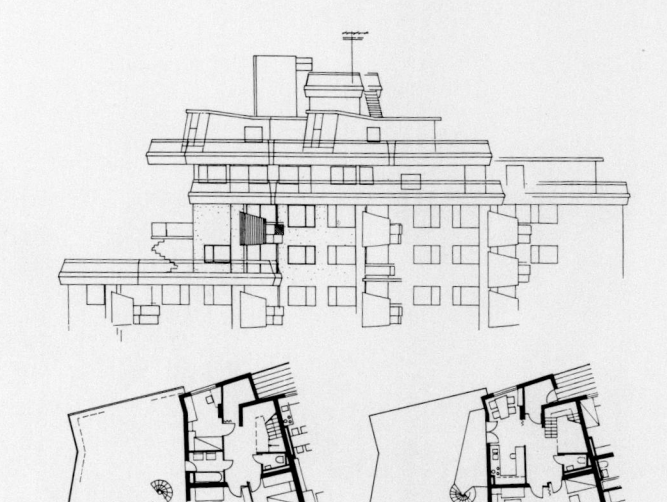

Da das Projekt Romeo und Julia – trotz aller Schwierigkeiten – letztlich für Bauherr und Architekten erfolgreich verläuft, bringt es Scharoun (zusammen mit Wilhelm Frank aus Stuttgart) einen weiteren Bauauftrag der »Universum Treubau« ein, die, nach Scharouns Meinung, »immer mehr auf die Erfüllung der Wohnbedürfnisse und nicht nur auf die Bedarfsdeckung ihr Augenmerk richtet«.

Der Bau von Wohnhochhäusern boomt Anfang der sechziger Jahre und wird mit dem Argument kritisiert, daß diese Wohnform soziale Kontaktmöglichkeiten einschränke und Vereinzelung fördere. In seiner Rede zum Richtfest bemerkt Scharoun dazu, »daß es mit dem Kampfruf Flachbau oder Hochbau nicht getan ist« und daß die Großstadt immer weniger das »überraschende Spannungsfeld zwischen Gebautem und Gewachsenem« (Landschaft) bietet. Deshalb »bedürfen wir vielmehr der Stadtlandschaft – im Sinne, daß das Gebaute wirkt wie Berg und Tal, Wald und See. Da die Fakten sich ändern, müssen sich die Ideen ändern. ... So wie die Wohnung im Mietshaus eher von der Stange sein kann, ist die Eigentumswohnung eher nach Maß herzustellen«.[106]

Das Wohnhochhaus Salute mit seinen 20 Geschossen ist umgeben von architektonischer Konfektionsware des Neubaugebiets nahe der Autobahn Stuttgart-Ulm. Es bezeichnet, neben einem Einkaufszentrum gelegen, die Mitte des Quartiers. Mit Räumen für Kindergarten, Wäscherei, Arztpraxen usw. im Erdgeschoß bietet das Haus selbst Voraussetzungen für ein gemeinschaftsbezogenes Wohnen. Die Größen der 142 Eigentumswohnungen variieren zwischen ein und sechs Räumen und zwischen 42 m² und 155 m². Ab dem 17. Geschoß wandeln sich die Balkone wiederum in zurückgestaffelte Terrassen für Atelierwohnungen. Die Doppelgeschossigkeit der Ateliers hat Scharoun auch für die Normalgeschosse angeboten, so daß die individuellen Wohnungswünsche auch in der äußeren Erscheinung erkennbar werden.

Von einer zentralen vertikalen Erschließung aus sind an kurzen, offenen Laubengängen jeweils vier Wohnungen so organisiert, daß sie bei der Ost-West-Ausrichtung über die spitz auskragenden Balkone auch Sonne von Süden bekommen. Nicht nur die Vielfalt und das Differenzierte des Äußeren, sondern auch »des Innenlebens des Hochhauses wollen ein Spiegel großstädtischen Wesens sein und damit einer Anonymität, welche das Individuelle betont«,[107] formuliert Scharoun anläßlich der Einweihung.

Der hier verwendete Achtspänner läßt sich in Scharouns Arbeit an Grundrissen und Haustypen weit zurückverfolgen. So entwickelt er für den Wohnblock Tor Siemensstadt 1950/51 einen Achtspänner, der mit Treppenhaus und Aufzug nach Süden orientiert zur Straße steht. An einem Innengang liegen ost-west-gerichtete Ein-Raum-Wohnungen, die nach einer Zone für Küche und Bad nach Süden abknicken. Für eine Umbauung des Altersheim Tiergarten 1953 entwickelt Scharoun das Hochhaus Wohnvorgang. Der Zugang ist von Norden und der innere Erschließungsbereich verjüngt sich mit den Wohnungen, die nach Süden hin zurückstaffeln. Zur Hälfte sind zweigeschossige Wohnungen vorgesehen – Maisonette-Typen, die Scharoun schon 1951 bei einem interessanten Achtspänner für ein Hochhaus in der Siemensstadt vorgesehen hat. Der verkürzte Innengang wird dabei zum zentralen Erschließungsraum. Diese Grundrißanordnung führt direkt zum Hochhaus »Romeo«, das aufgrund der Lage des Treppenhauses und größerer Wohnungen zu einem Sechsspänner geworden ist. Die leicht fächerförmige Anordnung der Wohnungen wird beim Hochhaus Salute zur prinzipiellen Anordnung von zwei Flügeln mit kurzen Laubengängen. Mit diesem versetzten Achtspänner sind die Möglichkeiten der Belichtung und Besonnung der Wohnungen verbessert und er läßt sich ohne Nachteile aneinanderketten, wie das 1970 gebaute Wohnhochhaus am Zabel-Krüger-Damm in Berlin zeigt.

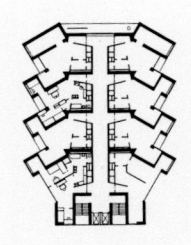

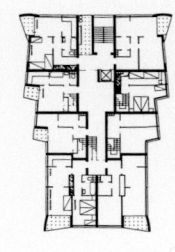

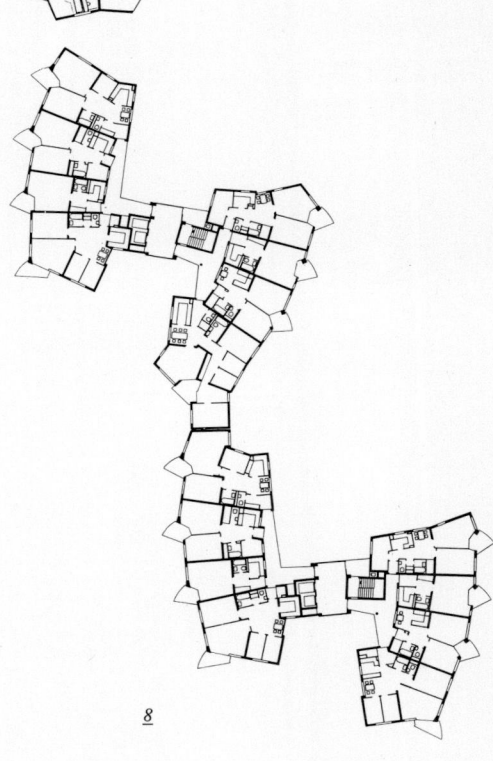

<u>1</u> Ansicht der Dachgeschosse und Grundriß einer Terrassenwohnung, 1:500
<u>2</u> Eingang
<u>3</u> Silhouette
<u>4</u> Treppenaufgang
<u>5</u> Grundrisse zweier Dachgeschosse, Normalgeschoß sowie Erdgeschoß, 1:750
<u>6</u> Blick von Osten
<u>7</u> Wohnbebauung am Zabel-Krüger-Damm, Berlin, 1970
<u>8</u> Genese des Achtspänners: Tor Siemensstadt – Tiergarten – Hochhaus Siemensstadt – Zabel-Krüger-Damm als Verdoppelung des Salute-Grundrisses

Wohnquartier, Böblingen
1965

Rauher Kapf

1

2

3

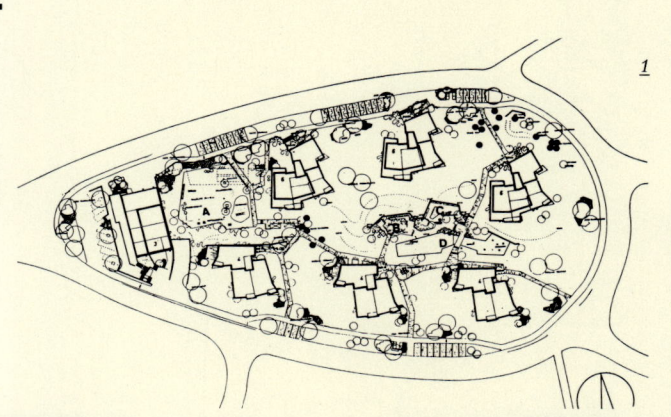

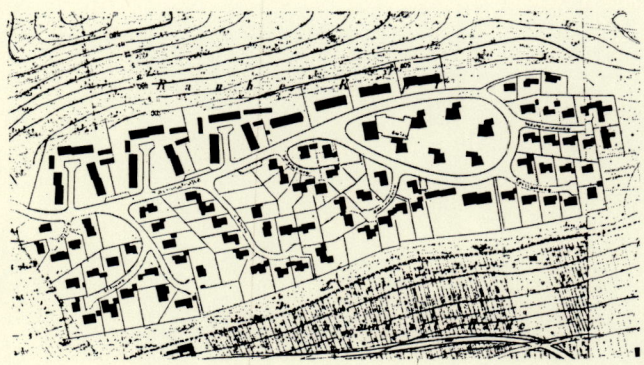

In einem Waldgebiet am Stadtrand von Böblingen entsteht in den sechziger Jahren eine Siedlung mit Ein- und Mehrfamilienhäusern. Die Erschließungsstraße endet mit einer Schleife, die ein eiförmiges Gebiet umschreibt, das von freistehenden Häusern im angrenzenden Wald umgeben ist. Scharoun bekommt – wiederum von der »Universum Treubau« – den Auftrag für den Bau von Eigentumswohnungen. Mit einem dreigeschossigen Gebäude für Läden und Dienstleistungen wird das Gebiet zum Mittelpunkt des ganzen Quartiers. Die Gruppierung von sechs Häusern begleitet die Eiform, wodurch Scharoun einen räumlich gefaßten grünen Anger in der leicht bewegten Topographie schafft. Zwischen Sträuchern und Bäumen sind Fußwege, Stufen, ein Teich mit Brücke wie selbstverständlich ausgebildet.

Die sechs Häuser mit ihren 102 Wohnungen formen wohl einen städtebaulichen Raum, wirken mit ihrer allseitigen Orientierung jedoch selbständig. In der Grundrißanordnung sind sie den Kopfbauten der Wohngehöfte in Charlottenburg-Nord ähnlich, sie sind, dem Lauf der Sonne folgend, leicht aufgefächert. Die hintere Wohnung ist in beiden Haustypen halbgeschossig versetzt angeordnet, wodurch im Erdgeschoß nicht nur eine großzügige Eingangssituation erreicht wird, sondern auch Platz für Gemeinschaftsräume. Unauffällig, wie die ganze Hausgruppe erscheint, sind auch die pastellfarben verputzten Einzelgebäude. Der Materialwechsel und Windschutz aus Skobalit der Balkone verleihen aber auch diesen Häusern typisch Scharounsche Züge.

In seiner Ansprache beim Richtfest im Sommer 1965 führt Scharoun u. a. aus: »Die Umwelt des Menschen ist im wesentlichen seine Wohnwelt. Sie zu planen soll und darf nicht alleinige Aufgabe der Architekten sein – damit wären lebendige und selbständige Formen für eine solche Umwelt nicht zu gewinnen. Sonst ist auch Baukunst nicht, was sie sein soll – nämlich Sinngebung des Lebens.« Alle Wohnungseigentümer wurden bei Vertragsabschluß auf ihre Mitwirkungsmöglichkeit hinsichtlich Grundriß und Ausstattung hingewiesen. Änderungswünsche sind nicht die Ausnahme, sondern die Regel. »Schön ist es, wenn ein Bau in seiner Gestalt restlos dem Lebensvorgang entspricht, den er befriedigen soll. Insofern ist für den Architekten Planung eine Haltung. Eine Haltung – das heißt zunächst im Sinne dieser Forderung leben, diese Forderung beobachten, aus ihr möglichst viel lernen und zu einer Lösung mit Herz vorstoßen.«[108]

1 Lagepläne
1:3000 und 1:10000
2 Gebäude für Läden und
Dienstleistungen
3 Wohnweg und Eingangs-
bereich der südlichen Häuser
4 Grundrisse der beiden
Gebäudetypen, 1:500
5 Blick von Süden
6 Der grüne Anger
7 Scharounsche Details

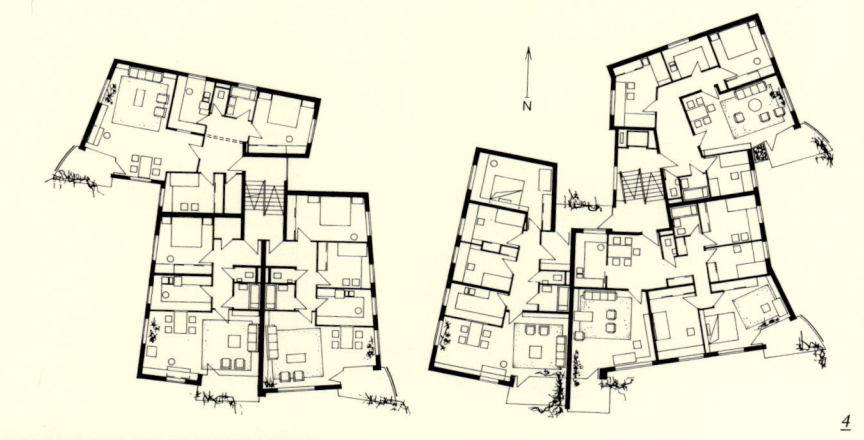

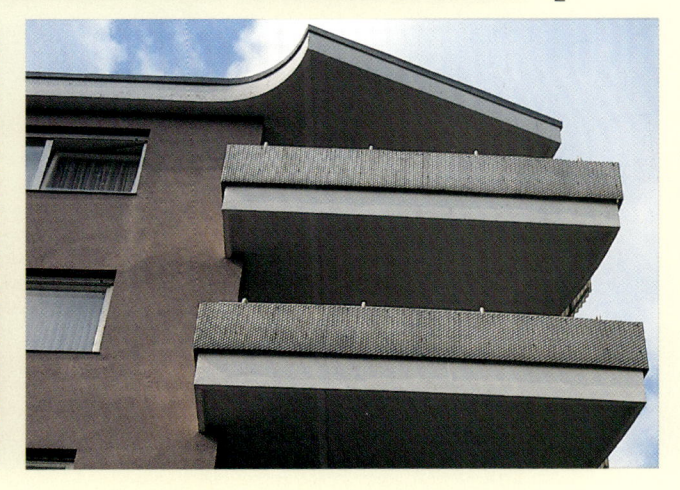

Wohnhochhaus, Böblingen
1971

Orplid

»Es muß wohl an der Landschaft und an den von ihr geprägten Menschen liegen, daß im Stuttgarter Raum seine Ideen über die Individualisierung im Massenwohnungsbau, im Hochhausbau, auf fruchtbaren Boden fielen: ›Romeo‹ und ›Julia‹ und ›Salute‹ in Stuttgart, die Siedlungen ›Auf der Kapf‹ und jetzt ›Orplid‹ in Böblingen«, vermutet Karl-Wilhelm-Schmitt in der »Deutschen Bauzeitung«[109]. Der ökonomische Erfolg der vorausgegangenen Projekte, die Zufriedenheit der Bewohner mit den unorthodoxen Grundrißdispositionen, die sie selbst z. T. mitbestimmen konnten, mag hauptsächlich dazu beigetragen haben, daß Scharoun für ein weiteres Projekt mit Eigentumswohnungen von der »Universum Treubau« beauftragt wird.

1

den zentralen Treppen- und Aufzugsturm sind an kurzen, offenen Laubengängen die Wohnungen – wiederum fächerförmig – zum Lauf der Sonne ausgerichtet. Die verglasten Vorbereiche der Aufzüge mit Blick über Böblingen betonen die Vertikale ebenso wie die aus wechselnden Formen gebildete Balkon-Säule an der Südseite.

Durch die Terrassierungen zur Mitte des Hochhauses schafft Scharoun sozusagen Grundstücke für die Einfamilienhaus-ähnlichen Atelierwohnungen, mit ihren unterschiedlichen Größen, Grundrissen und Ausrichtungen. Das Prinzip der Wiederholung – sonst die Regel im Geschoßwohnungsbau – schließt Scharoun fast gänzlich aus. Mit

2 *3*

Das Bauvorhaben entsteht während der ersten Wirtschaftskrise nach dem Krieg, durch welche der Soziale Wohnungsbau nahezu völlig zum Erliegen kommt. Die Kommunen sind seit 1969 an der Einkommensteuer beteiligt, so daß sie daran interessiert sind, die Abwanderung der Wohnbevölkerung aufzuhalten. Daher hat die wachsende Stadt Böblingen große landwirtschaftliche Flächen im Süden der Stadt zur Bebauung ausgewiesen.

Scharouns Planungsgebiet liegt unterhalb einer leicht nach Nord-West abfallenden Kuppe am Ende eines nördlich angrenzenden Siedlungsteils. Einem zerklüfteten Fels gleich, steigt die Baugruppe von sechs Geschossen im Westen auf 16 Geschosse zur Mitte des Hochhauses. Um

einem viergeschossigen Flügel verbindet er das Hochhaus mit der Kuppe. Von dort führt eine Brücke direkt in das Treppenhaus zur Erschließung von zweimal vier Reihenhaus-Typen, die über offene Laubengänge zugänglich sind. Mit einer großen Atelierwohnung und einem kanzelartigen Balkon beginnt – der Natur gegenüber – ein differenziertes plastisches Spiel, das den gesamten Wohnungsberg unverwechselbar charakterisiert.

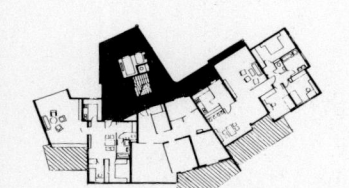

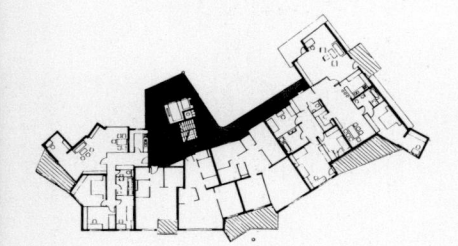

1 Silhouette
2 Blick von der Brücke
3 Treppenturm und Laubengänge im Norden
4 Terrassierung des Gebäudes nach Westen
5 Die zentrale Balkonsäule im Süden
6 viergeschossiger Flügel im Osten, mit Dachwohnung
7 Scharoun in einer der Orplid-Wohnungen (1971)
8 Grundrisse 11. und 10. sowie 3. und 2. Geschoß, 1:1000

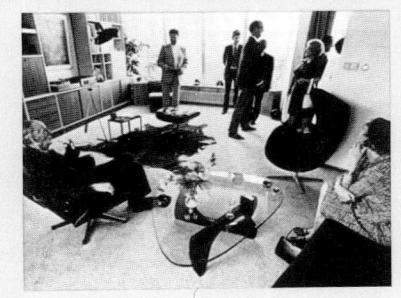

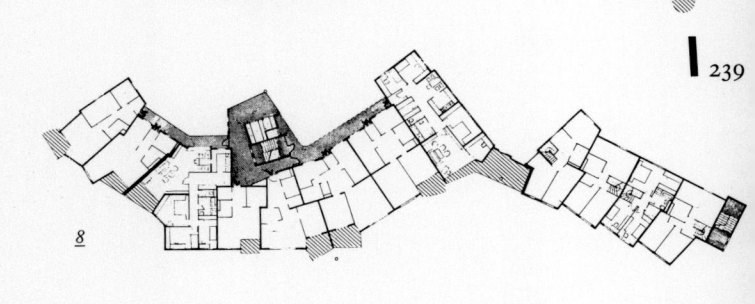

Stadttheater Wolfsburg
Wettbewerbsentwurf, 1. Preis, 1965, Realisierung, 1965–1973

Theater am Hang

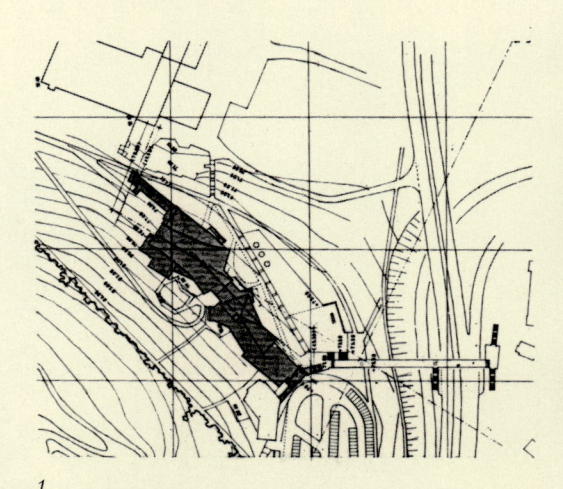

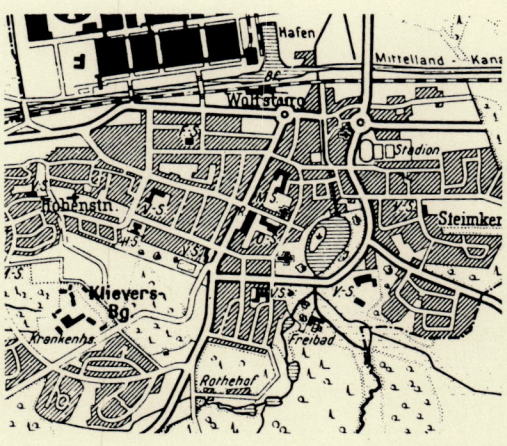

1

2

3

Obwohl das Thema des Theaterbaus Scharoun schon früh (vergleiche »Gedanken zum Theater« von 1920) beschäftigt und nie losgelassen hat, bleibt das Wolfsburger Stadttheater, nachdem er beim Wettbewerb 1965 den ersten Preis gewonnen hat, sein einziges realisiertes Projekt. Es wird am 5. 10. 1973, fast ein Jahr nach seinem Tod, eröffnet.

Wie schon bei den bekannten Projekten für Kassel und Mannheim, ist auch der Wolfsburger Komplex in besonderer Weise aus der stadträumlichen Situation heraus entwickelt. Als Standort war der südliche Hang des stadtbildprägenden Klieversberg vorgesehen. Beim Wettbewerb konkurriert Scharoun u. a. mit Alvar Aalto, Jørn Utzon und Friedrich Spengelin. Gerade die städtebauliche Lösung Scharouns wird vom Preisgericht hervorgehoben. Er versucht, das für ihn kennzeichnende Moment des Wolfsburger Stadtbildes, die Gleichwertigkeit natürlicher und baulicher Elemente, zu stützen. Er kommt zu einem parallel zum Hang gelagerten, langgestreckten Baukörper, dessen flacher Foyerteil von der Achslinie der Porschestraße, der Hauptstraße Wolfsburgs, gestreift wird und dadurch Beziehung aufnimmt zu dem dort gelegenen Rathaus und dem Kulturzentrum von Alvar Aalto. Diese Blickbeziehung ist inzwischen durch nachfolgende Bebauung verstellt.

In Scharouns ursprünglicher Konzeption sollte ein öffentlicher Weg, der auf den Berg führt, den flachen Teil der Anlage im Osten überqueren. Ein Café markierte den Kreuzungspunkt auf dem Dach. Über eine Wendeltreppe sollte es mit dem Foyer verbunden sein. Dieser Teil des Vorhabens scheiterte ebenso wie ein zur Bergseite hin angefügtes Freilichttheater.[110]

An den ca. 80 m langen Foyerteil schließt im Westen der hohe Baukörper des Saaltraktes an, der, vom Volumen her, mit der in unmittelbarer Nähe gelegenen Stadthalle korrespondiert. Die Horizontaltendenz der gesamten Anlage wird durch den westlich angefügten zweigeschossigen Verwaltungstrakt verstärkt. Vor der baumbestandenen Kuppe des Klieversberges kommt die Silhouette des Theaters, bekrönt von der dominanten Plastik des Saalkörpers, wirkungsvoll zum Tragen.

Vom Foyer aus gelangt der Zuschauer durch eine enge Schleuse in einen Erschließungsraum, der zu den einzelnen Saalbereichen überleitet und vom Preisgericht mit »vielleicht etwas zu opulent« kommentiert wird. Ein riesiges Tageslichtfenster setzt hier einen überraschenden Akzent. Der Ausschnitt der sternenhimmelartigen Decke, den man in diesem Vorraum erkennt, deutet an, daß man sich bereits im Saal befindet. Dieser großartigen Rauminszenierung von Übergängen zuliebe hat Scharoun akustische Nachteile in Kauf genommen.

1 Lageplan und Stadtplanausschnitt
2 Das Foyer, Blick auf die Eingänge zum Theatersaal
3 Das große Tageslichtfenster des Theatersaals
4 Entwurfsskizzen mit teilbarem Theaterraum
5 Vorraum im Saal, Blick zur Decke
6 Theatersaal und Bühne
7 Vorraum im Theatersaal

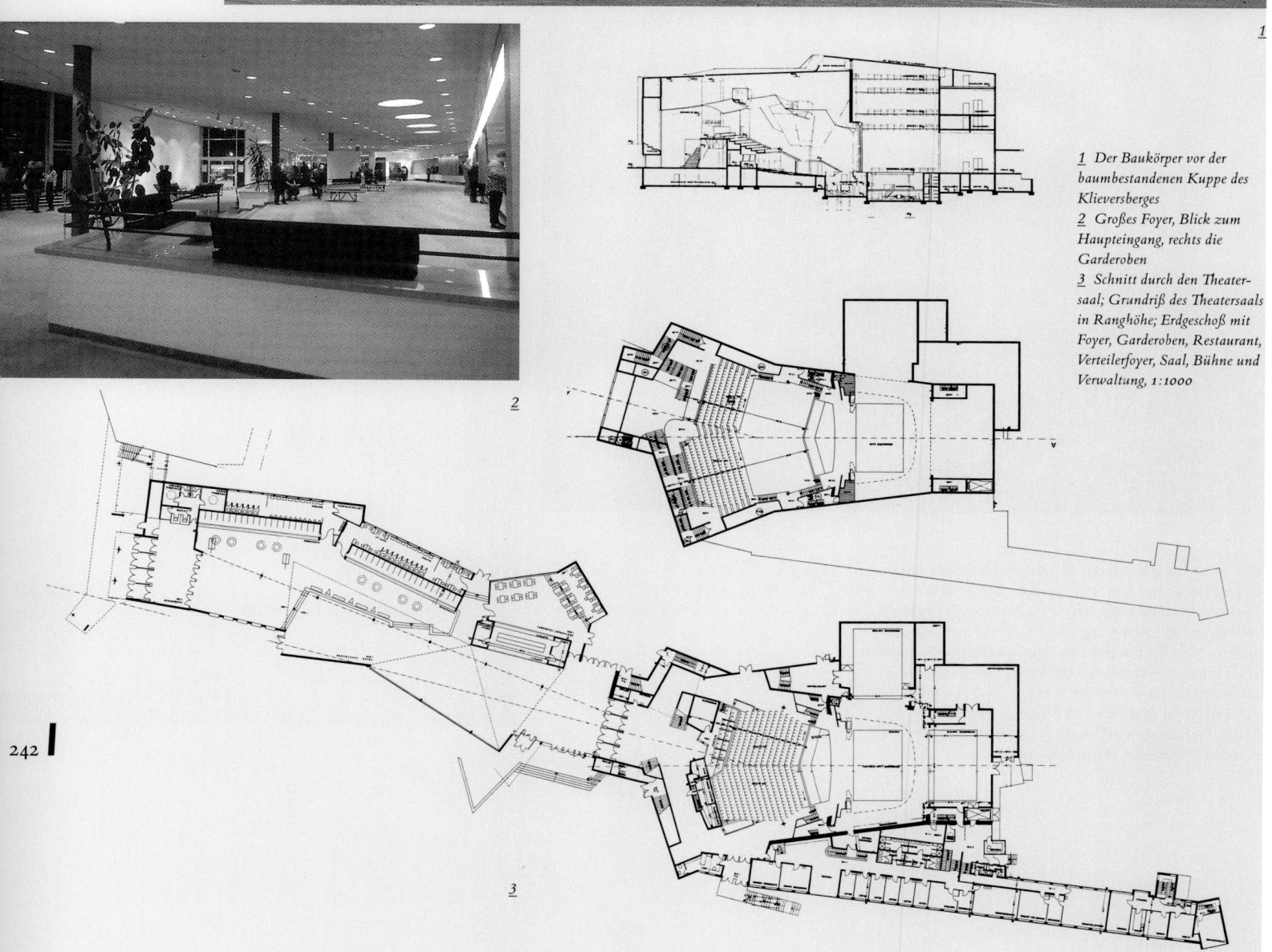

1 Der Baukörper vor der baumbestandenen Kuppe des Klieversberges
2 Großes Foyer, Blick zum Haupteingang, rechts die Garderoben
3 Schnitt durch den Theatersaal; Grundriß des Theatersaals in Ranghöhe; Erdgeschoß mit Foyer, Garderoben, Restaurant, Verteilerfoyer, Saal, Bühne und Verwaltung, 1:1000

Deutsches Schiffahrtsmuseum, Bremerhaven
1970–1975

Schiffshaus

Einer der großen Glücksfälle der beruflichen Laufbahn Scharouns mag darin liegen, daß er am Ende seines Lebensweges (in gewisser Weise) einen Kreis schließen darf. Einer seiner letzten Bauten, das Schiffahrtsmuseum in Bremerhaven, steht in Sichtweite jenes Hauses, in dem er aufgewachsen war und von dem aus er die Szenerie des Hafens entdeckt hatte, der er so viele Inspirationen verdankt.

Das Gebäude liegt zwischen Weserdeich und dem alten Hafen, der für Museumsschiffe vorgesehen ist. Mit seiner schiffsartigen Silhouette fügt es sich nahtlos in das lebendige Bild der Hafenstadt ein. Die Gebäudeteile sind an den nahen linearen Vorgaben, einerseits des Deichs, andererseits des Hafenbeckens ausgerichtet. Der Verwaltungstrakt korrespondiert mit der Deichlinie, der Ausstellungstrakt mit dem Hafen, der dazwischenliegende Sonderausstellungsteil vermittelt zwischen beiden Richtungen. Der Vortragssaal ist um ca. 45° gegenüber der hafenparallelen Bezugslinie gedreht. Er liegt im Obergeschoß über dem Eingangsbereich.

Dem Besucher öffnet sich eine Scharoun-typische Innenraum-Landschaft, der durch eine Überzahl an Exponaten (vor allem aber durch eine Überfüllung mit Glasvitrinen) leider inzwischen ein wenig die Wirkung genommen ist. Die größeren Exponate korrespondieren allerdings hervorragend mit der Architektur. Die offene, sich auf zahlreichen Ebenen erstreckende Ausstellungslandschaft präsentiert dem Besucher die unterschiedlichsten Blickwinkel auf die Objekte, aber auch immer wieder interessante Ausblicke auf die Stadt am Wasser und auf vorbeiziehende Schiffe. Das alles macht den Museumsbesuch selbst beim wiederholten Mal noch zu einem überraschungsverheißenden Vergnügen. Die ursprünglich von Scharoun beabsichtigte Durchdringung von Innen- und Außengelände – im Mittelpunkt des Museumsbaus sollte die Wegekreuzung des Süd-Nord-Wegs (Platz/Halle/Ausstellung/Koggenhaus) und des West-Ost-Wegs (Deich/Brücke/Halle/Außengelände/Museumshafen) liegen – konnte aus museumsorganisatorischen Gründen nicht verwirklicht werden.

Bemerkenswert ist die terrassenartig höhenversetzte Anordnung der Ebenen, mit denen eine kaum merkliche spiralförmige Wegführung angeregt wird, die aber immer wieder durch kurzgeschlossene gerade Treppenläufe (selbsttätig) abgeändert werden kann. Scharoun-Mitarbeiter Peter Fromlowitz schreibt über das beabsichtigte Raumerlebnis: »Die Ausstellungsflächen fließen kontinuierlich ineinander. Sie bieten wechselnde Raumeindrücke. Geborgenheit und Öffnung, und Verbindung mit der Außenwelt durch Blickbezug sind gegensätzliche Reize, die zum Durchwandern des Hauses auffordern. Von außen kommend sollen die vielen Öffnungen Einblick in das Haus gewähren und die Distanz zur Institution Museum verringern.«[111]

1 Haupteingang
2 Modell
3 Lageplan, 1:5000
4 Fassadendetail

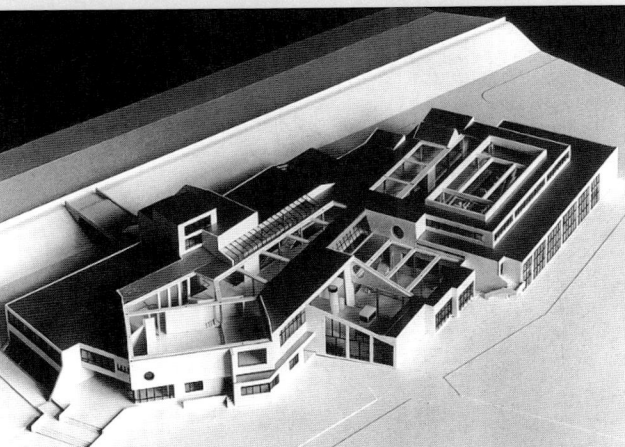

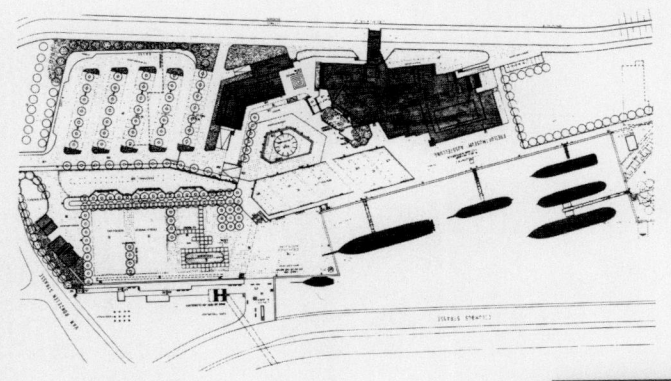

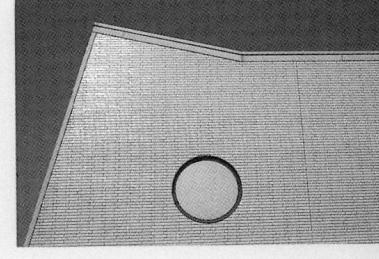

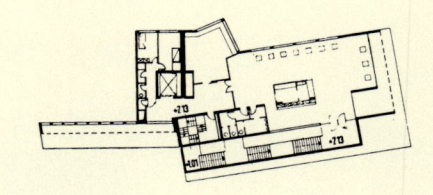

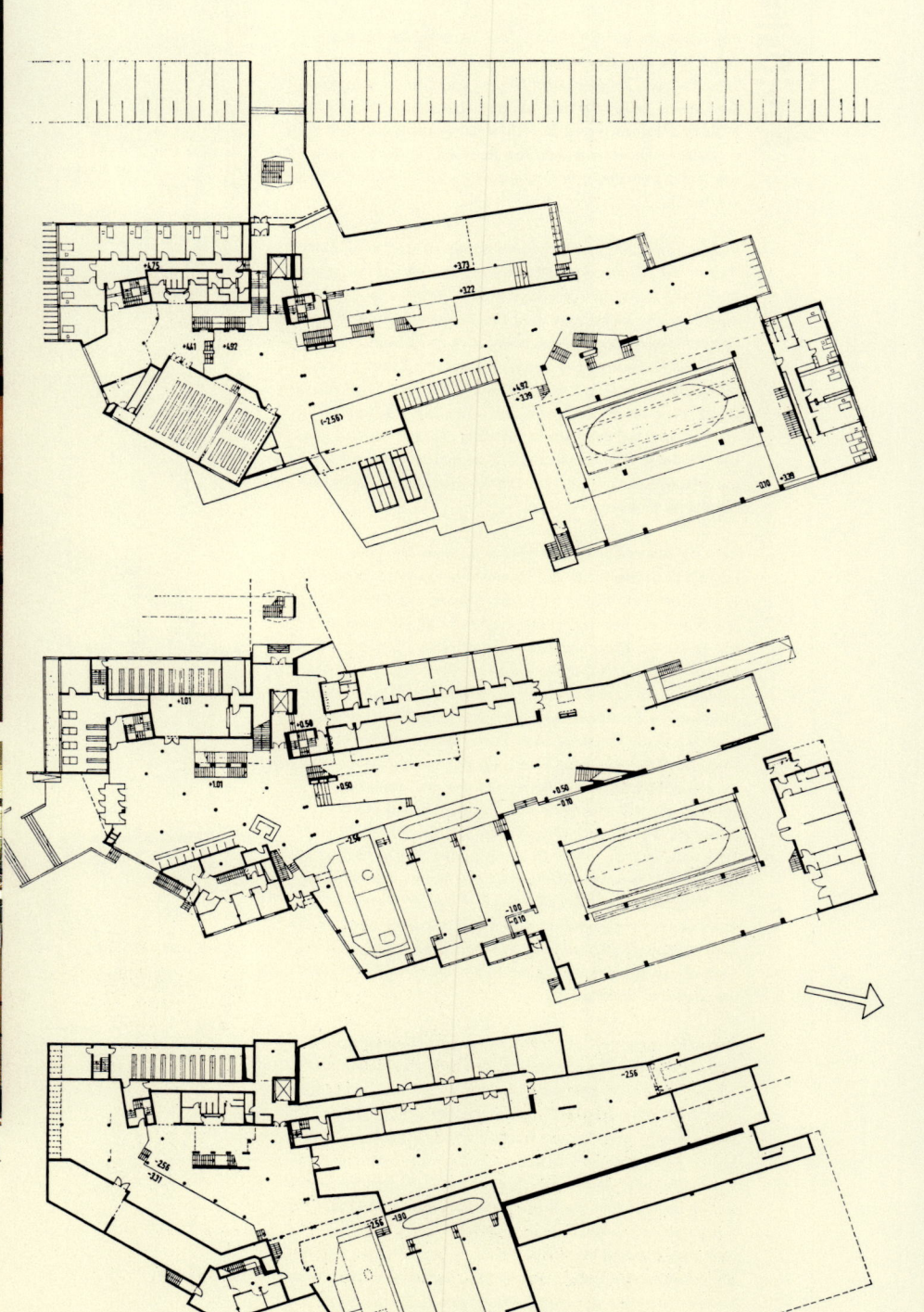

1

2

1 Die Treppenanlage beim Koggehaus
2 Grundrisse, 1:1000, 2. Obergeschoß mit Schiffsbrücke und Café; 1. Obergeschoß mit Vortragssaal, Koggehaus und Verbindung zum Deich; Erdgeschoß mit Eingangshalle, Bücherei und Werkstätten; Untergeschoß mit weiteren Ausstellungsbereichen
3 Blick von der Weser, im Hintergrund rechts das Alfred-Wegener-Institut (O. M. Ungers)
4 Längsschnitt, 1:1000
5 Blick vom Raddampfer auf die Relings der gegenüberliegenden Ausstellungsebenen
6 Im 1. Obergeschoß

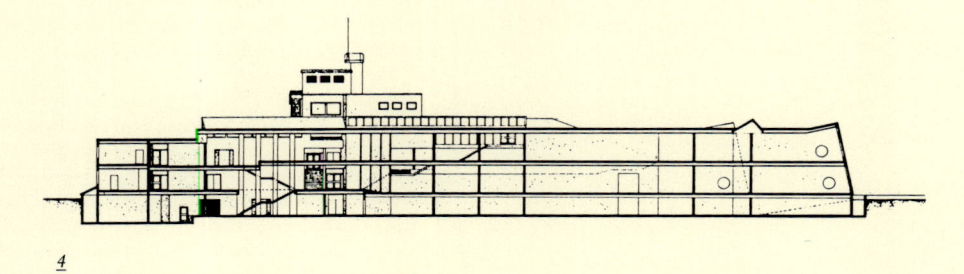

Staatsbibliothek der Stiftung Preußischer Kulturbesitz, Berlin-Tiergarten
Wettbewerbsentwurf, 1. Preis, 1964, Realisierung, 1967–1978

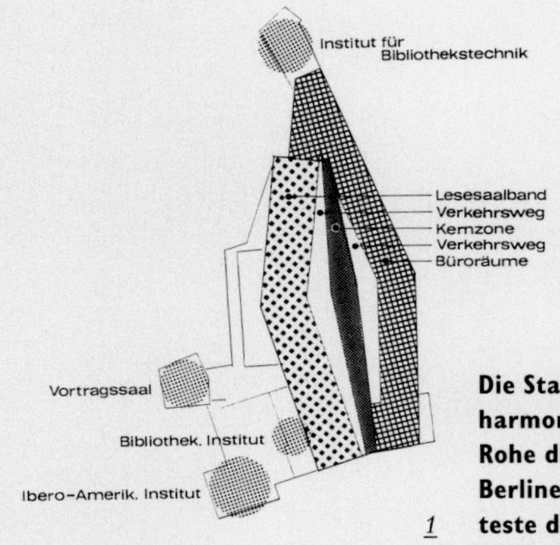

Bücherrücken

1

Die Staatsbibliothek bildet zusammen mit Scharouns Philharmonie und der Neuen Nationalgalerie von Mies van der Rohe die Hauptbauten des sogenannten Kulturforums im Berliner Bezirk Tiergarten. Sie stellt das wohl bekannteste der erst posthum vollendeten Werke Scharouns dar. Scharoun hat Teilschritte des Rohbaus erlebt. Eröffnet wird die Bibliothek sechs Jahre nach seinem Tod.

Die ca. 230 m lange, riesige Anlage, Scharouns größtes realisiertes Bauvolumen, wird durch den markanten »Bücherrücken« des fensterlosen Magazinbaus zusammengehalten. Zum Forum hin öffnet sich der Komplex, indem erkennbare baukörperliche Einheiten wie Lesesaal, Vortragssaal, Institute usw. locker angefügt sind und terrassenartig zum Magazinkomplex ansteigen. Die mehrspurige Hauptverkehrsstraße, die an dieser Seite verläuft, sollte nach den ursprünglichen Plänen an der Rückseite des Gebäudes liegen.

Im Inneren ist der öffentlich zugängliche Bereich durch ein ungewöhnlich plaziertes, sehr großes Foyer und den landschaftsartig gestalteten Lesebereich geprägt. Ulrich Conrads schildert das Raumerlebnis des Besuchers beim ersten Betreten des Hauses wie folgt: »Erst kommt man in eine schier endlos sich unter relativ niedriger Decke hingedehnte Halle – und ein Geschoß höher steht man ohne Vorwarnung in einem mächtigen Foyer; und dort schon ganz in der Tiefe des Baus, nämlich unter den Magazingeschossen des von außen so charakteristischen Rückens. Und hier bedarf es nur einer Gegenwendung: Treppen geleiten in den Lesesaal – und schon findet man sich in der weiten Binnenlandschaft wieder, im lichtdurchfluteten Hauptstück dieser Architektur, dort, wo Scharouns räumliches Denken kulminiert.«[112]

2

3

Die Planung an der Bibliothek erfolgte in enger Zusammenarbeit Scharouns mit seinem Mitarbeiter Edgar Wisniewski, der nach Scharouns Tod dessen künstlerische Oberleitung fortführt. Aufgrund von Unstimmigkeiten waren 1969 von der Bundesbaudirektion die technischgeschäftliche Oberleitung und die Bauleitung des Projekts übernommen, d. h. der Einflußnahme des Büros Scharoun weitgehend entzogen worden. 1972 übernahm die Bundesbaudirektion auch die weitere Ausbauplanung. Aufgrund dieser Tatsache, aber auch aufgrund einer größeren Programmänderung im Laufe der langen Planungs- und Bauzeit, konnten etliche Ideen Scharouns nicht oder nicht adäquat umgesetzt werden. Am deutlichsten macht sich bemerkbar, daß Scharoun aufgrund der Vorgaben eine Leser-Bibliothek für 1200 Leser plante. Dies entspricht der tatsächlichen Auslastung nicht im mindesten und läßt z. B. die Dimensionierung des großen Foyers inadäquat erscheinen.[113]

4

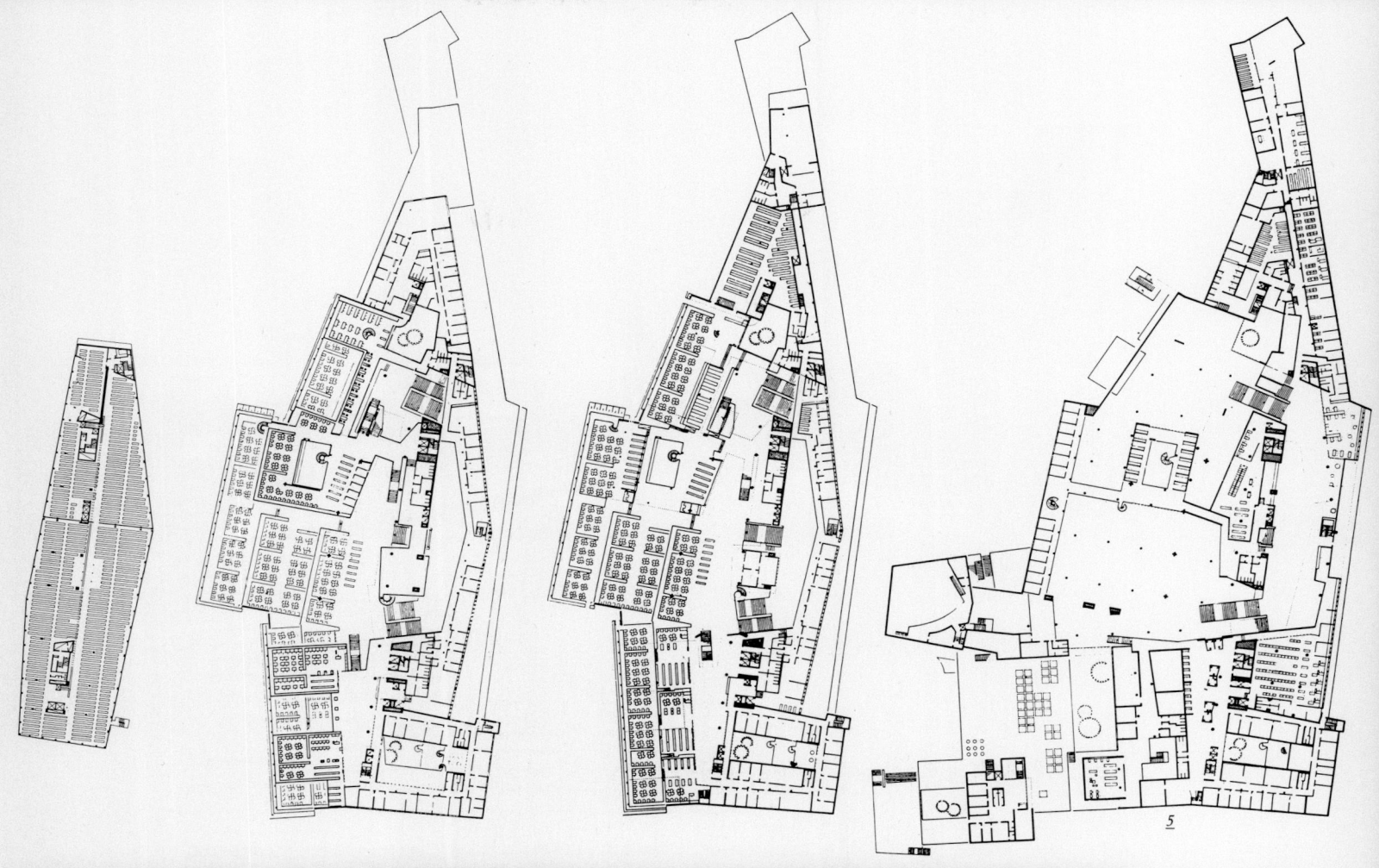

1 Organistionsschema
2 Treppe zum Foyer
3 Blick von der National-
galerie
4 Treppe im Bauch der Bibliothek
5 Grundrisse, 1:2000, von
links: Büchermagazin; 3. Obergeschoß mit Galerien im Lesesaal und Sonderabteilungen;
2. Obergeschoß mit den großen
Lesesälen; 1. Obergeschoß
mit großem Foyer zwischen
den Haupttreppen
6 Foyer im 1. Obergeschoß

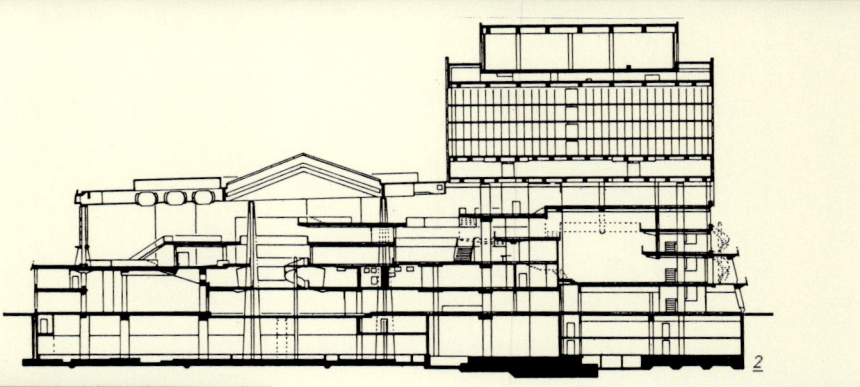

1 Blick vom Kammermusik-
saal
2 Schnitt, 1:1000
3, 4 Lesesaal
5 Ostseite des Gebäudes
6 Grundrißplan des Kulturforums, 1:2000

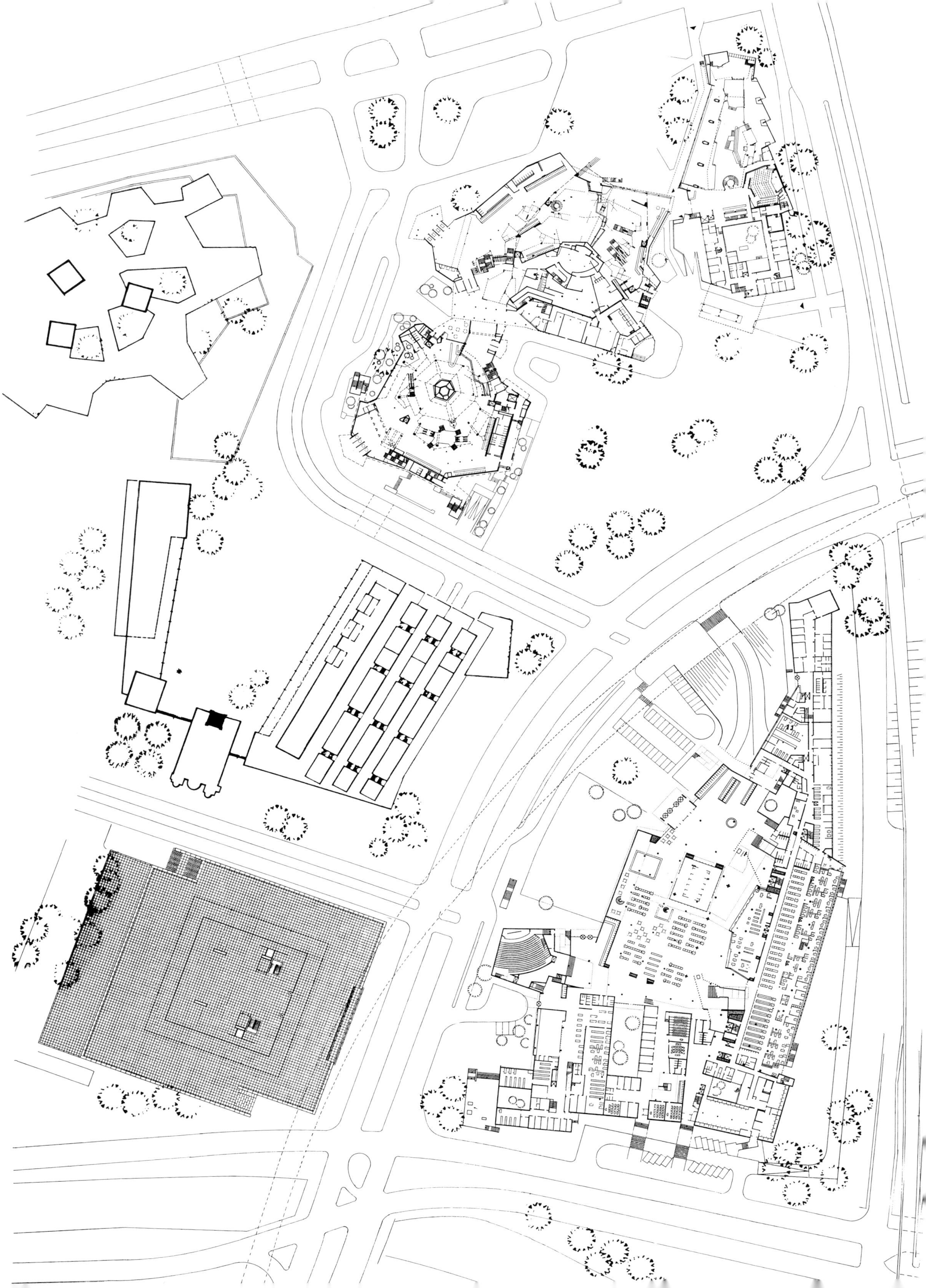

Anmerkungen

Seiten 8–31 Die Philharmonie
1. Pfankuch, P., S. 279.
2. Zitatquellen in der Reihenfolge der Nennung:
   Frei Otto »Essai d'interprétation subjctive«, in »L'architecture d'aujourd'hui«, 35. Jg., Boulogne/Seine 1964, Nr. 115, S. 54–61; Deutsch: Frei Otto, »Die Philharmonie Berlin – Versuch einer subjektiven Deutung«, in »Deutsche Bauzeitung«, 99./70. Jg., Stuttgart 1965, Nr. 5, S. 349.
   Ulrich Conrads »Neuer Spielraum«, in »Bauwelt«, 55. Jg., Berlin 1964, Nr. 1/2, S. 16f.
   Hermann Funke »Zirkus Karajani in Berlin«, in »Die Zeit«, 18. Jg., Hamburg 1963, Nr. 20, 17. Mai 1963, S. 11f.
   Richard Döcker »Hans Scharoun zum 70sten!«, in »Architektur und Wohnform«, 71. Jg., Stuttgart 1963, Nr. 8, S. 280ff.
   Max Frisch zitiert nach Heinrich Lauterbach, Vorwort zum Ausstellungskatalog »Hans Scharoun«, Berlin 1967, S. 7.
   Franz Tumler Nachruf auf Hans Scharoun, in Akademie der Künste (Hrsg.), »Die Akademie der Künste und ihre Mitglieder«, Berlin 1979, S. 54.
   Jean Gebser (1973), S. 624.
   »Der Spiegel« »Musik mit Wänden«, 17. Jg., Hamburg 1963, Nr. 42, S. 104f.
   Julius Posener (1981), S. 333.
   Manfredo Tafuri und Francesco Dal Co S. 384.
   Günther Kühne »Wem der große Wurf gelungen«, in »Bauwelt«, 54. Jg., Berlin 1963, Nr. 43, S. 1249f.
   Johannes Erdmann »Die Norm ist nicht das Normale«, Bericht über die Ausstellung »Die gläserne Kette«, in »Bauwelt«, 54. Jg., Berlin 1963, Nr. 38/39, S. 1116.
   Theodor W. Adorno (1970), S. 72f.
   Max Onsell (1981), S. 87f.
   Christian Norberg-Schulz »Vom Sinn des Bauens«, Stuttgart 1979, S. 217.
   Hermann Funke a. a. O., S. 11f.
   Jacob Behrend Bakema in einem offenen Brief, in »Bauwelt«, 52. Jg. Berlin 1961, Nr. 1, S. 1.
   Julius Posener (1990), S. 304.
   Manfred Sack »Räume für Musik«, in »Deutsche Bauzeitung«, 123. Jg., Stuttgart 1989, Nr. 5, S. 18f.
   Joachim-Ernst Behrendt »Das Dritte Ohr«, Hamburg 1985, S. 40.
   Wolfgang Burde »Philharmonie Berlin 1963«, in »Bauwelt«, 65. Jg., Berlin 1974, Nr. 1, S. 43.
   »Der Spiegel« a. a. O., S. 104f.
   Herbert von Karajan Brief an das Preisgericht, in »Bauwelt«, 48. Jg., Berlin 1957, Nr. 4, S. 80.
   Fritz Winckel »Akustik im festlichen Haus«, in »Bauwelt«, 48. Jg., Berlin 1957, Nr. 51, S. 1352f.
   Jürgen Pahl (1978), S. 57.
   John Jacobus S. 146.
   Klaus Conrad Haugh S. 70.
   Colin St. John Wilson »Light on Scharoun«, in »Architectural Review«, London 1979, Nr. 986, S. 195.
   Frei Otto a. a. O., S. 349.
   Richard Döcker »Die Philharmonie in Berlin«, in »Architektur und Wohnform«, 72. Jg., Stuttgart 1964, Nr. 2, S. 68.
   Ernst Bloch (1978), S. 391.
   Christian Norberg-Schulz a. a. O., S. 217.
   Fritz Baumgart S. 283f.
   John Jacobus S. 146.
   Nikolaus Pevsner (1957), S. 490.
   »L'architettura«, 1961, Nr. 71 »Der einsame Deutsche«, abgedruckt in »Bauwelt«, 52. Jg. Berlin 1961, Nr. 50, S. 1438.
   Adolf Arndt (1964), S. 13ff.
3. »Der Spiegel«, a. a. O., S. 104f.
4. Akademie der Künste, Berlin, Scharoun-Archiv.
5. Hans Heinz Stuckenschmidt, »Philharmonie Berlin – Ideal und Wirklichkeit«, in »Architektur und Wohnform«, 65. Jg., Stuttgart 1957, Nr. 3, S. 14ff.
6. Giedion, S. (1976), S. 22ff.
7. u. a. in Bartning, O. (Hrsg.), S. 93ff.
8. Posener, J. (1981), S. 87.
9. Bloch, E. (1979), S. 339.
10. folgende Zitate aus: Arndt, A. (1961), S. 7ff.
11. Pfankuch, P., S. 156ff.
12. folgende Zitate aus: Adorno, T. W. (1967) S. 104ff.
13. In einem Brief an A. Leitl (Akademie der Künste, Scharoun-Archiv), siehe auch Seite 205.
14. Kruft, H.-W., S. 439.
15. Paetzold, H., S. 211ff.
16. Hess, W., S. 8.

Seiten 32–38 Kindheit, Jugend, Studium, erste Berufspraxis
1. Pfankuch, P., S. 232.
2. Scharoun, H. (1967), »Bauen und Leben« S. 154.
3. Coldewey, H., S. 165f.
4. Pehnt, W. (1973), S. 104ff.
5. Bartning, O. (Hrsg.), S. 91.
6. Adolf Behne, »Der Wettbewerb der Turmhausgesellschaft«, in »Wasmuths Monatshefte für Baukunst«, 7. Jg., Berlin 1922, Nr. 1/2, S. 59
7. Akademie der Künste, Berlin, Scharoun-Archiv.
8. vergl. etwa Pfankuch, P., S. 229.
9. Scharoun, H. (1947), Nachruf auf Paul Kruchen, S. 114.
10. Muthesius, H. (1987), S. 60.
11. Frank, H. (1992), S. 108f.
12. Pfankuch, P., S. 13.

Seiten 39–57 Im Geiste des Expressionismus
1. Holz, H. H., S. 58f.
2. Bruno Taut, »Ein Architekturprogramm«, in »Flugschriften des Arbeitsrates für Kunst«, Berlin 1918, zitiert nach Steneberg, E., S. 29.
3. Gustav Landauer, zitiert nach Anz, T. und Stark, M. (Hrsg.), S. 345.
4. Gustav Landauer, zitiert nach Wolf, S. (Hrsg.), S. 66.
5. Wilhelm Jung, »Der Prenzlauer Wettbewerb«, in »Stadtbaukunst alter und neuer Zeit«, 1. Jg., Berlin 1920, Nr. 6, S. 87.
6. Adolf Behne in den »Sozialistischen Monatsheften« am 7. Juli 1919.
7. Kurt Gerstenberg, »Revolution in der Architektur«, in: »Der Cicerone«, 1919, S. 255ff, zitiert nach Sterneberg, E., S. 72.
8. Pfankuch, P., S. 16.
9. ebd.
10. »Stadtbaukunst alter und neuer Zeit«, 1. Jg., Berlin 1920, Nr. 1, S. 16.
11. Hans Scharoun, in Whyte, I. B. und Schneider, R., S. 44.
12. Adolf Behne, in Taut, B. (1919), S. 129f.
13. Pfankuch, P., S. 20.
14. Pehnt, W. (1973), S. 103.
15. Bloch, E. (1977), Gesamtausgabe, Band 16 (»Geist der Utopie«, 1. Fassung), S. 45.
16. Bloch, E. (1977), Gesamtausgabe, Band 5 (»Das Prinzip Hoffnung«), S. 869.
17. Carl-James Bühring, »Volkshausideen«, in »Stadtbaukunst alter und neuer Zeit«, 2. Jg., Berlin 1921, Nr. 6, S. 81.
18. Pfankuch, P., S. 26f.
19. Pfankuch, P., S. 19.
20. ebd.
21. ebd.
22. Geist, J. F. und Kürvers, K., S. 237.
23. Pfankuch, P., S. 20.
24. Bruno Taut, »Zum neuen Theaterbau«, in »Das hohe Ufer«, Band 1, Nr. 8, 1919, S. 208, zitiert nach Whyte, I. B., S. 123.
25. Pfankuch, P., S. 19.
26. Friedrich Paulsen, »Der Wettbewerb um das Hygiene-Museum in Dresden«, in »Bauwelt«, 12. Jg., Berlin 1921, Nr. 2, S. 4.
27. Heinrich de Fries, »Wettbewerb Hygiene-Museum, Dresden«, in »Wasmuths Monatshefte für Baukunst«, Jg. 6, Berlin 1921, S. 39ff.
28. ebd.
29. Pfankuch, P., S. 26f.
30. ebd.
31. Stark, M., S. 223ff.
32. Whyte, I. B., S. 164f.
33. Adorno, T. W. (1967), S. 123.
34. Schumpp, M., S. 169f.
35. Pfankuch, P., S. 52.
36. Scharoun, H. (1950), in Grohmann, W., S. 496.

Seiten 58–85 Vom Volkshausgedanken zur Dynamik der Großstadt
1. Bloch, E. (1977), Gesamtausgabe, Band 4 (»Erbschaft dieser Zeit«), S. 256.
2. Pfankuch, P., S. 38.
3. ebd.
4. ebd.
5. ebd.
6. Pfankuch, P., S. 88.
7. Behne, A. (1926), S. 45f.
8. Taut, B. (1963), S. 123.
9. Adolf Behne, »Architekten«, in Taut, B. (1963), S. 126ff. – ebenso die folgenden Behne-Zitate

10 Adolf Behne, »Der Wettbewerb der Turmhausgesellschaft«, in »Wasmuths Monatshefte für Baukunst«, 7. Jg., Berlin 1922, Nr. 1/2, S. 59.
11 Ferdinand Seibt, S. 125.
12 Bloch, E. (1977), Gesamtausgabe, Band 16 (»Geist der Utopie«, 1. Fassung), S. 21.
13 Erich Mendelsohn, S. 57.
14 Behne, A., a. a. O, Anm. 9.
15 Wellmer, A., S. 120.
16 Heinrich de Fries, »Wettbewerb der Börsenhof AG Königsberg i. Pr.«, in »Wasmuths Monatshefte für Baukunst«, 7. Jg., Berlin 1922, Nr. 9/10, S. 255.
17 Vergl. Pfankuch, P., S. 34f.
18 Bloch, E., a. a. O., Anm. 12.
19 Udo Bermbach, S. 142ff.
20 Pfankuch, P., S. 20.
21 Pfankuch, P., S. 34f.
22 Behne, A. (1926), S. 44.
23 Leo Adler, »Die Notwendigkeit regelmäßiger Gestaltung des Ulmer Münsterplatze«, in »Wasmuths Monatshefte für Baukunst«, 9. Jg., Berlin 1925, S. 412f.
24 Werner Hegemann, »Die krystallische Form gotischer Kirchen und ihrer Vorplätze«, in »Städtebau«, 20. Jg., Berlin 1925, Nr. 3/4, S. 38.
25 Petsch, J., S. 138f.
26 Pfankuch, P., S. 41.
27 Heinrich Lauterbach, S. 11.
28 Erläuterungsbericht von Scharoun, Akademie der Künste, Berlin, Scharoun-Archiv.
29 Erläuterungsbericht von Scharoun, Akademie der Künste, Berlin, Scharoun-Archiv.
30 Erläuterungsbericht von Scharoun, Akademie der Künste, Berlin, Scharoun-Archiv.
31 Hugo Häring, »Die Sonderausstellung städtebaulicher Projekte Groß-Berlins in der großen Berliner Kunstausstellung, veranstaltet von der Architekten-Vereinigung ›Der Ring‹«, in »Stadtbaukunst alter und neuer Zeit«, 8. Jg., Berlin 1927, Nr. 3, S. 50ff.
32 ebd.
33 »Wettbewerbe für Baukunst und Schwesterkünste«, 63. Jg., Berlin 1929, Nr. 9, S. 123f.
34 »Wettbewerbe für Baukunst und Schwesterkünste«, 64. Jg., Berlin 1930, Nr. 8, S. 57ff.
35 Pfankuch, P., S. 83.

Seiten 86–95 Die Breslauer Antrittsvorlesung
1 Alle Scharoun-Zitate dieses Kapitels in Pfankuch, P., S. 48ff.
2 Fechter, P., S. 9.
3 Gebser, J. (1973), S. 51.
4 Gleizes, A., S. 38.
5 Scheffler, K. (1917).
6 Hugo Häring, »wege zur form«, in Lauterbach, H. u. Joedicke, J., S. 13.
7 Whyte, I. B., S. 184.
8 Schwab, A., S. 108f.
9 Siehe auch Bernauer, M., S. 147ff.
10 Bloch, E. (1977), Gesamtausgabe, Band 4 (»Erbschaft dieser Zeit«), S. 219.
11 Henry Ford, zitiert in Behne, A. (1926), S. 27.
12 Kracauer, S. (1963), S. 52f.
13 Kracauer, S. (1963), S. 58.
14 Kracauer, S. (1963), S. 63.
15 Alois Müller in »Der Hang zum Gesamtkunstwerk«, Ausstellungskatalog des Kunsthaus Zürich und der Kunsthalle Düsseldorf, Aarau 1983, S. 391.
16 Vergl. Lauterbach, H., S. 6.

Seiten 96–131 Zwischen Breslau und Berlin
1 Campbell, J., S. 233.
2 Hans und Wassili Luckhard, zitiert nach Pfankuch, P., S. 58.
3 Hugo Häring, zitiert nach Pfankuch, P., S. 60.
4 Steneberg, E., S. 17.
5 Pfankuch, P., S. 55.
6 Platz, G. A., S. 136.
7 Akademie der Künste, Berlin, Scharoun-Archiv.
8 Petsch, J., S. 57.
9 Akademie der Künste, Berlin, Scharoun-Archiv.
10 Heinrich Lauterbach, »Plan einer schlesischen Kunst- und Gewerbehalle«, in »Die Form«, 4. Jg., Berlin 1929, Nr. 12, S. 330f.
11 Bruno Taut, »Ein Architekturprogramm«, dokumentiert in Steneberg, E., S. 31.
12 Pfankuch, P., S. 70.
13 ebd.
14 Heinrich Lauterbach, in Salzmann, S. u. D., S. 54.
15 Pfankuch, P., S. 62f.
16 Behne, A. (1926), S. 47.
17 Pfankuch, P., S. 62f.
18 ebd.
19 Kirsch, K., S. 194.
20 Behne, A. (1926), S. 45.
21 Pfankuch, P., S. 69f.
22 Julius Posener, zitiert nach Bürkle, J. C., S. 39.
23 Pfankuch, P., S. 70.
24 Adorno, T. W. (1967), S. 118f.
25 Pfankuch, P., S. 50.
26 Pfankuch, P., S. 78.
27 zitiert nach Kirsch, K., S. 48.
28 Kurt Schwitters, S. 917.
29 Pfankuch, P., S. 68.
30 Pfankuch, P., S. 88.
31 Hans Nowak, »Prominenten-Krise«, in »Schlesische Monatshefte«, 7. Jg., Breslau 1930, S. 34.
32 Ilse Molzahn, »Eine Frau durchstreift die WUWA«, in »Schlesische Monatshefte«, 6. Jg., Breslau 1929, Nr. 7, S. 310.
33 Akademie der Künste, Berlin, Scharoun-Archiv.
34 Pfankuch, P., S. 19.
35 A. a. O., S. 38.
36 A. a. O., S. 82.
37 Gehlen, A., S. 74.
38 Pfankuch, P., S. 70.
39 Jaspers, K., S. 119f.
40 Führ, E., S. 29.
41 Führ, E., S. 17.
42 Führ, E., S. 22.
43 Bloch, E. (1962), Gesamtausgabe, Band 5 (»Das Prinzip Hoffnung«), S. 826.
44 Bloch, E. (1962), Gesamtausgabe, Band 4 (»Erbschaft dieser Zeit«), S. 229.
45 Le Corbusier, S. 86.
46 Pfankuch, P., S. 82.
47 A. a. O., S. 77.
48 Bienert, M., S. 70.
49 A. a. O., S. 96.
50 Pfankuch, P., S. 159.
51 A. a. O., S. 78.
52 Julius Posener, in Pfankuch, P., S. 80f.
53 Pfankuch, P., S. 93.
54 Akademie der Künste, Berlin, Scharoun-Archiv.
55 Benevolo, L. (Band 2), S. 114.
56 »Berliner Tagblatt«, in Hoh-Slodczyk u. a., S. 37.
57 Vergl. Anmerkung 53.
58 Tafuri spielt auf eine Bemerkung Benevolos an. Vergl. Benevolo, L. (Band 2), S. 156ff.
59 Tafuri, M., S. 88.
60 Behne, A. (1926), S. 65.
61 Adolf Behne in »Zentralblatt der Bauverwaltung«, 52. Jg., Berlin 1932, S. 561.
62 Benjamin, W., S. 465f.
63 Vergleich auch: Arne Hengsbach »Die Siemensstadt im Grünen«, Berlin 1974.
64 Vergleiche auch: Annemarie Jaeggi, »Siemensstadt«, in Norbert Huse (Hrsg.), »Vier Berliner Siedlungen der Weimarer Republik«, Berlin 1987, S. 21ff.
65 Behne, A. (1969), S. 168ff.
66 Pfankuch, P., S. 51.
67 Benjamin, W., S. 503.
68 Adolf Behne, zitiert nach Bienert, M., S. 117.
69 Benjamin, W., S. 506f.
70 Adolf Rading und Hans Scharoun zitiert in Slapeta, L. u. V., S. 1444.

Seiten 132–165 Einige Wohnhausbauten grundsätzlicher Bedeutung
1 Vergl. Literaturliste.
2 Schultze-Naumburg, P., S. 140ff.
3 Schmitthenner, P., S. 8f.
4 Schmitthenner, P., S. 14.
5 Martin Wagner, »Das wachsende Haus«, in »Deutsche Bauzeitung«, 1931, Nr. 73/74.
6 Dexel, G. u. W., S. 100.
7 Dexel, G. u. W., S. 62.
8 Pfankuch, P., S. 102.

9 »Innen-Dekoration«, 45. Jg., Darmstadt 1934, Nr. 3, S. 81ff.
10 »Deutschen Bauzeitung«, 50. Jg., 1935, Nr. 3.
11 Alfons Leitl, »Häuser und Gärten«, in »Bauwelt«, 26. Jg., Berlin 1935, Nr. 12.
12 »Baugilde«, 15. Jg., 1993, Nr. 17/18, S. 833ff.
13 siehe dazu: Werner Durth, »Übergänge – Seitenwechsel, Orientierungsprobleme zwischen Kunst und Politik«, in »Brüder Luckhardt und Alfons Anker«, Schriftenreihe der AdK Band 21, Berlin 1990, S. 57ff.
14 veröffentlicht in: Teut, A., S. 90ff.
15 Auszug aus der Rede Goebbels in »Baugilde«, 15. Jg., 1933, Nr. 22, S. 1061ff.
16 Paul Bonatz, »Welchen Weg geht die deutsche Baukunst?«, in Baugilde«, 15. Jg., 1933, Nr. 17/18, S. 833ff.
17 Alfons Leitl, »Deutsche Baukunst«, in »Bauwelt«, 34. Jg., Nr. 1, Berlin 1934.
18 Edgar Wedepohl, »Das Bauvorhaben der Genossenschaft ›Heim und Garten‹ in Berlin-Dahlem«, in »Baugilde«, 15. Jg., 1933, Nr. 22, S. 1089.
19 Werner Durth, a. a. O., S. 57.
20 Protokoll des Preisgerichts 16.10.34, Akademie der Künste, Berlin, Scharoun-Archiv.
21 Erläuterungsbericht Stadthalle Rostock, Akademie der Künste, Berlin, Scharoun-Archiv.
22 Bauakte Haus Hoffmeyer, Bremerhaven, Schreiben des Baupolizeiamts vom 7.9.1935.
23 Werner Durth, S. 94.
24 Brief von Scharoun an Walter Gropius, in Isaacs, R. R., S. 761.
25 zitiert nach Isaacs, R. R., S. 781.
26 Kremer, S., S. 27ff.
27 Werner Durth, S. 67.
28 Würtz, B., (1975), S. 50.
29 Würtz, B., (1973), S. 101ff.
30 Pfankuch, P., S. 119.
31 Scharoun zitiert nach Lauterbach, H., S. 14.
32 Scharoun in »Bauwelt«, 48. Jg., Berlin 1957, Nr. 42, S. 1123.
33 Ernst Bloch, E., Gesamtausgabe, Band 5 (»Das Prinzip Hoffnung«), S. 859.

Seiten 166–249 Die neue Stadt und ihre Elemente

1 Geist, J. F. u. Kürvers, K., S. 222.
2 Arndt, A. (1961), S. 7.
3 Pfankuch, P., S. 188.
4 Pfankuch, P., S. 120.
5 »Das Werk eines Architekten im luftleeren Raum« Hans Scharoun Ausstellung in der Kunsthalle Bern, (bz.) in »Neue Zürcher Zeitung«, Zürich 1974, 22. Juli 1974, S. 17.
6 Geist, J. F. u. Kürvers, K., S. 223.
7 Brief von Scharoun an Richard Döcker, in Geist, J. F. u. Kürvers, K., S. 223.
8 Pfankuch, P., S. 175ff.
9 Geist, J. F. u. Kürvers, K., S. 578.
10 Pfankuch, P., S. 228ff.
11 Walter Ulbricht zitiert nach Geist, J. F. u. Kürvers, K., S. 308.
12 Durth, W., S. 430.
13 Durth, W., S. 425.
14 Durth, W., S. 429.
15 Pfankuch, P., S. 154.
16 Pfankuch, P., S. 154.
17 Pfankuch, P., S. 156.
18 Peter Pfankuch, »Urbanismus in Berlin«, in »Du/Atlantis«, 26. Jg., Zürich 1966, Nr. 11, S. 862.
19 Geist, J. F. u. Kürvers, K., S. 233.
20 Pfankuch, P., S. 162.
21 Pfankuch, P., S. 165.
22 Geist, J. F. u. Kürvers, K., S. 234.
23 Pfankuch, P., S. 163.
24 Geist, J. F. u. Kürvers, K., S. 236.
25 Pfankuch, P., S. 257ff.
26 Scharoun, H. (1967), »Städte sind Gärten«, 1944, S. 657f.
27 Pfankuch, P., S. 158.
28 ebd.
29 Geist, J. F. u. Kürvers, K., S. 237.
30 Pfankuch, P., S. 156ff.
31 Stadtbauwelt 84/1984, S. 371f.
32 Pfankuch, P., S. 166.
33 Geist, J. F. u. Kürvers, K., S. 443f.
34 Adorno, T. W. (1967), S. 123.
35 Pfankuch, P., S. 160.
36 Seibt, F., S. 125.
37 Pfankuch, P., S. 177.
38 Pfankuch, P., S. 173.
39 Pfankuch, P., S. 173f.
40 Pfankuch, P., S. 177.
41 Geist, J. F. u. Kürvers, K., S. 234.
42 Pfankuch, P., S. 182f.
43 Pfankuch, P., S. 183.
44 ebd.
45 alle Scharoun-Zitate zur Wohnzelle in Pfankuch, P., S. 184ff.
46 Pfankuch, P., S. 183.
47 Hebebrand, W., S. 144.
48 Pfankuch, P., S. 228.
49 Scharoun, H. (1957), in Vogler, P. u. Kühn, E. (Hrsg.), Band 1, S. 254.
50 ebd.
51 Pfankuch, P., S. 228.
52 Pfankuch, P., S. 177.
53 Scharoun, H. (1967), »Bauen und Leben«, S. 154.
54 Akademie der Künste, Berlin, Scharoun-Archiv.
55 H. J. Zechlin in »Neue Bauwelt«, 7. Jg., Nr. 17, Berlin 1952, S. 270.
56 Akademie der Künste, Berlin, Scharoun-Archiv.
57 Akademie der Künste, Berlin, Scharoun-Archiv.
58 Geist, J. F. u. Kürvers, K., S. 300.
59 Pfankuch, P., S. 190.
60 Akademie der Künste, Berlin, Scharoun-Archiv.
61 Akademie der Künste, Berlin, Scharoun-Archiv.
62 Pfankuch, P., S. 218.
63 Preisgerichtsurteil, veröffentlicht in der »Bauwelt«, 43. Jg., Nr. 36, Berlin 1952, S. 576.
64 Pfankuch, P., S. 220.
65 Akademie der Künste, Berlin, Scharoun-Archiv.
66 Siehe auch Krukemeier, G., S. 63ff.
67 Pfankuch, P., S. 193ff., ebenfalls die folgenden Scharoun-Zitate zur Darmstädter Volksschule.
68 Lauterbach, H. und Joedicke, J., S. 69.
69 Bartning, O. (Hrsg.), S. 90ff.
70 Pfankuch, P., S. 195.
71 Gehlen, A., S. 62ff.
72 Akademie der Künste, Berlin, Scharoun-Archiv.
73 Bauförderungsamt der Stadt Stuttgart, zitiert in: Geist, J. F. u. Kürvers, K., S. 501.
74 vergl. Geist, J. F. u. Kürvers, K., S. 410ff.
75 vergl. Janofske, E., S. 58ff.
76 Pfankuch, P., S. 54.
77 Scharoun, H. (1961), »Raum für die Muße«.
78 Akademie der Künste, Berlin, Scharoun-Archiv.
79 Pfankuch, P., S. 210f.
80 Akademie der Künste, Berlin, Scharoun-Archiv.
81 Hans Scharoun in »Bauwerk«, 43. Jg., Nr. 44, Berlin 1952, S. 173f.
82 Pfankuch, P., S. 234ff.
83 Pfankuch, P., S. 223.
84 Hans Scharoun in einem Brief an den Intendanten des Landestheaters Darmstadt und Herausgeber von »Das neue Forum«, Gustav Sellner. Scharoun-Archiv der Akademie der Künste, Berlin.
85 Manuskript von Margot Aschenbrenner, Akademie der Künste, Berlin, Scharoun-Archiv.
86 ebd.
87 Pfankuch, P., S. 228.
88 Pfankuch, P., S. 274.
89 Buber, M., S. 411ff, wie die folgenden Buber-Zitate.
90 Geist, J. F. u. Kürvers, K., S. 237.
91 Worringer, W. (1911), S. 118f.
92 Scharoun, H. (1967), »Bauen und Leben«, S. 154.
93 Aus den »Kernsätzen« des Ausschreibungstextes, zitiert in Werner Hebebrand, »Um die Marler Stadtkrone« – »Bauwelt«, 49. Jg., Nr. 14, Berlin 1958, S. 316.
94 ebd.
95 zitiert in »Architektur und Wohnform, Innendekoration«, 66. Jg., Nr. 5, Stuttgart 1958, S. 26.
96 Akademie der Künste, Berlin, Scharoun-Archiv.
97 Hans Scharoun, zitiert nach Grohmann, W., S. 498.
98 Scharoun, H. (1957), in Vogler, P. u. Kühn, E. (Hrsg.), Band 1, S. 254.
99 Pfankuch, P., S. 228
100 Gebser, J., (1973), S. 28.
101 Scharoun, H. (1957), »Struktur in Raum und Zeit«, in Jaspert, R. (Hrsg.), S. 13.
102 Pfankuch, P., S. 232.
103 Scharoun, H. (1957), in Vogler, P. u. Kühn, E. (Hrsg.), Band II, S. 507.
104 ebd.
105 Lauterbach, H. und Joedicke, J., S. 71.
106 Hans Scharoun »Bemerkungen zum Wohnhochhaus«, Manuskript – Akademie der Künste, Berlin, Scharoun-Archiv.
107 Pfankuch, P., S. 271.
108 Pfankuch, P., S. 304.
109 »Deutsche Bauzeitung«, 108. Jg., Stuttgart 1974, Nr. 12, S. 105ff.
110 Zur Geschichte des Wolfburger Projekts vergl. Bürkle, J. C, S. 146ff.
111 Peter Fromlowitz in »Bauwelt«, 66. Jg., Nr. 27, Berlin 1975, S. 773.
112 Ulrich Conrads in »Bauwelt«, Nr. 1, 70. Jg., Berlin 1979, S. 13.
113 Vergl. Julius Posener »Absoluter Raum – Fragen zur Berliner Staatsbibliothek«, in Posener, J. (1981), S. 368ff.

Literatur

A **Adler, Leo** »Neuzeitliche Mietshäuser und Siedlungen«, Berlin 1931
Adler, Leo »Inhalt und Form in der Baukunst«, Replik auf einen Aufsatz von H. Häring in »Zentralblatt der Bauverwaltung/Zeitschrift für das Bauwesen«, Berlin 1931
Adorno, Theodor W. »Ohne Leitbild – Parva Aesthetica«, Franfurt/M. 1967
Adorno, Theodor W. »Ästhetische Theorie«, Frankfurt/M. 1970
Anz, Thomas und Stark, Michael (Hrsg.) »Expressionismus – Manifeste und Dokumente zur deutschen Literatur 1910–1920«, Stuttgart 1982
Apollinaire, Guillaume »Die Maler des Kubismus«, Frankfurt/M. 1989
Architekten- und Ingenieur-Verein zu Berlin »Berlin und seine Bauten« (Teil IV, Bände A und B), Berlin, München, Düsseldorf 1970/74
Arndt, Adolf »Demokratie als Bauherr«, in »Bauwelt«, 52. Jahrg., Nr. 1, Berlin 1961, S. 7–13.
Arndt, Adolf »Zur Eröffnung der neuen Philharmonie«, Berlin 1964
Aschenbrenner, Margot Einführung zu Hugo Häring »die ausbildung des geistes zur arbeit an der gestalt – fragmente«, Berlin 1968

B **Badt, Kurt** »Raumphantasien und Raumillusionen; Wesen der Plastik«, Köln 1963
Baumgart, Fritz »Stilkunde der Architektur«, Köln 1969
Behne, Adolf »Zur neuen Kunst«, Nendeln/Liechtenstein 1974 (Org. Berlin 1915)
Behne, Adolf »Kritik des Werkbundes«, in »die Tat«, Heft 5, August 1917, S. 430ff.
Behne, Adolf »Wiederkehr der Kunst«, Leipzig 1919
Behne, Adolf »An Wiedergeburt der Baukunst«, in Taut, Bruno »Die Stadtkrone«, Jena 1919
Behne, Adolf »Architekten«, in Taut, Bruno, »Frühlicht 1920–1922«, Frankfurt/M., Berlin 1963
Behne, Adolf »Der moderne Zweckbau, München, Wien, Berlin 1926
Behne, Adolf »Eine Stunde Architektur«, Stuttgart 1928
Behne, Adolf »Neues Wohnen – neues Bauen, Leipzig 1930
Behne, Adolf »Formel, Form, Gestalt« Replik auf einen Aufsatz von H. Häring in »Zentralblatt der Bauverwaltung/Zeitschrift für das Bauwesen, Berlin 1931
Behne, Adolf »Dammerstock«, in Schwarz/Gloor (Hrsg.), Gütersloh 1969 (Org. 1930)
Benevolo, Leonardo »Geschichte der Architektur des 19. und 20. Jahrhunderts, Bd. 2«, München 1964
Benjamin, Walter Gesammelte Schriften, Band 1/2, Frankfurt/M. 1974
Bermbach, Udo »Die Utopie ist tot – es lebe die Utopie!«, in Saage, Richard, Darmstadt 1992
Berndt, Heide, Lorenzer, Alfred und Horn, Klaus »Architektur als Ideologie«, Frankfurt/M. 1968
Bernauer, Markus »Die Ästhetik der Masse«, Basel 1990

Bienert, Michael »Die eingebildete Metropole – Berlin im Feuilleton der Weimarer Republik«, Stuttgart 1992
Bloch, Ernst Gesamtausgabe, Frankfurt/M. 1962
Bloch, Ernst »Bildung, Ingenieurform, Ornament«, in »Kunst und Alltag um 1900«, Gießen 1978
Borsi, Franco und König, Giovanni K. »Architettura dell'Espressionismo«, Genua 1967
Buber, Martin »Werke, Band I«, Heidelberg 1962
Burchard, John »The Voice of the Phoenix«, Postwar Architecture in Germany, Cambridge/Mass. und London 1966
Bürger, Peter »Theorie der Avantgarde«, Frankfurt/M. 1974
Bürkle, J. Christoph »Hans Scharoun und die Moderne – Ideen, Projekte, Theaterbau«, Frankfurt/M. 1986

C **Campbell, Joan** »Der Deutsche Werkbund 1907–1934«, Stuttgart 1981
Charpentrat, Pierre und Hermann, Peter »Barock«, München 1964
Coldewey, Helmut »Scharoun und seine Heimatstadt Bremerhaven«, in »Jahrbuch der Männer vom Morgenstern«, Nr. 62, Bremerhaven 1983
Conrads, Ulrich »Zwischen Utopie und Wirklichkeit«, Vorbemerkung zu Taut, Bruno, »Frühlicht 1920–1922«, Frankfurt/M., Berlin 1963
Conrads, Ulrich (Hrsg.) »Programme und Manifeste zur Architektur des 20. Jahrhunderts«, Berlin, Frankfurt/M., Wien 1964
Conrads, Ulrich und Sperlich, Hans G., »Phantastische Architektur«, Stuttgart 1960
Conrads, Ulrich, Juckel, Lothar, Peters, Paulhans und Simon, Alfred (Hrsg.) »Hommage a Werner Hebebrand«, Essen 1964

D **Deutscher Werkbund (Hrsg.)** »Bau und Wohnung«, Stuttgart 1927
Deutscher Werkbund (Hrsg.) »Innenräume«, Stuttgart 1928
Deutscher Werkbund und Eckstein, Hans, »50 Jahre Deutscher Werkbund – Landesgruppe Hessen«, Frankfurt/M., Berlin 1958
Dexel, Grete und Walter »Das Wohnhaus von heute«, Leipzig 1928
Döcker, Richard »Terrassentyp«, Stuttgart 1929
Dorner, Alexander »Überwindung der ›Kunst‹«, Hannover 1947
Durth, Werner »Deutsche Architekten – Biographische Verflechtungen 1900–1970«, Braunschweig 1986

E **Eckstein, Hans** »Die schöne Wohnung«, München 1934
Eckstein, Hans »Neue Wohnbauten« Ein Querschnitt durch die Wohnarchitektur von Deutschland, München 1932
Endell, August »Die Schönheit der Großen Stadt«, Stuttgart 1908

F **Fechter, Paul** »Der Expressionismus«, München 1914

Frank, Hartmut »Die Überwindung der Stadtbaukunst – Hans Scharoun, der ›Kollektivplan‹ und die Ästhetik der Stadtlandschaft«, in: »Idee, Prozeß, Ergebnis – Die Reparatur und Rekonstruktion der Stadt«, IBA-Katalog, Berlin 1987
Frank, Hartmut »Heimatschutz und typologisches Entwerfen. Modernisierung und Tradition beim Wiederaufbau von Ostpreußen 1915–1927«, in Lampugnani, V. M. und Schneider, R. (Hrsg.), »Moderne Architektur in Deutschland 1900–1950« (Ausstellungskatalog), Stuttgart 1992
Frampton, Kenneth »Die Architektur der Moderne – Eine kritische Baugeschichte«, Stuttgart 1983
Fries, Heinrich de (Hrsg.) »Junge Baukunst in Deutschland«, Berlin 1926
Führ, Eduard »Wieviel Engel passen auf die Spitze einer Nadel«, in Führ (Hrsg.) »Wo noch niemand war, Heimat«, Wiesbaden und Berlin 1985

G **Ganslandt, Rüdiger** »Es gilt also die Wahrheit zu suchen; Raumkonzepte der Jahrhundertwende im Kubismus«, in Holländer/Thomsen »Besichtigung der Moderne«, Köln 1987
Gebser, Jean »Abendländische Wandlungen«, Berlin 1956
Gebser, Jean »Ursprung und Gegenwart« (Drei Bände), München 1973
Gehlen, Arnold »Zeit-Bilder«, Frankfurt/M. 1986
Geist, Johann Friedrich und Kürvers, Klaus »Das Berliner Mietshaus 1945–1989«, München 1989
Giedion, Sigfried »Befreites Wohnen«, Zürich und Leipzig 1929
Giedion, Sigfried »Architektur und Gesellschaft«, Hamburg 1956
Giedion, Sigfried »Ewige Gegenwart; Der Beginn der neuen Architektur«, Köln 1964
Giedion, Sigfried »Raum, Zeit, Architektur«, Zürich, München 1976 (Org. 1941)
Gleizes, Albert »Kubismus«, Neue Bauhausbücher, Mainz, Berlin 1980 (Org. 1928)
Grohmann, Will »Zwischen den beiden Kriegen, Kunst und Architektur«, Berlin 1953
Gropius, Walter »Internationale Architektur«, (Neue Bauhausbücher), Mainz 1981 (Org. 1925)

H **Hansen, Hans** »Hans Scharouns Lehrwirksamkeit«, in »Stadtbauwelt« Nr. 76, Berlin 1982
Häring, Hugo »Kunst und Strukturprobleme des Bauens«, in »Zentralblatt der Bauverwaltung/Zeitschrift für das Bauwesen«, Nr. 29, Berlin 1931
Häring, Hugo »vom neuen bauen; über das geheimnis der gestalt«, Berlin 1957
Häring, Hugo »die ausbildung des geistes zur arbeit an der gestalt – fragmente«, Berlin 1968
Haugh, Klaus Conrad »Wider den Formalismus in der Architektur. Bauen zwischen Gebrauchswert und Ästhetik«, Stuttgart 1988
Hebebrand, Werner »Zur neuen Stadt«, Berlin 1969
Heidegger, Martin »Bauen, Wohnen, Denken«, in Bartning (Hrsg.), Darmstadt 1952

Hein, Carola »Zur Geschichte der Hauptstadt Berlin«, in Berlinische Galerie (Hrsg.) »Hauptstadt Berlin – Internationaler städtebaulicher Wettbewerb 1957/58«, Berlin 1990
Hess, Walter »Dokumente zum Verständnis der modernen Malerei«, Reinbek 1984 (Org. 1956)
Hilberseimer, Ludwig (Hrsg.) »Internationale neue Baukunst«, Stuttgart 1927
Hilberseimer, Ludwig »Berliner Architektur der 20er Jahre«, Neue Bauhausbücher, Mainz, 1967
Hilberseimer, Ludwig »Contemporary Architecture«, Chicago 1964
Hilpert, Thilo »Le Corbusiers ›Charta von Athen‹ – Texte und Dokumente«, Kritische Neuausgabe, Braunschweig, Wiesbaden, 1984
Hitchcock jr., Henry-Russell und Johnson, Philip »The International Style: Architecture since 1922«, New York 1932
Hoh-Slodczyk, Christine, Huse, Norbert, Kühne, Günther und Tönnesmann, Andreas »Hans Scharoun – Architekt in Deutschland 1893–1972«, München 1992
Holz, Hans Heinz »Logos spermatikos, Ernst Blochs Philosophie der unfertigen Welt«, Darmstadt 1975
Howard, Ebenezer »Tomorrow«, London 1898; deutsch: »Gartenstädte von morgen«, Berlin 1968
Huse, Norbert »Neues Bauen – 1918 bis 1933« Moderne Architektur in der Weimarer Republik, München 1975
Huse, Norbert (Hrsg.) »Vier Berliner Siedlungen der Weimarer Republik« (Ausstellungskatalog), Berlin 1984

I **Isaacs, Reginald R.** »Walter Gropius – Der Mensch und sein Werk« 2 Bände, Berlin 1984

J **Jacobus, John** »Die Architektur unserer Zeit«, Stuttgart 1966
Jammer, Max »Das Problem des Raumes – Die Entwicklung der Raumtheorie«, Darmstadt 1960
Janofske, Eckehard »Architektur-Räume – Idee und Gestalt bei Hans Scharoun«, Braunschweig, Wiesbaden 1984
Jaspers, Karl »Die geistige Situation der Zeit«, Berlin, New York 1979 (Org. 1931)
Jaspert, Reinhard (Hrsg.) »Handbuch moderner Architektur«, Berlin 1957
Joedicke, Jürgen »Für eine lebendige Baukunst«, Stuttgart 1965
Joedicke, Jürgen »Moderne Architektur« Strömungen und Tendenzen, Stuttgart – Bern 1969
Joedicke, Jürgen »Architekturgeschichte des 20. Jahrhunderts – Von 1950 bis zur Gegenwart«, Stuttgart, Zürich 1990
Joedicke, Jürgen und Plath, Christian »Die Weißenhofsiedlung«, Stuttgarter Beiträge 4, Stuttgart 1968
Jones, Peter Blundell »Hans Scharoun – Eine Monographie«, Stuttgart 1980
Juckel, Lothar »Hans Scharoun«, in Ribbe/Schäche (Hrsg.) »Baumeister, Architekten, Stadtplaner – Biographien zur baulichen Entwicklung Berlins«, Berlin 1987

K **Kirsch, Karin** »Die Weißenhofsiedlung«, Stuttgart 1987
Kracauer, Siegfried »Das Ornament der Masse«, Essays, Frankfurt/M. 1963
Kracauer, Siegfried »Geschichte vor den letzten Dingen«, Frankfurt/M. 1971
Kremer, Sabine »Hugo Häring – Wohnungsbau; Theorie und Praxis«, Stuttgart 1985
Kruft, Hanno-Walter »Geschichte der Architekturtheorie«, München 1985
Krukemeier, Günter »Hauptbahnhof Nordausgang«, in Deutsche Bundesbahn (Hrsg.), »Eisenbahn in Bremen«, Lübbecke 1989
Kulka, Heinrich »Der Architekt Adolf Loos«, Wien 1931
Kultermann, Udo »Das Werk des Architekten Hans Scharoun«, Theater der Stadt Wolfsburg, Wolfsburg 1973

L **Landauer, Gustav** Vorwort zur Revolutionsausgabe (1920) des »Aufruf zum Sozialismus«, (erste Auflage 1911) in Anz, T. u. Stark, M. (Hrsg.), Stuttgart 1982
Landauer, Gustav »Land und Volk – Dreißig Thesen« (1907), in »Auch die Vergangenheit ist Zukunft – Essays zum Anarchismus«, herausgegeben von Siegbert Wolf, Frankfurt/M. 1989
Lauterbach, Heinrich »Hans Scharoun« Vorwort zum Ausstellungskatalog, Berlin 1967
Lauterbach, Heinrich und Joedicke, Jürgen »Hugo Häring: Dokumente der modernen Architektur«, Stuttgart 1965
Le Corbusier »Ausblick auf eine Architektur«, Gütersloh, Berlin 1969

M **Mendelsohn, Erich** »Briefe eines Architekten«, herausgegeben von Oskar Beyer, München 1961
Miller Lane, Barbara »Architektur und Politik in Deutschland von 1918–1945«, Braunschweig, Wiesbaden 1986
Moholy-Nagy, László »Vom Material zur Architektur«, Neue Bauhausbücher, Mainz 1968
Müller, Michael »Architektur und Avantgarde«, Frankfurt/M. 1984
Mumford, Lewis »Die Stadt« Geschichte und Ausblick, Köln, Berlin 1963
Muthesius, Hermann »Das englische Haus«, Berlin 1904
Muthesius, Hermann »Wo stehen wir?«, in »Zwischen Kunst und Industrie – Der Deutsche Werkbund«, Stuttgart 1987

N **Neumeyer, Fritz** »Mies van der Rohe – Das kunstlose Wort«, Berlin 1986

O **Onsell, Max** »Ausdruck und Wirklichkeit; Versuch über den Historismus in der Baukunst«, Braunschweig, Wiesbaden 1981
Onsell, Max »Hans Scharoun zehn Jahre tot«, in »Bauwelt«, Nr. 45, Berlin 1982
Orgel-Köhne, Liselotte und Armin »Staatsbibliothek Berlin«, Berlin 1980
Oud, Jacobus Johannes Pieter »Holländische Architektur«, Neue Bauhausbücher, Mainz, Berlin 1976

P **Paetzold, Heinz** »Profile der Ästhetik – Der Status von Kunst und Architektur in der Postmoderne«, Wien 1990
Pahl, Jürgen »Die Stadt im Aufbruch der perspektivischen Welt«, Frankfurt/M., Berlin 1963
Pahl, Jürgen »Die Begrenzung des Stadtraums als Blickraum – ein Dimensionen-Problem«, in »Innenraum – ein architektonisches Urphänomen«, Düsseldorf 1978
Pehnt, Wolfgang »Die Architektur des Expressionismus«, Stuttgart 1973
Pehnt, Wolfgang »Das Ende der Zuversicht«, Berlin 1983
Petsch, Joachim »Architektur und Gesellschaft – Zur Geschichte der deutschen Architektur im 19. und 20. Jahrhundert«, Köln 1973
Pevsner, Nikolaus »Europäische Architektur«, München 1957
Pfankuch, Peter (Hrsg.) »Hans Scharoun«, Berlin 1974
Platz, Gustav Adolf »Die Baukunst der neuesten Zeit«, Berlin 1927
Platz, Gustav Adolf »Wohnräume der Gegenwart«, Berlin 1933
Plicka, Karel »Prag – ein fotografisches Bilderbuch«, Prag 1961
Posener, Julius »Berlin auf dem Wege zu einer neuen Architektur«, München 1979
Posener, Julius »Vorlesungen zur Geschichte der neuen Architektur I–IV«, in »Arch+«, Nr. 48, 53, 59, 63/64, Aachen 1979–1982
Posener, Julius »Aufsätze und Vorträge 1931–1980«, Braunschweig, Wiesbaden 1981
Posener, Julius »Fast so alt wie das Jahrhundert«, Berlin 1990

R **Rading, Adolf** »Stadt, Form, Architekt«, in Schwarz/Gloor (Hrsg.), Gütersloh 1969 (Org. 1925)
Raphael, Max »Raumgestaltungen – Der Beginn der modernen Kunst im Kubismus und im Werk von George Braque«, Frankfurt/M. 1989
Rasch, Heinz und Bodo »Wie bauen?«, Bau und Einrichtung der Werkbundsiedlung, Stuttgart 1928
Rowe, Colin, Slutzky, Robert und Hoesli, Bernhard »Transparenz«, Basel, Boston, Berlin 1989

S **Saage, Richard (Hrsg.)** »Hat die politische Utopie eine Zukunft?«, Stuttgart 1992
Salzmann, Siegfried und Dorothea »Oskar Moll – Leben und Werk«, München 1975
Scharoun, Hans Nachruf auf Paul Kruchen, in »Neue Bauwelt«, Nr. 8, Berlin 1947
Scharoun, Hans »Gropius als Gast der T. U. Berlin«, in »Neue Bauwelt«, Nr. 37, Berlin 1947
Scharoun, Hans »Gedanken zur neuen Gestalt der Stadt«, in »bildende kunst«, Nr. 6, Berlin 1947
Scharoun, Hans »Raum der Mitte«, in »Sonntag«, Berlin 2.1.1949
Scharoun Hans »Vom Wesen der Stadt – Zur Idee und zur Gestalt Berlins«, in »Die Neue Zeitung«, 15.1.1950 sowie in Grohmann, Will, 1953
Scharoun, Hans »Das neue Staatstheater in Kassel«, in »Bauwelt«, Nr. 44, Berlin 1952
Scharoun, Hans »Phantasie und geistige Ordnung – Aus Aufsätzen Hugo Härings«, in »Die neue Stadt«, Nr. 5, Darmstadt 1952

Scharoun, Hans »*Stadtstruktur und ihre Wandlung im geschichtlichen Ablauf*« (I/248ff.), »*Ordnungsprinzipien und Begriffe, welche zu einer Stadtstruktur zu führen vermögen*« (II/165ff.), »*Die Bedeutung der Raum-Zeit-Struktur für den Städtebau der Zukunft*« (II/507ff.), drei Aufsätze in Vogler/Kühn, 1957
Scharoun, Hans »*Struktur in Raum und Zeit*«, in Jaspert, Reinhard (Hrsg.), 1957
Scharoun, Hans »*Raum für die Muße*«, in »*Deutsche Zeitung*«, Köln 21. 5. 1961
Scharoun, Hans »*Raum und Milieu der Schule*«, in »*Bauen + Wohnen*«, Nr. 4, München 1961
Scharoun, Hans *Vorwort zum Katalog der Alvar Aalto-Ausstellung*«, Berlin 1963
Scharoun, Hans *Vorwort zu Charpentrat, Pierre und Hemann, Peter,* »*Barock*«, München 1964
Scharoun, Hans »*Bleibt Berlin Weltstadt?*«, in Conrads, U., Juckel, L., Peters, P. und Simon, A. (Hrsg.), 1964
Scharoun, Hans »*Bauen und Leben*«, Vortrag in Bremen (6.1.1967), veröffentlicht in »*Bauwelt*«, Nr. 6/7, Berlin 1967
Scharoun, Hans »*Städte sind Gärten*«, in »*Bauwelt*«, Nr. 27, Berlin 1967 (Org. 1944)
Scharoun, Hans *Vorwort zu Hugo Häring:* »*die ausbildung des geistes zur arbeit an der gestalt – fragmente*«, Berlin 1968
Scheffer, Karl »*Die Architektur der Großstadt*«, Berlin 1913
Scheffler, Karl »*Der Geist der Gotik*«; Leipzig 1917
Scheyer, Ernst »*Die Kunstakademie Breslau und Oskar Moll*«, Würzburg 1961
Schmitthenner, Paul »*Baugestaltung – Das deutsche Wohnhaus*«, Stuttgart 1932
Schultze-Naumburg, Paul »*Das Gesicht des deutschen Hauses*«, Kulturarbeiten Band IV, München, 1929
Schumpp, Mechthild »*Städtebau und Utopie – Soziologische Überlegungen zum Verhältnis von städtebaulichen Utopien und Gesellschaft*«, Göttingen 1970
Schwab, Alexander »*Das Buch vom Bauen*«, Düsseldorf 1973, (Org. Albert Sigrist, Pseudonym, Berlin 1930)
Schwarz, Felix und Gloor, Frank (Hrsg.) »*»Die Form‹; Stimme des Deutschen Werkbundes 1925–1934*«, Gütersloh 1969
Schwitters, Kurt »*Stuttgart, Die Wohnung 1927*«, in »*Bauwelt*«, Nr. 27, Berlin 1977
Seibt, Ferdinand »*›Samtene Revolutionen‹ und politische Utopie*«, in Saage, Richard, Darmstadt 1992
Slapeta, Lubomier und Vladimir »*50 Jahre WUWA – Eine Dokumentation*«, in »*Bauwelt*«, Nr. 35, Berlin 1979
Stark, Michael »*Für und wider den Expressionismus*«, Stuttgart 1982
Steneberg, Eberhard »*Arbeitsrat für Kunst – Berlin 1918–1921*«, Düsseldorf 1987
Stuckenschmidt, Hans Heinz »*Zum Hören geboren; Ein Leben mit der Musik unserer Zeit*«, München 1979

T **Tafuri, Manfredo und Dal Co, Francesco** »*Weltgeschichte der Architektur – Gegenwart*«, Stuttgart 1988
Tafuri, Manfredo »*Kapitalismus und Architektur – Von Corbusiers ›Utopia‹ zur Trabantenstadt*«, Hamburg, Berlin 1977
Taut, Bruno »*Die Erde eine gute Wohnung*«, in »*Die Volkswohnung*«, Jg. 1, Nr. 4, 1919
Taut, Bruno »*Die Stadtkrone*«, Jena 1919
Taut, Bruno »*Alpine Architektur*«, Hagen 1919
Taut, Bruno »*Der Weltbaumeister – Architekturschauspiel für symphonische Musik*«, Hagen 1920
Taut, Bruno »*Die neue Baukunst*«, Stuttgart 1929
Taut, Bruno »*Grundlinien der Architektur Japans*«, Kokusai Bunka Shinkokai Tokio 1936
Taut, Bruno »*Frühlicht 1920–1922*«, Frankfurt/M., Berlin 1963
Taut, Bruno »*Architekturlehre*«, Hamburg/Berlin 1977
Tessenow, Heinrich »*Wohnhausbau*«, München 1927
Teut, Anna »*Architektur im Dritten Reich 1933–1945*«, Berlin, Frankfurt/M., Wien 1967
Thiele, Klaus-Jakob »*Über Hans Scharoun*«, Berlin 1986

U **Ungers, Liselotte** »*Die Suche nach einer neuen Wohnform – Siedlungen der zwanziger Jahre damals und heute*«, Stuttgart 1983
Ungers, Oswald Mathias »*Prinzipien der Raumgestaltung*«, in »*Arch+*«, Nr. 65, Aachen 1982

V **Vogler, Paul und Kühn, Erich (Hrsg.)** »*Medizin und Städtebau*«, 2 Bände, München, Berlin, Wien 1957

W **Wachsmann, Konrad** »*Holzhausbau*«, Berlin 1930
Wagner, Martin »*Das wachsende Haus*«, Berlin, Leipzig 1932
Wellmer, Albrecht »*Zur Dialektik von Moderne und Postmoderne; Vernunftkritik nach Adorno*«, Frankfurt/M. 1985
Whyte, Ian Boyd »*Bruno Taut – Baumeister einer neuen Welt. Architektur und Aktivismus 1914–1920*«, Stuttgart 1981
Whyte, Ian Boyd »*Expressionistische Architektur – Der philosophische Kontext*«, im Ausstellungskatalog »*Das Abenteuer der Ideen*«, Berlin 1984
Whyte, Ian Boyd und Schneider, Romana (Hrsg.) »*Die Briefe der Gläsernen Kette*«, Berlin 1986
Worringer, Wilhelm »*Abstraktion und Einfühlung*«, München 1908
Worringer, Wilhelm »*Formprobleme der Gotik*«, München 1912
Worringer, Wilhelm »*Fragen und Gegenfragen*«, München 1956
Würtz, Brigitte »*Hans Scharoun*«, in »*Die Kunst und das schöne Heim*«, Nr. 2 München 1973
Würtz, Brigitte »*Zum 20. Todestag meines Vaters Oskar Moll*«, in Salzmann, S. und D., München 1975

Fotonachweis

Horst Hänel, Bremen (aktuelle Fotos, 1992)
Arthur Köster, Berlin Seite 188 **2**, 219 **3**, 220 **4**, 227 **1**
Elisabeth Nay-Scheibler, Köln Seite 233
Archiv Morgenstern-Museum Bremerhaven Seite 32 **2**
Staatsarchiv Bremen Seite 115, 116 **2**, 198 **1**
Staatsarchiv Bremerhaven Seite 32 **1** und **3**
Deutsches Architekturmuseum, Frankfurt/Main Seite 167 **3**
Peter Penner, Bremen Seite 245 **5**
Akademie der Künste, Berlin, Scharoun-Archiv (alle übrigen Bildvorlagen)

Projektverzeichnis

Vorhof
    Domplatz Prenzlau, 1919 | 42

Der Mensch ist gut
    Bebauung der Wiese, Gelsenkirchen, 1920 | 50

Kultur und Zivilisation
    Deutsches Hygiene-Museum, Dresden, 1920 | 54

Innen und Außen
    Hochhaus am Bahnhof Friedrichstraße, Berlin, 1922 | 62

Zeittakt
    Büro- und Geschäftshaus Börsenstraße, Königsberg, 1922 | 66

Umfassen und Scheiden
    Münsterplatz Ulm, 1924/25 | 70

Kopf und Bauch der Stadt
    Rathaus Bochum, 1925 | 74

Zwischen Brücke und Dom
    Bebauung der Rampe der Kölner Hängebrücke, 1925 | 76

Vorschlag 3
    Bebauung Bahnhofsvorplatz, Duisburg, 1926 | 78

Durchbruch durch die Ministergärten
    Zusammenführung von Französischer und Jägerstraße, Berlin, 1927 | 80

Bremer Flagge
    Stadthalle und Ausstellungshallen, Bremen, 1928 | 82

3300 Raumachsen
    Justizgebäude, Berlin-Tiergarten, 1930 | 84

Die Wohnung
    Einfamilienhaus Werkbundausstellung, Stuttgart-Weißenhof, 1927 | 105

Wohnung und Werkraum
    Wohnheim auf der Werkbundausstellung, Breslau-Grüneiche, 1929 | 109

Kaiserdamm
    Appartementhaus, Berlin-Charlottenburg, 1928/29 | 118

Hohenzollerndamm
    Appartementhaus, Berlin-Wilmersdorf, 1929/30 | 119

Paulsborner Straße
    Bebauung, Berlin-Wilmersdorf, 1929 | 121

Heidelberger Platz
    Wohnheim, Berlin-Wilmersdorf, 1929–1931 | 122

Reichsstraße
    Appartementblocks, Berlin-Charlottenburg, 1932 | 123

Die variable Wohnung
    Kombination von Wohnungstypen, 1933 | 124

Siemensstadt
    Großsiedlung Berlin-Siemensstadt, 1929–1931 | 127

Weite
    Einfamilienhaus, 1928 | 136

Bauvorhaben Möller
    Einfamilienhäuser, Potsdam, 1932 | 138

Haus Schminke
    Einfamilienhaus, Löbau/Sachsen, 1933 | 142

Haus Mattern
    Einfamilienhaus, Bornim/Potsdam, 1933 | 145

Haus Baensch
    Einfamilienhaus, Berlin-Spandau, 1935 | 154

Haus Moll
    Einfamilienhaus, Berlin-Grunewald, 1936 | 156

Haus Hoffmeyer
    Einfamilienhaus, Bremerhaven, 1935 | 158

Haus Möller
    Einfamilienhaus am Zermützelsee bei Altruppin, 1937 | 160

Haus Mohrmann
    Einfamilienhaus, Berlin-Lichtenrade, 1939 | 162

Wohnzelle
    Nachbarschaft, Berlin-Friedrichshain, 1949 | 188

Die Forderung des Unvollendeten
    Liederhalle, Stuttgart, 1949 | 190

Kaufhof des Geistes
    Amerika-Gedenkbibliothek, Berlin, 1951 | 192

Lebensbezirke an Gassen
    Altersheim Berlin-Tiergarten, 1952 | 194

Ein Stück Element wie Fels
    Bebauung der Insel Helgoland, 1952 | 196

Hängende Dächer
    Bürgerweide Bremen, 1955 | 198

Mensch und Raum
    Volksschule Darmstadt, 1951 | 202

Romeo und Julia
    Wohnhochhausgruppe, Stuttgart, 1954–1959 | 206

Wohngehöfte
    Siedlung Charlottenburg-Nord, Berlin, 1955–1960 | 209

Geschwister-Scholl-Schule
    Mädchengymnasium, Lünen, 1956–1962 | 212

Galerie Rosen
    Ausstellungspavillon, Berlin, 1948 | 216

Sein und Schein
    Staatstheater Kassel, 1952 | 220

Aperspektivisches Theater
    Nationaltheater Mannheim, 1953 | 222

Stadtkrone
    Rathaus Marl, 1958 | 227

Unter einem Dach
    Haupt- und Grundschule, Marl, 1961–1966 | 228

Salute
    Wohnhochhaus, Stuttgart-Fasanenhof, 1961–1963 | 234

Rauher Kapf
    Wohnquartier, Böblingen, 1965 | 236

Orplid
    Wohnhochhaus, Böblingen, 1971 | 238

Theater am Hang
    Stadttheater Wolfsburg, 1965–1973 | 240

Schiffshaus
    Deutsches Schiffahrtsmuseum, Bremerhaven, 1970–1975 | 243

Bücherrücken
    Staatsbibliothek, Berlin-Tiergarten, 1967–1978 | 246